U0684961

紹興大典

史部

民國蕭山縣志稿

1

中華書局

圖書在版編目(CIP)數據

(民國)蕭山縣志稿 / 彭延慶，陳曾蔭，張宗海修；楊鍾羲，姚瑩俊，楊士龍纂. －北京：中華書局，2024.6. －(紹興大典). － ISBN 978-7-101-16949-2

Ⅰ. K295.54

中國國家版本館 CIP 數據核字第 2024BY2904 號

書　名	(民國)蕭山縣志稿(全四册)
叢書名	紹興大典・史部
修　者	彭延慶　陳曾蔭　張宗海
纂　者	楊鍾羲　姚瑩俊　楊士龍
項目策劃	許旭虹
責任編輯	梁五童
助理編輯	任凱龍
裝幀設計	許麗娟
責任印製	管　斌
出版發行	中華書局
	(北京市豐臺區太平橋西里38號 100073)
	http: // www. zhbc. com. cn
	E-mail: zhbc@zhbc. com. cn
印　刷	天津藝嘉印刷科技有限公司
版　次	2024年6月第1版
	2024年6月第1次印刷
規　格	開本787×1092毫米　1/16
	印張158¼　插頁4
國際書號	ISBN 978-7-101-16949-2
定　價	1990.00元

學術顧問（按姓氏筆畫排序）

編纂工作指導委員會

主　　任　盛閲春（二〇二二年九月至二〇二三年一月在任）

　　　　　　温　暖　施惠芳　肖啓明　熊遠明

第一副主任　丁如興

副 主 任　陳偉軍　汪俊昌　馮建榮

成　　員（按姓氏筆畫排序）

　　　　　　王静静　朱全紅　沈志江　金水法　俞正英

　　　　　　胡華良　茹福軍　徐　軍　陳　豪　黄旭榮

　　　　　　裘建勇　樓　芳　魯霞光　魏建東

編纂委員會

主　　編　馮建榮

副 主 編　黄錫雲　尹　濤　王静静　李聖華　陳紅彦

委　　員（按姓氏筆畫排序）

王静静　尹　濤　那　艷　李聖華　俞國林

陳紅彦　陳　誼　許旭虹　馮建榮　葉　卿

黄錫雲　黄顯功　楊水土

史部主編　黄錫雲　許旭虹

序

紹興是國務院公布的首批中國歷史文化名城，是中華文明的多點起源地之一和越文化的發祥、壯大之地。從嵊州小黄山遺址迄今，已有一萬多年的文化史；從大禹治水迄今，已有四千多年的文明史；從越國築句踐小城和山陰大城迄今，已有兩千五百多年的建城史。建炎四年（一一三〇），宋高宗駐蹕越州，取義「紹奕世之宏庥，興百年之丕緒」，次年改元紹興，賜名紹興府，領會稽、山陰、蕭山、諸暨、餘姚、上虞、嵊、新昌等八縣。元改紹興路，明初復爲紹興府，清沿之。

紹興坐陸面海，嶽峙川流，風光綺麗，物産富饒，民風淳樸，士如過江之鯽，彬彬稱盛。春秋末越國有「八大夫」佐助越王卧薪嘗膽，力行「五政」，崛起東南，威續戰國，四分天下有其一，成就越文化的第一次輝煌。秦漢一統後，越文化從尚武漸變崇文。晋室東渡，北方士族大批南遷，王、謝諸大家紛紛遷居於此，一時人物之盛，雲蒸霞蔚，學術與文學之盛冠於江左，給越文化注入了新的活力。唐時的越州是詩人行旅歌詠之地，形成一條江南唐詩之路。至宋代，尤其是宋室南遷後，越中理學繁榮，文學昌盛，領一時之先。明代陽明心學崛起，這一時期的越文化，宣導致良知、知行合一，重於事功，伴隨而來的是越中詩文、書畫、戲曲的興盛。明清易代，有劉宗周等履忠蹈義，慷慨赴死，亦有黄宗羲率其門人，讀書窮經，關注世用，成其梨洲一派。至清中葉，會稽章學誠等人紹承梨洲之學而開浙東史學之新局。晚清至現代，越中知識分子心懷天下，秉持先賢「膽劍精神」，再次站在歷史變革的潮頭，蔡元培、魯迅等人「開拓越學」，使紹興成爲新文化運動和新民主主義革命的重要陣地。越文化兼容並包，與時偕變，勇於創新，隨着中國社會歷史的變遷，無論其内涵和特質發生何種變化，均以其獨特、强盛的生命力，推動了中華文明的發展。

文獻典籍承載着廣博厚重的精神財富、生生不息的歷史文脉。紹興典籍之富，甲於東南，號爲文獻之邦。從兩漢到魏晋再至近現代，紹興人留下了浩如煙海、綿延不斷的文獻典籍。陳橋驛先生在《紹興地方文獻考録·前言》中説：「紹興是我國歷史上地方文獻最豐富的地方之一。」有我國地方志的開山之作《越絶書》，有唯物主義的哲學巨著《論衡》，有書法藝術和文學價值均登峰造極的《蘭亭集序》，有詩爲「中興之冠」的陸游《劍南詩稿》，有輯録陽明心學精義的儒學著作《傳習録》等，這些文獻，不僅對紹興一地具有重要價值，對浙江乃至全國來説，也有深遠意義。

紹興藏書文化源遠流長。歷史上的藏書家多達百位，知名藏書樓不下三十座，其中以澹生堂最爲著名，藏書十萬餘卷。近現代，紹興又首開國内公共圖書館之先河。光緒二十六年（一九〇〇），紹興鄉紳徐樹蘭獨力捐銀三萬餘兩，圖書七萬餘卷，創辦國内首個公共圖書館——古越藏書樓。越中多名士，自也與藏書聚書風氣有關。

習近平總書記强調，「我們要加强考古工作和歷史研究，讓收藏在博物館裏的文物、陳列在廣闊大地上的遺産、書寫在古籍裏的文字都活起來，豐富全社會歷史文化滋養」。黨的十八大以來，黨中央站在實現中華民族偉大復興的高度，對傳承和弘揚中華優秀傳統文化作出一系列重大決策部署。中共中央辦公廳、國務院辦公廳二〇一七年一月印發了《關於實施中華優秀傳統文化傳承發展工程的意見》，二〇二二年四月又印發了《關於推進新時代古籍工作的意見》。

盛世修典，是中華民族的優秀傳統，是國家昌盛的重要象徵。近年來，紹興地方文獻典籍的利用呈現出多層次、多方位探索的局面，從文史界到全社會都在醞釀進一步保護、整理、開發、利用紹興歷史文獻的措施，形成了廣泛共識。中共紹興市委、市政府深入學習貫徹習近平總書記重要指示精神，積極響應國家重大戰略部署，以提振紹興人文氣運的文化自覺和存續一方文脉的歷史擔當，作出了編纂出版《紹興大典》的重大決定，計劃用十年時間，系統、全面、客觀梳理紹興文化傳承脉絡，收集、整理、編纂、出版紹興地方歷史文獻。二〇二二年十月，中共紹興市委辦公室、紹興市人民政府辦公室印發《關於〈紹興大典〉編纂出版工作實施方案的通知》。自此，《紹興大典》編纂出版各項工作開始有序推進。

百餘年前，魯迅先生提出「開拓越學，俾其曼衍，至於無疆」的願景，今天，我們繼先賢之志，實施紹興歷史上前無古人的文化工程，希冀通過《紹興大典》的編纂出版，從浩瀚的紹興典籍中尋找歷史印記，從豐富的紹興文化中挖掘鮮活資源，從悠遠的紹興歷史中把握發展脉絡，古爲今用，繼往開來，爲新時代「文化紹興」建設注入强大動力。我們將懷敬畏之心，以古人「三不朽」的立德修身要求，爲紹興這座中國歷史文化名城和「東亞文化之都」立傳畫像，爲全世界紹興人築就恒久的精神家園。

是爲序。

温暖

二〇二三年十月

前言

越國故地，是中華文明的重要起源地，中華優秀傳統文化的重要貢獻地，中華文獻典籍的重要誕生地。紹興，是越國古都，國務院公布的第一批歷史文化名城。編纂出版《紹興大典》，是綿延中華文獻之大計，弘揚中華文化之良策，傳承中華文明之壯舉。

一

紹興有源遠流長的文明，是中華文明的縮影。

中國有百萬年的人類史，一萬年的文化史，五千多年的文明史。中華文明，是中華民族長期實踐的積累，集體智慧的結晶，不斷發展的產物。各個民族，各個地方，都爲中華文明作出了自己獨具特色的貢獻。紹興人同樣爲中華文明的起源與發展，作出了自己傑出的貢獻。

現代考古發掘表明，早在約十六萬年前，於越先民便已經在今天的紹興大地上繁衍生息。二〇一七年初，在嵊州崇仁安江村蘭山廟附近，出土了於越先民約十六萬年前使用過的打製石器[一]。這是曹娥江流域首次發現的舊石器遺存，爲探究這一地區中更新世晚期至晚更新世早期的人類活動、

[一] 陸瑩等撰《浙江蘭山廟舊石器遺址網紋紅土釋光測年》，《地理學報》英文版，二〇二〇年第九期，第一四三六至一四五〇頁。

華南地區與現代人起源的關係、小黃山遺址的源頭等提供了重要綫索。

距今約一萬至八千年的嵊州小黃山遺址〔一〕，於二〇〇六年與上山遺址一起，被命名爲上山文化。該遺址中的四個重大發現，引人矚目：一是水稻實物的穀粒印痕遺存，以及儲藏坑、鐮形器、石磨棒、石磨盤等稻米儲存空間與收割、加工工具的遺存；二是種類與器型衆多的夾砂、夾炭、夾灰紅衣陶與黑陶等遺存；三是我國迄今發現的最早的立柱建築遺存，以及石杵立柱遺存；四是我國新石器時代遺址中迄今發現的最早的石雕人首。

蕭山跨湖橋遺址出土的山茶種實，表明於越先民在八千多年前已開始對茶樹及茶的利用與探索〔二〕。距今約六千年前的餘姚田螺山遺址發現的山茶屬茶樹根遺存，有規則地分布在聚落房屋附近，特别是其中出土了一把與現今茶壺頗爲相似的陶壺，表明那時的於越先民已經在有意識地種茶用茶了〔三〕。

對美好生活的嚮往無止境，創新便無止境。於越先民在一萬年前燒製出世界上最早的彩陶的基礎上〔四〕，經過數千年的探索實踐，終於在夏商之際，燒製出了人類歷史上最早的原始瓷〔五〕；繼而又在東漢時，燒製出了人類歷史上最早的成熟瓷。現代考古發掘表明，漢時越地的窑址，僅曹娥江兩岸的上虞，就多達六十一處〔六〕。

中國是目前發現早期稻作遺址最多的國家，是世界上最早發現和利用茶樹的國家，更是瓷器的故

〔一〕浙江省文物考古研究所編《上山文化：發現與記述》，文物出版社二〇一六年版，第七一頁。
〔二〕浙江省文物考古研究所、蕭山博物館編《跨湖橋》，文物出版社二〇〇四年版，彩版四五。
〔三〕北京大學中國考古學研究中心、浙江省文物考古研究所編《田螺山遺址自然遺存綜合研究》，文物出版社二〇一一年版，第一一七頁。
〔四〕孫瀚龍、趙曄著《浙江史前陶器》，浙江人民出版社二〇二二年版，第三頁。
〔五〕鄭建華、謝西營、張馨月著《浙江古代青瓷》，浙江人民出版社二〇二二年版，上册，第四頁。
〔六〕宋建明主編《早期越窑——上虞歷史文化的豐碑》，中國書店二〇一四年版，第二四頁。

鄉。《（嘉泰）會稽志》卷十七記載「會稽之產稻之美者，凡五十六種」，稻作文明的進步又直接促成了紹興釀酒業的發展。同卷又單列「日鑄茶」一條，釋曰「日鑄嶺在會稽縣東南五十五里，嶺下有僧寺名資壽，其陽坡名油車，朝暮常有日，產茶絶奇，故謂之日鑄」。可見紹興歷史上物質文明之發達，真可謂「天下無儔」。

二

紹興有博大精深的文化，是中華文化的縮影。

文化是一條源遠流長的河，流過昨天，流到今天，還要流向明天。悠悠萬事若曇花一現，唯有文化與日月同輝。

大量的歷史文獻與遺址古迹表明，四千多年前，大禹與紹興結下了不解之緣。大禹治平天下之水，漸九川，定九州，至於諸夏乂安，《史記·夏本紀》載：「禹會諸侯江南，計功而崩，因葬焉，命曰會稽。會稽者，會計也。」裴駰注引《皇覽》曰：「禹冢在山陰縣會稽山上。會稽山本名苗山，在縣南，去縣七里。」《（嘉泰）會稽志》卷六「大禹陵」：「禹巡守江南，上苗山，會稽諸侯，死而葬焉。……劉向書云：禹葬會稽，不改其列，謂不改林木百物之列也。苗山自禹葬後，更名會稽。是山之東，有隴隱若劍脊，西嚮而下，下有窆石，或云此正葬處。」另外，大禹在以會稽山爲中心的越地，還有一系列重大事迹的記載，包括娶妻塗山、得書宛委、畢功了溪、誅殺防風、禪祭會稽、築治邑室等。

以至越王句踐，「其先禹之苗裔，而夏后帝少康之庶子也，封於會稽，以奉守禹之祀」（《史記·越王句踐世家》）。句踐的功績，集中體現在他一系列的改革舉措以及由此而致的强國大業上。

他創造了「法天象地」這一中國古代都城選址與布局的成功範例，奠定了近一個半世紀越國號稱天下强國的基礎，造就了紹興發展史上的第一個高峰，更實現了東周以來中國東部沿海地區暨長江下游地區的首次一體化，讓人們在數百年的分裂戰亂當中，依稀看到了一統天下的希望，爲後來秦始皇統一中國，建立真正大一統的中央政權，進行了區域性的準備。因此，司馬遷稱：「苗裔句踐，苦身焦思，終滅强吴，北觀兵中國，以尊周室，號稱霸王。句踐可不謂賢哉！蓋有禹之遺烈焉。」

千百年來，紹興涌現出了諸多譽滿海内、雄稱天下的思想家，他們的著述世不絶傳，遺澤至今，他們的思想卓犖英發、光彩奪目。哲學領域，聚諸子之精髓，啓後世之思想。政治領域，以家國之情懷，革社會之弊病。經濟領域，重生民之生業，謀民生之大計。教育領域，育天下之英才，啓時代之新風。史學領域，創史志之新例，傳千年之文脉。

紹興是中國古典詩歌藝術的寶庫。四言詩《候人歌》被稱爲「南音之始」。於越《彈歌》是我國文學史上僅存的二言詩。《越人歌》是越地的第一首情歌、中國的第一首譯詩。山水詩的鼻祖，是上虞人謝靈運。唐代，這裏涌現出了賀知章等三十多位著名詩人。宋元時，這裏出了别開詩歌藝術天地的陸游、王冕、楊維楨。

紹興是中國傳統書法藝術的故鄉。鳥蟲書與《會稽刻石》中的小篆，影響深遠。中國的文字成爲藝術品之習尚，文字由書寫轉向書法，是從越人的鳥蟲書開始的。而自王羲之《蘭亭序》之後，紹興更是成爲中國書法藝術的聖地。翰墨碑刻，代有名家精品。

紹興是中國古代繪畫藝術的重鎮。世界上最早彩陶的燒製，展現了越人的審美情趣。「文身斷髮」與「鳥蟲書」，實現了藝術與生活最原始的結合。戴逵與戴顒父子、僧仲仁、王冕、徐渭、陳洪綬、趙之謙、任熊、任伯年等在中國繪畫史上有開宗立派的地位。

一九一二年一月，魯迅爲紹興《越鐸日報》創刊號所作發刊詞中寫道：「於越故稱無敵於天下，海岳精液，善生俊異，後先絡繹，展其殊才；其民復存大禹卓苦勤勞之風，同句踐堅確慷慨之志，力作治生，綽然足以自理。」可見，紹興自古便是中華文化的重要發源地與傳承地，紹興人更是世代流淌着「卓苦勤勞」「堅確慷慨」的精神血脉。

三

紹興有琳琅滿目的文獻，是中華文獻的縮影。

自有文字以來，文獻典籍便成了人類文明與人類文化的基本載體。紹興地方文獻同樣爲中華文明與中華文化的傳承發展，作出了傑出的貢獻。

中華文明之所以成爲世界上唯一没有中斷、綿延至今、益發輝煌的文明，在於因文字的綿延不絶而致的文獻的源遠流長、浩如煙海。中華文化之所以成爲中華民族有别於世界上其他任何民族的顯著特徵並流傳到今天，靠的是中華兒女一代又一代的言傳身教、口口相傳，更靠的是文獻典籍一代又一代的忠實書寫、守望相傳。

無數的甲骨、簡牘、古籍、拓片等中華文獻，無不昭示着中華文明的光輝燦爛、欣欣向榮，無不昭示着中華文化的廣博淵綜、蒸蒸日上。它們既是中華文明與中華文化的基本載體，又是中華文明與中華文化的重要組成部分，是十分重要的物質文化遺産。

紹興地方文獻作爲中華文獻重要的組成部分，積澱極其豐厚，特色十分明顯。

（一）文獻體系完備

紹興的文獻典籍根基深厚，載體體系完備，大體經歷了四個階段的歷史演變。

一是以刻符、紋樣、器型爲主的史前時代。代表性的，有作爲上山文化的小黄山遺址中出土的彩陶上的刻符、印紋、圖案等。

二是以金石文字爲主的銘刻時代。代表性的，有越國時期玉器與青銅劍上的鳥蟲書等銘文、秦《會稽刻石》、漢「大吉」摩崖、漢魏六朝時的會稽磚甓銘文與會稽青銅鏡銘文等。

三是以雕版印刷爲主的版刻時代。代表性的，有中唐時期越州刊刻的元稹、白居易的詩集。唐長慶四年（八二四），浙東觀察使兼越州刺史元稹，在爲時任杭州刺史的好友白居易《白氏長慶集》所作的序言中寫道：「揚、越間多作書模勒樂天及予雜詩，賣於市肆之中也。」這是有關中國刊印書籍的最早記載之一，説明越地開創了「模勒」這一雕版印刷的風氣之先。宋時，兩浙路茶鹽司等機關和紹興府、紹興府學等，競相刻書，版刻業快速繁榮，紹興成爲兩浙乃至全國的重要刻書地，所刻之書多稱「越本」「越州本」。明代，紹興刊刻呈現出了官書刻印多、鄉賢先哲著作和地方文獻多、私家刻印特色叢書多的特點。清代至民國，紹興整理、刊刻古籍叢書成風，趙之謙、平步青、徐友蘭、章壽康、羅振玉等，均有大量輯刊，蔡元培早年應聘於徐家校書達四年之久。

四是以機器印刷爲主的近代出版時期。這一時期呈現出傳統技術與西方新技術並存、傳統出版物與維新圖强讀物並存的特點。代表性的出版機構，在紹興的有徐友蘭於一八六二年創辦的墨潤堂等。另外，吴隱於一九〇四年參與創辦了西泠印社；紹興人沈知方於一九一二年參與創辦了中華書局，還於一九一七年創辦了世界書局。代表性的期刊，有羅振玉於一八九七年在上海創辦的《農學報》，杜亞泉於一九〇一年在上海創辦的《普通學報》，羅振玉於一九〇一年在上海發起、王國維主筆的《教育世界》，杜亞泉等於一九〇二年在上海編輯的《中外算報》，秋瑾於一九〇七年在上海創辦的《中國女報》等。代表性的報紙，有蔡元培於一九〇三年在上海創辦的《俄事警聞》等。

紹興文獻典籍的這四個演進階段，既相互承接，又各具特色，充分彰顯了走在歷史前列、引領時代潮流的特徵，總體上呈現出了載體越來越多元、内涵越來越豐富、傳播越來越廣泛、對社會生活的影響越來越深遠的歷史趨勢。

（二）藏書聲聞華夏

紹興歷史上刻書多，便爲藏書提供了前提條件，因而藏書也多。大禹曾「登宛委山，發金簡之書，案金簡玉字，得通水之理」（《吴越春秋》卷六），還「巡狩大越，見耆老，納詩書」（《越絶書》卷八），這是紹興有關采集收藏圖書的最早記載。句踐曾修築「石室」藏書，「晝書不倦，晦誦竟旦」（《越絶書》卷十二）。

造紙術與印刷術的發明和推廣，使得書籍可以成批刷印，爲藏書提供了極大便利。王充得益於藏書資料，寫出了不朽的《論衡》。南朝梁時，山陰人孔休源「聚書盈七千卷，手自校治」（《梁書·孔休源傳》），成爲紹興歷史上第一位有明文記載的藏書家。唐代時，越州出現了集刻書、藏書、讀書於一體的書院。五代十國時，南唐會稽人徐鍇精於校勘，雅好藏書，「江南藏書之盛，爲天下冠，鍇力居多」（《南唐書·徐鍇傳》）。

宋代雕版印刷術日趨成熟，爲書籍的化身千百與大規模印製創造了有利條件，也爲藏書提供了更多來源。特别是宋室南渡、越州升爲紹興府後，更是出現了以陸氏、石氏、李氏、諸葛氏等爲代表的藏書世家。陸游曾作《書巢記》，稱「吾室之內，或棲於櫝，或陳於前，或枕藉於床，俯仰四顧，無非書者」。《（嘉泰）會稽志》中專設《藏書》一目，説明了當時藏書之風的盛行。元時，楊維楨「積書數萬卷」（《鐵笛道人自傳》）。

明代藏書業大發展，出現了鈕石溪的世學樓等著名藏書樓。其中影響最大的藏書家族，當數山陰祁氏；影響最大的藏書樓，當數祁承㸁創辦的澹生堂，至其子彪佳時，藏書達三萬多卷。

清代是紹興藏書業的鼎盛時期，有史可稽者凡二十六家，諸如章學誠、李慈銘、陶濬宣等。上虞王望霖建天香樓，藏書萬餘卷，尤以藏書家之墨迹與鈎摹鐫石聞名。徐樹蘭創辦的古越藏書樓，以存古開新爲宗旨，以資人觀覽爲初心，成爲中國近代第一家公共圖書館。

民國時，代表性的紹興藏書家與藏書樓有：羅振玉的大雲書庫、徐維則的初學草堂、蔡元培創辦的養新書藏、王子餘開設的萬卷書樓、魯迅先生讀過書的三味書屋等。

根據二〇一六年完成的古籍普查結果，紹興全市十家公藏單位，共藏有一九一二年以前産生的中國傳統裝幀書籍與民國時期的傳統裝幀書籍三萬九千七百七十七種、二十二萬六千一百二十五册，分別占了浙江省三十三萬七千四百零五種的百分之十一點七九、二百五十萬六千六百三十三册的百分之九點零二。這些館藏的文獻典籍，有不少屬於名人名著，其中包括在別處難得見到的珍稀文獻。這是紹興這個地靈人傑的文獻名邦確實不同凡響的重要見證。

一部紹興的藏書史，其實也是一部紹興人的讀書、用書、著書史。歷史上的紹興，刻書、藏書、讀書、用書、著書，良性循環，互相促進，成爲中國文化史上一道亮麗的風景。

（三）著述豐富多彩

紹興自古以來，論道立説、卓然成家者代見輩出，創意立言、名動天下者繼踵接武，歷朝皆有傳世之作，各代俱見㮣㮣之著。這些文獻，不僅對紹興一地有重要價值，而且也是浙江文化乃至中國古代文化的重要組成部分。

一是著述之風，遍及各界。越人的創作著述，文學之士自不待言，爲政、從軍、業賈者亦多喜筆耕，屢有不刊之著。甚至於鄉野市井之口頭創作、謡歌俚曲，亦代代敷演，蔚爲大觀，其中更是多有内藴厚重、哲理深刻、色彩斑斕之精品，遠非下里巴人，足稱陽春白雪。

二是著述整理，尤爲重視。越人的著述，包括對越中文獻乃至我國古代文獻的整理。宋孔延之的《會稽掇英總集》，清杜春生的《越中金石記》，近代魯迅的《會稽郡故書雜集》等，都是收輯整理地方文獻的重要成果。陳橋驛所著《紹興地方文獻考録》，是另一種形式的著述整理，其中考録一九四九年前紹興地方文獻一千二百餘種。清代康熙年間，紹興府山陰縣吴楚材、吴調侯叔侄選編的《古文觀止》，自問世以來，一直是古文啓蒙的必備書，也深受古文愛好者的推崇。

三是著述領域，相涉廣泛。越人的著述，涉及諸多領域。其中古代以經、史與諸子百家研核之作爲多，且基本上涵蓋了經、史、子、集的各個分類，近現代以文藝創作爲多，當代則以科學研究論著爲多。這也體現了越中賢傑經世致用、與時俱進的家國情懷。

四

盛世修典，承古啓新，以「紹興」之名，行紹興之實。

紹興這個名字，源自宋高宗的升越州爲府，並冠以年號，時在紹興元年（一一三一）的十月廿六日。這是對這座城市傳統的畫龍點睛。紹興這兩個字合在一起，藴含的正是承繼前業而壯大之、開創未來而昌興之的意思。數往而知來，今天的紹興人正賦予這座城市、這個名字以新的意藴，那就是繼承中華優秀傳統文化，建設中華民族現代文明，爲實現中華民族偉大復興，作出自己新的更大的貢獻。

編纂出版《紹興大典》，正是紹興地方黨委、政府文化自信、文化自覺的體現，是集思廣益、精心實施的德政，是承前啓後、繼往開來的偉業。

（一）科學的決策

《紹興大典》的編纂出版，堪稱黨委、政府科學決策的典範。二〇二〇年十二月十一日，中共紹興市委八届九次全體（擴大）會議審議通過了關於紹興市「十四五」規劃和二〇三五年遠景目標的建議，其中首次提出要啓動《紹興大典》的編纂出版工作。

二〇二一年二月五日，紹興市第八届人民代表大會第六次會議批准了市政府根據市委建議編製的紹興市「十四五」規劃和二〇三五年遠景目標綱要，其中又專門寫到要啓動《紹興大典》的編纂出版工作。二月八日，紹興市人民政府正式印發了這個重要文件。

二〇二二年二月二十八日的中共紹興市第九次代表大會市委工作報告與三月三十日的紹興市九届人大一次會議政府工作報告，均對編纂出版《紹興大典》提出了要求。

二〇二二年九月十五日，紹興市人民政府第十一次常務會議專題聽取了《〈紹興大典〉編纂出版工作實施方案》起草情况的匯報，決定根據討論意見對實施意見進行修改完善後，提交市委常委會議審議。九月十六日，中共紹興市委九届二十次常委會議專題聽取《〈紹興大典〉編纂出版工作實施方案》起草情況的匯報，並進行了討論，決定批准這個方案。十月十日，中共紹興市委辦公室、紹興市人民政府辦公室正式印發了《〈紹興大典〉編纂出版工作實施方案》。

在中共紹興市委、紹興市人民政府研究批准的實施方案中，《紹興大典》編纂出版的各項相關事宜，均得以明確。

（二）嚴謹的體例

一是主要目標。系統、全面、客觀梳理紹興文化傳承脉絡，收集、整理、編纂、研究、出版紹興地方文獻，使《紹興大典》成爲全國鄉邦文獻整理編纂出版的典範和紹興文化史上的豐碑，爲努力打造「文獻保護名邦」「文史研究重鎮」「文化轉化高地」三張紹興文化的金名片作出貢獻。

二是收録範圍。《紹興大典》收録的時間範圍爲：起自先秦時期，迄至一九四九年九月三十日，部分文獻酌情下延。地域範圍爲：今紹興市所轄之區、縣（市），兼及歷史上紹興府所轄之蕭山、餘姚。内容範圍爲：紹興人的著述，域外人士有關紹興的著述，歷史上紹興刻印的古籍善本和紹興收藏的珍稀古籍善本。

三是編纂方法。對所録文獻典籍，按經、史、子、集和叢五部分類方法編纂出版。

根據實施方案明確的時間安排與階段劃分，在具體編纂工作中，采用先易後難、先急後緩，邊編纂出版、邊深入摸底的方法。即先編纂出版情況明瞭、現實急需的典籍，與此同時，對面上的典籍情況進行深入的摸底調查。這樣的方法，既可以用最快的速度出書，以滿足保護之需、利用之需，又可以爲一些難題的破解争取時間；既可以充分發揮我國實力最强的專業古籍出版社中華書局的編輯出版優勢，又可以充分借助與紹興相關的典籍一半以上收藏於我國古代典籍收藏最爲宏富的國家圖書館的優勢。這是最大限度地避免時間與經費上的重複浪費的方法，也是地方文獻編纂出版工作方法上的創新。

另外，還將適時延伸出版《紹興大典·要籍點校叢刊》《紹興大典·文獻研究叢書》《紹興大典·善本影真叢覽》等。

（三）非凡的意義

正如紹興的文獻典籍在中華文獻典籍史上具有重要的影響那樣，編纂出版《紹興大典》的意義，同樣也是非同尋常的。

一是編纂出版《紹興大典》，對於文獻典籍的更好保護——活下來，具有非同尋常的意義。歷史上的文獻典籍，是中華文明歷經滄桑留下的最寶貴的東西。然而，這些瑰寶或因天災人禍，或因自然老化，或因使用過度，或因其他緣故，有不少已經處於岌岌可危甚至奄奄一息的境況。

編纂出版《紹興大典》，可以爲系統修復、深度整理這些珍貴的古籍爭取時間；可以最大限度呈現底本的原貌，緩解藏用的矛盾，更好地方便閱讀與研究。這是文獻典籍眼下的當務之急，最好的續命之舉。

二是編纂出版《紹興大典》，對於文獻典籍的更好利用——活起來，具有非同尋常的意義。歷史上的文獻典籍，流傳到今天，實屬不易，殊爲難得。它們雖然大多保存完好，其中不少還是善本，但分散藏於公私，積久塵封，世人難見；也有的已成孤本，或至今未曾刊印，僅有稿本、抄本，秘不示人，無法查閱。

編纂出版《紹興大典》，將穿越千年的文獻、深度密鎖的秘藏、散落全球的珍寶匯聚起來，化身萬千，走向社會，走近讀者，走進生活，既可防它們失傳之虞，又可使它們嘉惠學林，也可使它們古爲今用，文旅融合，還可使它們延年益壽，推陳出新。這是於文獻典籍利用一本萬利、一舉多得的好事。

三是編纂出版《紹興大典》，對於文獻典籍的更好傳承——活下去，具有非同尋常的意義。歷史上的文獻典籍，能保存至今，是先賢們不惜代價，有的是不惜用生命爲代價换來的。對這些傳承至今的古籍本身，我們應當倍加珍惜。

編纂出版《紹興大典》，正是爲了述録先人的開拓，啓迪來者的奮鬥，使這些珍貴古籍世代相傳，使蕴藏在這些珍貴古籍身上的中華優秀傳統文化世代相傳。這是中華文化創造性轉化、創新性發展的通途所在。

編纂出版《紹興大典》，是紹興文化發展史上的曠古偉業。編成後的《紹興大典》，將成爲全國範圍内的同類城市中，第一部收録最爲系統、内容最爲豐贍、品質最爲上乘的地方文獻集成。

紹興這個地方，古往今來，都在不懈超越。超乎尋常，追求卓越。超越自我，超越歷史。《紹興大典》的編纂出版，無疑會是紹興文化發展史上的又一次超越。

道阻且長，行則將至；行而不輟，成功可期。「後之視今，亦猶今之視昔」；「後之覽者，亦將有感於斯文」（《蘭亭集序》）。讓我們一起努力吧！

馮建榮

二〇二三年六月十日，星期六，成稿於寓所

二〇二三年中秋、國慶假期，校改於寓所

編纂説明

紹興古稱會稽，歷史悠久。

大禹治水，畢功了溪，計功今紹興城南之茅山（苗山），崩後葬此，此山始稱會稽，此地因名會稽，距今四千多年。

大禹第六代孫夏后少康封庶子無餘於會稽，以奉禹祀，號曰「於越」，此爲吾越得國之始。《竹書紀年》載，成王二十四年，於越來賓。是亦此地史載之始。

距今兩千五百多年，越王句踐遷都築城於會稽山之北（今紹興老城區），是爲紹興建城之始，於今城不移址，海内罕有。

秦始皇滅六國，御海内，立郡縣，成定制。是地屬會稽郡，郡治爲吴縣，所轄大率吴越故地。東漢順帝永建四年（一二九），析浙江之北諸縣置吴郡，是爲吴越分治之始。會稽名仍其舊，郡治遷山陰。由隋至唐，會稽改稱越州，時有反復，至中唐後，「越州」遂爲定稱而至於宋。所轄時有增減，至五代後梁開平二年（九〇八），吴越析剡東十三鄉置新昌縣，自此，越州長期穩定轄領會稽、山陰、蕭山、諸暨、餘姚、上虞、嵊縣、新昌八邑。

建炎四年（一一三〇），宋高宗趙構駐蹕越州，取「紹奕世之宏庥，興百年之丕緒」之意，下詔從建炎五年正月改元紹興。紹興元年（一一三一）十月己丑升越州爲紹興府，斯地乃名紹興，沿用至今。

歷史的悠久，造就了紹興文化的發達。數千年來文化的發展、沉澱，又給紹興留下了燦爛的文化載體——鄉邦文獻。保存至今的紹興歷史文獻，有方志著作、家族史料、雜史輿圖、文人筆記、先賢文集、醫卜星相、碑刻墓誌、摩崖遺存、地名方言、檔案文書等不下三千種，可以説，凡有所録，應有盡有。這些文獻從不同角度記載了紹興的山川地理、風土人情、經濟發展、人物傳記、著述藝文等各個方面，成爲人們瞭解歷史、傳承文明、教育後人、建設社會的重要參考資料，其中許多著作不僅對紹興本地有重要價值，也是江浙文化乃至中華古代文化的重要組成部分。

紹興歷代文人對地方文獻的探尋、收集、整理、刊印等都非常重視，並作出過不朽的貢獻，陳橋驛先生就是代表性人物。正是在他的大力呼籲下，時任紹興縣政府主要領導作出了編纂出版《紹興叢書》的決策，爲今日《紹興大典》的編纂出版積累了經驗，奠定了基礎。

時至今日，爲貫徹落實習近平總書記系列重要講話精神，奮力打造新時代文化文明高地，重輝「文獻名邦」，中共紹興市委、市政府毅然作出編纂出版《紹興大典》的決策部署。延請全國著名學者樓宇烈、袁行霈、安平秋、葛劍雄、吴格、李岩、熊遠明、張志清諸先生參酌把關，與收藏紹興典籍最豐富的國家圖書館等各大圖書館以及專業古籍出版社中華書局展開深度合作，成立專門班子，精心規劃組織，扎實付諸實施。《紹興大典》是地方文獻的集大成之作，出版形式以紙質書籍爲主，同步開發建設數據庫。其基本内容，包括以下三方面：

一、《紹興大典》影印精裝本文獻大全。這方面内容囊括一九四九年前的紹興歷史文獻，收録的原則是「全而優」，也就是文獻求全收録；同一文獻比對版本優劣，收優斥劣。同時特別注重珍稀性、孤罕性、史料性。

《紹興大典》影印精裝本收録範圍：

時間範圍：起自先秦時期，迄至一九四九年九月三十日，部分文獻可酌情下延。

地域範圍：今紹興市所轄之區、縣（市），兼及歷史上紹興府所轄之蕭山、餘姚。

内容範圍：紹興人（本籍與寄籍紹興的人士、寄籍外地的紹籍人士）撰寫的著作，非紹興籍人士撰寫的與紹興相關的著作，歷史上紹興刻印的古籍珍本和紹興收藏的古籍珍本。

《紹興大典》影印精裝本編纂體例，以經、史、子、集、叢五部分類的方法，對收録範圍内的文獻，進行開放式收録，分類編輯，影印出版。五部之下，不分子目。

經部：主要收録經學（含小學）原創著作；經校勘校訂，校注校釋，疏、證、箋、解、章句等的經學名著；爲紹籍經學家所著經學著作而撰的著作，等等。

史部：主要收録紹興地方歷史書籍，重點是府縣志、家史、雜史等三個方面的歷史著作。

子部：主要收録專業類書，比如農學類、書畫類、醫卜星相類、儒釋道宗教類、陰陽五行類、傳奇類、小説類，等等。

集部：主要收録詩賦文詞曲總集、别集、專集，詩律詞譜，詩話詞話，南北曲韻，文論文評，等等。

叢部：主要收録不入以上四部的歷史文獻遺珍、歷史文物和歷史遺址圖録彙總、戲劇曲藝脚本、報章雜志、音像資料等。不收傳統叢部之文叢、彙編之類。

《紹興大典》影印精裝本在收録、整理、編纂出版上述文獻的基礎上，同時進行書目提要的撰寫，並細編索引，以起到提要鈎沉、方便實用的作用。

二、《紹興大典》點校研究及珍本彙編。主要是《紹興大典》影印精裝本的延伸項目，形成三個成果，即《紹興大典·要籍點校叢刊》《紹興大典·文獻研究叢書》《紹興大典·善本影真叢覽》三叢。

選取影印出版文獻中的要籍，組織專家分專題開展點校等工作，排印出版《紹興大典·要籍點校叢刊》；及時向社會公布推出出版文獻書目，開展《紹興大典》收録文獻研究，分階段出版研究成果《紹興大典·文獻研究叢書》；選取品相完好、特色明顯、内容有益的優秀文獻，原版原樣綫裝影印出版《紹興大典·善本影真叢覽》。

三、《紹興大典》文獻數據庫。以《紹興大典》影印精裝本和《紹興大典·要籍點校叢刊》《紹興大典·文獻研究叢書》《紹興大典·善本影真叢覽》三叢爲基幹構建。同時收録大典編纂過程中所涉其他相關資料，未用之版本，書佚目存之書目等，動態推進。

《紹興大典》編纂完成後，應該是一部體系完善、分類合理、全優兼顧、提要鮮明、檢索方便的大型文獻集成，必將成爲地方文獻編纂的新範例，同時助力紹興打造完成「歷史文獻保護名邦」「地方文史研究重鎮」「區域文化轉化高地」三張文化金名片。

《紹興大典》在中共紹興市委、市政府領導下組成編纂工作指導委員會，組織實施並保障大典工程的順利推進，同時組成由紹興市爲主導、國家圖書館和中華書局爲主要骨幹力量、各地專家學者和圖書館人員爲輔助力量的編纂委員會，負責具體的編纂工作。

《紹興大典》編纂委員會

二〇二三年五月

史部編纂説明

紹興自古重視歷史記載，在現存數千種紹興歷史文獻中，史部著作占有極爲重要的位置。因其内容豐富、體裁多樣、官民兼撰的特點，成爲《紹興大典》五大部類之一，而别類專纂，彙簡成編。

按《紹興大典·編纂説明》規定：「以經、史、子、集、叢五部分類的方法，對收録範圍内的文獻，進行開放式收録，分類編輯，影印出版。五部之下，不分子目。」「史部：主要收録紹興地方歷史書籍，重點是府縣志、家史、雜史等三個方面的歷史著作。」

紹興素爲方志之鄉，纂修方志的歷史較爲悠久。據陳橋驛《紹興地方文獻考録》（浙江人民出版社，一九八三年版）統計，僅紹興地區方志類文獻就「多達一百四十餘種，目前尚存近一半」。在最近三十多年中，紹興又發現了不少歷史文獻，堪稱卷帙浩繁。

據《紹興大典》編纂委員會多方調查掌握的信息，府縣之中，既有最早的府志——南宋二志《（嘉泰）會稽志》和《（寶慶）會稽續志》，也有最早的縣志——宋嘉定《剡録》；既有耳熟能詳的《（萬曆）紹興府志》，也有海内孤本《（嘉靖）山陰縣志》；更有寥若晨星的《永樂大典》本《紹興府志》，等等。存世的紹興府縣志，明代纂修並存世的萬曆爲最多，清代纂修並存世的康熙爲最多。

家史資料是地方志的重要補充，紹興地區家史資料豐富，《紹興家譜總目提要》共收録紹興相關家譜資料三千六百七十九條，涉及一百七十七個姓氏。據二〇〇六年《紹興叢書》編委會對上海圖書館藏紹興文獻的調查，上海圖書館館藏的紹興家史譜牒資料有三百多種，據紹興圖書館最近提供的信息，其館藏譜牒資料有二百五十多種，一千三百七十八册。紹興人文薈萃，歷來重視繼承弘揚耕讀傳統，家族中尤以登科進仕者爲榮，每見累世科甲、甲第連雲之家族，如諸暨花亭五桂堂黄氏、山陰狀元坊張氏，等等。家族中每有中式，必進祠堂，祭祖宗，禮神祇，乃至重纂家乘。因此纂修家譜之風頗盛，聯宗聯譜，聲氣相通，呼應相求，以期相將相扶，百世其昌，因此留下了浩如煙海、簡册連編的家史譜牒資料。家史資料入典，將遵循「姓氏求全，譜目求全，譜牒求優」的原則遴選。

雜史部分是紹興歷史文獻中内容最豐富、形式最多樣、撰者最衆多、價值極珍貴的部分。記載的内容無比豐富，撰寫的體裁多種多樣，留存的形式面目各異。其中私修地方史著作，以東漢袁康、吴平所輯的《越絶書》及稍後趙曄的《吴越春秋》最具代表性，是紹興現存最早較爲系統完整的史著。

雜史部分的歷史文獻，有非官修的專業志、地方小志，如《三江所志》《倉帝廟志》《螭陽志》等；有以韻文形式撰寫的如《山居賦》《會稽三賦》等；有碑刻史料如《會稽刻石》《龍瑞宫刻石》等；有詩文游記如《沃洲雜詠》等；有珍貴的檔案史料如《明浙江紹興府諸暨縣魚鱗册》等；有名人日記如《祁忠敏公日記》《越縵堂日記》等；有綜合性的歷史著作如海内外孤本《越中雜識》等；也有鈎沉稽古的如《虞志稽遺》等。既有《救荒全書》《欽定浙江賦役全書》這樣專業的經濟史料，也有《越中八景圖》這樣的圖繪史料等。舉凡經濟、人物、教育、方言風物、名人日記等，應有盡有，不勝枚舉。尤以地理爲著，諸如山川風物、名勝古迹、水利關津、衛所武備、天文医卜等，莫不悉備。

這些歷史文獻，有的是官刻，有的是坊刻，有的是家刻。有特別珍貴的稿本、鈔本、寫本，也有珍稀孤罕首次面世的史料。由於《紹興大典》的編纂出版，這些文獻得以呈現在世人面前，俾世人充分深入地瞭解紹興豐富多彩的歷史文化。受編纂者學識見聞以及客觀條件之限制，難免有疏漏錯訛之處，祈望方家教正。

《紹興大典》編纂委員會

二〇二三年五月

民國蕭山縣志稿

三十三卷，首末各一卷

〔民國〕彭延慶、陳曾蔭、張宗海修，〔民國〕楊鍾羲、姚瑩俊、楊士龍纂

民國二十四年（一九三五）印行

影印説明

《（民國）蕭山縣志稿》三十三卷，首末各一卷，民國二十四年（一九三五）印行。彭延慶、陳曾蔭、張宗海修，楊鍾羲、姚瑩俊、楊士龍纂。半葉十二行行三十三字，小字雙行同，白口，單魚尾，四周雙邊。原書版框高19.2釐米，宽12.3釐米。卷首分别有一九三五年張宗海序、一九二〇年陳曾蔭原序、一九三五年施鳳翔序、一九二〇年姚瑩俊後序以及一九三五年楊士龍跋和再跋，另有志例舉凡、修輯人名、民國蕭山縣圖。卷末收録歷代舊志序。

彭延慶，武昌人，曾任蕭山縣知事，主修《蕭山縣志稿》，訪武昌人楊鍾羲爲邑志總纂，書未成而他任。陳曾蔭，青縣人，曾任蕭山縣知事，「憫書之散」「無人總其成」，到任後重新調整編志機構，命林國楨爲志局主任，蕭山姚瑩俊爲總纂，同時又邀陳大昀等人作爲分纂。張宗海，保定人，曾任蕭山縣縣長，主持完成《蕭山縣志稿》的修纂工作，委派江都人楊士龍擔任總纂。

有清一代，蕭山邑志之修纂經歷了兩次，分别是康熙與乾隆兩代。本次修纂，距乾隆舊志已有一百八十餘年，故有較多創新之處。從所附縣圖看，本次修纂，强調邑圖「明形勢」之功用，將更加科學的經緯比例應用到縣境圖體之繪製上。綱目分列上，一方面基本采用舊志之通例框架，另一方面根據近世輿地家實測之科學糾正了部分地理數據的誤差。至於舊志之誤，在肯定毛西河之《蕭山縣志刊誤》貢獻的同時，亦有對於其他文獻的引證參考，足見修纂之嚴謹態度。

此次影印，以上海圖書館藏本爲底本。另據《中國地方志聯合目録》，國家圖書館、浙江圖書館、天一閣等機構亦有收藏。

蕭山縣志稿

王仁溥著

民國二十四年印行

蕭山縣志稿卷首

目錄

蕭山縣志稿序

蕭山縣志之重修創議於前邑令彭公事在民國三年稿成彭公去任遷延未刊迄今二十餘年矣宗海來長斯土恐此稿之就湮沒也欲謀所以刊之爰集士紳組織縣志修刊委員會討論斯事僉謂原稿首末二卷已經散失且謬誤尚多非經一度之校補不足以成完本乃延請江都楊君士龍董其事闕者補之贅者刪之訛誤者更正之錯雜者理董之凡四閱月而稿定檢付手民刷印成書於是二十年來未竟之功成於一旦夫縣之有志一邑之文獻所關亦萬衆之觀瞻所繫也其所以歷百年或十年必經重修者豈獨爲補遺計哉亦以時異勢殊風氣隨之而變不得不謀一結束耳此稿之成歷二十餘年論其體例於今日之潮流已多不合然當日秉筆者一番苦心又何可沒也且舊志未竣新志莫繼後之君子欲有所撰述勢必以絕續之交著手愈難因循坐視恐不惟前功盡棄抑且後效難期也今賴羣策羣力卒底於成余不獨爲此書幸且爲蕭山人幸矣是役也與會者趙君之錚王君文翰陳君樂歡王君銘恩何君丙藻

來君嗣穀楊君在堃錢君福萃樓君謇元顧君士江來君鳳岐華君光翼王君仁溥諸人而旅杭邑人金君百順韓君秉彝實與有勞焉宗海不敏躬與其盛欣慰之餘因不揣譾陋而爲之序

中華民國二十四年三月蕭山縣縣長保定張宗海譔

蕭山縣志稿原序

有清乾隆十六年邑故令鄧州黃君鈺紹成蕭山志迄於今忽忽失修垂百數十載中更兵燹故家圖籍若存若亡無徵不信邦人之羞興廢舉墜守土者之責曾蔭奉檄涖茲土乃前政武昌彭君延慶已修有端緒私心竊引以爲幸彭君以稿未竣事受代去邑人在職者指門襄纂黽勉從事迨積稿贏尺餘以無人總其成未爲完書私心竊又引以爲憾亦引以爲愧今年夏亟於簿書期會之暇徵前職諸君子相與討論一堂因專員理董之閱數月以成書見告矣蕭山一唐之緊縣也與省會隔一衣帶水聲名文物自昔稱盛地踞上游水陸交衝東望一錢亭古址劉太守流風遠焉西臨傍郭之陳習園何孝子强毅堅忍懍懍猶有生氣在北瞻浦灘文光夜射斗宮則毛檢討歸藏處南挹楡青之雄秀僉曰整敕戎備爲全邑保障昔瞿某以書生練武事是也苧蘿爲西施生長之村風月思玄度寓居之宅流連往事類皆騷人韻士所喜談若夫政治因而講求風土因而考察一名一志因而辨證忠孝節烈山林隱逸因而表章職任邑宰識

大識小宜習掌故考鏡所在輶乘爲先黄志釐列細目斯志統攝大綱前後相望方策班班其事其文亦裁以其義而已嗚呼環球通道以來歐風東漸奚事此沾沾者爲方今士氣之發揚商貨之流貤土產之阜蕃民俗之異尙望古遙集曷嘗壘守舊聞昔人有言天道十年一小變三十年一大變邑志惟變所適亦期十年或三十年一修他日者文化益以盛實業益以興交通益以利美矣哉蕭山一邑其氣象當爲諸邑冠奚止是志所陳已哉曾蔭當新舊交錯之際遠溯諸黄君近踵諸彭君居然以數月蕆事欲以信今詎云傳後但思繼往遑問開來嗣有作者其棄我乎其取我乎是爲序

中華民國九年十一月署蕭山縣知事青縣陳曾蔭撰

蕭山縣志稿序

吾蕭山大邑也大邑無志邑人之羞也考舊志之存於今者惟清代康熙癸酉之劉志乾隆己巳之黃志迄今一百數十年其書已不多見予嘗懸重直求之輒不易得則前乎此者無論矣夫邑志者省志國志之所本邑而無志本不存矣況此百數十年間桑海之變遷政事之因革人文之遞嬗爲有志乘以來未有之大變閱時愈久湮沒愈多鳳翔少小離鄉又未習鄉邦文獻何足以議此共和肇建歲在癸丑前邑令江夏彭君延慶慨然有興修之議下商者再鳳翔乃首捐五千元爲邑人倡志局於是成立數年稿成而彭君已他調去任垂成之志又復停頓今諸鄉老鑒於成書之難不付剞劂且將湮沒爰商諸江都楊君鳌正舊稿補其闕漏得以付印鳳翔垂暮之年獲觀厥成不可謂非厚幸而俶始之彭君早歿於寧海任所今墓木已拱矣追念往昔爲之憮然

民國貳拾肆年乙亥拾月　邑人施鳳翔序

蕭山縣志稿後序

吾邑修志人才有清一代遠如王晚聞汪龍莊先生輩近如韓螺山陳韶次先生輩或精史裁或明文例均未踵黃志而起革政後邑宰武昌彭公病爲缺典倡議興修爰集采訪延編纂設局從事瑩俊不才謬承坐辦之乏坐辦者掌管訪纂文稿及局中一切事務即通俗所稱主任是也乃采訪甫齊編纂未畢彭公調省諸賢散歸繼任二三賢侯命瑩俊補完分纂諸稿而總纂職務在若絕若續間青縣陳公涖任憫書之散而無紀由無人總其成故特易林君國楨爲主任焉命瑩俊嗣職總纂並徵陳大昀湯在容田廷猷來裕昌四君子匡所不逮瑩俊辭不得請以今年六月授事十月蕆事計成書三十二卷又首末兩卷由主任林君呈陳公鑒定曲荷賜序爲闔邑光其經過情形大略如此竊維修志專家若實齋章先生猶遭抨擊瑩俊何人敢秉斯筆况此時政學兩途新舊交錯重性貤謬欲免更難倘願大雅宏達舉遺失糾乖迕如毛先生之成刋誤一書不才幸焉在職諸君子亦與有幸焉

中華民國九年十二月　鏡西姚瑩俊謹跋

蕭山縣志稿跋

昔江文通有言修史之難無出於志蓋詳之則連篇累幅不勝其載簡之則疏略脱漏考證難憑而況傳聞異辭毀譽失實辨之不審輒累全書以言乎難誠哉其難也蕭山邑志清代康乾間曾一再修之厥後迄於清末垂一百五十餘年無繼之者民國二年知縣事武昌彭君延慶謀修邑志設局採訪武昌楊君鍾羲爲總纂蘄水陳君曾轂盧江陳君詩邑人陳君大昀胡君福培田君廷獻姚君瑩俊來君裕昌諸人爲分纂而姚君瑩俊實主局事輔之者來君裕昌也未幾彭去任楊亦未克始終其事乃由姚君繼續爲之搜殘補闕甫得成書而姚君歸道山矣其難如此今邑侯張君宗海大懼垂成之書不付剞劂久且散佚就湮亟謀所以刊之顧姚君遺稿體例未具編中論贊又闕而不備遂謀之於余余闇陋不學非所敢承而張君請之堅不得已姑就姚君原稿爲銓次體例並補其論贊之闕者余因是而有感焉姚君矻矻於茲者有年可謂其難其愼矣諆纂方志本非易事清代修志能馭以史法獨闢蹊徑自剏義例者實惟會稽章

實齋先生卓然名其家姚君茲編雖未必規仿實齋以自立異然亦有不苟同於流俗者其說具詳於余之代譔志例中獨惜不獲一識姚君相與上下其議論考證今古得失異同僅從其遺編中想像得之未能彷彿萬一亦事之滋可憾者也校勘既竣歸之張君而述其崖略如此以著姚君勤事之難能與事諸君子亦咸有勞焉例當備書以紀其實民國紀元後第一甲子乙亥仲春之月江都楊士龍叔聃氏跋

再跋

方志爲郡邑分類紀實之史與國史實同源而異流故有一時代之事實即有一時代之方志窠臼相承不以爲異蓋有原始要終繁簡增損一以貫之之義焉不然一志之已足矣奚煩僕僕然及時修訂爲哉蕭有邑志宋元以來不詳載籍明永樂間知縣張崇奉敕重訂志書觀其序言前無專書所謂舊志者郡志而已（見康熙志遺文門）厥後宣德弘治正德嘉靖凡數修輯遠者六十餘年近者僅十餘年明代修訂可謂綦勤清踵明後僅康乾間一再修之厥後歷嘉道咸同光宣百五十餘年竟闃然矣共和肇建之初武昌彭君來知縣事亟謀修訂不可謂非知急當務也夫以邑志中斷百五十餘年之久中間復經紅羊之刦文卷蕩失當時珥筆諸君子已感可徵之文獻不足而能補苴隙漏張皇幽邈以成清代未完之志書繼往開來之功有足多者未可以其不合時宜而非之蓋清鼎雖革所纂述者仍爲有清事實有自然之段落焉共和以來與民更始百度皆新廿餘年間可纂錄之事實已叢積正革故鼎新之良會如鐵道也公路也農產

工業之盛衰也貨幣物價今昔之同異也土貨外貨消費之比較也皆與民生有至大之關係爲方志所不可略者是在今後之明哲君子釐正義例重訂門類以續纂之矣近人余紹宋所譔龍游縣志不襲前人窠臼獨剏義例實師承章實齋而變通之者然亦有可商榷處神而明之存乎其人今後續纂新志頗可取以爲法抑更有說者方志爲地方紀實之史與國史同其典重大率每三十年當修訂一次以古者三十年爲一世紀也此三十年中情遷勢移必不在少數苟選舉公正人士專其職責如古之左右史作有系統之纂錄則方志當更可觀舊時修志並無專職又無一定之程序柄政者官如傳舍視爲不急之務士大夫亦鮮有深切厝意者故明代修志雖至六七次其書今且絕迹清代康乾間僅兩修之其書今亦成珍本不能多見因之沿訛襲謬往往不免徒使掌故家資以聚訟逞其博辯而無裨於事實若方志有專司之人賡續有一定之程序期限近而文獻無虞不足傳佈廣而邑人家有其書茲弊其庶幾免乎方志爲地方利病得失之明鏡有徵斯可信匪細事也願以所懷質之明哲君子乙亥六月楊

士龍叔聃氏再跋

志例舉凡

一舊志卷首列縣境城池衙署風景海塘湘湖各圖就楮幅之大小爲圖體之伸縮模其形似並無經緯比例非惟無用舛漏實多今以不能一一急事測量僅依新法測定爲圖凡六（一）蕭山縣縣境全圖（二）蕭山縣城區圖（三）蕭山縣公署平面圖（四）蕭山孔廟平面圖（五）蕭山縣立第一小學校舍平面圖（六）蕭山縣豫大倉平面圖其他暫從蓋闕

圖之爲用所以明形勢也城池而外江海湖沼塘堰閘壩之建置於水利關係至鉅均爲方志必不可少之圖他日從事測繪分圖均當補列入之

一明萬歷舊志原分天文地理建置食貨人物列傳雜志七門仿諸史裁頗爲簡要清代康熙志衍爲十八門稍繁密矣猶不失史法乾隆志則平列其目至三十餘不復有綱目之別散而無紀爲方志體例之尤縟者兹編仍踵康熙志例併爲十三門門列若干子目雖猶是舊志之通例而分合異同之故頗可得而言焉

康熙志省天文入地理併曰疆域是矣然猶泥分野舊套以在天之域自圓其說乾隆志則直以星野爲一門其實占星之學失傳已久古籍陳言轉相因襲等於具文不如竟省之爲是今首疆域不復列子目於分野惟於沿革中據近世輿地家實測之經緯度數定其地望庶較鑿空之分野爲準確也舊志言縣東西廣六十二里南北袤九十里此指南沙未併入時而言今併南沙各鄉之里數計入則廣袤自與舊志差異

康熙志於城池自爲一門坊里市鎮里至則屬諸疆域統系殊不分明今以城池入疆域而後都圖市鎮村落坊巷連類而及條理乃秩然矣

欲明一方之情況必先識一方之風土故風俗物產亦列疆域之二目焉

一　山川水利舊志均各自爲一門今仍之惟山脈無所變更而水道則時有通塞移易今師桑經酈注之意以水爲經而山脈系之橋梁驛站營汛則於交通兵防阨塞俱有關係故列爲山川子目其水利關於農田利害至鉅塘堰閘壩所以爲治

水之具也是以子目依類附之

一　有土斯有財田賦與焉茲編期於以簡御繁區之爲上中下三編上編根據康乾兩舊志詳其要略外惟宣統二年縣册徵解存留各額全案可以爲有清一代賦法最近之標準其他同光間舊案及諸雜例並附之難以强爲分晰挂一漏萬故不列子目中編戶口倉儲蠲賑水旱祥異皆與田賦有關連者也下編地租雜捐鹽課亦屬財賦之範圍列子目者凡九法相因也而一代之典章制度可一以貫之矣

一　康熙志署廨祠祀俱各爲一門而以宮室附署廨爲子目陵墓寺庵仙釋附祠祀爲子目所謂宮室者茶亭義莊胥閫入焉乾隆志公署門則倉廒養濟院藥局醫學亦附入均不免陵雜失序茲編援明舊志例列建置一門而以壇廟衙署局所寺觀爲子目蓋以性質論是數者皆建置類也康乾兩舊志陵雜處不可爲訓加以矯正別於局所子目下增公益支目則名實不相戾矣

一古蹟康乾兩舊志均列一門說者謂古蹟無關弘旨或主附於他目者然歷史掌故所係亦頗重要如固陵城越王臺之類有裨於史實匪細未可附於他目而省略之也茲編仍列古蹟一門以冢墓爲子目古冢同是古蹟夫豈有非類之嫌歟

一同是建置而不可不別爲一門者學校是也學校爲崇祀孔廟所在地康乾兩舊志均別立一門不廁諸其他祠祀且學籍學田學廛附麗亦多爲一代風教文化之淵源誠重之也今亦仍其例而附以書院義塾學堂勸學所教育會諸子目至於學制之因時變更又當別論

一康乾兩舊志均列武備而康熙志載汛兵外並及軍器庫有鐵九龍銃等武器乾隆志削之僅載汛兵之數是當時已知所謂武器不適於用矣今改爲紀事門以盛典兵事爲子目紀文武非常之事汛地兵額則移入山川門營汛子目中備識阨塞之要而已

一郡邑職官稱官師謂縣官學官也明萬歷舊志原有官師表今援用之康乾兩舊

志則均仍稱職官志多分類排列若題名錄然殊無意義康熙志且並武職不載尤非平允其實武職有捍衞防禦之勞未可盡沒也茲編以表列之以時代爲經職官名目爲緯依其時代官制任事年月可詳者詳之爲表凡四（一）縣屬各官表（二）學官表（三）場官表（四）武官表其有政績遺愛者别爲傳表傳並立陽秋自見

舊志仿正史列職官一門而以名宦併入鄉賢是視職官名宦爲兩橛矣其實郡邑名宦卽職官之表異者職官有志而無傳豈名宦非職官歟不可解也今以名宦傳移入職官正其名曰官師蓋郡邑職官實可以官師括之非立異也

一　歷代選舉制度不同大都不外薦辟制科進士舉人貢生諸名色其以雜途進者種類亦繁康熙志疏略甚多乾隆志較康熙志爲詳矣然均以時代分類排比眉目殊不清晰茲分别以經緯表列之其無可經緯者亦分年類别爲表計表凡十（一）歷代選舉科目表（二）學堂考試出身表（三）歷代武科目表（四）仕籍表

（五）仕籍補遺表（六）武仕籍表（七）封贈表（八）武封贈表（九）廕襲表（十）畢業生表附焉仕籍封贈廕襲原與選舉無關繫尤雖乖體例第以乾隆志既開其端不妨沿成規耳

一　康熙志於鄉賢以鄉賢隱逸孝義等標目若門類然然一鄉之公評在事實不在標榜若不得其人詳爲牽合緣飾以充篇幅於義何居茲依乾隆志例統稱爲列傳其無事蹟可詳者則表列之

一　寓賢卽流寓舊志多列此一門不過藉其人之聲望以爲山川生色而已苟非有裨益地方事蹟卽無意義今仍存之者亦所謂與其過而廢也毋寧過而存之耳方技釋老則當別論

一　列女有傳所以示風教方志之所重也茲編仍如鄉賢例不區其類別以時代之先後次之詳傳其事蹟其節烈貞孝及殉洪楊之難無事蹟可詳者乃表列之

一　正志遺佚或無類可歸而又不可刪之者則列爲雜志一門前明舊志本有此例

清代康熙志之遺文乾隆志之雜記均屬此類今以康乾兩舊志所謂遺文雜記已分別依類採入正志無事效顰複載而遺聞軼事尤夥方言謠諺原可屬之風俗因正志不及編入亦援康乾兩舊志例集爲此篇統名之曰瑣聞亦補遺之意而已

一　方志列藝文所以志一方之文化也康熙志以序志遺文當之失之疏乾隆志則備諸體之詩文如選家讀本又失之冗似皆有所未當蓋徵文徵獻可以參證之途正多原不必專斷斷乎有關係之歌詠紀實文字若邑人士以著作名其家非名山不朽之事業乎金石碑碣非古物之確鑿有徵者乎是皆可爲藝文廣其例兹編本此意以補前人所未備區之爲三綱要（一）書目（二）金石（三）詩文鈔惟著作之書錄其原本非惟無此體例抑亦事實所不可能故以書目存其略以爲知人論世之一助焉

一　康乾兩舊志多於篇首作小引或散文或韻語原方志之通例然清詞儷句易涉

空套茲編不復效顰但仿史公論贊例於篇末識數語聊副論斷之義

一　舊志沿誤甚多毛西河縣志刊誤博徵雄辯自成一家然亦有近於武斷者茲編加以考證間於毛氏之説有所訂正其毛氏所未及者亦引他書以參證之

一　方志不同正史原不必以時代爲限斷但改革以後一切政制與清代迥殊而時會所趨未來之變遷且未有艾若方鑿而圓枘如以縣知事局長科長議員等與清代官制選舉同列實屬不倫不類而體例大乖矣故茲編一以清代爲限斷凡宣統三年以後事蹟悉不闌入其民國事實則應重訂門類別爲續編俟諸後之君子

一　邑志清代凡兩修一修於康熙二十二年再修於乾隆十六年自是而後迄於清末失修者垂一百五十餘年中間經洪楊兵燹文籍散佚遺漏之處勢所不免拾遺補闕不能不期之後賢矣

蕭山縣志稿前後修輯人名

主修

前署蕭山縣知事武昌彭延慶

前署蕭山縣知事青縣陳曾蔭

現任蕭山縣縣長保定張宗海

總纂

武昌楊鍾羲

蕭山姚瑩俊

江都楊士龍

總校

江都楊士龍

分纂

蘄水陳曾穀

廬江陳　詩

蕭山陳大昀

胡福培

田廷瓛

來裕昌

分校

蕭山王仁溥

湯鎮邦

蕭山縣志稿卷一

疆域

沿革

尚書禹貢淮海惟揚州

周禮職方氏東南曰揚州

史記系本吳孰哉居藩籬索隱註宋衷曰孰哉仲雍字藩籬今之餘暨也按藩籬名應在商周之際索隱係唐司馬貞所著宋衷亦唐人其說似有所據然三傳及馬班正史何以闕如也

元和郡縣志蕭山本曰餘暨吳王弟夫槩邑謹按史記吳世家闔閭弟夫槩見秦越交敗吳吳王留楚不去夫槩亡歸吳自立爲吳王闔廬聞之乃引兵歸攻夫槩夫槩敗奔楚楚昭王乃復入郢而封夫槩於堂谿爲爲堂谿氏考內外傳及吳越春秋等書無夫槩封餘暨一事即史記稱闔廬五年伐越敗之未云得其寸土焉能越境以封其弟耶元和志所載雖本於水經注但下云吳大帝改曰蕭山以唐元宗新更之名誤作三國並漢晉六朝沿革皆闕焉其脫漏可知是書罕有刻本或好事者傳寫之訛亦未可定而後之言地理者遂據此書爲信史謂秦以前已有其縣名曰餘暨因將秦置漢置聚訟不已皆元和志爲之作俑也

史記越世家楚威王大敗越殺王無彊盡取故吳地至浙江

漢書地理志會稽郡注秦置高帝六年爲荆國十二年更名吳景帝四年屬江都屬揚州　按顏師古注原有屬江都屬揚州之語劉敞以漢江都國不及於會稽郡已駁正之見前漢書注縣二十六　餘暨注蕭山潘水所出東入海莽曰餘衍

按秦分天下爲三十六郡史記始皇本紀注有郡名無縣名餘暨之名見於正史者始此

張文虎螺江日記蕭山舊名餘暨以夏少康封其庶子無餘於越而蕭山適當越西盡處故秦分郡縣謂之餘暨暨者及也言越始封之君無餘聲教所及也即禹貢朔南暨之暨蓋吾越有二暨一餘暨以無餘得名一諸暨又以越王無諸得名二暨之名本於二君而俗傳蕭山爲諸暨所分稱爲暨餘眞誕妄無根之言詳見西河先生縣志刊誤按此亦沿縣志刊誤謂餘暨爲秦縣但刊誤謂云餘者以其地產鹽得名引越絕書越人稱鹽爲餘而此謂餘暨以無餘得名亦可備一說故附錄於此

後漢書順帝紀永建四年分會稽爲吳郡　宋書州郡志會稽移治山陰

按水經注云永建中陽羡周嘉上書求分置遂分浙江以西爲吳浙江以東爲會稽吳地記云山陰縣人殷重獻策於帝請分江置兩浙詔司空王襲封從錢唐江中分

向東爲會稽向西爲吳郡會稽典錄朱育曰永建四年劉府君上書浙江之北以爲吳郡會稽還治山陰此兩浙東西分郡之始三說不同餘暨瀕江屬邑爲吳越要衝故並載之

後漢書郡國志會稽郡注秦置本治吳後乃移山陰十四城　餘暨注越絕曰西施之所出謝承書有涉皇山吳都賦注蕭山潛水出焉

三國屬吳　宋書州郡志揚州刺史曰牧領郡十　會稽領縣十　永興令漢舊餘暨縣吳更名顧炎武日知錄云陳壽三國志無志故沈約宋書諸志幷前代所闕者補之

晉書地理志晉平吳揚州統會稽郡郡統縣十　永興

宋書州郡志揚州刺史部會稽太守領縣十　永興

南齊書州郡志揚州會稽郡　永興

隋書地理志　會稽郡梁置東揚州陳初省尋復按日知錄云姚思廉梁陳二書及李延壽南北史皆無表志唐于志寧李淳風等別修五代史志詔編第八隋書浙江通志云梁初州郡多沿舊制太清而後以及陳代

建省乃頫姚思廉州郡無志難以詳考其在浙之郡縣當亦同于宋齊矣故通志云梁陳並因之

隋書地理志會稽郡

平陳改曰吳州置總管大業初府廢置越州府**統縣四**

會稽舊置會稽郡平陳郡廢又廢山陰永興上虞始寧四縣入

毛奇齡縣志刊誤按隋書地理志大業初改吳州爲越州遂廢會稽郡爲會稽縣則此時無會稽郡矣舊志曰復爲會稽郡何故且此時正省永興山陰上虞始寧四縣入會稽縣則此時已無永興縣矣尚曰縣仍屬郡又何故且唐初承隋之舊尚未復縣而志又曰唐高祖武德四年仍改會稽郡爲越州縣復屬州又何故今按舊志所載並未參看史書以致種種訛錯今悉爲刪削祇將隋書原文并註照史纉錄則舊志之訛一覽瞭然

唐書地理志越州會稽郡

蕭山緊本永興儀鳳二年置天寶元年更名舊志作儀鳳三年誤

元和郡縣志以縣西一里蕭山爲名

縣志刊誤予縣自秦始皇分郡縣時即有其縣名曰餘暨兩漢因之而不改至三國吳時改名永興而唐天寶間則又更名蕭山此其縣因革亦自瞭然者因雲間陸伯生作廣輿記注蕭山爲漢縣以爲縣始於漢唐可怪矣至薛應旂作浙江通志至云蕭山縣始於唐降爲唐縣而康熙年間續修通志亦復因之而不改及考其由來則明嘉靖間縣明府施君堯臣作築城記云蕭山舊未有縣自唐儀鳳始割地爲永興而天寶易以今名似乎前此全未置縣且記全不以永興爲復置而以儀鳳爲創置者則縣自唐儀鳳始矣夫築城記所係亦大而當時誤爲之而不知後之爲志者則又載其文而全不省宜乎通志之竟降爲唐縣也又云唐儀鳳年復置永興縣唐史甚明而志又云分會稽縣西境

五鄉諸暨縣二鄉爲永興縣則永興似乎割他縣之地而始置縣者此即施堯臣割地爲永興辥應旂蕭山爲諸暨分治之所始不知當時何據有此二語按兩漢及六朝各史俱稱餘暨爲漢置辥應旂通志作唐縣固誤毛奇齡必爭曰秦置亦非也

五代史職方考自浙東西十三州爲吳越

十國春秋乾寧四年錢鏐號越州爲吳越東府領縣蕭山宋史地理志紹興府本越州大都督府會稽郡鎮東軍節度紹興元年升爲府縣八　蕭山緊今通志作望誤

元史地理志至元十三年紹興府改紹興路領縣蕭山中萬歷紹興府志洪武二年紹興路復爲紹興府

明一統志紹興府領縣八　蕭山

清初敕修浙江通志蕭山縣屬紹興府編戶一百四十二里

按明初舊額係一百四十二里仍元制改里稱圖嘉靖中併爲一百四十圖清因之通志云一百四十二里似誤康熙十一年計田裝圖併爲一百二十圖雍正年間總督李衛立順莊法今編戶冊爲一百九莊

清乾隆八年定爲衝繁難兼三要缺

經緯

經度　縣治當北京偏東三度四十五分十九秒

緯度　縣治當北極出地三十度五分

廣袤

縣境東西廣約五十公里南北袤約五十四公里

按舊志稱縣境東西廣六十二里南北袤九十里此據南沙各鄉未隸縣時而言自清嘉慶十七年奏准劃歸蕭山管轄各鄉改隸於縣而境域增闊矣

距離

浙江通志縣在府治西北一百一十五里

舊乾隆志至省城三十里至京師四千二百三十里

四至

西以雲峯山中嶺雞心嶺嚮鐵嶺等山與富陽縣分界南以佳山大同嶺太山峯道林

山壕嶺曹家尖山白鹿山雄鵝鼻山兔石嶺等山與諸暨分界東循浦陽而北至航隖山烟墩山外與山陰縣分界山陰會稽今並爲紹興縣西北以錢塘江與錢塘縣海寧縣分界錢塘仁和今並爲杭縣在錢塘江之東有屬於鄉封者爲仁和錢塘牧地在浦陽江之西有屬於鄉封者爲紀家匯

按舊志所載疆域四至自南沙隸入後已有變遷今據實改述如右

其陸路可通他縣者自縣南拱秀門七十里至許賢鄉嚮鐵嶺七十七里至長山十二都黃嶺並杭州府富陽縣交界自縣南拱秀門六十里至桃源十四都壕嶺六十七里至長山十一都五石溪七十三里至長山十一都馬叉並本府諸暨縣交界

按許賢七都今爲沈村鄉長山十一都今爲大同鄉

其水道可通他縣者自縣西十里爲錢塘江西興鎮有西興渡詳見津梁沿江而南五里夏孝鄉有黃家渡又南二里長興鄉有中沙渡詳見津梁又南十三里有上沙渡並杭州府錢塘縣交界自縣南五十里爲浦陽江桃源鄉有剎竿渡即今尖山浮橋俗作剎江誤沿江而北二十里臨浦鎮有黃灣渡差折而西五里來蘇鄉有汀頭渡又折而北五里有周家渡又北

三里有單家渡又折而東十里昭明鄉有馬社渡又東十五里里仁鄉有捨浦渡並本府山陰縣交界自縣北十里爲北海由化鄉有長山渡杭州府仁和縣交界沿海而東十里鳳儀鄉有丁村渡又東三里有龕山渡並杭州府海寗縣交界

按錢塘浦陽各渡詳見山川門其北海各渡因江流變遷已非其舊矣

衢路

水道　萬歷府志紹興府城之西北出西郭水門由運河西至於錢清鎮又西北至於蕭山之西興鎮渡錢塘江凡一百二十里　由錢淸之水路西南至於臨浦達於錢塘凡一百里西通婺廬諸郡　由諸暨江北至於臨浦又北至於蕭山達於錢塘凡一百六十里　又三江之西由湯灣塘路西至於蕭之龕山凡若干里

陸路　吳元禮防山寇論富陽入蕭之路由田村入和尚店以及大橋諸暨入蕭之路由桃源黃公閘以及尖山

按和尚店卽河上店也

城池

萬歷志舊傳縣城周一里二百步高一丈八尺厚一丈一尺久廢明嘉靖三十二年知縣施堯臣創建周圍九里高二丈五尺闊二丈二尺城門四東曰達台南曰拱秀西曰連山北曰靜海各設月城以重衛之門之上各建有樓（樓上下計六間）東曰近日南曰拙政西曰聽潮北曰連山雉堞二千五百八十有五鋪舍二十有三下設水門三以通舟楫東曰派入三江南曰清比郎官西曰越臺重鎮內設巡警廳四（在各門內廳各三間）外設弔橋四（在各門外其長皆丈餘）四望臺一（在北幹山上築城爲之衛周二十三丈三尺高一丈八尺闊一丈二尺雉堞六十有一西爲門內有廳房三間中設真武像以武佑廟道士兼主之今廢）城外地因取土築城遂以爲濠各深一丈五尺廣三丈長總計一千五百九十一丈五尺知縣施堯臣記萬歷志小南門（在西南隅）嘉靖四十三年知縣趙睿建初施令築城止四門西南隅當儒學前湫隘厄塞堪輿家以爲面牆將不利於科目士大夫亟請於趙趙乃闢之曰文明門已而科目不絕往來之人亦稱便云

清順治十年知縣韓昌先重建東西兩城樓及修葺城垣順治十三年總督李率泰檄

各府州縣改築城上舊堞每堞闊八尺高六尺視舊減數之半間數堞開一隙置砲以警非常知縣黃應宮奉檄計里分工旬日築成計共九百一十四垜

康熙八年知縣鄒勷修築十年又修雍正五年欽奉上諭檄知縣門鈺重修

按萬歷府縣志載古城四曰越王城曰浙江南路西城曰西陵城其實一西陵城也寶慶會稽續志辨之甚詳今與錢清城並載入古蹟

形勝

圖經襟海帶江爲東南一大都會

莫濟蕭山縣學記浙河以東郡縣連城數十蕭山人徒之衆甍宇之壯舟車之雜集大哉縣也

陳益公接待院記蕭山西興鎮據錢塘要衝兩浙往來一都會

倪淵學記西瞰浙江潮汐之雄放東覽會稽巖壑之奇秀於越新編揖秦望爲後蔽巀天目爲前屏險據錢塘利開湘湖北幹明月佳山青渠

劉基武佑廟記浙水帶其陰湘湖匯其陽東望會稽至於大海日之所出

田惟祜縣志序蕭山居浙東上游江海之襟帶湖山之奇勝風物阜厚甲於諸邑

李遇春縣志序東抵錢清南盡壕嶺西至莊亭北限海門四圍皆江海之大其山如北幹吹樓西山千巖萬壑不減蓬島之麗其水如湘湖漁浦雖西湖鑑湖之勝何以踰之

趙子漸蕭山賦蕭山之形勝雄哉偉乎分巒峙句踐之域長江界吳越之區浮虹跨山陰其程縈乎諸曁漁川指春江其源出乎桐廬都三八而歧分鄉十五而環布西陵通南北之商古驛候往來之使亭竈課煮海之程鄉民羨湘湖之利縣治爽塏市井周匝車馬駢闐縱横阡陌上下之岸人煙囂雜東西之橋盤販雲集

陳敬宗科甲題名記蕭山爲紹興名邑襟江帶海又有臥龍會稽秦望諸山環抱於前乾坤清淑之氣盤薄鬱積鍾其秀於山水

張崇縣志序蕭山古吳越之區爲浙東之上游山川之明麗民物之阜繁可記可書不一而足

都圖

舊志蕭山共二十四鄉各領圖明嘉靖三十二年縣始有城城內爲坊共二都城外爲里共二十二都清康熙四年令徐則敏奉文清丈都圖名數一仍舊制

崇化二十都領圖十二 宋元明俱合十九都爲崇化鄉宋領里九陳村徐潭百步去縣百步朱村黃村趙村史村社壇舊社所在許君唐許伯會所居舊志作許詢誤元明俱領圖十二

昭名二十一都領圖十二 宋元明俱爲昭明鄉舊志作昭名宋領里五縣南貼縣治之南故名小鳳龔墅開明社頭元明俱領圖十二

由化一都領圖六 宋元合二都爲由化鄉領里八趙墅永豐五里去縣五里俗呼爲五里牌安射濱浦秦君唐秦系所居去虎宋景德中虎子渡河處澇湖元領圖七明領圖六

由夏二都領圖六 元明領圖同

夏孝三都領圖十二 宋元明皆爲夏孝鄉以吳夏方孝行名領里八山澤范港許村斜橋杜湖寺莊城東城西元領圖十一明領圖十三清康熙四年丈冊領圖十二

長興四都領圖四 宋元明俱爲長興鄉永興舊縣治也宋領里三鷄鳴安正亞夫元領圖六明領圖四

安養五都領圖三 宋元明俱爲安養鄉宋領里五清德靜居橫塘羅村魚潭元領圖六明領圖三

許賢六都領圖四 宋元明俱合七都爲許賢鄉以許伯會名舊志作許詢誤宋領里五開善三基謝山馬閣簉村元明俱領圖四

許賢七都領圖五 元領圖七明領圖五

孝悌八都領圖五 宋元明俱合九都爲孝悌鄉以宋郭世道名舊志作郭巨誤領里五白墅梁白敏將軍所居捨宅爲白墅寺敏葬寺側香橋鄭村兔沙盛村元明俱領圖五康熙四年丈冊作許孝八都領圖同

孝悌九都領圖三 元領圖四明領圖三

長山十都領圖

四宋元明俱合十一都十二都爲長山鄉宋領里五鳳凰許賢以許伯會名舊志作許詢誤高屯唐黃巢屯兵處安神高塢元領圖五明領圖四長山十一都領圖三元領圖四明領圖三長山十二都領圖三元領圖四明領圖三桃源十三都領圖二宋元明俱合十四都爲桃源鄉領里五通遠崇山方山曹塢永福元領圖三明領圖二桃源十四都領圖五宋元明同新義十五都領圖五宋元明俱合十六都之半爲新義鄉宋領里五前濠莫浦峽下完村河由元爲苧蘿鄉領圖五明同清康熙四年丈冊作辛義十五都領圖同新義十六都領圖四清康熙四年丈冊作辛十六都領圖同苧羅十六都領圖三元爲苧蘿鄉領圖七明改爲新十六都領圖四苧十六都領圖三苧羅十七都領圖三宋明合十六都之半十八都之半爲苧蘿鄉以山名宋領里五安國孔湖臨浦西施舊有西施廟朱村元爲苧蘿鄉領圖四明領圖三苧羅十八都領圖二清康熙四年丈冊作苧十八都領圖同來蘇十八都領圖五宋元俱爲苧蘿鄉宋領里三招蘇朱汀蔡灣元領圖五明分苧十八都領圖二來十八都領圖五崇化十九都領圖四宋元明俱合二十都爲崇化鄉元明俱領圖四里仁二十二都領圖七宋元明俱爲里仁鄉宋領里七東京下浦陳墅楊新佳浦楊秉楊南元明俱領圖六鳳儀二十三都領圖五宋元明俱合二十四都爲鳳儀鄉宋領里十六白鶴大義舊志引陳囂紀伯事考係山陰人誤瓜瀝章浦忠義袁里龕山童墅路西佳浦周里勾踐丹室吳越春秋所謂周宗也塘頭丁里翔鳳長港舊名江君元領圖十明領圖五儀鳳二十四都領圖十三元領圖十四明分上下圖上列圖六下列圖七共領圖十三以上編戶共一百四十里張文瑞稅畝圖說蕭山地方二十四

都舊爲圖總一百四十，康熙初年併汰一十七圖。如一都無第四圖，二都無第六圖，三都無第五圖，及第十一圖，四都無第一圖，六都無第二圖，十一都、十二都、新十六都俱無第一圖，苧十六都無第四圖，苧十八都無第一圖，來十八都無第四圖，十九都無第一圖，二十二都無第五圖，二十三都無第三圖，二十四都無上第三圖及下第三圖，以上皆謂之汰圖，今二十四都內止有一百二十三圖。按舊志公署內載有昭明莊，邑人鄭元亭、梁時亭、馮開國建崇義莊，令高歷建戴義莊，邑人錢萬愷、楊閏孫建由化莊，邑人十太保主莊事，創自宋，在明萬歷已皆無考。其命名之意，疑爲四鄉共用之所，故附記於此。顧炎武日知錄引蕭山志曰：改鄉爲都，改里爲圖，自元始。嘉定縣志曰：圖卽里也，不曰里而曰圖者，以每里冊籍首一圖，故名曰圖。今俗省作圖，非也。

雍正七年總督李衛革里長杜頭現年各名目將原設差役法一百二十里改編順莊

一百二十莊　一都一圖塘裏陳莊　二圖童家莊　三圖十里舖莊　五圖附一都四圖長山莊　六圖五里莊　二都一圖市心莊　二圖寶賢莊　三圖衡河莊　四圖後山莊　五圖附二都六圖龍王塘莊　三都一圖瓦窰莊　二圖善慶莊　三圖墩上莊　四圖附三都五圖杜湖莊　六圖湖裏孫莊　七圖坂裏孫莊　八圖西興莊　九圖長河莊　十圖花園莊　十二圖附三都十一圖南莊　四都二圖附四都一圖傅家莊　三圖東山莊　四圖潭頭莊　五都一圖西山尾莊　二圖河西莊　三圖東汪莊　六都一圖羅墓莊　三圖附六都二圖北塢莊　四圖漁浦莊　七都一圖張量莊　二圖潘山莊　三圖沈村莊　五圖附七都四圖坂裏莊　八都一圖戴村莊　二圖張家弄莊　三圖附八都四圖上河莊　五圖洪家莊　九都一圖

沙河沙二圖大橋莊三圖孫橋莊十都一圖溪頭莊二圖塘村莊三圖西山莊四圖河上莊十一都二圖附十一都一圖管村莊三圖中央莊十二都二圖附十二都一圖樓家莊三圖巖上莊十三都一圖蔣村莊二圖尖山莊十四圖一圖梅裏莊二圖橫山莊三圖蓬山莊四圖李家嘴莊五圖小湖莊十五都一圖丁家莊二圖沈家莊三圖後韓莊四圖馬安莊五圖義橋莊辛十六都二圖附辛十六都一圖峽山莊三圖附辛十六都四圖牌軒莊苧十六都一圖周家湖莊二圖花廳莊三圖高家莊十七都一圖臨浦莊二圖屠家莊三圖西葛莊苧十八都二圖附苧十八都一圖白露塘莊來十八都一圖洪家莊二圖塘下金莊三圖丁村莊五圖附來十八都四圖來蘇莊十九都二圖附十九都一圖東蜀莊三圖埭上莊四圖沙裏吳莊二十都一圖西門莊二圖同胞莊三圖西河莊四圖太平莊五圖社壇莊六圖戚家池莊七圖史村莊八圖蔡家莊九圖祝家莊十圖凌家莊十一圖黃閣莊十二圖金西莊二十一都一圖南門莊二圖通貴莊三圖東橋莊四圖芹沂莊五圖道源莊六圖示農莊七圖嚴家莊八圖姚家莊九圖文裏莊十圖呂裁莊十一圖魚鱗闞莊十二圖江下河莊二十二都一圖東單莊二圖下浦莊三圖新林莊四圖附二十二都五圖朱家莊六圖楊新莊七圖羅山莊二十三都一圖楊樹下莊二圖附二十三都三圖新發莊四圖龜山莊五圖瓜瀝莊二十四都上一圖新田莊上二圖附上三圖橫塘莊

上四圖錢清莊　上五圖陳家莊　上六圖堰頭莊　下一圖丁家莊　下二圖鎮龍莊　下四圖附下三圖芙蕖莊　下五圖塘頭莊　下六圖草洋莊　下七圖長港莊

按本邑編戶一百四十里而順莊數不符者蓋編戶之數畫地分里乃版圖定制順莊之法每甲貯田二百五十畝至二百十畝不等便於催科故其數與編戶異

按清嘉慶十八年南沙各鄉始隸歸縣治但分字號不編都圖自宣統年議辦地方自治劃分全縣爲二十八鄉除城區外曰城北鄉仁化鄉龍泉鄉西興鄉長河鄉長興鄉湘東鄉潘西鄉苧羅鄉所前鄉義橋鄉浦南鄉開明鄉紫霞鄉沈村鄉河上鄉長山鄉大同鄉桃源鄉此十九鄉乃據舊二十四都而改併之者也沿江西北兩塘外十里之內均屬竈地昌圍屬長興鄉泰圍屬長河鄉豐圍屬西興鄉甯圍屬城北鄉盛圍及盈圍之西半屬仁化鄉其盈圍東半及梅先等十團爲龕山鄉西牧一鄉爲蕭山牧地赭山西倉靖雷鎮靖蓬山培新正義七鄉係嘉慶間由海甯南沙改隸此塘外九鄉沿革之情形也今復述分鄉之沿革如下

一都領圖六　舊由化今仁化其五圖分屬城北

二都領圖六　舊由化今一二三圖分屬城區及城北四圖分屬西興城北城區五圖附六圖分屬西興城北

三都領圖十二　今一二四附五八圖屬西興三九十十十一圖屬長河其六七圖分屬西興長河十二附

四都領圖四　舊長興今長安其二圖分屬長河

五都領圖三　舊安養今義橋其三圖分屬長安

六都領圖四　舊許賢今義橋

七都領圖五　舊許賢今沈村其一二圖分屬義橋三圖分屬開明五圖附四圖分屬浦南

八都領圖五　舊孝悌今分屬浦南開明

九都領圖三　舊孝悌今紫霞

十都領圖四　舊長山今河上

十一都領圖三　舊長山今大同

十二都領圖三　舊長山今長山

十三都領圖二　舊桃源今桃源

十四都領圖五舊桃源今桃源其四圖分屬浦南

十五都領圖五舊新義今浦南其五圖屬義橋

十六都領圖四舊新義今義橋

又十六都領圖三舊苧蘿今同其一圖分屬義橋

十七都領圖三舊苧蘿今同其一圖之半屬浦南

十八都領圖二舊苧蘿今同

又十八都領圖五舊來蘇今分屬所前潘西

十九都領圖四舊崇化今二附一三圖分屬湘東潘西其四圖屬潘西

二十都領圖十二舊崇化今一二三四五六圖屬城區七圖分屬潘西城區八九圖屬潘西十圖分屬潘西湘東十一圖分屬潘西湘東城區十二圖分屬湘東城區

二十一都領圖十二舊昭名今一八九十十二圖分屬仁化城區二三四五六七十十一圖屬坍區

二十二都領圖七舊里仁今仁化

二十三都領圖五舊鳳儀今龍泉

二十四都領圖十三舊鳳儀今龍泉

市鎮

舊志市三縣市在夢筆橋臨浦市在縣南三十里龕山市舊志作長山誤在縣東北四十里宋書孔覬叛劉亮等進次永興同市舊志失載

舊志鎮三西興鎮即西陵詳古蹟漁浦鎮錢清鎮

按今市鎮除上述外城北鄉有荏山市長河鄉有長河市長安鄉有浦沿市閘堰市所前鄉有所前市龍泉鄉有衙前市瓜瀝市浦南鄉有戴村市義橋鄉有義橋市河上鄉有河上店市長山鄉有樓家塔市桃源鄉有尖山市逕游市沙地各鄉有頭蓬莫家港赭山靖江殿西隆興店新灣底小泗埠各市

村落以都圖爲序

一都一圖

韓家莊　塘里莊　童家莊

一都二圖

吳家莊　孫家莊　范家莊　謝家莊　栒樹下　河上莊　船舫徐　塘上莊　阮家埭　東河

一都三圖

上岸蔣　上岸林　上岸樓　池頭胡　東許　圩里徐　管家塔　坂里周　安前胡　西胡　西許　後周　十里浦

一都四五圖

澇湖　樓下莊　下潦　王家莊　吳家莊　孫家莊　長山莊　墩里莊　裴家埭　富家塔

一都六圖

霪頭　下坂朱　郎家浜　章家浜　蔚家里　木橋莊　陶家園

二都二圖

毛家橋　梅花樓　搖家潭　張家橋　五里牌

二都三圖

橋頭潘　陸家潭

二都四圖

望湖橋　盛家港　俞家潭　錢家潭　童家塘　嚴家潭　王家莊　橋頭陳　汪家莊　大郎丁　竹篷徐　茹家埭　朱家莊　倪家橋　施家橋　村里王　孫家匯　後山周　來家塘　高家潭　山頭浜　俞家潭　嶽廟橋　烏家潭　墩上崔　橋頭張　童家橋　潘家橋

二都五六圖

塘灣　井亭徐　塘下孫　河北井　龍王塘　向義房　張家莊　吳家莊　於家井　浦灘徐　坂里張　史家橋

三都一圖

文里陳　坂里孫　傅家里　吳家里　蔡家里　夏家里　詹家里　俞家里

三都二圖

闕里莊

三都三圖

廟後王　長河　石坂莊　張家莊　裏七房　趙大房　破塘缺

三都四五圖

東湖塘　杜湖村　西興

三都六圖

曹家埭　孫家埭　鑊底池　雙廟前　横塘頭　龜山張　湖頭陳　王家塢　湫上王

三都七圖

井山塢　跨湖橋　傅家峙　塘子沿　山上戴　包家灣

三都八圖

石宕下　花園徐

三都九圖

祠堂華　趙家莊　方六場　陳家河　張家村　田坂里　毛家沿　孔家里　冠山莊　山前王

三都十圖

河莊里　開田坂　湯家橋　安十房　花園周　香祠里　章蘇　水溝沿　田里來　山下來　湯家井

三都十一二圖

上新廟　下新廟　藍田章

四都一二圖

祥大房 楊家墩 許家里 上茅寺 下茅寺 安五房 紫湖嶺 何家莊 橋
頭王 吳家潭 天生房 蔣家里 宣家莊 芝麻墩 岩大房 褚家潭 孔家
堎 爵家里 林家里 浦沿 華家里 周家里 坂里虞 塘外莊 陸家潭
洞橋吳 堰兜孫 沈上沈 樓下虞 廟下里 吳家里 湯家里 曹家里 陳
家里 來家里 吳家潭 朱家里 章家里 塘外俞 高家里 沙上虞 韓家
埭 山南吳 山南村 王家里 葉家里 孔家里 英珠橋 墳里孫 楊家里

四都三圖

閘上橋 姚家塢 東山華 金家里 何家里 東山陳 河口孫

四都四都

潭頭 勞家里 閘堰 華家潭 高橋孫 秋徐埭 陳家埠 青山張 青山頭
楊桃弄

五都一圖

西河埭　石門莊　石門外沙　華家莊　湖里周　盛家塢

五都二圖

河西址　楊家浜　酒方下　西山下

五都三圖

山前吳　汪家堰　西汪橋　洪家莊　東汪莊　楊家灣

六都一圖

羅墓莊

六都二三圖

下洋橋　丁家橋　田家里　灣里　小張家坂　洪家浜　吳閘里　高山頭　俞家里　磨刀橋　高田周　孫家埭　陳家嶺　陳家灣　葉家埭　金階田　南塢

六都四圖

打油莊　許家莊　虞家里　漁浦街　大華家　傅家里　中文莊　戚家莊

七都一圖

貓頭山　王家橋　下村　箬帽塢　觀裔橋　張家坂　西址埠　陳家門　繆家塢　直塢　張家山　俞村　何家莊

七都二圖

姜家塢　七里甸　河口莊　上潘山　下潘山　朱村橋

七都三圖

塘塢　狼嶺下　上堡　石牛山　夏家溪　丁村　盛家溪　洪村　坦莊塢　沈村

七都四五圖

上董　大瀑水　裏石溪　外石溪　尖山下　駱家舍　楊家溪　上門莊　下門莊　袁家莊　顧家溪　方家莊

八都一圖

石馬頭　溪下莊　戴村　陸家莊　坂里余　永興橋　後鄭　孫寓

八都二圖

后馬湖　張家莊　前陶莊　上河莊　張家坂

八都五圖

西塘莊　何由莊　西周　東周　高念房　戴家山　下方莊　滙頭莊　橋里

中潭莊　盛家莊　麥園　前方　馬谷村　戴家山　薔薇洞

九都一圖

尹家　下馬家　謝家弄　上傅　沙河口　丁家灣　染店孫　祥隆莊　蔴園莊

竹橋胡　高家　後溪　邱家　大橋　楊家弄　卜家　橋上　韓家莊　板橋

九都二圖

大溪沿　六房莊　樓家園

九都三圖

桃花塢　鎮橋莊　孫橋莊　前山莊　塘池　下東山　豪坑　高莊　前山頭

井頭俞　龍舌塢　沈家　馬家

十都一圖

白堰莊　甑山莊　衆山莊

十都二圖

蔣家　張網塢　下門下　直塢寺

十都三圖

河上巔　橋頭王　大塢莊　江家橋　高都塢　湯家坪　鳳塢　庚青嶺　西山

莊　樟樹下　游庠塢　裏謝

十都四圖

茅山莊　鮑家塢　金家莊　黑樓莊　下俞莊　桃里　官河頭

十一都一二圖

大同莊　洛下園　東山塢　塘口莊　管村

十一都三圖

巖嶺山　余元塢　中央塢　伊家店　孫家　戴家　上馬石　塘頭　毋嶺莊

佳山莊　茶山灣

十二都二圖

黄土嶺　儒塢　後俞莊　直塢　樓家塔　水閣莊　上陽莊　謝爿塢　雪環

下塢　曹家　黄嶺脚　徐家莊　兩頭門　里莊　巖塢　上巖下　後坂莊

十二都三圖

和尚塢　巖上　金家坂　田村　馬塢　東沈莊　西沈莊　長山塢　大貝塢

十三都一圖

上曹塢　下曹塢　曹家埭　呂家　明戶　江西俞　新江口　塘角口　蔣村

上莊　下俞　霞騰關　羊家塔　漁池頭　曹家灣　前朱莊　安山頭

十三都二圖

後朱莊　陶家橋　單家湖　張家山　遥游莊　汪家塘　虞家　木杓山　彭家

橋　霪頭　新河口　李家埭　卸山頭　汪家埭　柴家　謝家　尖山　下灣

謝尖閘

十四都一圖

上倪莊　小湖莊　顧家埭　胡家衕　塽山下　後倪　羊公潭　何傅王　塘頭

鍾　楊家

十四都二圖

麻义莊　呂家里

十四都三圖

花山頭　小山脚　中央坂　紫湖　東横塘　童家山　樹蓬王　茗濆塢　山前

許　周家坂　石山房　文家塘　横山　低塢朱　朱家蓬　石橋頭　山俞莊

蓬山前　山後頭

十四都四圖

下坂　後湖　閘家塢　樣湖　坂里朱　待詔橋　鍾家坦　田莊

十四都五圖

水埠　孟家塘　於家　小湖孫　許同甸

十五都一圖

橋頭丁　裏丁　石蓋　徐童山　戴家里　外丁

十五都二圖

趕出王　李家　洪家里　陳家塘　沈家門　史家閘　塘上姚　尣塘莊　桐江里　山勘頭　譚圩里　孫家頭　吳家頭　趙家頭　包家塔　蛤蟆墩

十五都三圖

戚家莊　夏同莊　蒲山莊　楊家莊　楊家橋　黄同嶺　郁家山　廟山頭

十五都四圖

冘里　冘村　東塢莊　姚家山

十五都五圖

西莊　義橋　孫家埭　新壩　柴家里

辛十六都二圖

峽山頭　橋亭莊　後韓　彭家里

辛十六都三圖

横檕塘　風爐墩　牌軒下　後壇莊　姜家里　府前橋　河兜頭　亭子頭　雙

橋莊　白虎墻　小華家　孔家埠　河南橋

苧十六都一圖

周家塢　莫家里　趙家塢　楊家里　韓家匯　曹家埭　郎家里　曹家里　金

湯莊　西曹

苧十六都二圖

王村　下頭塢

苧十六都三圖

六莊　三莊　後沈　前王　湖里　張家里　高家塢　五莊　大莊橋　龐家埭

十七都一圖

萬安橋　戴家橋　臨浦

十七都二圖

前孔　後孔　詹家埭　烏石村　塘下屠　柴灣　傅家道地　前屠　塘里陳

前戴　浴美施閘　九房

十七都三圖

譚家埭　施家渡　東葛　西葛　郭家埭　沈家　坂裏楊　張馬橋　黃家　山

頭陳　塘下孫　趙家塘　老十房　孫家沿　新屋　道四房　後沈

苧十八都一二圖

上戴　下戴　楊家衕　後徐莊　河西柳　白露塘　史家　曹家　嶼莊陳　木里孫　堰頭陳　湖南厝　石子豪　湖西厝　瓦窰金　灣里童　橋頭胡　邱家塢　窰裏張　魯家塢　淨室村　汀頭沈　汀頭趙　汀頭王　邱家橋　莊里王

來十八都一圖

湊堰金　火燒孫　湊堰婁　洪家潭　韓家山　河沿丁　池頭浜　挑網張　大路張　戚家灣　華家

來十八都二圖

所前街　灣里陳　吳家渡　橫塘金　任家兜　種德橋　塘下金

來十八都三圖

漁臨關單家　魏家　丁家蓬　丁村

來十八都四五圖

埠頭周　來蘇周　賀家塘　下坂金　下坂王　田家　西周

十九都二圖

下姚浜　岳小橋　山前吳　後吳　西蜀山　岳大橋　山前　山後徐　章潘橋

坂當中　吳前里　前河南王　匯頭　潘前里　墩上張　墩上王　東蜀山　後

河南王　東莊周　姚家坂　犂頭金　童家莊　朱家莊　陳家橋　聞人莊　裏

墻塢　沿河蕩　山灣里　山南金　徐家里

十九都三圖

徐大塢　寺下黃　新莊　老屋許　余家里　黃秀莊　沙里吳　曲筆流　大汪

里　東俞　西俞　洪家里　大新橋　坂里余　鳳里王　史家橋　小新橋　前

章　章家里　高田莊　何家莊　蔣家里　章村廟前　官磡下

十九都四圖

郁家河頭　水閣于　新屋

二十都一圖

頭塢里　二塢里　金家塢　湫口　沈家里　窖里吳

二十都四圖

宣家里　牛脚灣

二十都五圖

杜家橋　鍾家浜　嚴家埭　姚家里　沈家里　孫家埭　吳家里　王家橋　王家里　黄閣河

二十都六圖

芝蔴莊　衖里徐　蔣家莊　木橋頭　鍾莊　戚家池　安橋

二十都七圖

元十房　暘二房　暘四房　暘大房

二十都八圖

曹家橋　越寨丁　越寨張　越寨朱

二十都九圖

橋里徐　暘七房　魯公橋　金家灣　汪家匯

二十都十圖

祝家橋　橋頭陳　陳村　小朱家里　淩家里　羅家里　范家里

二十都十一圖

羅家塢　王家里　窰頭　姚家里　鄭家塢　梁湖頭　邱家潭　溪頭王

二十都十二圖

徐家河　金家埭　柴嶺下　金西橋　田家衕　沈家塢　王家塢　南山田　嶺頭田　塘下施　史家河　石巖堰

二十一都一圖

打紙莊

二十一都五圖

淘沙埭　夏家浜　道源橋

二十一都六圖

長浜沿　象牙浜　藕湖浜

二十一都七圖

判官兜　文里王　大通橋　蔡家莊　後沙頭　東陳　河西岸　虞家醬園　車

家埭　九華橋　迴瀾橋下街　花橋頭　新橋頭　顧家浜　貨園　小池頭　凌

家埭　嚴家埭

二十一都八圖

擎山下　姚江岸　杜家塘　西岸陳　顔家里　唐家里　長安斗

二十一都九圖

戴家埭　張家橋　文家頭　李家壩　徐家壩　李家衖

二十一都十圖

張沿橋　羅婆橋　後岸陳　呂才莊　曾家橋

二十一都十一圖

張家堰　董家橋　施家坂底　繆家　小朱橋塔

二十一都十二圖

曹家沿　竹蓬俞　西王莊　江下董　王後施　半江陳　楊樹下　俞家里　董家埭　廟里王

二十二都一圖

單家埭　上楊莊　塘下金　南岸埭　東京錢

二十二都二圖

河北樓　下浦方　河南樓　下浦王　匯上曹　下浦許　管家里　下浦陳　夏家里　河南王　江橋村　葉家橋　沙河沈　曹家埭　童家橋

二十二都三圖

新林周　東莊王　吟龍閘

二十二都四五圖

西河沈　姑娘橋　傅家坂　廟東金　河西莫　十間樓　莫家港　淩家港　分村胡　朱家潭　余家河

二十二都六圖

墻裏施　横河周　余家埭　汋頭徐　匯頭朱　橋南沈　壩裏朱　大樹下　南莊王　楊汛村　坂底徐　胡家塔　沈家匯　張家埭　俞家上

二十二都七圖

樓下陳　蔣沈村　夏家橋　山南坂　羅墓陳

二十三都一圖

草洋村　堰頭村　楊樹村　傅家村　童墅村　草漾村

二十三都二三圖

新發王　巨塘莊　田裏章　丁村莊

二十三都四圖

瓜瀝塘上　後小莊漊　塘下高　塘下高北　潘家塢　衙前東街　衙前西曹

池上郭家　塘下胡北　龕山應家村　龕山塘裏　衙前街抄　衙前永樂橋　外

東漊

二十三都五圖

衞家村　瓜瀝任家漊　經塘漊　新街西北　湖鼎村　於家漊　小橋南　徐家

匯　塢裏朱　塢裏王　方千漊湖西　方千漊塘北

二十四都上一圖

珠墅　新田　施家漊　漊底施　錢清街　亭子下

二十四都上二三圖

横塘莊　趙家莊　毛家莊

二十四都上四圖

東沙頭　西沙頭

二十四都上五圖

高地翁　廟下坂　陸家坂　陳家埭　許家埭　斗門頭　陳家莊

二十四都上六圖

騰蛟橋　周里村　前堰頭　後堰頭

二十四都下一圖

丁家坂　白龍潭　前水　前王橋南北　金家橋南北　稻園東西　孔家　灣橋

南北

二十四都下二三圖

蕭家

二十四都下四圖

前漁家池　後漁家池　小莊漊　東横漊　芙莊　老芙莊　坂里汪　四圓房

漁莊　漁莊中和堂　新施家　長木橋　竹園篷下　漁莊橋　漁莊秋湖陳　齋

堂門

二十四都下五圖

塘頭施前村　塘頭施後村　趙家灘　山下張　塘頭徐

二十四都下六圖

後方村　翔鳳村　沈家沿　匯頭張　前方村　中方村　東黄莊　張家

二十四都下七圖

長港　窰前　西匯頭　窰後　東井

二十五都一圖

赭山塢里

二十五都一圖

倉前

以上沙地各名目

牧字　耀字　煥字　温字　引字　豐字　海字　清字　民字　物字　晏字

安字　塘頭　山北　龕山東　龕山上街　龕山西　龕山下街　盈上圍　梅仙圍　瓜四圍　蜀南圍　扇圍以上今爲龕靖鄉

盈圍陳奉思案　又莫有文案　又陳安案　又老稅地案　又莫心田案　又施公義案　又莫士興案　又陳漢三案　盛圍莫有文案　又陸世安案　又陸公達案　又莫炳初案　又湯兆林案　又稅牧地案以上今爲西牧鄉　正字　成字　潤字　李字

信字　馮字　老字　韓字　保字　日字　月字以上今爲鎮靖鄉

海字　晏字　河字　清字　民字　安字　物字　阜字以上今爲赭山鄉

洪昌案　海豐案　引字　時字　補字　恆字　端字　具字　和字以上今爲西倉鄉

潘士美案　朱茂林案　李保君案　曹應公案　王上達案　年字　歲字　泰字

補字　新字　保字　培字　陞字　達字（以上今爲培新鄉）

高峻烈案　陳化龍案　曹公武案　良案　周存仁案　沈啓林案　利字　亨字

履字　足字　富字　饒字（以上今爲蓬山鄉）

坊巷

萬歷志坊凡十有二治東百步曰通闤坊里許曰菊花坊治南一里曰育才坊治西百步曰達尊坊（魏文靖所居）嘉靖坊淸風坊治北七十步曰懷德坊百五十步曰善政坊百六十步曰里仁坊治東北二百步曰寶賢坊招賢坊治西北二百步曰崇儒坊（原注云會稽志坊有五今增爲十二永興錄有丁頭石堰白鶴章浦長港新林義里溪口臨浦等坊額辦酒課非坊名也）

萬歷志巷二治東四十步曰尉司巷（達通闤坊）治北百步曰秦君巷（相傳有秦系宅）

萬歷志舊建坊四十有八今廢者十有九顧觀解元坊葉林進士坊殷旦擢桂坊魯琛繡衣坊何善鍾英坊張輅文奎坊王銃錦衣坊韓祺解元坊張靖蜚英坊倪敏經魁坊

史佐招賢坊傅珍步瀛坊楊文鳴盛坊沃乾騰霄坊徐洪得志坊進士坊何舜賓繡衣坊儒林坊在儒學東迎恩坊在西興驛西今存者三十有一魏驥達尊坊魏騏魏驥聯璧坊衛恕毓秀坊汪浩汪景昂喬梓聯芳坊沈寅沈環喬梓聯芳坊蔡瑛成名坊富玹進士坊韓立榮選坊沈潭沈淳兩世登科坊葉清旌賢坊張嶌進士坊來天球科第傳芳坊朱拱世選坊胡昉進士坊沈文滂三代登科坊毛公毅奮翮天池坊田惟祜解元坊及道源鍾秀坊盛瀧進士坊周憲雨際龍飛坊來汝賢鄉會經魁坊翁五倫柱史坊戴光戴維師奕世登科坊黃九皋黃世厚青雲接武坊何善何世學勅命重光甲科濟美坊孫學思孫學古湖中雙鳳坊童儒童鑑中翰聯芳坊來日升亞魁坊先賢遺愛德惠去思坊在縣東太宰流芳特恩存問坊在縣西興賢坊在儒學東育才坊在儒學西令林策建莊亭古蹟坊在西興驛令鄒魯立來集之樵書已摘其謬清旌節已建坊者載節婦本傳以上乾隆志

明黃琮等十一人甲科濟美坊在史家橋新增

風俗

越絕書記地篇夫越性脆而愚水行而山處以船爲車以楫爲馬往若飄風去則難從銳兵任使越之常性也乾隆志

越絕書范蠡云吴越二邦同氣共俗今蕭邑在杭紹分界故引之乾隆志

劉子新論風俗篇風者氣也俗者習也越之風好勇其俗赴死而不顧從化篇越王句踐好勇而揖鬬蛙國人爲之輕命死者衆乾隆志

後漢書第五倫傳會稽俗多淫祀好筮卜指會稽一郡言乾隆志

吴志虞翻傳注山有金木鳥獸之殷水有魚鹽珠蚌之饒海嶽精液善生俊異是以忠臣係踵孝子連閭下及賢女靡不育焉乾隆志

晉書夏統傳其人循循猶有大禹之遺風太伯之義讓嚴遵之抗志黄公之高節乾隆志

嘉泰會稽志好學篤志尊師擇友絃誦比屋相聞不事奢靡士大夫占産甚薄縮衣節食以足伏臘乾隆志

嘉泰會稽志吴越春秋有越人相送之辭曰行行各努力蓋自古風俗敦厚重離别篤

交親如此故迎則叙間闊送則惜暌異觴豆迭進往往竟日乾隆志

元趙子漸蕭山賦亭竈課煮海之程鄉民羨湘湖之利或蠶絲以資生或力田以輸賦穀雨採茗山之芽端陽劚仙巖之藥均大小之興販資富貧之可給習俗奔競詞煩案牘明宰廉勤敬求民瘼爰集俊彦起廢興學晨昏閭里絃歌聲續至如名門望族衣冠赫奕雖興廢之或異諒地靈而人傑乾隆志

萬歷府志諸邑志所述謹祭祀力本重農下至蓬戶恥不以詩書訓其子自商賈鮮不通章句輿隸亦多識字家矜譜系推門第品次甲乙婦女無遊觀雖世姻竟不識面家不鬻男女於外境大家女恥再醮率皆信實不誣大都於俗爲美也乾隆志

萬歷府志蕭山西隣省會其西鄉稍尙縟禮東鄉乃近朴然總之猶多質直顧善議論或信浮說乾隆志

萬歷府志蕭山水二十里直如弦與諸邑風俗小異亦其地靈使然歟乾隆志

浙江通志民以耕讀爲事士以氣節相高乾隆志

田惟祜縣志序蕭山爲紹興屬邑居浙東上遊江海之襟帶河山之奇勝風物之阜厚名人才士之德望自昔甲於諸邑乾隆志

李遇春縣志序人物之盛習爲風俗男女有別而耕織惟勤絃誦相聞而文風日振南渡以還諸貴家大族之子孫世守宗祧於此則人才風俗之造就良亦有所自矣乾隆志

萬歷志其君子質直而拙於奔競其小人愿慤而安於勞苦市井之民多便慧而或失之詐鄉遂之民多簡實而或失之愚依山之民尚氣而失之競依水之民尚謀而失之計東土之民多敦朴而或失之鄙瑣西土之民多縟禮而或失之虛文治生惟務耕稼而少營商賈聯姻或尚門第而亦重財貨服舍器用不務工巧宦室編氓不自懸別好品藻而善譏評喜生事而信浮言乾隆志

劉儼縣志邑距郡不滿百里過省僅隔一江諸詞訟奔控者地近勢便雖屢奉大憲嚴禁而刁訟之徒每以子虛烏有揑詞含沙日益以熾故歷志相傳有善譏評喜生事之說乾隆志

萬歷志俗尚鬼多淫祀徼福浮屠道場雖士大夫家亦用之近有臺戲賽神許愿禁而未革（乾隆志）

徐渭會稽縣志曰夫人之身有瘤也俗亦有瘤俗之瘤則有丐丐以戶稱不知其所始相傳爲宋罪俘之遺故擯之名墮民（丐自言宋將焦光瓚部落以叛宋投金故被斥）其內外率習汚賤無賴（男子俱候婚喪家或正旦則羣索酒食婦則習媒或伴良家新娶婦又爲婦貿便見竊攘尤善爲流言亂是非間人骨肉）四民中居業不得占彼所業民亦絕不冒之（男業捕蛙賣餳拗竹燈架編織扣塑土牛土偶打夜胡方言跳鬼女則爲人家拗鬏髻梳髮爲髢羣走市巷兼便所就）四民中所籍彼不得籍彼所籍民亦絕不入（籍曰丐戶即有產不充粮里長亦禁其學）四民中即所常服彼亦不得服蓋四民向號曰是出於官特用以辱且別之者也（舊志帽以狗頭裙以橫布不長衫扁其門以丐）而籍與業至於今不亂服則稍僭而亂矣丐以民擯己若是其甚也亦競盟其黨以相訟僥必勝於民官茲土者知之則右民偶不及知則亦時左民民恥之務以所沿之俗聞必右而後已於是丐之盟其黨以求右民者滋益甚故曰丐者俗之瘤也（乾隆志）

按是等丐戶經淸雍正中及光緒間諭令免除惟彼輩所業在此一時未能盡改仍

有相沿舊俗者

又按人家婚喪以墮民司鼓樂稱爲吹唱墮民自稱爲小唱墮民婦稱爲老𡟹人家婚喪用以攙拜伺候在男家者曰傳席由女家送新婦者曰伴送名爲服役實屬營業其營業之處村坊門戶均指定歸其專利他人不得越奪其居處亦别爲一聚不與良民同

王褘棣蕚軒詩序蕭山爲縣地偏而俗尙質

徐徽之集蕭然城挂兩山山俯城坐肩脊石礨礨如堆甲其谷怒故人性剛而易憤忠勇之氣無間旄倪

重論文齋筆錄蕭山當吳越之衝浙江逕其西浦陽江環其東北濱海尾閭洩焉恃龕山爲之屏障又北則赭山峙焉浙江舊走南亹兩山之間爲江流故道潮汐日澎湃地滷矜不能稷黍踐斯土者大抵蓋苫熬波挂席釣海儉然褊憾稼穡維寶兹江勢北趨海昌曩昔沮洳下溼之區盡衍爲平陸膏壤宜五種復擅魚鹽吉貝之利服賈者麕集

爰是街衢洞達閭閻比櫛衆魚旐旟家給人足

重論文齋筆錄沙地土俗奢侈每遇豐收率羣會演戲名曰會戲

王宗炎莫氏宗譜序蕭山北瀕潮河限之以隄隄外堧地隸錢清場竈丁墾之分園者六日昌泰豐盈盛寧有稻麥木棉韭薤萑葦魚鹽之利豐歲所入粒米狼戾椎牛釃酒相角逐用財如糞土僑戶客作結廬而雜處重意氣矜然諾以軀藉交執仇歲一不登流徙失業散而之四方故其俗號爲難治

歲時　立春前一日邑令率屬爲迎春之舉設勾芒神土牛按干支塗以顏色占是年水旱豐歉以丐者飾春官明日布種於示農亭破土牛謂之打春地總丐頭作小土牛以饋士紳商舖索賞新春錢　元日黎明放爆開門拜天地神祇朝家廟禮影堂畢集中庭拜賀尊長以次及服屬宗黨各相祈祝復展拜先塋焚以冥鏹謂之拜墳年越數日展拜遠近親友往來酬答世族之家設殽饌具春酒以相邀飲謂之新年酒　上元十三日起謂之上燈十四夜間影堂前必供糕果之屬各鄉村皆以龍燈竹馬彼此鬧

賀以爲豐年之兆燈期五日至十八收燈家中影堂亦撤　寒食不禁火前後數日家家取蓬蒿搡米粉作團餅以佐食　清明插柳於門或綰柳作圈置小兒頭上婦女結伴至郊外謂之踏青節前後各家備牲醴庶羞掃墳墓謂之上墳祭畢燕飲而歸　上巳蛙鳴卜歲（見聞味軒詩集）　三月初六日俗傳張老相公誕辰鄉人禮拜之會最盛　三月十九日俗稱太陽生日有集會設供於庭婦女徹夜宣佛號者謂之宿太陽山（按明思宗於三月十九日殉國遺民痛之故於是日設供托言太陽生日以諱飾之後世沿其事而昧其意）　三月二十八日俗傳爲東嶽神誕辰蒙山有東嶽行祠先數日長幼男女至廟拜禱至月杪乃止　蠶忌至繅絲乃已　四月八日浮屠浴佛施米穀　農家清明日始浸種穀雨撒種小滿始插秧　立夏市青梅櫻桃分餉家衆又摘蠶豆嘗新以秤權人輕重謂可免疰夏之患食煨筍謂可健脚骨　端午懸蒲劍艾虎於門以祓除不祥以五色絲作長命縷繫小兒臂是日舉家飲雄黃酒食角黍以辟諸邪女子以繭作龍虎少長皆佩之　立夏忌坐門限謂不利於脚夏至各供茶曰夏至茶　伏日曝衣裳書籍謂一年不生蠹　七夕日婦女取木槿

濯髮去垢　士女取瓜果置盆水露陳庭前乞巧又剪去小兒臂上端午所繫長命縷曰換巧好事者或達旦不寐看天上巧雲　中元節十二夜間家家以香燭果餌供祀祖先至十五日又用斛食延僧衆祀之夜或作盂蘭盆會齋施法食各村皆然謂之鬼節　中秋各家以月餅相餽遺至夕合家醵飲玩月取樂亦有不寐而待看月華者　十八日觀潮少長男女羣至江上甚有攜酒殽作觀潮會者　重九市中賣栗糕插五色紙旗於上文人或爲登高燕飲之會　冬至城鄉皆作瓷糕粉餅祀神享祖先又搡糯米粉爲團面施胡麻以餉家衆謂之糊口團食此團後言語須多吉慶俗謂之冬至大如年　臘月初八食粥謂之臘八粥二十四祀竈近時多在二十三日各家用竹燈一盞作神輿送神登天祀竈用糖糕以竈神言人過於天帝取膠牙之意名曰送竈又拂屋塵淨堂宇人家蒸米粉搗作年糕形如鋌雖貧家不廢以供餽遺及拜賀新年之用　除夕換桃符聞味軒詩集除夕戶設門丞郎古桃符遺意五日以香楮送之黏春帖爲除舊布新之義至夕懸祖先影像於堂徧室燃燈謂之照虛耗各家燃爆竹置火爐於門外焰高者喜古謂之粡盆祀先設

席少長男婦同飲曰分歲酒家宴每不食魚取有餘之意見閒味軒詩集飲畢燒榾柮謂之享年松又用竹燈一盞接竈神歸爆竹聲達旦子弟向尊長辭歲尊長則徧散錢於闔家大小以及僕婢謂之壓歲錢亦有守歲不寐者又以赤豆散飯中留食至開歲三日謂之隔年飯至鏡聽響卜諸事昔有之今無聞焉乾隆志歲時嫌略今特增删之

婚禮　萬歷志婚禮必用媒妁采聘必用寶幣娶而成禮必用儐相拜花燭牽紅纏席坐床合巹撒帳挑兜皆俗習也女行時母屬皆哭而送之貪者較妝奩故有生女而不舉者乾隆志

相傳舊多山魈每遇娶婦羣聚奪去故用紅羅大袖以厭之今相沿成俗乾隆志

今世婚儀先通媒妁起帖一經起帖不能變更俗謂之換帖換帖之後男家送紅緡一端女家回以綠緡俗謂之傳紅今小戶此禮多略傳紅之後擇日男家以銀圓爲聘幣并致釵釧衣裙羊酒花果大家行聘有用金玉如意而不用銀幣者女家回以冠帶文具之類各隨其家之豐嗇俗謂之大定即行聘也又次男家諏吉通示女家亦以銀圓爲幣俗謂之道日土名財禮大家多不

收受及親迎男家先具雞豚粉團果餌之屬餽遺女氏宗戚俗謂之轎下盤（世俗多折用銀幣）迨彩輿登堂具子壻禮帖一道以代躬臨（此帖俗多略近亦有壻親迎者）迎娶入門翁姑不遽見面合巹之夕親友導壻入房傳杯酌酒明日廟見始拜謁舅姑尊長次及宗親大小姑叔設盛筵款新婦宴畢褪妝入廚調羹而婦道成矣

喪禮　萬歷志喪儀多具鼓樂齋酒以燕弔者備物洗腆則以爲能盡送死之道然亦各稱其家之有無富而不行者則誚之（乾隆志）

今俗崇信佛教大殮囘神做七出殯俱用浮屠氏懺悔導引窆後請年高德劭之人題主禮成送主入祠乃除靈（題主入祠除靈者世俗大家行之尋常之家多從略）服制不甚分隆殺無論祥期禫期每不釋白世家及平民皆然實爲過情之舉至功緦之戚亦以著白爲敬居喪者甚有身著衰麻出門從事見者亦恬不爲怪也

祭禮　萬歷志祭禮歲時設饌於中堂長者在前歷序亡者私謚子弟羅拜於下雖初喪亦用獻禮（乾隆志）

今俗鄉村皆立宗祠祖先神主皆藏祠内亦有不入祠堂在家供立祖先神位者春秋分薦食則祭於廟歲時令節以及祖先誕日忌辰則祭於寢淸明祭於墓俗謂之上墳十月朔祭於墓俗謂之掃松然民間無宗法不論族服疏遠苟有祖先誕忌日爲其祖若父所嘗致祭者傳之子孫雖百年不祧未免祭煩則瀆矣

鄉俗歲必祀社公春秋必演戲以報賽往往聯屬各村歛錢置產以爲會者其他財神五聖元帥火神張神文武帝等亦各置產有會故納粮多神會戶

蕭俗安葬實皆浮厝於地平面墊以磚石上疊磚圈之進柩於其中封固其口名曰生槨外加泥以圍之而銳其頂外復用石以圍之名曰羅圈冀垂久也新纂

道士皆娶妻生子與齊民無異俗稱爲火居於宗教絕無關係以諷經拜懺爲營業村坊門戶皆係指定謂之門眷他人不得承應新纂

各寺廟住持僧大抵臨濟曹洞兩派居多亦藉諷經拜懺爲營業而含有宗教性質新纂

俗遇疾病不講醫藥多信巫卜如霍亂等症鄉民多謂土祟延道士數人鼓樂諷呪謂

之謝土誠迷信之害也新纂

又有一種狡民托爲神附借治病以哄人俗稱靈菩薩妖言惑衆亦當嚴爲驅禁新纂

蕭山風俗小兒上學必擇年內立春兩次者謂之一年兩頭春吉新纂

婦人以嬰兒夜臥不寧輒禱祝牀公牀婆新纂

物產

動物

羽之品

雞 雞雛以人工造成不假母雞孵卵法以陶缸置不透空氣之屋而先鋪舊絮或草薦於缸底置完好之卵於其上復以舊絮或草薦覆之乃用糠之屑燃火烘缸之四圍更每日以手摩卵謂之抄卵烘三日遍取其卵就牆穴照之凡卵中有精點者謂之色留其有色者去其無色者謂之頭照照畢塞其穴如初以保溫度七日又照之謂之二照至十八日或二十日而雛成運銷浙西及江蘇省爲輸出大宗造雛之肆曰哺坊他處所設之肆亦必以蕭人主其事造雛期間以二月至五月止過此則銷場不旺也雄雞去腎者曰鐵雞近有以雞羽生翅爲妖者然恆有之未足異也

雉

鷓鴣 即行不得也哥哥清王端履重論文齋筆錄謂吾蕭素無鷓鴣恐非

竹雞 即泥滑滑狀似小雞善嗁或云白蟻聞其聲即死蓋性好食蟻耳

鷃鶉 即鴽一名稻雞

鴿 羽色目色品類甚多畜之以辟蟻亦有野者祇園寺塔上

尤多 麻雀 小者名黃雀 燕 斑鳩 俗呼鵓鴣臆有斑文舊有呼晴呼雨之說以蕭山音像之雨則曰弗得過晴則曰挂挂紅鉦 布穀 鸛

鴿 俗呼八哥剪其舌能效人言 反舌 俗呼烏春似鸜鴿而小故又名野八哥能效諸鳥及貓犬聲 畫眉 善鳴能鬬 白頭翁 羽蒼色頂有白毛善

鳴 繡眼 一名竹葉青喜集竹林似瓦雀而小羽綠色善鳴 山和尚 色微蒼教之能言略似鸜鴿 鸛 出白馬湖湘湖 鵝 蕭俗祀神及歲時餽遺多

用鵝晏客則否 雁 鴨 造雛之法與雞同亦有不用陶缸而用木牀者鴨貴雌而賤雄雛之雌雄以手辨之百不失一謂之揑雌雞鴨鵝毛及卵皆輸出外洋

鳬 即野鴨捕法於秋冬間設潭張網擇雄而善鳴者爲媒放潭中鳴以相引待其入網而收之 鷺 鷗 俗名水胡盧 鸕鷀 漁家多畜之 翠鳥

能於水上取魚故一名魚狗長喙 鴛鴦 黃春 似鳥春而色蒼烹食味美 梄子鳥 恆嗜梄子故名烹時束之以草故又名紮鳥爲蕭山珍饈明袁

弘道越中雜記作紮鳥案紮鳥似百舌善食魚見類篇恐非一種 鶯 啄木鳥 狀似雀咮有針春夏間啄木食蠹聲丁丁然 長旛鳥 大如白頭

翁雄色白尾長如帶雌色紅尾短蕭俗呼雄曰蔡伯喈雌曰趙五娘 鴉 蕭俗聞鴉啼則吒之以祓不祥 寒鴉 似鴉而小俗名麥子老鴉麥下種時自北來其陣蔽

天仲春乃去本草云北人謂慈鳥爲寒鴉 鵲 俗以其鳴爲吉祥故名喜鵲 四喜 羽似鵲身如白頭翁能效各種鳥鳴 杜鵑 鷹 鴞 一名貓頭

鳥 鬼車鳥 一名九頭鳥 哼呼鳥 十姊妹 小鳥也飛則成羣亦名七姊妹

毛之品

牛 黃牛角短而有胡水牛角長而曲助耕任重冬則取其乳以爲酪蕭山農家資本不厚故用牛戽水者少 羊 山羊有角毛雜綿羊無角毛純白 犬 人家畜以警夜

有毛長而卷者曰獅子狗山家有畜獵狗者甚俊偉凡狗食毒則瘈邑義橋韓氏長河來氏有癩狗有藥甚效兼治霍亂症附識於此　豕　貓　香貍有文如豹其臭如麝　鹿　麂似鹿而小趫捷不易捕惟大雪出而覓食爲獵者所得其皮用處甚廣　石鼠　鼬俗名黃鼠狼毛可爲筆　田鼠即稻鼠有大小數種　松鼠　獺善食魚故其骨可療魚骨鯁喉毛著水不濡可製裘近年風行尤盛其值頓昂　虎不多見　狼近年西山一帶有出而傷人者不久絕迹　豪猪豪蹏而勁長或及尺矗若箸而中空鋒甚銳著人如矢人逐之則發矢以拒行時鏗然有聲　野猪力絕大牙鋒尤利其胃可治瘵　獾猪穴土而居人家墳隴往往爲所穿穴　獾狗　竹狗好食家畜皮可製裘俗稱南狐　猬毛若栗房故俗呼刺栗蔀皮可治胃病　猿　伏翼即蝙蝠其屎入藥名夜明砂

鱗之品

鯉魚　鯽魚乾隆志引嘉泰會稽志蕭山湘湖之鯽珍美爲越中冠　按出湘湖者色青出白馬湖者色白　鰱魚　鱅魚俗名胖頭　青魚作鮓最佳　草魚即渾魚　鯿魚以上五種漁戶於春間往臨安購魚秧輒以萬計畜諸河逐段築柵四時捕取至冬則用大網銷售甬紹　鱧魚即烏鯉魚　鱨俗名黃顙　箬鰨即比目魚　杜父魚亦名土步魚出湘湖者爲最桃花水漲時尤美濱湖之家以瓦作阱或用破舟沈水中隔宿起視則魚已穴處其中蓋性鈍易於入彀也又沿海有四鰓者俗名火盩頭又有一種似土步而小俗名油光頭　銀魚　鰣魚清王端履重論文齋筆錄鰣魚出吾邑與富陽淡水鹹水交界間漁人宵見水面有微光滉漾舉網取之便得價較他魚爲昂欲購者多趨聞堰市　鰵魚惟沿海有之肝中之油爲滋養之要品　鮎魚　鯔魚　鱓

魚 鰻魚海鰻大者重數斤俗名狗頭鰻最小者謂之鰻線 鱖魚 鱸魚 鰷魚即白條魚 鱎魚即白魚 鱭魚 鰵魚

鱵魚一名姜公魚長二三寸細鱗尖口口上有肉針出南門江湘湖 嘉魚乾隆志引方輿勝覽蕭山縣城山上有泉多嘉魚按今已絕迹 梅魚似石首魚而小梅花時有之俗名梅公頭或曰麋魚以其易腐也 石斑魚 溪鱖出南鄉以周口溪爲最立夏節後此魚發現紅白相間色味俱勝立秋則不復覩矣此魚雖以鱖名而絕不相類 烏賊出閘堰外江 蝦河蝦色青熟則變赤出溪河潮蝦色灰熟則變白對蝦最大有兩鬚相對經春則絕迹麥頭蝦麥熟時有之小於對蝦殼薄而多肉均出江海又有極細者須以細網捕取江河均有名飯蝦亦曰糊蝦

介之品

龜 黿 鼈產內河淡水者味佳 蚌大者名冠雞小者名胭脂漁人往往於冠雞內剖得巨珠 蟶形長甲薄首有兩孔如鼻 蜆形如小蛤而甲稍厚 螺大者曰田螺生水田小者曰螺螄又有一種長者名海螄立夏節必食之近有西醫發明一種寄生蟲謂吾蕭螺螄中最多能傳染瀉疾講衛生者不可不知也 蟹稻蟹即河蟹味最勝出湘湖者尤美沙蟹次之蟚蜞形小色白可鹽藏蟚蜞俗呼毛蜞氣腥不堪食黃甲其美在螯又有青甲味同黃甲但不多得金錢蟹沿海有之其小如錢一名膠蟹

蟲之品

蠶育蠶之家沙地最多其種多購自嵊邑俗呼育蠶曰看蠶呼蠶眠曰幼謂之幼一幼二幼三幼大所看者止頭蠶二蠶出蛾留種不養再出之原蠶殭蠶蠶砂皆入藥

蜂 蜂類至繁惟蜜蜂造蜜民利存焉養蜂者以木桶收蜂置簷下惜蕭山養者不多 桑蟲 入藥治瘡 蟬 蛻入藥 螻蛄 斑蝥 生豆葉上黃色黑斑入藥治瘡 水母 俗名海蜇 蟋蟀 蕭山舊日鬥蟀之風頗盛南門外史村出者最為善鬥士人捉之售諸蘇杭有每頭至數金者 蚊 蕭邑特多西興尤甚蓋運河面積既狹水又汙濁故也舊有荒蠅熟蚊之諺 蠅 鹹水蟲 近歲沿江發生此蟲大如指白身赤首柔如涕洟而口甚堅利深嚙入木腐蝕船底為害頗烈 鼃 俗名田雞又名水雞生稻田者尤肥可食以其食害稻之蟲故謂之護穀蟲常為官府所禁惟墮民竊捕之以售諸市肆 蜘蛛 螳螂 蟯 蜻蜓 蠛蠓 生花草上以油塗之可除俗呼油蟲 蚱蜢 竈雞 可治小兒疳積 絡緯 蟻 水蛭 俗名馬蟥入藥 蛇 種類甚繁惟采花蛇不毒又俗呼尾圓者為家蛇尾尖者為毒蛇 守宮 蜈蚣 蚓 螢 蟫 蝸牛 孑孓 俗名水蛆

植物

穀之品

稻

五十日稻 原注四月種六月熟按今以六十日為最早無五十日熟者 今成稻 原注四月種七月熟粒長性堅 黃穋稻 原注六月種八月熟 早色稻 原注粒圓色白 銀杏稻 原注粒圓色白味香稻之最上者 早晚白 晚白稻 香杭 原注粒細味香色斑 烏嘴

老烏稻原注老則稃烏色不甚白稻之最下者羊鬚白原注芒長故名以上八種俱五月種九月熟廣秈原注五月種九月熟有純白紅紅白

相間三種以上乾隆志按楊子方言江南呼粳爲秈今蕭山凡早稻皆曰廣秈廣秈之中又以天花稑爲最早六十日熟其餘尚有向天羅柳條餘姚早江山早黃

巖早茅早稻羅尖洋尖大稈細稈斷線白雨傘種硬脚種諸名自七十日熟至一百二三十日熟不等大抵塘內晚稻較多沙田則全種廣秈桃源鄉產者亦著名黃

皮稻即早晚稻芒種種百日熟老來白性路硬夏至種百四五十日熟八月晚芒種種百二十日熟周家稻夏至種百四十日熟出來蘇周

村者爲最佳相傳此稻向惟周姓藝之粒大而廣故又有闊板周家稻之名今則到處皆有性粘宜釀作餅餌尤良茶食肆多用之

右杭

趕陳糯原注四月種七月熟粒細按乾隆志作趕陳糯字書無趕字嘉靖餘姚志糯而宜酒者曰趕陳糯今從之青稈糯原注四月種九月熟宜良田稃

黃芒赤已熟而稈微青臙脂糯原注稃紅粒白白殼糯　細稈糯　瘦八尺原注雖瘠土而苗亦甚長羊鬚糯　泥

裏變原注以易爛故名老少年原注熟則色紅故名凹穀糯　蒲桃糯原注粒圓色紫故名以上九種俱五月種九月熟以上乾隆

志八月糯小滿種百日熟廣秈糯　洋糯　猪毛矗有穎若猪毛故名以上三種俱芒種夏至間種百二十日熟桂花糯

小滿種百二三十日熟丹陽糯　杭州糯　等西風　重陽糯　晚稻糯一名爛頭糯白籐環以上十一

種俱夏至種百四十日熟

右糯

按乾隆志所列稻種與康熙劉志全同二百年來或昔有而今無或物同而名變茲仍概爲臚列以存舊觀而增入晚出諸種如右 又按蕭山全境之水物皆恃三江閘爲尾閭農家因避梅雨故插秧視他縣爲獨遲或謂土性宜然殆非確論而近年大水如清光緒己丑己亥宣統辛亥又往往不在夏而在秋捍天災而闢地利是在後之邃於農學者

麥

大麥 乾隆志有毛光二種秋種立夏前熟晚大麥穗長而子多毛者可作飴光者可和米作飯故一名米大麥沙民多食之 按

小麥 乾隆志十月種小滿前熟 按小麥可屑之爲粉爲酒爲醬爲麵功用最廣有紫白及六稜四稜之別又有光部頭麥洋小麥淮小麥

蕎麥 乾隆志三稜色赤處暑前種十月熟喜霧畏霜 按可備荒

粟

粟 產沙地粘者可釀酒不粘者可作餳莖長丈餘似蘆而中實可編籬穗可作帚或云久種則其地多蛇

小米 本草粟米即小米產沙地有夏秋二種夏小米粒麤清明後種五月末熟秋小米粒細立秋前種十月熟

乳粟 粒大如芡色瑩白亦間有紅黃色者味甘萬歷山陰志乳粟俗名遇粟按即玉蜀黍廣羣芳譜玉蜀黍一名御麥以其曾經進御故名然則遇字似是御字之誤今蕭俗又名六穀亦有夏秋二種又玉蜀黍開花而不結實別於葉腋出苞由苞內生實消耗地力甚速不宜連

栽

豆

黃豆 莢有毛一名毛豆有梅青六月白七月白八月白九月白十月白等之別以成熟時期名也嫩時色青烘之名烘青豆老則黃豆腐豆油豆餅皆以此爲原料其利頗廣 赤豆 六月熟 白豆 乾隆志 按疑即毛豆之白者 黑豆 俗名烏毛豆入藥治盜汗 褐豆 康熙劉志 綠豆 六月熟製爲粉最滑膩水浸出芽可爲菜 青珠豆 乾隆志 按即毛豆之八月白 蠶豆 乾隆志俗名羅漢豆 按蠶豆花邊白中黑亦有中紫者八九月種三四月熟王端履重論文齋筆錄謂惟種於沙地者開紅花恐非實驗之談 豌豆 乾隆志一名眞蠶豆 按今又稱京蠶豆八九月種三四月熟有紫花白花二種紫早白遲白者味勝苗柔嫩亦可食 刀豆 乾隆志莢長似刀 豇豆 乾隆志莢長如箸俗名裙帶豆夏月熟 按今有長豇花豇烏豇三種 虎爪豆 乾隆志 羊眼豆 康熙劉志即扁豆 按今又名籬豆入藥 飯豆 康熙劉志 虎斑豆 乾隆志 狗龍豆 中有黑點可炒食 藕節豆 性粘潤可和米爲角黍

麻

青麻 產沙地有洋種本種之別四月種八月刈運銷外洋用途頗廣 黃麻 冬月種次年收多產塘內 脂麻 即胡麻

蔬之品

白菜 康熙劉志八月種九月熟以甕醃之曰醃白菜曬乾貯甕內曰陳乾菜愈久愈美 按今有壺瓶種長莖白渾甏白雪裏青諸名春初播種俟芽長數寸不移植即

入饌者曰小白菜　油菜康熙劉志即蕓薹菜其子可打油春初食其心最美俗謂之菜汞按汞應作蕻唐韻蕻音閧草菜心長也又油餅可作肥料　芥菜

康熙劉志有黃黑白細葉數種春冬俱有亦可醃藏汞長幹肥者不甚佳又一種名百箭芥矮小味極佳美　按今大葉者有春不老木耳芥猪血芥細葉者有九頭芥

雞冠芥花芥又一種葉小根大名芥頭醃而曬之可經久　菠薐菜康熙劉志北人謂之赤根菜連根煑吃子有刺　按春秋皆可種俗呼紅嘴綠鸚哥　蒿菜

薺菜與年糕同炒爲蕭俗新年祀祖必需之品　蕹菜康熙劉志　按蕹白入藥　莧菜康熙劉志葉上有水銀　按此說見本草馬齒莧條下別爲一

種今莧有赤白二種莖可醃食名莧菜梗　馬齒莧　菾菜一作甜菜康熙劉志有冬夏二種　按近今博物家云根可製砂糖　葱有麤細二種俗稱麤

者爲天葱細者爲地葱天葱種盆中置屋上則茂又一種以葱頭攬入麵中栽於土及長無葷氣名素葱持齋者噉之　蒜春食苗夏食根冬食葉根用醋浸亦美

萊菔有紅白二色五月出者曰火蘿蔔秋末冬初出者曰早種冬末春初出者曰遲種又白而長者二種一曰象牙種宜醬一曰曬乾種宜脯多產沙地別有大背

白陽湖種狗跑種諸名根葉皆可食可治痢子亦入藥　胡蘿蔔康熙劉志葉細碎而根黃赤　韭春秋食葉夏食蕻冬食芽培芽之法蓋以肥土則生黃芽

味尤美　薑與瓜同醬曰瓜薑漬之以糖曰糖薑染以紅色曰紅薑　芋有紅梗白梗二種白者產沙地宜旱紅者產塘內宜水紅者成熟較遲而味特勝杭紹所

產皆不及蕭　烏金菜形似白菜而色深綠葉上起皺泡味淡　黃芽菜一名黃矮菜覆以草則捲心別有深綠色者　菰首俗名茭白有田茭池

茭兩種東鄉尤多黑點者俗呼灰茭白味殊遜　萵苣其種移自浙西　胡荽俗名香菜蕭山向不入饌近則有栽於園圃者　蔓青清王端履重論文齋筆錄

蔓青吾鄉謂之諸葛菜　瓢兒菜　馬蘭一作馬攔頭拌食味同蒿菜　芹菜　甘露子葉如薄荷而有毛不可食根連生如貫珠作羹

殊美亦宜醬俗名玉環　草子有紅花黃花二種農家刈以肥田亦可作蔬　百合乾隆志產和尚鎮之訛按即河上鎮　薯蕷即山藥出西鄉　番茄有紅白二種爲救荒要品　小茴香葉如松針而細結實如穀俗名凹穀茴香　蓴菜乾隆志引宋嘉泰會稽志蕭山湘湖之蓴特珍柔滑而腴方春小舟采蓴者滿湖中又引明萬歷志蓴出湘湖味至美較勝他產　春盡夏初有之又引明劉績霏屑錄蕭山湘湖蓴菜三月采賣至秋則無人采矣　明袁弘道越中雜記蕭山櫻桃鸎鳥蓴菜皆知名而蓴尤美（中略）其根如荇其葉微類初出水荷錢其枝如珊瑚而細又如鹿角菜其凍如冰如白膠（中略）輔枝葉間清液冷冷欲滴其味香粹柔滑略如魚髓蟹脂而清輕遠勝半日而味變一日而味盡比之荔枝尤覺嬌脆矣（中略）然蓴以春暮而生入夏數日而盡秋風鱸魚將無非是抑千里湖中別有一種蓴耶　張淏會稽續志湘湖之貢蓴　明屈大均詩暮春湘蓴菜長半出湘湖水水淺花生多不見紫紫紫　明來集之清毛奇齡單隆周皆有湘湖采蓴歌文長不備錄　清王端履重論文齋筆錄蓴菜春時嫩芽極爲甘滑生熟俱可食至秋新芽重發土人無食之者始轉販吳郡羣誇異味耳　按湘湖春秋皆有蓴秋蓴即次年春蓴之胚胎枝葉脆弱英華內含味尤腴美清王恩元湘湖雜詠季鷹當日疎狂甚不道秋風在越中是也杭州盛行蓴菜實則西湖所產無多皆由蕭山販往湘湖婦孺每於拂曉挈筩西渡然僅許至杭城而止更由杭儈轉售市肆亦習慣然也汽車通後此物遂達蘇滬間矣邑南桃源鄉小湖孫旁湖中亦產蓴惜鄉民取以飼豕罕知食者　荇菜一名水菜康熙志似蓴所結子爛煮之味甘如蜜蕭人多不知此味　蕨俗名粮萁其根有粉市肆以之混藕粉頗相似而香味不及　鵝冠頭初發芽採食味美

果之品

李　一名嘉慶子　康熙劉志李有五品曰鵝黃曰美人曰拳把曰清消曰麻葉夏至後與夏桃同熟

杏　康熙劉志海杏實大梅杏實小

梅　嫩者曰青梅熟者曰黃梅可蜜餞可鹽醃可窨汁爲醬熏之爲烏梅入藥

桃　康熙劉志桃有五品夏桃五六月熟秋桃七月熟油桃實光扁桃其形扁雪桃至小雪後始熟味甚佳　乾隆志引萬歷府志蕭山水蜜桃　按夏桃今分五月桃︵色紅︶夏白桃︵色白︶兩種扁桃今呼蟠桃

栗　秋初採極嫩者曰桂花栗出包家灣傳家峙諸山

榛　婚禮必用之此外鮮有食者

棗　乾隆紹興府志引宋嘉泰會稽志蕭山有白蒲棗水菱棗馬棗亳州棗木棗又引宋高似孫剡錄蕭山赤棗甚奇庾肩吾詩踴躍頳魚醉參差絳棗浮　康熙劉志棗有五品曰鹽官曰水團曰久蟲曰白漘曰馬矢惟鹽官最佳　按本草有羊角棗與鹽官音近惟沙地人謂其地舊屬海甯爲古鹽官因以得名亦可備一說今又名羊矢棗

梨　有青消梨梅梨雪梨數種

郁李

林檎　即花紅

櫻桃　浙江通志引宋寶慶會稽志櫻桃出蕭山夏孝鄉　乾隆紹興府志引嘉靖通志蕭山櫻桃名櫻珠　又引萬歷府志有大小二種蕭山者勝　乾隆志舊貢櫻桃爲害於民明正統間停貢詳名宦蘇琳傳　清王同高詩領得春風蚤朱櫻壓衆芳獨先桃李樹寫豔入春光

枇杷　清毛奇齡詩山園徧植枇杷樹豈爲貪看雪裏花待得東皇春意好也能生子滿人家

石榴　有紅白二種

楊梅　乾隆志引萬歷志出湘湖諸塢者爲勝有接種顆大而味佳有草種顆細而味酸又名線梅有紋隆隆如線實大而核小或漬以糖或傳以鹽或貯以酒或以火炙之味皆美而可久當其盛時戚友餽遺道路相望堪與閩粵荔枝相並　清張文瑞詩葉似離支樹石楠山枝爭似水團甘蕭山風物都堪愛一味楊梅歷嶺南　陶元藻廣會稽風俗賦注楊梅向推山陰項里今蕭山之埭上亦佳色白者味甜於紫有紋起如線實大核小者謂之線梅俗名白水團　按白者一名水晶楊梅出冠山今惟紅紫二種白者不多得矣

柹　康熙劉志柹有三品綠柹方頂柹漆柹　按俗作柹非柹音肺削木片也漆柹今亦名朱紅柹

葡萄　康熙劉志

有水晶紫色二種滴密葉曉星浮馬乳清陳至言詩重房宵露垂珠帳龍鬚引玉鉤

橘乾隆志引康熙聶志綠橘未霜時臍間有黃點而味已全蜜橘金扁橘朱紅橘皆出自長河村者佳又有癩頭橘按蜜橘產長河冠山者尤佳名穿心蜜橘皮入藥

金橘康熙劉志金橘實小如彈丸味微酸其木高三尺許累累如金按圓者如金彈長者名金棗以上四種皆可以糖作脯

橙　柑　柚俗名文旦

香櫞　代代櫞花奇香可點茶實形圓而紅或曰善護之能使三歲之實同在樹間故名代代櫞

銀杏俗名白果蕭俗元宵祖先像前供炒白果

山查俗名山裏果入藥

木瓜可作供品入藥

木桃小於木瓜而香似之

蔗產西鄉色紅俗名小林蔗較衢蔗略小而甘脆過之

落花生產沙地有京生洋生龍生諸名炒食爲椒盤佳品亦可製油

蓮實有紅白二種

藕

菱乾隆志大名老菱小爲刺菱出湘湖種河濱南門江最多紅菱四角種水田按老菱即青菱亦稱大菱兩角又有四角而青小者曰刺菱老菱擇美好者貯甕中經冬不壞名醬菱採其葉醃而乾之可食

芡康熙劉志出湘湖

慈姑康熙劉志作茨姑俗作茈菰

荸薺即地栗

無花果

花如果可染帛

花椒

按十年前慈谿商人陳姓在西鄉浦沿西江塘外仁和牧地闢地一區名曰陳圃編栽各種果木頗著成效而尤以水蜜桃檇李葡萄金橘四者爲最果熟則繪圖廣告鬻諸杭市近年此圃已入官矣

蓏之品

西瓜康熙劉志出二都者最佳乾隆志引弘治紹興府志西瓜產蕭者最佳按種於新墾沙地者大而甘有白瓤黃瓤紅瓤黑子白子紅子綠皮白皮花皮諸別

南瓜有夏秋二種夏生者形扁圓先摘嫩而青者作蔬則滋生更繁秋生者形長亦名枕頭瓜有大至數十斤者 黃瓜即胡瓜 菜瓜色白亦名蒲瓜產沙地 青瓜五月即熟爲蕭山特產且僅塘內有之宜醬杭紹醬肆皆來採購 冬瓜康熙劉志作東瓜 絲瓜康熙劉志一名天羅其絡入藥亦可滌器 梨瓜形長色淡綠多汁如梨故名又一種較小名幼小甜產沙地 黃金瓜味最甘美 棗兒瓜似黃金瓜而皮白味亦較遜盛行於二十年前自有黃金瓜而此瓜漸少 熟瓜形圓皮上有稜有淡綠深綠兩種爛熟如泥乃可食故名一名橘瓜又名梨頭瓜 冷飯瓜花皮形似西瓜而小食之易噎 北瓜僅可供品不可食 苦瓜即錦荔支俗名天荔支 茄有紫白及淡綠三種 辣茄即番椒有大小兩種近又有柹子辣茄櫻桃辣茄皆因形而名 瓠俗名蒲子形長而瘦 壺蘆一名束腰蒲嫩而多汁又有小壺蘆長僅寸許霜後收乾極精緻可佩帶宜植放盆中

花之品

梅有紅白各種 蠟梅素心者最佳 山茶有接本有插本種類甚多以層層樓花佛頂章馱甲五采寳珠爲最 木筆 玉蘭 瑞香有黃紅兩種 迎春 緋桃 碧桃 棠棣 杜鵑康熙劉志二三月滿山俱是故名映山紅按今紅者名映山紅黃者名鬧羊花又有淺絳者頗可愛 海棠 牡丹清陳至言綠牡丹詩雕欄百寳護花王淺碧玲瓏別樣妝螺黛翠添萱草色湘簾寒透薜蘿香蔡惟慧玉樓春詩國色奇葩別有家不將黃紫門春華紅脂染就輕施粉白玉樓成淡著霞按牡丹粉紅者名玉樓春 芍藥粉紅者多有白色而中心一小瓣朱者俗名楊妃吐舌最佳根入藥 石榴有紅白二種千層者佳 梔子 粉團 繡毬 木槿可編籬千層者佳 茉莉 桂白曰銀桂紅曰丹桂

黃曰金桂又有每月作花者曰月月桂　紫薇康熙劉志即百日紅　紫荊　芙蓉　月季種類極多　月月紅　十姊妹花

康熙劉志花小而一蓓數花故名一蓓中分紅白紫淡紫四色　木香康熙劉志有數種惟白花者爲最香馥清潤高架萬條倏坐若香雪　薔薇　玫瑰

有紅白二種　茶蘼以上七種今博物家統稱薔薇蓋同類而異種也　瓶蘭花向下如瓶　忍冬有紅黃二種黃者入藥　珠蘭有黃白二種

蘭產南鄉山中西山南盡處石岩上亦有之河上鄉曾出梅瓣者清許鼐龢蘭蕙同心錄蕭山素梅乾隆時出蕭山蔡氏亦名蔡素梅　蕙南鄉河上鎮張氏大橋瞿氏有素心者瓣大於尋常　荷　洛陽花　翦春羅　翦秋羅　石竹以上四種同類異種五色俱備纖豔宜人　魚兒牡丹根即土當歸　胡蝶有白紫二種　萱康熙劉志即宜男草一名鹿蔥單瓣紅者可食色蜜清香異常故名香萱按可食者俗名金針菜　葵康熙劉志有錦葵蜀葵秋葵向日葵數種秋葵色蜜心紫其花用香油浸之可搽湯泡火燒立效按蜀葵即丈紅花各色俱有千層者佳向日葵子可熟食俗名朝陽花子

蓼　玉簪　芭蕉　美人蕉有紅白黃及中紅邊黃及黃瓣紅點各種　鳳仙康熙劉志有紅白紫數種　雞冠　秋海棠

虞美人來三聘詩西楚興亡幾度春故都遺跡總成塵山花不解英雄恨獨爲君王記美人　山丹　菊康熙劉志種類甚多羣芳譜菊山在蕭山縣西三里多甘菊　夾竹桃　金絲桃俗名金絲海棠　金雀　金錢　牽牛子名黑丑白丑入藥　夜嬌嬌　凌霄

金燈花一名忽地笑冬月生葉如大韭春初葉枯夏秋間忽起一莖莖端作花四五朵朱色長鬚分布綰結如燈並有白及粉紅淡紫諸色根即石蒜入藥

蔦蘿松　六月雪

草之品

莊草　康熙劉志可織席稱莊得名莊即白蘇　按縣東北莊山相傳以越王不能織席疑即菰草之誤

菰草　乾隆志引名勝志菰草席蕭山縣出

燈心草　康熙劉志出黃門橋家橋　按其皮可爲蓑

董　按即爲席

莒草　康熙劉志可爲帚

金線草　康熙劉志

莎草　康熙劉志可以爲蓑衣歲歲繁滋其根爲香附子沿沙地方所生惟竈戶得有其地草莖三稜故一名三稜草今南鄉亦有之可織屨　按莎代繩

茅草　窮民用以蓋屋春初抽芽如針名以茅針味微甘可食白茅根入藥

蒲草　康熙劉志可以爲履可以爲屩　按乾隆志引弘治紹興府志蒲水草可作扇蕭山風俗鄉民以之爲業

棉　產沙地有餘姚彭家大部小部南翔南匯江西江北松廈綠樹杜子諸種紡織外又運售杭滬甬各埠歲值數百萬元沙民利賴近年禁栽罌粟種棉益廣本年大吏更採辦美國種勸民試種

淡巴菰　即烟草產三四五都四都尤盛每年約收數百萬斤

蘆　生澤畔莖中空有節長者編簾短者爲薪其嫩芽爲蘆筍京師上海用爲佳蔬蕭山尙無食之者

箬　根莖似小竹籜葉似蘆荻產南鄉鮮者名干青夏令曬乾名伏箬可爲笠及船篷亦以裹角黍

鼠鞠草　花黃葉如鼠耳有白毛俗呼黃花藍亦可染粉成青色荊楚歲時記三月三日取鼠鞠汁蜜和爲粉謂之龍舌䊦以壓時氣蓋由來舊矣

艾　有眞艾野艾二種眞艾入藥端陽人民插門以辟邪野艾搗汁和粉爲餌色香俱勝爲清明上塚祭品

嬌麥青　葉似麥經冬不萎

野苧蔴　以上兩種用法與野艾同

鵝郎草　可斷鴉片癮

菖蒲

石菖

蒲　闊葉者名金錢菖蒲細葉者名虎鬚菖蒲

書帶草

翠雲草

老少年

三白草　生水濱農家占驗云春夏水足三葉盡白否則止白一葉或二葉

骨牌草　生山之陰及人家土牆葉背生點天然成骨牌形

香草

酸津津草

萬年青　一名千年蒀結

子甚紅盆植爲玩有純青及黃邊白邊各種吉祥草葉似漳蘭而闊四時青翠蕭俗遷居及喜慶事必與萬年青同用取其名之嘉也惟不易開花木蓮即薜荔延緣牆垣樹木間四時不凋結實如蓮房剖之絞其汁色白如凍夏令食之消暑俗名木蓮豆腐然生冷易損腸胃或云和以茄汁則易凝鳳尾草還魂草雖甚枯得水即葱翠一名卷柏宜盆栽虎耳草俗名金絲荷葉藍可染青莠即狗尾草稗白朮產南鄉石斛產南鄉有銅皮鐵皮兩種鐵皮者良首烏石葦青木香以上三種產沙地巖壟山草石蠶產石巖山半夏南星薄荷青蒿藿香以上二種盛夏時多取以代茗紫蘇與嫩薑同漬糖汁爲賓筵小品荊芥香薷夏枯草白花者最良惜不多爛銀藤即烏蘞莓治腹痛鴨跖草木賊草車前蓖麻括蔞葛根地錦龍鬚草烏米飯草花味甘小兒喜食之冬蟲夏草旱蓮草益母草蒲公英雞腸草鵝腸草魚腥草如意草蒼耳酸醬可生食牛蒡蘋萍藻苔瓦松

木之品

松浙江通志引名勝志蕭山縣北幹山多植松故有北幹松風之稱柏康熙劉志有渾側二種又有一片如手掌者名手掌柏按又有瓔珞柏葉下垂如柳柏子仁入藥檜杉桑康熙劉志葉可養蠶其木紋理縝密而黃色可愛堪爲器具按未接者爲野桑發芽最早接之爲糯桑糯桑芽紅色而多者爲紅頭百

腦種青芽者爲木斗青種葉團形者名胡桃糯又有一種名火桑亦接種葉尖無鋸齒形飼蠶易於發育惟三眠後則不宜復食蕭山自清光緒中絲廠繭竈同時設立

蠶桑之利益普而沙牧一帶栽桑尤多幾乎徧地皆是矣白皮入藥 柘康熙志葉亦可以養蠶 櫧浙江通志引弘治紹興府志蕭山櫧木堰以其地舊產櫧 按櫧木堰今不可考

楢 椿康熙志其芽清香可食 樗似椿而臭俗呼臭椿 檀 槐 榆 樟 梓康熙劉志即豫章 按豫章樟也康熙志以爲即梓蓋沿嘉泰會稽志之訛乾隆紹興府志已辨之今有烏桕粉桕之別

梧桐 青桐 楓 柳康熙劉志易生亦易長有垂絲者婀娜可愛水邊多植之清明日各家門插柳 青楊葉圓潤而尖枝條短硬與柳異 赤楊葉經霜則赤 白楊木高大葉圓肌細而堅可充棟梁蕭山農家桔槔多取材焉

檉柳俗名西河柳入藥治痲疹 烏桕康熙劉志至霜降後紅色可愛 按子可榨油澆燭葉可染皂 楝實名金鈴子入藥 櫟

柞 槲以上三種均可育山蠶 沙樸葉可磨竹木及錫器細滑勝於木賊草 冬青康熙志一名蠟樹一名萬年枝 按蠟樹乃女貞別名冬青之別種也今有一種長僅數寸名洋冬青可供盆玩女貞子入藥

枳實與壳俱入藥 黃楊葉細長者名柳葉黃楊腰圓者名豆板黃楊 鐵樹葉如蓖箕亦名鐵芭蕉與龍眼煎湯可治肝胃氣疾 椶櫚葉可爲拂以驅蚊皮有細毛剝之可製衣履薦褥繩索之屬 皂莢

圓眼肥皂子如龍眼極去油汙 石楠墓前多種之 紅豆子即相思子產湘湖山中 南天竹夏初開白花枝頭結實紅如珊瑚耐霜雪經久不脫冬月插瓶堪與梅花作伴近又有黃子者可貴

虎茨康熙劉志白花紅子而子性甚堅嚴冬雪不能敗至百年止高二三尺 按一作虎刺此係木本而乾隆志稱虎茨草乾隆紹興府志且入草類不知何據今從康熙志 楮葉有椏者爲楮無椏者爲構俗呼穀樹皮可製紙汁可煎膠

山茱萸 枸杞子如棗核根即地骨皮俱入藥葉薄嫩可

食雖微苦而別有風味　荆　茯苓產河上鄉　五加皮　茶乾隆志引名勝志蕭山縣茗山產佳茗按今湘湖諸山俱產茶河上鄉及龕山亦有之但不多　枳椇土名金鉤樹產南鄉諸山材堅韌實形如雞距味似棗子入藥　八角刺一名老虎脚爪肌堅細根名十大功勞入藥　烏弗踏一名蟲弗停枝柯皆生密刺材極堅細

竹之品

黃竹乾隆志引名勝志蕭山縣黃竹山竹色微黃常如刀削相傳范蠡遺鞭所生　紫竹可為樂器　桃枝竹亦名桃絲竹　斑竹康熙劉志即吳地稱湘妃竹其斑如淚痕　鳳尾竹俗名文竹纖小猗娜植盆中可作書齋清玩　苦竹康熙劉志筍味苦不堪食可為紙但堪作寓鏹耳按幹細而直可為筆管　毛竹一作貓竹竹之最大者為南鄉出產大宗養竹之法大番小番歲為更迭大番之歲則留筍成竹新生嫩竹為青竹砍之可造紙其留養者為老竹老竹數年後不復生筍乃砍為箄筏魚梁之用小番之歲冬筍必多至次年又可留竹矣　早竹　石竹　筋竹節長幹細性堅韌製器最良康熙劉志作金竹　慈竹康熙劉志冬月筍生竹外繞其母故又名孝竹又名王祥竹叢生於地　孵雞竹　鰻竹　四季竹　月月竹　象牙竹　黃莽竹　方竹王端履重論文齋筆錄予邑學署多方竹道光壬寅春雪中連旬盡遭壓折按端履有方竹杖銘及詩俱載筆錄　筍冬月劚毛竹根下未出土者為冬筍亦稱潭筍味最勝鮮食作脯俱佳至二三月出土則為毛筍味減矣此外凡春間出土者皆稱園筍味以孵雞筍為上鰻筍象牙筍次之石筍最下亦名石大頭月月竹四季竹之筍不可食又夏月於竹根行鞭時掘取嫩者為鞭筍

礦物

羅山石礦 乾隆志藝文門有闕名氏羅家塢禁採石說謂與縣治龍脈有關近年知事盧觀球令湘東鄉自治會集股開採二年由知事彭延慶詳准有案作臼磨諸器甚佳

墡泥 有紫紅白三種白者最佳可鎔化五金故飾肆多用之

浮石 出螺山及赭山可點綴園庭

赭石 出赭山

長山石 出長山鄉質細滑有紋如檳榔可充印材俗名車馬石

製造物

酒 乾隆志引弘治紹興府志蕭山縣金井爲徐氏園邑人釀酒多汲水是以蕭釀與越酒並重原注今無釀者 按釀酒有攤飯淋飯二法蕭山用淋飯法與紹興異湯與恭美所釀曾運賽南洋勸業會得優獎惜釀戶不多故行銷不能及遠

鹽 乾隆志引宋史食貨志錢清場織竹爲盤塗以石灰故色少黃 按蕭山有官鹽竈七座在龕山者六曰高燦曰高華曰朱元曰朱德曰錢曜曰項鳳 在瓜瀝者一曰沈良向由運司給照用篦盤煎製 供給全境食鹽載在鹽志改革後由鹽務署加給特許證劵歲納稅銀四萬餘元 又沙地東隅沿海新漲白沙含有滷質向由沙民刮

泥取滷售於官竈劚因沙民私設小竈用鐵鍋煎鹽私售禁則病民不禁病國乃特設收私局許民領籤煎製煎成儘數繳局搭配綱商運銷他處

燒酒 即酒糟之精液用麥者曰麥燒

油 菜油豆油麻油棉花油桐油桕油

豆餅花餅菜餅 均可肥田

冬菜

萊菔乾

辣醬 以上三種俱行銷外省

土布 乾隆志引西齋雜錄蕭山布較餘姚所產闊二寸許杭人名過江布 按今土布有白黃柳條青三種行銷及於閩贛

高布 此布最爲流行惜棉紗尚用舶來品

輕容紗 乾隆志引嘉泰會稽志蕭山紗以暑伏織者爲上秋織者爲下冬爲尤下蓋霜燥風烈則絲脆帛地不堅爲衣易敝原注今無織者

綿綢 育蠶之家用絲棉線製成

土絲綢 精者幾與紡綢相埒而堅韌過之

土棉紗 自有廠紗手工紡成之紗漸少則土紗布亦用廠紗

絲 育蠶之家以手工繅成者運銷紹地爲紡綢官紗之原料頭蠶繭一斤可得絲一兩六錢二蠶則僅一兩有奇

菰席

蒲扇 以上二種均互見植物草之品

蒲包

甎瓦 乾隆志甎出湘湖各村 按湘湖土質細韌濱湖而居者如定山汪家堰跨湖橋湖裏孫塢裏吳諸村皆業陶故甎瓦爲邑著名出產陶肆多以蕭山地坪爲標識歲值銀七八萬元

紙 乾隆志出河南山鄉有黃白各種質麤不堪書畫 按今南鄉所產有竹紙草紙二種竹紙製法夏初取新竹削之皮曰青皮肉曰白胚煑爛漂淨以人力或水碓搗之撩以至細之簾而紙乃成造白紙用肉造黃紙用皮白者曰太元曰連史曰京方曰元書曰貼色曰昌山黃者曰黃元曰海方曰段方曰六名行銷甚廣相傳明季南塢村人邵勤春邵之鑽所製黃元最爲細潔馳譽遐邇草紙以稻稾爲之始創者以千六百葉爲一塊故名千六紙今則每塊至多不過九百而其名相沿未改

燈籠 西興相近各村婦女皆以此營生有廣殼香圓單絲雙絲方圓大小便行諸品通銷全省

罾網 以麻線結成有提罾坐罾之別大者方二丈餘小者方一丈或五尺南門外有村曰挑網張蓋業此者多故因以名其地

蚊烟 出西興者氣最烈因西興多蚊也製法以樟木鋸屑和石黄入紙管盤屈成圈然烟熏蚊蚊輒避去

錫箔 鎔錫五錢爲片名曰錠子更打之使簿每斤可打至三尺餘隨裁隨打打成砑於紙上三千二百葉爲一塊大小不一有大雙九行雙九之別

右人工

合義和機器繅絲 工廠在邑東轉壩外面積三十餘畝清光緒二十一年令朱榮璪勸商陳光潁金玉蘭等招股設立資本二百十萬元絲車二百八座職員三十餘人男女工八百餘人其業務收買本邑鮮繭繅細絲銷售意大利法蘭西諸國近亦兼收諸嵊二邑之繭

通惠公機器紡紗 工廠在絲廠東面積九十餘畝清光緒二十一年令朱榮璪勸商陳光潁金玉蘭等招股設立爲股份有限公司資本六十萬元實收四十五萬元機器購自英國有鍋爐引擎彈花機梳棉機粗紗車細紗車搖紗車成包機諸種錠一萬枚又有電燈機自來水修機車皮棍機錠繩機諸附屬品職員四十餘人男女工日夜班共一千六百人其業務採購本地棉花紡成十支至十六支之紗銷售甯紹金衢嚴上海川廣等處曾運賽南洋勸業會得超等獎並附設軋花廠

右機器

先王立國周知天下道里之圖辨廣輪之數測星野推高度以定節候之蚤莫風氣之寒燠辨方定位營城邑度地居民然後程其土儀稽其習俗肆其采物而謹乎時變法相因也舊志分析繁夥殽列各門今舉以貫之雖不能綜要隱括如龍門扶風之所爲

以職方之掌載稽之庶乎展卷而可得一方之疆理焉

蕭山縣志稿勘誤表

卷數	頁數	行數	字數	正	誤
一	二	一七	二	會	曾

蕭山縣志稿卷二

山川

浙江

浙江之源凡三一曰新安江或謂之徽港班志謂之漸江水源出安徽黟縣之黟山今名黃山一曰東陽江或謂之婺港水經謂之吳寧溪源出東陽縣之大盆山一曰信安江或謂之衢港亦曰穀水源出開化縣之百際嶺三源合流經桐廬縣謂之桐江東北流入富陽縣界而爲富陽江又東北入縣界對岸爲錢塘縣故謂之錢塘江江入縣界經虎爪山北浦陽江自東來注之至漁浦折而西北流經歷山牛爿山之西至浦沿復折而東北經西興鎭又東北流合南沙各鄉之水入於海江之得名史記索隱韋昭云蓋其流曲折莊子所謂制河卽其水也唐盧肇海潮賦云蓋取其潮折而倒流也燕肅云浙江上游受婺衢歙三港之水水出兩山間盤迴百折過蕭山入海祝穆云浙江之口山居江中潮水投山十折而曲故名浙江

一統志虎爪山在縣治西南五十里下臨大江與錢塘富陽分境山迴環盤礴踞峙江濱其南與浦江諸暨諸山相聯絡

漁浦在縣西南三十里江之東岸往來津渡處也一統志浙江在蕭山縣西十里自富陽縣入與錢塘縣接界又北接海甯縣界又東北入海其東西渡口西興漁浦爲往來之要津宋置漁浦寨與西興龕山新林共爲四寨設兵戍守處新林在縣東二十里西興龕山見後謝靈運詩所謂宵濟漁浦潭者也梁邱希範旦發漁浦詩云漁浦霧未開赤亭風已颺櫂歌發中流鳴榔響踏障村童忽相聚野老時亦望詭怪石異象塹絕峯殊狀森森荒樹齊浙浙寒沙漲藤垂島易涉崖傾嶼難傍信是永幽棲豈徒暫清曠坐嘯昔有委臥治今可尚唐常建詩云春至百草綠波澤葺鷁鶊別家投漁翁今世滄浪情漚苧爲緼袍折麻爲長纓榮譽失本真怪人浮此生碧水月自閑安流靜而平扁舟與天際獨往誰能名錢起詩云漁浦浪花搖素壁西陵樹色入秋窗陶翰乘潮至漁浦詩云孅棹宜乘潮潮來如風雨樟臺忽已隱界峯莫及覩崩騰心爲失浩蕩目無主飈憧浪始開漾漾入漁浦雲景共澄霽江山相吞吐偉哉造化靈此事從終古流沫誠足誠高歌調易苦頗因忠信全客心猶栩栩宋潘閬經漁浦渡詩云漁浦風水急龍門烟火徵時聞沙上雁一一皆南飛陸游詩云桐廬處處是新詩漁浦江天山下稀安得移家常住此隨潮入縣伴潮歸又詩云漁翁持魚入船賣烱烱綠瞳雙臉丹我欲隨之逝已遠菱歌一曲暮江寒舊有惠政橋元主薄趙誠建楊維楨有漁浦新橋記

歷山在縣西南三十里半爿山在縣西三十里乾嘉之際半爿山外多竈地今江東徙地盡削山懸江岸其脈東北行爲黄山乾薑山山北有泉曰乾薑泉冬夏不竭清白於餘水昔越王用此水造薑故名乾薑山在黄山之北與黄山連接實爲一山其東北曰紫紅嶺亦黄山峯嶺之别名也黄山支峯又有莽山芽山鷄鳴山廻龍山蔣家山或以廻龍山當舊志之翠嶂山或以紫紅嶺當之未知孰是更東爲冠山山形如冠有泉甚甘冠山亭宋靖康間知縣曾喜建喜所建又有分翠亭涵虛亭今並廢其東支曰海山曰筊竹山舊志引劉儼續志云冠山之麓有芽山天啓七年一夕光氣插天石壁明徹相傳爲宋道入相之兆見祥異門而康熙志山川失載或卽東支之二小山耶

西興鎭在縣西十里對岸卽省治爲商旅往來通衢同治三年設義渡以便民應寶時有錢塘江義渡碑記見後錢塘江渡口除西興漁浦外有黄家渡俗呼横街埠萬歷志沿江而南五里曰黄家渡西爲錢塘東爲西夏孝鄉又南二里曰中沙渡西爲錢塘東爲長興鄉黄家渡南十三里曰上沙渡西爲錢塘東爲長興鄉乾隆時上河渡潭頭王家堰西興閘堰共有救生船五隻載在舊志咸同以來救生官田仍由蕭山縣印官徵收解道而救生船隻已均裁革矣詳見後上沙渡南三里曰直浦渡西爲江干閘口東爲仁和牧地直浦渡南三里曰横塘渡西爲錢塘珠橋東爲長興鄉又漁浦之南口有楊家濱渡有地義渡船詳後西興沙路載在舊志引寶慶志云在西興沙上直抵江岸長一千一百四十丈嘉定十七年冬守汪綱築用錢三千萬米千斛樁篠五萬有奇踰月成工修闊平廣行人利焉以避江間沙漲之阻按沙路在西興鐵嶺關外乾隆時自甯濟廟前官埠至江口有頭二三四廟沙路約十里許乾隆五十六年起潮水冲嚙沙地遂

漸坍陷至六十年江水直抵塘下江船停泊官埠嘉慶二年十月塘外沙復漲二里許十五六年間復坍淨道光間時坍時漲咸豐之季漸漲至同治初已復漲至五六里時由義渡局築路一條自鐵嶺關外起直至鏠塘江口高約四尺闊約八尺復里置草棚爲頭二三四涼棚以便行旅憩息天雨路滑則灑布礱糠以免傾跌光緒廿五年後又漸坍原設之路隨沒無存至宣統三年江水距塘不過數步現雖逐漸復漲而往來之路朝暮變遷因潮水漲落無定故取道亦無定也計自鐵嶺關口起至義渡埠止路約七八里有時潮落則取道於沙灘平闊易行有時潮漲則取道於圩埂崎嶇高下行人苦之其西市鐵嶺關卽古固陵城遺址水經注浙江又東經固陵城北昔范蠡築城於浙江之濱言可以固守謂之固陵今之西陵也吳越春秋越王句踐與大夫種范蠡入臣於吳羣臣皆送至浙江之濱臨水祖道軍陳固陵卽此又名敦兵城越絕浙江南路西城者范蠡敦兵城也其陵固可守故謂之固陵漢獻帝時孫策將取會稽引兵渡浙江會稽守王朗發兵拒策於固陵策攻之不克孫靜說策曰查瀆南去此數十里宜從彼據其內所謂攻其無備出其不意者也策遂分軍投查瀆道襲高遷屯王朗敗走查瀆水經作柤瀆毛西河縣志刊誤曰查瀆者在西陵之北當錢淸江入海之處而今已涸者其云南去此數十里則查瀆之南去此西陵約數十里正其地也其地近高遷屯故一投查瀆

而即破高遷吳志有曰孫策入郡郡人迎於高遷十道志曰董襲見孫權於高遷今縣東北尙有高遷橋則正其地之可顯驗者攷高遷橋在治北五里裴松之注今永興有高遷橋是也後漢書蔡邕傳註張騭文士傳曰邕告人曰昔經會稽高遷亭見屋椽竹東間第十六可以爲笛取用果有異聲資治通鑑注沈約曰永興本漢餘暨縣吳更名蔡邕嘗經會稽高遷亭取竹以爲笛卽其處也方輿紀要謂査瀆在縣西南九里與南去此數十里之語不合不如毛說之符也刊悞又云査瀆卽査浦舊志辨之謂査浦在剡縣不在蕭山劉宋泰始間吳喜討孔覬使劉亮由鹽官海渡直指同浦壽寂之濟自漁浦邪趣永興喜自柳浦渡趣西陵同浦在蕭山海門之東舊與海甯鹽場對渡鹽官卽今海甯縣自江流變遷同浦非復津渡處矣縣志刊誤作回浦舊志辨之甚詳固陵亦謂之西陵五代末吳越錢武肅王以陵非吉語改曰西興江流向分南北中三亹乾隆以前江流在於南大亹卽今赭山鄉清安物阜等字之地故舊稱龕赭二山爲浙江之門戶至乾隆十二年江勢北趨於中小亹南大亹遂漸漲復惟赭山與文堂山禪機山三山環拱內有平地俗名隖裏卽海甯舊治六鄉中之時和鄉六都是也迨乾隆三十五年江勢又趨於北大亹

於是中小亹亦漲復迄於今未變沙地各鄉本在江北屬於海甯故稱南沙因江流變遷其地遂與海甯隔江納課訴訟均不便至嘉慶十七年奏准劃歸蕭山管轄是爲南沙改隸蕭山之始

赭山土石皆赤故名曹漢炎詩所謂江流曲似陽冰篆山色丹如葛令砂以此多産浮石質鬆而輕入水不沉其顛有礮臺舊址山中有泉曰陸家泉水味稱南沙第一通志赭山高七十五尺周三里二百步西南界仁和與紹興龕山對峙是爲海門海甯舊志海潮至此與江流相值東不得溢激怒作勢皆指江流南大亹時言之也

龕山其形如龕吳越錢武肅王嘗屯兵於此明嘉靖三十二年參將湯克寬大破倭寇於龕山三十四年督臣胡宗憲又敗倭於此一巨石有馬蹄迹名馬蹄石舊有龕山寨設兵戍守今革寨北曰獅子口爲登陟要地明史地理志蕭山東南有龕山下臨浙江一統志龕山在蕭山縣東北五十里（實在縣東三十里）與海甯縣赭山對峙其旁有小山名鼈子山江出其間曰鼈子門亦曰海門爲錢塘之鎖鑰皆指江流南大亹時

言之也

龕山附近有航隖山舊志有吹樓山今不詳其所在或云卽航隖山之別名也舊經云句踐之航也山顛有湫曰白龍井越絕云句踐航三百石長於此山下負卒而渡故名元薩天錫詩拂衣登絕頂石磴積苔紋鳥道懸青壁龍池浸白雲樹深猿抱子花暖鹿成羣更愛禪房宿泉聲徹夜聞航隖山之北有烟墩山其西有鳳凰山一名慈孤山東南有洛思峯一統志洛思山下有朱室隖萬歷府志蕭山朱室隖水經注句踐百里之封西至朱室卽此舊志按水經注朱家隖又曰朱室堤本在江之西岸不當濫入邑志太平御覽漢朱雋遭母喪欲卜地此土洛下冢師相地師去鄉既遠歸思常深極目千里北望京洛遂縈咽而死葬山頂故名輿地志昔有洛下人隨太尉朱雋來會稽三年不得返乃登山北望而嘆宋徐天祐詩路去蹉跎歲月深羈愁無奈故鄉心人生畢竟俱懷土莊舄當時自越吟元薩天錫詩登高復懷古路途極羊腸目斷雲天闊何由見洛陽

禪機山在赭山西北一里文堂山在赭山西半里赭山禪機山文堂山之間爲赭山市街亦稱隖裏　禪機山之北有河莊山其東有巖峯山兩山對峙其中間卽所謂中小亹也河莊山顛有馬蹄井石中有穴形似馬蹄水澄清經旱不涸西有趙井水

味甚甘用以烹茶隔夜無黴南麓有佛隱洞俛身可入內寬丈餘舊有廟因小亹淪入於海而廢東麓有老人洞以穴似老人而名相傳越王於此起樓以望吳曰百尺樓其山麓名越王浦康熙中巡撫張鵬翮巡歷至此鐫有清晏石砥柱石觀海碑其西北麓又名盤山有司城海甯舊志謂爲赭山巡檢司城或曰明季縣尹施公所建故名施城其東麓又名胡家山一曰黃山海寧舊志有其名即今礮臺址山西一里名葛嶴山其上有煉丹石相傳葛仙翁曾到此煉丹而得名也河莊山八景曰雲停絕頂曰天際觀帆曰馬蹄秋月曰烟裊平林曰灘頭漁火曰龜背夕陽曰中亹麥浪曰北院松濤騷人多吟咏焉巖峯山一名巖亹山或稱巖門山其東麓舊有塔傾廢已久今稱其地爲塔址尾山中有石砂泉冬温夏冷多草藥以何首烏石葦青木香爲最獸則貛兔香狸南狐禽則鴿鳩文雉鶬雀黃頭繡眼又有一種形似梟而其大過鷹隱居峭壁巖穴晝伏宵出恆以夜鳴其音洪大作哼聲土人稱哼呼鳥河莊與巖峯對峙土人呼河莊爲白虎巖峯爲青龍

赭山東十里有雷山一名鼓山南麓有駝砑縫其水頗美可繅絲又北十里有蜀山兩山相對皆甚小嘉慶前自雷山至蜀山十里俱種杏花號十里杏花村今其地有杏花橋蜀山之陽有鹽盤洞相傳錢武肅王曾煎鹽於此

南沙各鄉之水東以盛陵灣永裕灣爲衆流會歸入海之道西以小泗灣米市灣爲衆流會歸入海之道而小泗灣與盛陵灣爲大皆有壩以資啓閉詳見水利

潮候萬歷志初一十六日子午末初二十七日丑未初初三十八日丑未正初四十九日丑未末初五二十日寅申初初六二十一日寅申末初七二十二日卯酉初初八廿三日卯酉末初九廿四日辰戌初初十廿五日辰戌末十一廿六日巳亥初十二廿七日巳亥正十三廿八日巳亥末十四廿九日子午初十五三十日子午正其大概如此海潮之盛莫過於浙江方輿紀要云輿程記近志謂潮以曲折而大又云因海門二山阻其怒而大皆非也浙江自婺源浙嶺發源山嶺高峻緣山取道凡十八曲折而上故因以爲名夫折當緩阻亦當緩潮之大以浙江三百里即黄公洋洋

廣三百里始至大海納以巨澤潮勢因之而盛也盧肇海潮賦所謂夾羣山而遠入以巨澤灌其喉者也

浦陽江源出浦江縣六十里之深裊山北流一百餘里入諸暨縣又北流經兔石嶺東入縣界又北至紹縣屬之紀家匯合里亭河又北流西轉至尖山北合雞鳴港水又北合凰桐港水又北經蓬山東又北合廨汊河梅里河至臨浦折而西流合宂水穿磧堰山西北流經義橋市大溪水自南來注之又西入錢塘江

兔石嶺在縣東南與諸暨交界其西爲雄鵝鼻山爲白鹿山康熙志裕軒在白鹿山下王國言所築爲曹家尖山爲頸頭山東西連綿不斷皆界諸暨

里亭河發源諸暨之杭隖山至馬婆橋入縣境東北流經龜山東出黃公閘歷童家山東至運遊市分爲二一東流出太平橋入浦陽江一北流曰雞鳴港至尖山西入浦陽江

尖山在縣南四十五里峽山寺在焉亦名峽山按舊志稱尖山在縣南四十五里又曰金雞影山一名峽山在縣南六十

里八面向江江上有雞籠石似尖山與峽山爲二也然考萬歷志浦陽江下云至官浦浮於紀家匯東北過峽山方輿紀要峽山在縣南六十里錢清江經其下謂之峽浦是峽山確爲浦陽江水所經且在紀家匯之北而尖山有峽山寺適當其地以此知峽山卽尖山也至於舊志所言里數向多不符固不足爲據也山北有玉堂花數百年物也鄉人以占歲旁有市曰尖山市在雞鳴港西尖山浮橋在浦陽江明時止有義渡船順治三年始建浮橋聯船十六隻加板於上以便行旅山蕭兩縣均派每年修理洪楊之變橋被燬亂平謝石巢倡募重建以復其舊

凰桐港發源諸暨之福昌寺山原名福昌谿東流至長山入縣界東北流經塗峯尖山木杓山西合新河新河源自謝鷹閘東北流經童家山又東入凰桐港至尖山市北入浦陽江

梅里河發源梅里尖山北流經石峽山東又東北至待詔橋入浦陽江其支流曰庥汊河自梅里北折而東流經橫山南至聞家堰入浦陽江

梅里尖山之南爲郭墓峯郭世道郭母墓在焉宋書郭世道傳母亡負土成墳世道亡子原平哭踊慟絶數日方蘇以爲奉終之義情禮所畢營壙凶功不欲假人訪邑中有營墓者助人運力經時展勤久乃閑練又自賣十夫以供衆費窀穸之事儉而當禮葬畢詣所買主執役無懈郭墓峯之南爲仙桃山爲關王嶺爲五嶺更南爲壕

嶺爲道林山與諸暨分界

石峽山之北爲白墅寺山郭倫石峽村記云北曰白墅梁平北將軍白敏所築大同間敏與魏人戰於淮上喪其元武帝賜金元以葬敏子中書郎白珩奏以墅爲寺而祀父於别宫敏亦石峽村人後人因墅以名里曰白墅里舊志坊都篇載有白墅里墅築於山之麓

臨浦鎮前臨浦陽江爲商旅匯集之所分屬山蕭二縣自中沙潭沿張神廟至舊裏河爲分界處西爲蕭山所轄覺海山在焉一名峙山東爲山陰所轄茅山在焉臨浦舊有義渡船詳見後

浦陽江當明天順以前本由臨浦注紹興之麻溪北過烏石山爲烏石江又北而東經苧蘿山牛頭山大螺山至錢清鎮名錢清江又東入於海後以江口壅塞建閘以遏之而開積堰以通上流塞麻溪以防泛溢於是江分爲二今俗呼錢清江爲西小江詳見水利

苧蘿山在縣南二十五里有西施廟輿地廣記西子出蕭山後漢書郡國志會稽郡

餘暨縣越絶曰西施之所出萬歷志山下有西施宅上有紅粉石紹興府志按苧蘿山有二一在蕭山一在諸暨十道國志稱西施出諸暨考後漢書郡國志云餘暨西施所出本於越絶則西施之出蕭山信史可徵也

牛頭山一名臨江山嘉泰會稽志縣東南二十里舊牛頭山天寶中改此名太平寰宇記臨江山在縣東南水陸並行二十里其山北江水迴流舟行信宿猶經舊處萬渚記云牛頭苧蘿一日三過毛西河縣志刋誤其山與苧蘿東西横峙相距二十里浦陽之逕蕭山東入海與逕蕭山南入江者並迴環於兩山之下故有牛頭苧蘿一日三過之謠牛頭山在山陰縣界浦陽江之南岸

螺山以形似螺而得名在縣東十五里錢清鎮即劉寵投錢處也立廟祀之臨江舊有一錢亭元末張士誠將呂珍築城江上跨江南北於東西兩頭作栅爲浮城於江上以通舟楫謂之錢清城尋廢

宂水發源於宂里之馬鞍山山之東南有美女尖山其南麓名石馬山孫表海詩石馬奇峯永興道一江蘆荻浦陽秋東流北轉

至臨浦鎮西入浦陽江當磧堰未通以前宂水本由臨浦鎮南出麻溪自磧堰既開引浦陽江水自宂河出磧堰以入錢塘而宂水入浦陽之口遂移臨浦之西矣宂里以水得名明處士孫進築有別墅併宂秀亭於此浦陽江穿磧堰山磧堰山南有姚山西北流經義橋市市在江之北岸亦商旅往來之衝要也市附近有傳家山其南岸有徐童山鳳凰山浦陽江下流西起鳳凰山東至桐崗亦名鳳桐江眠犬山大溪水匯江水於此義橋渡分南渚西渚有義渡船詳見後浦陽渡口除義橋臨浦外有雙林渡即新江口蔣村渡匯頭鍾渡四卦渡在柴家於家浦渡李家嘴渡磧堰山渡新壩渡其在西小江者舊志有周家渡改爲鳳仙橋王灣渡改爲王灣橋汀頭渡改爲汀頭橋捨浦渡改爲江橋又有單家渡馬社渡今亦廢除前改渡爲橋外有螺山大橋永濟大橋會緣橋計十八洞乾隆元年陸美雲破產成橋其後橋圮陸氏子孫輒修復之臨江大橋亦名楊汎橋錢清橋明成化年周廷澤建繼述橋里人朱氏建廿眼橋龍興橋等皆跨西小江以通山陰者也

按浦陽江一源而分二派上虞之曹娥江亦浦陽之支流也方輿紀要浦陽江源出金華府浦江縣西六十里深裊山謝惠連云朔發浦陽汭暮宿浙江湄言相近也水經注浦陽江導源烏傷浦江縣亦古烏傷也東連諸暨與泄溪合今江水經浦江縣南東流入紹興府諸暨縣界自源徂流凡百二十里始通舟楫經縣南折而北流縣境諸水皆

流入焉北經山陰縣南分爲二支一西北經蕭山縣東南三十里之臨浦又北折而東經府西五十里之錢清鎭名錢清江又東入於海是錢清江卽浦陽江也（亦名西小江今江口爲潮沙所遏其內則爲運河亦與錢塘江相隔）一自山陰縣東南分爲小舜江（今名東小江）又東與嵊縣剡溪之下流合經府東九十二里之曹娥廟而爲曹娥江又北至上虞縣西北五里之龍山下而西北折以入於海是曹娥江亦浦陽江分流所匯也禹貢云三江既入章昭以爲三江者松江錢塘江浦陽江浦陽之水微矣而亦稱江者以其入於海云郡國利病書云按上虞縣志曹娥江始實名浦陽其源自東小江亦由浦江來十道志婺州浦江江之導源出此是知浦江一源而分二派一北由諸暨直下至山陰蕭山間爲錢清江酈注所謂逕諸暨與泄溪合餘暨之南與浙江同歸海至會稽與浙江合自臨浦南通者皆是也一則紆而東至嵊縣出始寧門乃折而北至上虞會稽間爲曹娥江酈注所謂東回北轉逕剡縣始寧虞賓餘姚西北者皆是也酈說亦未甚牴牾（按此辨嘉泰志之言也嘉泰志謂酈說自相牴牾道元未嘗身履浙江以東故其誤如此云云詳見府志）但身則實未至浙東祇據籍

隱括不免稍有淆錯耳舊志云縣志刊誤據韋昭說以松江浙江浦陽江爲三江邑人沈堡又以浙江曹娥江浦陽江爲三江謂韋昭所述乃吳與越之三江而非越地自具之三江也夫越之海口築三江城建三江衛湯太守建閘其地曰三江閘又謂曹娥自嵊縣東來與浦陽異源而合流（按此言似誤應曰同源而異流）故合浙江並列而三以理揆之此地之三江止當在紹興境內斷非禹貢之三江即國語所云爭三江五湖之利句亦統吳越兩邦而言非此地之三江沈說是毛說非也按曹娥亦浦陽之別流不應與浦陽並列爲三但所謂三江城者實兼曹娥而言不能遠涉於松江耳

大溪發源於富陽之石梯山東流由長山鄉田村之青龍頭入蕭山縣界名州口溪經樓家塔出州口橋合佳溪東北流經管村河上店出永興橋一名永興河凌溪自西來注之又北合石門溪入於浦陽江

長山鄉在縣西南隅（舊長山鄉包大同河上二鄉）以長山而得名長山橫亘三都一名大山其南之最高者名鏡臺山一名白石山又名筆架山巖曰元度巖晉徵士高陽許詢幽居

之所也洞曰仙人洞巖洞出雲草木皆香可以療疾又曰百藥山溪經其南溪口有仙人石在巖上村卓立溪濱高十餘丈形如旋螺蘚苔古木緣厓而上葱翠可愛唐王勃過之刻詩於上水涸石露乃見其迹詩曰崔嵬怪石立溪濱曾隱徵君下釣綸東有祠堂西有寺清風巖下百花春西爲黃嶺昔黃巢屯兵之地方輿紀要黃嶺鎮在縣西南四十八里之黃嶺亦曰黃巖鎮又有巖下貞女二鎮俱在黃嶺西南去縣百里唐中和三年劉漢宏謀兼浙西分兵屯黃嶺巖下貞女三鎮董昌遣錢鏐擊之鏐自富春渡江破三鎮兵擒其將胡氏謂三鎮在婺越間是也洪楊之亂遣將擾浙東亦以此爲通道越嶺六十里渡江即富陽縣城嶺上有聖帝廟廟址跨二縣之界其分出者名雪環大山衆峯環峙雪時四望皆白居其地者如處水晶宮焉百藥山之南爲仙巖山壁立千仞玲瓏瑰異狀類踞獅山後有道冠石棋盤石石高十餘丈廣四五丈可緣厓以登相與奕棋山下有古湯團廟相傳黃巢殺掠太過有老嫗當道設竈於釜蓋上留一洞以反手摶團投之無不中巢怪問之曰嫗之投團如若之殺人相習使然不自檢故耳巢悟殺機頓止

即棄劍於仙巖潭中天雨陰晦猶隱隱見潭中劍影云巖隝口有旗會岡相傳吴越王設鎮於仙巖山下建旗於山之岡故名大溪入蕭山境經田村至鏡畈姆嶺水自南來注之至巖河下黄嶺水自北來注之至樓家塔雪灣大山水北來注之又東出州口橋州口山在焉昔錢鏐欲置州於此以斧驗之其石軟脆斧痕留焉又東合佳溪溪發源於佳山山界富蕭諸三縣形如芙蕖俯垂故稱佳山芙蕖由此東北山勢連綿過横坑爲五全山（亦名火沿山）爲大同嶺爲低嶺爲螺獅峯（亦名次峯山）爲龜嶺爲太山峯（其東下者爲伏虎山其西過東嶺爲駱駝山爲紀賢山）皆與諸暨交界者也大溪合佳溪後東北經管村北一水在管村東由南來注之又東北至江家橋村合河上鄉之西小溪又東北至河上店南小溪自南後溪自北來注之西小溪者河上店西方諸山澗谷之水所匯自裏謝東流至高都南過江家橋入大溪後溪者河上店北方諸山澗谷之水所匯自大隝朱經橋頭黄鳳凰隝至河上店入大溪（過鳳凰隝後所經皆沙土故溪水易從地下滲入天晴即涸故土人名爲乾坑）南小溪者河上店南方諸山澗谷之水所匯北流入大溪河上店北方之山曰雲門

山由小黃嶺東出相傳明代有高僧自紹興古雲門而來因以名焉其支峯之在河上鄉者曰馬頭山飛鳳山後山象鼻山鸛嘴山獅子山（山有玉峯寺或即舊志之玉峯山）張網山河上店西方之山曰西山其支峯爲塘頭山更西曰龍門山上有龍湫一名大洪山其支峯爲鯉魚山倉塢山眠牛山河上店南方之山曰道林山山腰有大石俯覆不及地者尺餘石下泉水湧出噌吰作聲土人呼曰響水石水冬熱而夏寒久旱不涸支峯之在河上鄉者爲東家大尖甑山燕山眠犬山其西有石板山貓山黃蛇山東山獅子山大溪又東北流合凌溪凌溪發源於駱家舍之小黃嶺東北流有響鐵嶺之水及大瀑水合而爲楊家溪來會之又東北至下門橋有裏外石板溪來匯之裏石板溪發源於雞心嶺外石板溪發源於芝家嶺合流而入凌溪凌溪又東北至沈村合石牛山隖谷之水至張村坂合中嶺之水達凌橋合雲門山之水經戴村市至永興橋流入大溪蓋邑之西南諸山自百藥山黃嶺而北爲小黃嶺嶺與富邑分界駱家舍即在其下東出爲尖山山之西南爲巔香隖清初破山寇石仲方鄉兵由此進

攻直搗莧青嶺石寇遂敗東爲莧青嶺清初山寇石仲方據此南通河上店又東爲雲門山山頂有寺登山而望江心帆席杭郡湖山指顧可數又東爲張馬嶺兔沙嶺而盡於浦南鄉之戴家山小黄嶺之北澗流圜繞山形如船爲船窩山稍北爲響鐵嶺嶺通富邑左近爲桐嚴隖上有石礦高十餘丈水不絕流亦名大瀑水有石曰仙嚴石危石屹立下有溪澗溜聲如濤自溪至石高約數百丈又東北爲雞心嶺其南有潭曰鴨子潭溪之東北山顛巨石儼若眠牛爲石牛山山下即沈村其東北一峯名天燈岡有一石大三圍高五丈名天燈石相傳昔日石端發光故名岡之東爲大佛山又北爲中嶺其分支東出者爲郎嶺黨旗嶺昔有鄉兵樹旗拒寇於此中嶺之東北爲雲峯山每天降時雨則白雲出岫又東爲石門山而北接錢塘江濱之虎爪山焉大溪合淩溪後北流至河口（有義渡船見後）西合狼嶺之水東合西穴河又北過朱村橋（一名公孫橋萬歷志隆慶間邑人華實改建石橋未就孫華陞續成之約費千金邑人義之故名）合石門溪（一名黄家溪）溪發源於雲峯山循石門山而東與南隖兩溪匯合至黄家石橋入大溪合流注浦陽江大溪經

舊孝悌鄉（今浦南紫霞）即今之瓜瀆六朝時郭原平種瓜爲業大明七年大旱瓜瀆不復通舟縣令劉僧秀愍其老爲下溉田之水於瀆以通運瓜之船原平乃步從他道往錢塘貨賣又史稱原平常於縣南郭鳳埭助人引船郭鳳埭當在瓜瀆之滸今未能確指其處或謂今貨船運至石峽水淺石露船不能行必用竹牌替船以爲常郭鳳埭當在石峽也當磧堰未通以前州口溪東經十都九都名玉溪又東爲沙河出梅里灘而注浦陽江瓜瀆不與沙河通至磧堰既通以後梅灘沙淤水道窄狹玉溪沙河之水雖仍分洩於梅灘而其尾閭則北經瓜瀆出朱村（大溪經朱村橋一名朱村港）而注浦陽矣其初朱村港水道甚狹瓜瀆之下游多分流東出梅溪亦不專出朱村港此水道之變遷也（舊志謂石牛山之東徑通富陽縣曰響鐵嶺是自響鐵嶺以北舊通稱石牛山也然富陽在邑之西應曰西徑而曰東徑實誤又謂郎嶺黨旗嶺在石雲峯山北以今考之方向殊不合或舊日石牛山之北通稱雲峯山歟然郎嶺黨旗嶺亦只能云在東而不當曰在北也又稱龍門山之北有鶴嘴山杜同山其東有紀山佳山均不可考想古今異名耳今大同鄉有佳山大同嶺紀賢山然皆離龍門山頗遠又云杜同山在縣南七十五里屬長山鄉似卽今大同鄉之大同嶺矣又云東山在杜同山東今大同鄉亦有東山然不在大同嶺之東也至所云白峯山飯山今在河上鄉又云飯山在東山北東十五里今河上鄉飯山之西亦有東山所云玉峯

山似卽河上鄉之獅子山化山未詳又謂石牛山北十里有三台山其西北有靈峯山雲峯山北東七里有白文山又北十里有開善山今皆異其名稱未能確指矣

運河起自西興鄉之龍口閘東流經西興市又東南經資福閘受白馬湖之水又東南經村口閘受湘湖白馬湖及長河長安二鄉支河之水又東南經蒙山北金水橋河北來注之又東南經盛家橋受湘湖之水縣北陣河蘆康河合出金雞橋北來注之又東南經望湖橋受湘湖之水又東入縣城西水門經城市合西河出東水門北通毛家河南通長浜沿又東流分支出陳公橋爲雙河又東至盛文閣出萬緣橋與新開河會又東流以霪頭閘漭湖閘受北來各港之水又東出吟龍閘又東經衙前市折而南至錢清鎮接錢清江入山陰境其尾閭則在三江閘

白馬湖距城九里在湘湖之北一湖而分東西曰東白馬湖西白馬湖以馬湖橋界之水經注固陵有西陵湖亦名西城湖縣志刋誤曰卽白馬湖以地近西陵則名西陵湖以其在城山之西則名西城湖故又云湖東有湖城山西有夏架山水經注傳本誤刻東西遂昧所在若使東有夏架山則夏架原有湖西去海祇數里焉得復有

湖在夏架西也其云上承妖皐水則未詳妖皐所在嘉泰會稽志翠嶂山一名夏架山舊志上虞有夏架湖邑中並無此湖若如縣志所云山在夏架湖中則翠嶂山屬上虞不屬蕭山矣按翠嶂山今邑人或以迴龍山當之或以紫紅嶺葉家山當之均在白馬湖之西治西有城山在白馬湖之東與刋誤所言尚合唯刋誤又連及夏架湖則邑中原無此湖也且刋誤於妖皐所在亦未能指明則西陵湖是否卽白馬湖尚難斷定矣

湘湖距城三里一湖而分上下曰上湘湖下湘湖以跨湖橋界之本爲民田四面距山田皆低窪山水四溢則蕩爲一壑民被其害宋政和閒楊龜山先生來宰是邑因而爲湖於山麓缺處築堤堤傍居民皆以魚販爲業溉田甚廣與白馬湖均爲蕭邑水利（詳見水利篇）湘湖四面皆山其北則有青山畫眉山越王城山青山一名連山（一統志連山一名青山劉儼續志今俗總呼連山爲青山）萬歷志連山旁有小山號石井山其井上廣下曲秉燭入不盡數十級相傳爲妃子墓名勝志連山在縣西二十里舊經秦始皇欲置石橋渡浙

江今石柱數十列於江際越王城山中卑四高狀如城故名又名越王臺前兩峯對峙如門曰馬門山巖有石竅通泉圍不踰杯深不盈尺冬夏不竭曰佛眼泉山半有池曰洗馬池巔有寺自山麓拾級而登立石表顏曰城山古道其東北支峯曰王家塢山曰至湖嶺嶺之東北爲龜山又東爲菊山舊志云山多甘菊今無舊志菊山之西有茗山去縣四里今無考或已改名耳城山之西支曰傳家峙折而北曰包家灣山李白詩西陵拱越臺指城山也湘湖之西有歷山楊岐山其東有石巖山西山石巖山巉岏纍危狀如獅子亦名獅子峯有香泉方四尺深尺許明劉基詩落日下前峯輕烟生遠林雲霞媚餘姿松柏澹清陰振策縱幽步披榛陟層岑槿花籬上明莎雞草間吟涼風自西來颯颯吹我襟榮華能幾時搖落方自今逝川無停波急弦有哀音顧瞻望四方悵焉愁思深巔有一覽亭嘉靖十年郡守洪珠建並題其支峯有羅山馬頭山雞籠山諸名西山即蕭山也漢書地理志蕭山潘水所出元和郡縣志蕭山縣以縣西一里蕭山爲名劉儼續志蕭山在治之西又曰西山有白龜井北之隴曰淨土山山上舊有望湖亭今廢邑人蔡友有詩其麓有金泉井又有金泉井亭嘉靖間郡守洪珠題今廢泉之西有浮湘閣唐九經書額邑人單昌其張文瑞有詩其中之徑曰柴嶺南之徑曰碑牌嶺宋王絲墓碑在故名下

有潘井泉萬歷志白龜井在社稷壇左右竇中積水清澈相傳至正間遇旱祈之有白龜出故名今禱亦應金泉井又名酒泉宋郡志云縣務釀酒取汲於此其色瑩潔今鬵鑠多用之嘉泰志潘井在縣西南七里井高於地數尺其水可掬寒暑未嘗竭漢地理志注蕭山潘水所出東入海意水源或出於此湘湖之南有瓜藤山糠金山日出如灑細金光彩灼爍萬歷間相傳有金礦朝使移文查核知其訛乃寢瓜藤山之南有木尖山其形如塔一名塔山在治西南十七里爲儒學前案故名文筆峯山勢高聳常有雲霧又名霧樓峯峯下有顯教寺宋時敕建有環翠諸天閣爲邑人登眺之所文園故址在其麓明末隱士黃開平所居東爲石船隝兩旁峭石壁立林壑幽美雨後有飛瀑數丈其支峯之東出者爲長嶺象鼻山雙頂尖髻山張網山（此木尖山支峯之象鼻山張網山與在河上鄉者不同）覆船山十隝尖（又名十五尖）和尚頭山等名東南至白露塘而止又有黃竹山者在塔山西南通志晏公類要縣東三十三里（按黃竹山實非在縣之東）越絕云范蠡遺鞭於此生筍爲竹色皆黃萬歷志竹色微黃狀如刀削其南爲峽山二山相夾

前曰前峽山後曰後峽山梅龔在峽山之北湘湖之南宋郡佐韓公以世胄入仕建言忤當事者挂冠歸於母墓左右培土爲龔樹梅其上自號梅龔清叟明鄉舉黃仲玉有詩云韓公臺榭枕湘湖月上荒邱咽鷓鴣過客不禁揮淚處荆榛滿目水痕居又西則爲義橋鎮之傳家山矣傳家山一名優羅山在湘湖中者有壓塢山定山眉山荷山亦名椿墩山箬山亦名箬獺山木碗山蝦蟆山邋遢山以壓塢山爲大秀立湖中竹樹蒼翠幽勝之區也凌雲翰柘枝集湘湖草堂蕭山黃友初故居題有湘湖卜宅似江郊之句

長河長安二鄉之支河有大浦河發源於迴龍山出黃山峽匯潭頭閘堰二河同趨趙婆池東出竹山橋而流入白馬湖其閘家堰河至河墅堰亦與湘湖通趙婆池之支流爲沿山河緣護基岡畫眉山一帶分爲二東北流出白馬湖東南至塘子堰與湘湖通又西興鄉有御河卽股堰內之河清高宗南巡渡江至蕭御駕不入鐵嶺關取道於此河故名土名南堰斗河河水東南通白馬湖東北出貧福村口二閘入運河

運河經城市合西河外尚有三河入之一在南城西河之東自南流入運河其二在

北城自北流入運河城北有山曰北幹山晉許詢家於此山之陽詩曰蕭條北幹園康熙志云其巔曰玉頂峯今築城其上爲四望臺名勝志蕭山北幹山其巔曰玉頂峯有吳越兩山亭萬歷志宋景德四年知縣杜守一建題曰知稼亭元縣尹尹性修之改今名國子助教貝廷臣記嘉靖十七年知縣蕭敬德重建十八年郡判周表蹕成之又廢爲四望臺舊志雍正十年邑人王甯時陳應泰等重建堂五間知稼亭一間康熙志怡怡山堂又名蕭然山堂在北幹山爲任長者別墅劉誠意記交輝樓在北幹山任長者舊宅幹泉在玉頂峯其東名去虎山山有虎子坳嘉泰會稽志宋景德四年六月晦有猛虎常傷人令杜守一有德政一夕虎負子渡江西去故名去虎山之東北爲長山舊名茌山孔靈符地志云越王種茌於此續志注山麓爲護堤侯張神之廟相傳神每乘潮渡江能喝潮使散一日潮不散遂投入水中而死其尸浮至茲山之麓人具衣冠斂之於此故有著衣亭今廟左亭址是也其下爲茌山市

西河自蘇家潭而南爲塘河一名南門江南抵白露塘北抵蘇家潭萬歷志西河下原注正德志云南通崇化諸鄉之水北通運河又菊花河在縣南一百步受街衢之水南注蘇家潭其東西二山東曰東蜀山西曰西蜀山即古之潘水也漢書地理志蕭山潘水所出東入海水經注潘水疑是浦陽江之別名也自外無水以應之縣志刋誤張潘橋在縣南十五里以潘水所經得名西山之陽

實有名潘泉者其水東注經浦陽江入海今名潘泉井縣南諸河之通南門江者有埭上河在治西南十五里西至橫築塘東至南門江爲縣治至義橋之要道舊時崇化來蘇兩鄉開放湘湖凡童家湫黃家霪諸穴其水道必經此河有西山河治西十五里由縣治達石巖要道石巖斗門開放湖水由此達崇化諸鄉有南山河治南十四里由埭上河分支經東莊周入南門江通來蘇鄉舊爲來蘇開放湖水之水道有來蘇河治南十里西通南門江東通錢清江　湘湖出水之道其東經埭上河西山河南山河入南門江其北由村口閘盛家橋望湖橋入運河其西南由歷山南穴流出經前後吳村至西江塘而止名西河由楊岐閘流出西至漁浦街而止名北河南與亭子頭穴之水匯合至後壇南分爲二西至楊家濱西江塘而止東至峽山頭堰基壩而止名南河由鳳林閘流出經峽山頭分爲二一至義橋市西江塘而止一經天昌閘漵堰閘至新壩市西江塘而止　宋史汪綱傳蕭山有名運河西通錢塘今運河不通江東達台明沙漲三十餘里舟行則膠乃開浚八千餘丈復創牐江口使泥淤弗

得入河水不得洩於涂則盡甃以達城闉十里創一廬名曰施水主以道流於是舟車水陸不問晝夜寒暑意行利涉歡欣忘勩宋史河渠志蕭山縣西興鎮通江兩牐近爲沙壅塞舟楫不通乾道三年守臣言募人自西興至大江疏沙河二十里幷濬牐裏運河十三里通便綱運民旅皆利（汪綱濬治運河在甯宗嘉定間此云乾道中相去數十餘年）復恐湖水不定復有塡淤且通江六堰（史文未詳堰名今各堰因革隨時亦難細考）綱運至多宜差注指揮一人專以開撩西興沙河繫銜及發捍江兵士五十名專充開撩沙浦不得雜役仍從本府起立營屋居之按據史文似宋之沙河在牐外運河由之以通江唯所稱通江兩牐不知究在何處舊志沙河註云沙河在西江塘內沿江一帶直抵海塘與運河相爲表裏又云沙河與運河毗連今沿江沿海塘內俱有支河卽其故道似與史文不合也

縣中湖沼除湘湖白馬湖外俱詳水利門中不復述

謝承漢書曰餘暨有涉皇山舊志云今無考縣志刊誤謂卽越王山蓋音相近而誤此亦想當然之事耳越絕書曰豕山疑在餘暨界舊志云今其地無考附錄於此附

錄錢塘江義渡碑記 應寶時撰

錢塘義渡古未之有同治三年粵匪初退之後杭紳胡君光墉時方主善後事垂念錢塘江中渡船以多得錢爲利人衆載重又不論潮漲風大黑夜貪渡往往至傾覆雖憫之無法可拯也於是請於制府中丞湘陰左公有義渡之設其時尙無常費惟有義橋錢江兩權局之錢是月資其用同治八年前都轉高公卿培思永厥事勸胡紳光墉捐錢一萬千諸紳商繼之集捐錢二萬千有奇益以權局錢三萬千發杭州府屬典月以八厘起息至同治十二年遂成十萬之數不足又於光緒二年更定爲十二萬千設需次官一員紳士二人董察之夜不得渡風大不得渡潮來不得渡人滿不得渡去岸遠不得渡一舟即數人亦渡無取分文錢者南北交馳往來如擲梭非日落不停歇水淺而舟不能及處爲車駕以牛使抵舟而登南岸沙漲日甚涉而行者苦泥濘乃於達西興驛沙塗之塗廣十尺長一千餘丈堅築而以活草護其左右天雨則以礱糠布之司其事者皆緣塗葺茅以居外爲棚凡六所夏以茶冬以薑湯飲渡者民多德之迄於今十有八年矣從未有傾覆致傷一命者事隸杭州府日久府隸因緣爲奸蝕息錢光緒六年中丞譚公鍾麟廉治之遂以其事隸於同善堂同善堂者會垣諸善舉總匯之所也又加出權錢三萬千並發甯紹兩府屬典月以八厘取息總計其錢則爲數十五萬其自員董以至舟子收入爲數一百三十六其舟則爲數三十七其車則爲數八其牛則爲數十六其月需則爲數率一千千有奇其修費則爲數率三千千有奇舟閱一年即修最舊者則拆去易以新每舟率以十四年爲一周他物稱是所不能盡善者凡舟三人限於費不能增遇潮盛風逆或山水驟發輒呼渡之強有力者助之其不能強無強也所不能盡去者歸葬之柩擔糞之桶魚苗之販向有小費裁之則設有留難非司事耳目所能周此三者之渡轉滋累雖聞物議亦無可制也嗟乎今人事事不及古獨此渡之善似非古人所能及今人事事不能無弊獨此渡之弊又似非古人所能除或後有能者起踵其善而悉祛其弊豈非善堂同人之大幸哉余不能文謹記其顚末如此時光緒八年嘉平月

附記德惠義渡　德惠義渡係舊名今名茶亭一名廣義菴在舊許賢鄉楊家濱治南三十里康熙間里人陳泰期捐助義船兩隻置義田三十五畝又買致字號田二十八畝山十一畝池八畝康熙五十二年間毛奇齡等八十二人聯名前後稟請邑尊鄭趙詳憲立案併立碑記

附記錢塘江救生船條規　每船額設水手十名共七十名除銀杏西興二埠民船二隻於就近渡船內輪派水手十名不須另給工食外其餘王家堰等五船共募配水手五十名每名歲給工食六兩共該銀三百兩

所設七船船尾兩傍刊刻險要地方各照水次四散停泊毋許紊越聚集致誤救援每遇霉水秋汎及潮盛時務要配齊水手專心瞭望救護行船潮落風靜方許挨輪趁食仍照定例裝載取價不許多索多裝以致滿覆南岸王家堰等四船委西興驛丞專管北岸六和塔等三船委浙江江口驛丞專管不時巡查如敢貪利營私致悮救生者該管驛丞立拏船戶水手重責革逐枷示江干不得狥縱　救得漂沒活人

一口即刻呈報該驛官驗明轉報賞銀一兩如果風大潮猛不能全救撈得一屍者賞銀三錢如遇風潮時不急救被溺生人先撈貨物後及死屍邀賞誤事者或被察出或被首告除重究船戶外該驛丞並干嚴譴不貸　南北兩岸設立木櫃二隻製備棉被布衣各二十件封鎖交附近僧人看管遇有救起生人立刻換去溼衣僧人即辦薑湯聽用俟其衣服曬乾更替原製衣被仍貯木櫃造册存查　撈得溺屍有同船識認者每一屍給棺價一兩倘無人識認者亦給棺價一兩仍照例詳開面貌衣服約略年歲淺埋隙地插標召認如一年後無人識認報明各該管官擡埋義塚立石鐫刻年貌備查再酌給銀一兩亦於田租內支給報銷按鹽道王所刊規條極為周密水手既給工食仍許乘暇裝載覓錢救生有賞撈屍有賞待之不爲不厚無如此輩惟利是視一遇風潮時並不上前救護坐視覆溺先撈貨物後及人屍設船二十餘年從未聞救一生人既得工食肥家且利覆舟飽腹殊堪髮指竊以爲察梢水之功罪應先定驛丞之賞罰若兩岸驛官凡遇風發潮湧之時實心奉行親至江口往來巡查懲奸拯溺全活必多如救得生人一口水手給賞一兩驛官亦記功一次積至五功以外註册候薦卓異若仍前怠玩致多覆舟喪命者察實咨革且省會頗多閑員一遇風潮委員沿江察訪甚便大僚果以已溺爲任則驛丞水手之功罪無所逃隱而被溺之人皆藉以得生矣

續設救生船　雍正十三年據驛丞王效忠詳請聞家堰亦屬險要添造救生船一隻乾隆七年又據驛丞唐又白詳請西興埠添造救生船一隻現在蕭山境內連前任鹽道王䫍設潭頭上沙渡王家堰三埠併續設聞家堰西興二埠共救生船五隻其水手每隻八名工食每名六兩每年歲修銀六兩俱赴道憲衙門具領此乾隆十五年六月令黃鈺飭房查案稟覆也按前憲規條內開西興埠有捐造船一隻今稟云乾隆七年添造規條云水手每船十名今只八名不知何年裁減此事道憲統轄驛丞專司縣中無檔案可稽其互異處無從考核同治三年五埠救生船水手全裁充餉

附載鹽道王鈞捐俸置辦救生船經費田號

計開號畝

一中則田三百七十二畝九分六厘九毫內坐落二都一圖張字號由田五畝五厘三毫暑字號由田九分二都二圖秋字號由田三畝五分二都四圖伐字號由田一十三畝四分六厘二毫文字號由田一十一畝一分九厘二毫暑字號由田二畝六分衣字號由田三十三畝五分一厘二都五圖湯字號由田二畝一厘八毫辰字號由田四畝六分四釐三毫衣字號由田六畝六分四厘服字號由田五畝七厘朝字號由田一畝九分八厘一毫張字號由田九畝七厘五毫二都一圖文字號由田五畝一分六厘三都二圖國字號由田三畝八分二厘三都九圖朝字號由田三畝三分七厘八毫廿都一圖朝字號由田一畝廿都四圖國字號由田四畝二分二厘以上共由田一百一十四畝二分二厘二毫

二都五圖雲字號安

田四畝四分一厘一毫陽字號安田九分一毫以上共安田五畝三分一厘二毫二都五圖麗字號許田四畝一分六厘三毫三都九圖金字號許田二十一畝九分六厘九毫七都一圖金字號許田二十畝九厘五毫八都三圖金字號許田四十六畝六分七厘六毫生字號許田三分四厘四毫八都五圖金字號許田一十二畝六分玉字號許田一十六畝四分五厘來十八都三圖生字號許田六畝七分五厘三毫以上共許田一百二十九畝五厘苧十八都二圖皇字號苧田二畝五分四厘六毫始字號苧田六畝一分九厘五毫制字號苧田五十五畝七分一厘一毫二都四圖八字號苧田一畝三分七厘九毫始字號苧田二十三畝七分五厘五毫二都五圖制字號苧田三畝九分五厘八毫七都一圖淡字號苧田一十五畝五分一厘九毫八都三圖淡字號苧田一畝八分七厘五毫廿一都九圖官字號苧田二畝二分七厘五毫淡字號苧田八畝二分六厘五毫以上共苧田一百二十一畝四分七厘八毫十四都一圖桊字號桃田二畝九分七毫

一以上桃田二畝九分七毫下則田五百三畝八毫內坐落二都五圖推字號由田一畝二分八厘七毫湯字號由田一畝七分九厘六毫發字號由田一畝九分五厘六毫文字號由田八畝戎字號由田六畝八分六厘四毫三都九圖文字號由田一畝八分五厘六毫來十八都二圖服字號由田六畝二分六毫湯字號由田七分問字號由田八分三厘九毫以上共由田二十九畝五分二都四圖雲字號安田一畝四分五厘九毫陽字號安田九畝七分八厘三毫二都五圖雲字號安田四十一畝四分一厘七毫陽字號安田三十九畝三分三厘九毫雲字號池一畝三分九厘陽字號池一分以上共安田九十一畝九分九厘八毫池一畝四分九厘三都九圖金字號許田三十八畝五分一厘三毫八都二圖金字號許田七畝七分四厘四毫生字號許田二十八畝八分四厘五毫玉字號許田二十五畝九分六毫九都一圖岡字號許田一十九畝六厘四毫九都三圖岡字號許田四十一畝一分九厘八

毫來十八都三圖金字號許田四畝六分四厘七毫生字號許田三畝八分八厘六毫麗字號許田六畝二分四厘八毫玉字號許田二十三畝四分五厘七都五圖金字號許田二十九畝二分二厘六毫廿一都九圖金字號許田四十六畝三分六厘一毫廿一都九圖生字號許田二十四畝九分五厘三毫麗字號許田一十八畝五分七厘五毫以上共許田三百一十八畝六分一厘六毫二都五圖始字號苧田一十八畝七分九厘四毫制字號苧田一十畝三分八厘五毫八都一圖人字號苧田三畝九分七毫十七都一圖人字號苧田一十四畝一分三厘三號廿一都九圖淡字號苧田八畝三分三厘以上共苧田五十五畝五分四厘九毫十四都一圖棠字號桃田七畝三分四厘五毫以上共桃田七畝三分四厘五毫

附記臨浦義渡船萬歷志隆慶五年里人傅栩傅堯臣倪嘉倪秀洪學張范置船四隻爲義渡邑令王一乾遺愛祠碑記云近地居民洪學等各捐資創舟四隻每舟置田十五畝膳之俾往來者亟濟而勿取直焉　今按義渡田共四十八畝係梅里倪横山傅張家坂孔西塘黄四姓所捐錢粮飛灑通縣而田息每爲土豪侵蝕義船僅存其名乾隆八年十一月署令查延掌禁示云照得臨浦埠路當孔道爲商民往來要津是以向設義渡船四隻並捐田四十八畝以爲渡夫工食修葺之資由來已久近查有棍徒膽將義田租息肆行烹分以致船不修葺破船擱塞難以濟渡另設私

船數十餘隻橫霸埠頭排列兩岸挨次輪裝不滿不開及船至岸勒索船錢無錢取貨無貨扯衣多方勒索商民受害爲此示仰船戶地總人等知悉速將義船修固擺列兩岸凡商民往來悉從義船駕渡毋許私渡輪裝勒索如有佔田侵蝕霸埠橫索者許地總等指名禀縣嚴拿詳究

計開田畝

倪姓義渡　棠字一百五十四號田一畝七分五毫　一百五十七號田三畝四分二厘二毫　一千一百四十三號田三分三釐六毫　一千七十號田一畝三分二釐二毫　一千九十八號田一畝一分八釐　芥字千一百念二號田三分三釐三毫　一千一百二十三號田九分九釐三毫　一千一百二十四號田四分九釐二毫　一千一百二十五號田八分二釐六毫　一千一百二十六號田二分三釐九毫　一千一百二十七號田二分三釐三毫　一千一百二十八號田二分一釐一毫　一千一百二十九號田一分一釐六毫　一千八百九十五號田二分二釐九毫此號失管多年以上共實田十一畝四分四毫

孔姓義渡田　官字　九百四十九號田二畝六分五釐六毫　一千一百二十一號田三畝九釐一毫　一千四百十一號田九分一釐六毫　一千三百三十四號田六畝三分三釐七毫　以上共田一十三畝

王姓義渡田　官字一千一百三十四號田二畝七分九釐六毫　一千一百五十一號田三畝三分八釐七毫　一千二百二十四號田五畝八分五釐四毫　一千號田七分三毫　以上共田十二畝七分四釐

傅姓義渡計田一十三畝七分向來通族承值自乾隆四年前族長傅㦨公去世族棍傅汝揆估管兩載並無船隻傳積山控前縣追出歸公買船濟渡乾隆十一年積山物故汝揆又貪佔三載邑令黃重責追贓不許汝揆再行呑佔昂等爰同族衆將十五年花息打造新船一隻再議專管渡夫傅宗義給田九畝零以爲每年工食之資又薑字號田畝三分零聽作歲修之費合族七支拈鬮輪值除歲修外若有羨餘公貯生息以爲再造新船之助

傅姓義渡田　重字四百五十號田八分八釐　六百九十一號田四畝二分二釐七毫　一千八十號田一畝六分三釐七毫　薑字一千六百七十號田二畝五分六厘五毫　二千七百號田四畝三分七釐五毫　以上共田十三畝六分七釐四毫

嘉慶十六年里人傅佐廷瞿晉蕃郭季逵郭行世郭玉亭鄭國華陳常貴及孫朱兪楊王鍾僧韓各姓人復捐助田畝置義渡船六艘

橫山錢斗莊傅佐廷助第一艘

計田十畝四分九釐六毫　淡字一千一百廿三號苧田一畝二分　河字四十七號苧田二畝八分二釐　薑字七百四十五號桃田二畝二分　海字一千二

百廿五號桃田三畝七分薑字八百七十一號桃田五分七釐六毫此一號前清匪後失管

大橋瞿晉蕃助第二艘

計田十畝七分淡字一千六百廿二號苧田二畝九分一釐一千六十九號苧田三畝六分二釐一百八十七號苧田一畝四分四釐一百八十八號苧田一畝二分八釐一百八十九號苧田一畝四分五釐

張家街即石峽村郭季逵郭行世郭玉亭助第三艘

計田十一畝一分四釐五毫重字一百五十號桃田二畝八分一千二百九十四號桃田二畝五分二釐河字八百廿一號苧田七分五釐桒字一千二百八十號桃田二畝一分九釐一千七百九十六號桃田一畝一分四釐一千八百號桃田一畝七分四釐五毫

後鄭鄭謂盛助第四艘按此項義渡田現暫歸正蒙學校收花

計田十畝二分八釐五毫金字二千六百二號許田三畝四分一毫二千二百十四號許田一畝九分五釐二千四百廿二號許田一畝八分四毫淡字一千七百七十二號苧田九分七釐一千七百九十七號苧田二畝一分六釐

陳常貴及臨鎮南鄉各姓捐助第五艘

計田十畝六分五釐臨鎮各店河字三百七十八號苧田五畝四分三釐四百四十一號苧田二畝九分六釐陳常貴官字一千五百四十九號苧田一畝

小湖孫祠助重字一千二百六十七號桃田一畝二分六厘

南鄉各村助第六艘

計田十一畝一分　鍾家坦公助菜字六百三十七號桃田一畝五分　鍾爾然助薑字一千二百七十五號桃田五分四厘七毫　一千一百四十七號桃田六分　大塢朱俞繼堂楊兆林王鳳欣公助薑字一千四百九十號桃田一畝二分五厘　大鱗字一千廿五號苧田三畝六分一厘　官字八百七十五號苧田二畝二厘五毫又薑字一千一百九十七號桃田一畝五分六厘八毫此兩號係王受宜堂助皆匪後失管無查

附王公會田

此會以明隆慶時邑尊王公一乾念切民瘼命立義渡遺愛在民民爲立廟於南浦亭清嘉慶十六年橫山傅佐廷大橋瞿佐朝後鄭鄭謂盛張家衙郭季達等以盛世人多船少若祇藉舊義渡四艘恐不及濟更倡捐添置六艘以歲修船隻入不敷出欲將嘉慶義渡六艘畝糧援前明王公舊例公叩闔邑飛灑請縣批諭查案年久無存今昔情形不同礙難闔邑飛灑仰董事續捐田畝另立戶名呈請註册花息作完糧之費云云道光二十年庚子橫山傅佐廷傳席珍爲之續捐田畝

立爲王公會一以修整王公神像一以爲完糧之用至同治紀元浙省承平大難之後人力不齊義渡田畝悉被田戶吞蝕久不清理至宣統二年傅席珍子傅履康值社重塑王公神像有志整頓而人心不齊同志者少事遂寢

計開王公會田九畝一分四釐七毫

俞魯川助號字長田一畝三分又出字許田一畝二分七釐

靜修菴助水字許田八分四釐七毫

傅友于堂助重字桃田一畝六分三釐

韓留餘堂助重字桃田四畝一分

李家嘴渡　坐臨浦西市之南岸屬桃源鄉十四都四圖地係李家嘴村人出市渡船一艘

磧堰山渡　此渡地僻行人稀少舊稱磧衍山俗呼七賢山自明天順間郡守彭誼將此山鑿後遂名磧堰距城二十七里南北岸舊屬辛義鄉今北岸屬義橋鄉有

渡船一艘以濟行人

南渚渡　此渡距城二十八里上通諸富等處大路行人往來陸續不絕北有義橋鎮南有鳳凰山舊屬新義鄉前濠里宋元以前未有江流自明天順鑿斷磧衍開爲鳳桐將浦陽江水自東注西橫流數十里入於浙浦陽江稱西小江浙江稱西大江皆主越城地點而稱故曹娥江在其東稱曰東江而邑境遂分南北即郭倫蕭山賦所云浦陽注浙南北分疆者以此而於是乎義橋有西渚南渚之名今將南渚義渡分新舊兩項錄後

舊義渡　在前清嘉道間係許賢鄉陳丁周三姓及徐童山陳所助共有四艘至亂後無查

新義渡　光緒乙未義橋富紳韓敬遜堂所助田畝立石於亭以垂永久計開十五都五圖義庄韓敬遜堂義渡戶咸字四百五十號田五畝八分四厘四毫九百五十六號田二分五厘七毫合丬坐徐童山草舍坂着船夫周福堂耕種收花作逐年修船之費

其西渚光緒間有金里仁之母捐置義渡船一隻助田十畝又里人糾資置民田

廿三畝零竈田五畝零置船兩隻以爲義渡其田號見後

六都一圖羅莊陽字廿一號田二畝一分七厘又字一千一百九十七號田三畝八分露字八十一號田一畝三分四厘六毫咸字一千二百三十七號田二畝一分八厘八毫又二千六十五號田五分五厘七毫又字一千二百三十八號田一分七厘五毫陽字三百十一號地一分一厘七毫又字二千二百廿號池四分又字三百三十七號田二畝二分五厘又字一千五十五號田二畝六分五厘六毫又字九十二毫田六分七厘雲字五百廿二號田一畝一分二厘五毫又字二百五十二號池五厘陽字一千六百十三號田一畝三分一厘三毫又字三百十五號田一畝三分四厘七毫又字四十四號田一畝一分又字三百六十七號田一畝四分又字三百六十六號池二厘又字八百三十二號地四分五厘雲字三百三十九號田一畝

竈田字號不計

雙林渡有義渡船一隻田十餘畝又義渡船一隻歸紹興天樂鄉經理

新壩渡義渡船一隻係北岸人新壩倪氏所助

河口渡　此渡距城三十三里西岸舊屬許賢鄉之朱村今沈村鄉相傳富陽山裏行人踰中嶺由此而出臨浦市言此時尚無義橋市也故現今行人雖少此渡仍在光緒二十六年義橋富紳韓敬遜堂立石於亭載有義渡田產及茶湯田產兩

項錄後

義渡田產　係咸豐七年韓㬎宜陳僧宗所助歸船夫耕種完糧收花逐年擺渡勤修損壞之費如違者另覓妥戶

計開十五都一圖外莊韓義渡戶露字一千八百七十二號計田二畝九分四厘七毫坐河口坂十五都一圖本陳僧宗戶咸字二百二十五號苧田四畝一分七厘坐敢赤王

茶湯田產　歸船夫耕種完糧收花作夏秋二季在亭內燒施茶湯

計開二十都十一圖外莊韓敬遜堂茶湯戶咸字五百十一號苧田二畝五厘坐徐童山

橋梁

夢筆橋　萬歷志在江寺前齊建安中建　浙江通志云夢筆橋以江寺而名文通捨宅爲寺故橋謂之夢筆耳毛奇齡縣志刊誤云文通未嘗至越捨宅爲寺乃總持非文通也觀此則所謂夢筆者正屬附會又且縣志于建橋歲曰建安中按建安爲漢獻帝紀元南齊無建安年號此誤之又誤者按通志所引係節錄縣志刊誤非原文也　宋葉清臣夢筆橋記昔者昭明綴集里巷開于東府子雲著書亭榭揭乎西蜀席前修之能事崇近古之殊稱此賢者所以飛令聲布嘉躅也若夫景星著象牽牛列于關梁周官分職司險達於川澤觀天根而興事聽輿謀而順圖此作者所以啓土功廣成修也其或流風

可挹遂泯滅而無聞陳迹有基忽廢墜而不舉斯亦平津之館永嘆於屈蹙宛邱之道深譏于單子者已浙江之東偏會稽爲古郡伯禹啓書之而與夏句踐保栖而霸越青巖交映佳山水之秀奇茂林森鬱美竹箭之滋植地方百里者八而蕭山居其一焉縣目伽藍者五而昭慶寺爲甲焉夢筆橋者乃直寺門絕河流而建之也初齊建安中左衛江公舨依法乘脫略塵境捨所居宅爲大福田則斯橋之興與寺偕始其賦名寀義亦由此也自會昌流禍池臺起傾平之愴大中再造土木極文秀之華惟造舟之制曠日不復物豈終否有時而興天聖紀號之二年冬十有二月隴西李君以廷尉評實宰是邑周爰井疆鋪觀圖籍感釋子之能志惜江氏之寖微且懼褰裳厲深爲斯民病漸帷涉難貽來者乃諭居僧俾募信施三四佛之攸稱咸植善根百千金之所宜悉歸寶塔府帑不羞費里旅不煩山虞致木而叢倚郢人運斤而風集經始不日而功用有成晴虹倚空而半環浮羅跨波而欲渡雕楹蠡端聳鈎栖繚而橫絕肩摩轂擊控曳路而下馳飛艎鳴舸貫清流而直逝以材之豐美稽工之間隙又作駐節亭於橋之北涘艇子兩槳足以憩行者之勤虹霓一梁誠可免涉者之病是知創橋以表寺先賢之遺懿益光由亭而覩橋上人之用心兼至建一物而二美具故君子謂李君爲能若乃度羣迷超彼岸演竺乾之筏踰從善政均大惠易國僑之輿濟又豈止題柱伸馬卿之志躡履紀黃石之書臨清水以締材徒言呂母架渭河而建利止號崔公而已哉　陸游詩夢筆橋邊擁鼻吟壯圖蹭蹬老侵尋不眠數盡雞三唱自嘆當年起舞心　華鑽夢筆橋詩綠波照日晴無奈碧草連天恨未消欲向夢中傳彩筆柳絲低拂曲欄橋　乾隆志

惠濟橋　萬歷志在惠濟寺前乾隆志同治六年竹林寺僧善緣重修

東仁橋　萬歷志在治東里許按萬歷志縣城圖東仁橋在城內東偏與社學相近舊志誤列城外且于里許上冠以凡九二字蓋錄萬

歷志而舛其句讀者也乾隆志

東暘橋　萬歷志嘉靖癸丑築城民多借用橋石乙卯防倭寇奔突橋道又多拆毀丁巳令魏堂督民修之順治間重修按縣城圖橋在東門外乾隆志清乾隆二十一年邑人湯克敬邀同陸巡呈請重建並立石牐以收湘湖水利經費湯克敬獨任

陳公橋　於越新編在縣城東一里舊志明萬歷四十四年令陳如松掘通雙河埃折運河水使南注因建橋焉康熙五年建祠於橋上邑人陳所綸建茶亭乾隆志

文昌橋　舊志在東門外新壩一名盛文橋按舊志稱新壩者有二一在治南三十五里一在治東五里曰盛文壩注云即東壩俗呼新壩明萬歷四十四年邑令陳如松築壩以防潮患壩上建文昌閣乾隆志

會龍橋　舊志在東門外新壩按萬歷志治西里許有林家橋萬歷七年重修改曰會龍蓋修橋時未及詳考故名適同耳乾隆志

瑞蓮橋　舊志城東十五里明萬歷間女子蔡瑞蓮建俗呼姑娘橋乾隆志

北海橋　舊志在漊下陳乾隆志在縣東十三里莫家港官塘沿清嘉慶十八年莫令德重建道光二十八年莫鑫海重修訪册

鎮海橋　舊志在莫家港乾隆志在縣東十五里漊下陳官塘沿清乾隆三十九年重建

新發王橋　舊志鎮海橋東數里乾隆志

宏濟橋　在吟龍閘東俗呼新橋邑人韓君仲僅有田數畝康熙五十九年間捐金創造資不敷又鬻田以竣其事乾隆志

驅虎橋　萬歷志在治東十五里里有虎患邑人來端操建橋厭之故名乾隆志

石橋　萬歷志在新林浦前曰石橋舊名浮橋一名木橋架木成梁每壞與山陰縣均葺之弘治七年山陰周廷澤易爲石橋舊志北海塘傾橋亦圮守道楊一葵於萬歷四十二年修塘而橋復建乾隆志

白鶴舖橋　萬歷府志在白鶴舖前東與山陰界萬歷間施良貴修李紳詩未見雙童白鶴橋宋之問詩溪邊逢五老橋下覓雙童吳越備史唐光啓二年錢王鏐以錢爽守雙童高啓有早過蕭山歷白鶴諸郵詩乾隆志

施家橋　萬歷志治東三十二里乾隆志

沈家橋　萬歷志治東三十五里乾隆志

路西橋　萬歷志治東三十五里乾隆志

鄭家橋　萬歷志治東四十里乾隆志

畢公橋　萬歷志在鄭橋里許乾隆志

八字橋　萬歷志畢公橋差折而南乾隆志

雙峯橋　萬歷志在錢清鎮一曰方家橋會稽續志橋歲久斷圮郡守汪綱重修寧宗御舟經行撤而復葺乾隆志

興仁橋　萬歷志在治南又曰府橋今廢乾隆志

保壽橋　萬歷志在南門內舊無橋邑人張匡建乾隆志

芹沂橋　萬歷志治東南嘉靖舊志云儒學故址在縣東南有芹沂橋存焉乾隆志

漲潘橋　縣志刋誤在縣南十五里以潘水所經得名乾隆志治正南十里南門江又名惠津橋舊題城南第一橋

廟橋　萬歷志治東南里許舊志治南城外近廟社乾隆志

道源橋　萬歷志治東南里許元戴城之建乾隆志田氏宗譜宋時昭明鄉有戴某與邑令楊子游嘗講學於斯其後裔誠之建此橋因以道源名

羅婆橋　萬歷志治東南四里舊志明萬歷間趙汭修乾隆志

王家橋　萬歷志治東南五里乾隆志

大通橋　萬歷志舊名板橋令魏堂修舊志因大通和尚改建故名萬歷三十二年邑人陸道徵加修并築縴路康熙五十年尼定緣募貲重修乾隆志

附

陳公塔在治東三里大通橋之左明萬歷四十一年邑令陳如松建故名康熙劉志及乾

隆志明令陳如松記予既南徙河自大通橋遶北復即其地塔焉層以七級費至千金亦不用帑錢也橋水最深始關主和尚獨力成之茲適當水口五十年前和尚造橋五十年後宰官建塔天時人事蓋若有待可無記歟其塔基三畝一分係貢生張炳祥捨

清光緒己丑九月二十四日圮

楊公第一橋　萬歷志治東南十里令楊鐸建乾隆志

惠津橋　萬歷志治東南十二里邑人蔡應山周有科等建乾隆志

漁臨關橋　於越新編在治東南十五里凡竹木徽處衢嚴往諸暨者泊臨浦抽分發寧紹者過義橋等壩白鷺塘萬歷府志作白露塘抽分今南關抽分俱在聞家堰漁臨關衙門廢萬歷志治東南十五里曰漁臨關橋邑人田惟祜漁臨關橋記略蕭山爲紹興屬邑密邇省治西通衢婺徽嚴諸郡凡商販竹木簰筏自上江順流東下經富陽入小江悉集蕭山漁臨二浦故工部分司雖總設於杭州而於蕭山臨浦則亦各置榷場焉縣之來蘇鄉地濱東小江名單家堰江之東西爲山陰蕭山之界而抽分廠在小江之西通山會諸暨數縣永樂間有木橋跨江以渡民病徒涉嘉靖壬辰工部主政薛公移水關於此商民往來者尤衆公議建石橋未果而去民架木梁以渡而江闊水漫危險可畏今歲六月衢嚴洪水氾濫徑趨蕭山木梁衝漂無存行者患之値今工部主政林公朝臨縣詢知民病遂決前議鼎建石橋列五洞跨江東西以丈計者十餘丈橋之下密立樁柵以防疏漏凡木石灰料工費皆公自處給並無干民肇工於七月十九日迄工於十一月二十日規制

崇廣甃築壯固往來稱便公之功詎不偉與乾隆志

小江橋　萬歷志治東南二十五里乾隆志

王村橋　萬歷志治東南二十五里乾隆志

王灣橋　在治東南三十里舊志舊名王灣渡東爲山陰西爲苧蘿鄉以下汀頭鳳仙江橋等橋俱跨西小江其先爲渡自磧堰通後悉改爲橋乾隆志

汀頭橋　舊志由王灣橋西折二里舊名汀頭渡南爲山陰北爲來蘇鄉乾隆志咸豐元年里人李學新募修訪冊

所前橋　舊志由汀頭橋北折三里東爲山陰西爲來蘇鄉乾隆志在縣西南二十里題曰裕通橋近年里人李稷等募捐改建

鳳仙橋　舊志由所前橋北折五里舊名周家渡今俗呼金雞山橋東爲山陰西爲來蘇鄉乾隆志明嘉靖四十四年汪仲賢重修淸康熙乙未綱商與里人重修道光初圯里人周渭陽雇舟濟渡十四年募捐重建近年周渭陽曾孫周杏沾等募修

江橋　舊志由鳳仙橋東折十里舊名捨浦渡南爲山陰北爲里仁鄉乾隆志

泰來橋　在長巷南去縣四十里邑人沈邦通建乾隆志

黄待詔橋　去縣南四十里在四里坂乾隆志

司馬堰橋　在錢清東南三里許康熙五十二年邑人史節臣建錢塘羅廷元記乾隆志

益秀橋　在芙蕖莊邑人沈邦通建乾隆志

尖山浮橋　舊志去縣五十里其江曰橫江東爲山陰天樂鄉南爲蕭山桃源尖山埠明時只有義渡船順治三年清師達閩始建浮橋共船一十六隻山陰蕭山兩縣均派每年修築尖山浮橋聯船一十六隻加板於上以便行旅中鋪木筏設夫看守伺行舟至則撤筏過仍鋪之每舟給錢一文爲修橋之費向例蕭山以一百二十里之內每年八圖中輪流每圖各修船一隻自雍正九年總督李衞改編順莊革除里長浮橋如有損壞應修之處令橋夫稟縣動公帑修葺不派里遞乾隆志

王家橋　治西南學宮左按萬歷志儒學圖東偏有黄家橋今作王未詳孰是乾隆志俗名三棚橋光緒間魯燮

光集資重修題曰城南第一橋按漲潘橋名城南第一橋以在城之南故名此橋在城內亦改此名殊未當且名稱相混特注之

儒林橋　萬歷志治西里許卽北藥橋舊志作北淪舊志邑人蔡萬善重修乾隆志

惠民橋　萬歷志在治西卽南藥橋舊惠民藥局在此舊志作南淪令魏堂修按萬歷志圖南藥橋亦在學宮左乾隆志　其橋之石欄由里人王翺增建訪冊

顧家橋　在儒學東學基東偏至此爲界乾隆志

雲龍橋　萬歷志儒學門外有橋下通泮水橋之南爲外門門外有池曰璧月池池左角溝通內小池達於西河上架雲龍橋嘉靖三十九年令歐陽一敬建詳見學校按此橋舊志不載今特增入乾隆志

唐家橋　萬歷志儒學圖學宮後有唐家衖學西北隅有唐家橋攷其方位當在縣治西南也乾隆志

清泠橋　萬歷志治西南三里乾隆志

長寗橋　萬歷志治西南十里舊名樂大橋成化丙午令朱栻建嘉靖丁巳令魏堂修之清乾隆八年重修名岳大橋乾隆志光緒十二年繆錦川募修

埭上黄家橋　萬歷志治西南十五里工部主事謝體升朱惟一爲同官主事黄九皋建乾隆志清嘉慶間黄際泰重修

東平橋　萬歷志主事黄九皋題嘉靖丁巳秋仲石梁新建時倭寇平故名乾隆志

新橋　舊志在治西南十六里邑人黄三尙倡建乾隆志又名泰安橋今呼大新橋清咸豐間黄道之重修

史家橋　在埭上俗呼四家橋乾隆志明初里人黄壽康建嘉靖間黄九皋重修名義方橋

跨湖橋　在湘湖中嘉靖三十三年邑中書孫學思字春溪者攔湖築堤建橋毛奇齡湘湖水利志明嘉靖間孫姓有爲中書者忽造跨湖橋於湖中以通孫吳二姓往來湖中非通衢不過二姓往來借名利涉實陰爲私佔官湖地步也至今湫口之水不能及石巖九鄉大受其

害父老相傳有孫學思築湖堤湖堤長害九鄉之謠康熙二十八年八月大旱湖涸豪民孫凱臣等復于下湘湖截湖築堤以建橋便行爲辭與九鄉搆訟時毛檢討奇齡家居有四害五不可補議呈縣通詳藩臬各憲經縣令劉儼勘覆孫凱臣等各予重杖枷示湖濱拆毀新堤永禁私築勒石有記雍正六年邑人柯元甫重修板橋長四丈橋門一丈二尺以上乾隆志

嘉慶十二年六月邑人任已任重建環洞橋一座光緒三十年九月任葆眞堂重修

峽山橋　萬歷志治西南二十五里近黃築塘乾隆志

惠政橋　在縣西南三十里即漁浦新橋元主簿趙誠建楊維楨有漁浦新橋記記云至正十三年秋八月漁浦新橋成浦之西北距浙江東南商旅提擔樵蘇負荷者胥此乎道焉晨出暮返奔渡掣舟不無蹴蹋覆臨之患縣主簿趙君來鎮於茲易舟而梁不三月而底於成長凡五百尺洞十有五楹十有六堤其兩旁棧板欄翼亘其長吁昔無而今有剏實功之難也橋出沒於潮汐之險又難也事出於昔人之所難而得於今日之所易謂惠而知爲政者非歟於是方顏其橋爲惠政銘曰江水湯湯界浦之疆涉浦作渡民病乎航趙君爲政惠而有方誰謂浦廣不可以梁

維彼梁也四方之光也德之長也民之不能忘也按記所云此橋斷在漁浦去縣三十里萬歷志云西南里許不知所指何地乾隆志

義橋　在縣治南三十里爲義橋鎮商販往來要津

王家石橋　在許賢六都乾隆志在縣西二十五里康熙癸卯王姓建光緒甲辰吳中和募資重建

公孫橋　俗呼朱村橋萬歷志治西南三十五里舊朱村木橋狹甚多有墮死者隆慶間邑人華實改建石橋十五洞未就孫華陛續成之凡二十一洞約費千金鄉人義之故名清康熙元年邑人王承宗修築三洞約費六百金乾隆十一年邑人沈鋐因橋久圮捐資重修乾隆志橋祗九洞舊志稱十五洞二十一洞不知何據

觀音橋　萬歷志治西南四十里乾隆志

石蓋橋　萬歷志治西南四十五里乾隆志西岸爲七都東岸爲十五都初僅一洞自梅里灘塞後水面漸廣架木五洞

新橋　萬歷志治西南五十里舊志坍毀已久居民建木橋橋狹江闊每有墮死者

順治年間里人單人英重建石橋按治西南十六里亦有新橋乾隆志星橋在八都一圖跨瓜瀆下流清咸同間倘存兩洞現已坍毀舊志稱新乃星之誤也

永興橋　在孝悌八都舊係木橋康熙年間里人沈魁光沈以祐陳泰改建石橋乾隆志橋跨瓜瀆下流上走婺烏下通吳越一要衝也明天順以前麻溪未塞南鄉塘圩未築諸富蕭三縣之水從州口溪來經至溪東轉梅里灘而出浦陽江自麻溪塞浦陽江不通水横溢於十四十五及六七八九都各鄉乃倡築塘圩以防患入清以來梅里灘淤塞山水大勢出於此橋而趨鳳桐郡國利病書所謂洲口溪水出鳳桐江者

凌橋　在孝悌八都乾隆志

板橋　在孝悌九都乾隆志

濟遠橋　在孝悌九都萬歷志治西南六十里乾隆志

太平橋　在孝悌九都萬歷志去濟遠橋一里乾隆志

大橋　在孝悌九都乾隆志

天濟橋　俗呼儀橋在孝悌九都大橋東河上鎮溪水出此橋萬歷志去太平橋一里乾隆志

峽浦橋　萬歷志去太平橋一里乾隆志

六符橋　在孝悌九都乾隆志

孫橋　在孝悌九都乾隆志

蔣家橋　俗呼蔣橋萬歷志沈家橋去峽浦橋三里舊志舊名沈家橋萬歷間洪水衝決居民架木爲梁行人苦之康熙六年重建石橋邑人王之鼐有記乾隆志上通諸富下達山蕭康熙間蔣氏重建遂易今名後被洪水衝毁改木橋洪楊後傅德政重修光緒初張春濤傅元泉等捐田二十餘畝立會隨修刊碑以垂久遠

順濟橋　萬歷志去沈家橋五里令魏堂建乾隆志

白康堰橋　乾隆志作白堰橋在白康堰村前有橋會田作經費

會龍橋　萬歷志治西里許舊名林家橋邑人林可山建萬歷七年張試修之改今名舊志即林家閘基未城之先爲閘嘉靖築城後改爲橋乾隆志清光緒間可山八世孫林鳳岐重修仍名林家橋

清風橋　萬歷志治西里許舊志在祇園寺側俗呼寺前橋清順治年間修乾隆年間里人重修乾隆志

永壽橋　西城門外萬歷志在鳳堰鋪前乾隆志

望湖橋　舊志在西城門外數步萬歷志楊郭二令祠在湖口民登橋望湖故名康熙六年重修乾隆志

盛家橋　萬歷志去望湖橋里許乾隆志在運河南岸即盛家港橋爲湖水壩放水入運河之處清光緒間里人重修

弘濟橋　萬歷志治西五里官塘十里無橋邑人來端蒙來端操同瓶按康熙志云邑人張幹山建來端蒙來端操重修俗名嶽廟橋乾隆志

普濟橋　卽乾隆志村口橋來氏重建

南寧橋　萬歷志里人來士建𣑯乾隆志在縣西七里許爲白馬湖出水要衝嘉慶十七年邑人任灤重建爲環洞式

南濟橋　萬歷志里人來士建𣑯會稽尙書陶承學有詩乾隆志在縣西九里許土名三碓橋

清水閘橋　萬歷志在治西八里乾隆志

渾水閘橋　萬歷志在治西八里舊志云今名村口閘橋乾隆志

板橋　萬歷志永壽橋又西八里曰板橋在綘埠去西興鎭二里乾隆志

屋子橋　舊志板橋上建屋康熙年間重建石橋在西興河西街後乾隆志

倉橋　萬歷志在西興鹽課司前又曰官橋邑人戴光建乾隆志

資福橋　萬歷志治西十里乾隆志

望海橋　萬歷志治西十里舊名王家橋邑人來端本建乾隆志今查治西十里無此

橋惟西興板橋西跨運河有名障瀾橋者土名新橋式爲環洞登橋可以望海或即是歟

應道橋　萬歷志舊名光濟橋來援同來應期建乾隆志

江龍橋　萬歷志舊名湯家橋來端蒙來端操建乾隆志

三中橋　萬歷志舊名孫家橋來日升來端谷建乾隆志

海山橋　萬歷志來保來潮建以上五橋皆令魏堂修後圮來士建重甃乾隆志在縣西十五里清宣統間來福祐等重修

筴竹山橋　萬歷志來弘輝甃孫來士建重修凡橋道傾圮者弘輝皆爲修理且懸燈以示濱海之夜渡者遠近咸頌其功巡按舒汀奬于旌善亭乾隆志光緒間來弘輝後裔重修

東湖鎖翠橋　萬歷志來端蒙來端操建乾隆志

飛虹橋　在白馬湖夏孝鄉去城十八里萬歷間來端蒙建乾隆志

倉橋　萬歷志在便民倉前城內東北乾隆志

眞濟橋　舊志在治北衙後衕口一曰都亭橋俗名市心橋乾隆志

永興橋　舊志在治西北一名新橋俗呼西橋按孝悌八都亦有永興橋乾隆志

永封橋　萬歷志治北里許嘉靖戊午張封君翼孫封君煥開王家堰建橋令魏堂名曰永封有記魏堂永封橋記按顧令冲水利事蹟運河北爲由化夏孝鄉水旱决望湖橋壩引湖水經運河入以資灌溉則鄭河爲通衢舊矣地近海鹺徒私貿者率由之國初有居民王姓者私鹽事發官司堰其河口以厲禁防因名王家堰築城後河之北口亦塞舟楫弗通經霖潦遂爲水鄉民不便余邑蕭見學宮頹敝典籍廢缺始修學宮明年建尊經閣但近城民居櫛比無地取土築基邑義士張燈素習禮教衆推董事進言曰王家堰爲禁鹽設築城而堰可廢矣於此取土既成學基復通舟楫去水患一舉而三善兼焉余曰開堰可矣更橋之以通往來闢之以時啓閉斯爲全善乃召工濬之深與運河底平其闊不究古程度全民居也方濬之深尺許兩岸巨石山積而舊橋椿石堅實異常則古時嘗於此建橋燈乃稟命父封君翼捐貲建橋適孫封君煥買宅城北亦助工貲橋成題曰永封用表二封君且啓後焉愚又虞此河深闊後或有淺而狹之者因識其丈尺於左閘內闊二丈者長二丈五尺次闊一丈八尺者長十五丈次闊三丈者長四丈四尺次即舊堰後有犯者里老呈究乾隆志

雲津橋

望峯橋

金家橋　在治東北韓家衖口乾隆志

普惠橋　萬歷志舊名和尚橋令魏堂修乾隆志橋跨瓜瀆里人陶煊造清光緒十二年孫鋘等重修訪册

張家橋　萬歷志圖城外東北隅去濠不遠乾隆志

東百石橋　萬歷志治北二里邑人丁應雷建乾隆志

西百石橋

施家橋　萬歷志治北三里乾隆志

郎家橋　萬歷志治北五里乾隆志又名千石橋訪册

高遷橋　萬歷志治北五里十道志董襲見孫權於高遷吳志孫策入郡郡人迎於高遷注永興有高遷橋乾隆志

廣濟橋　萬歷志治東北五里舊名洞橋令魏堂修乾隆志

漁莊第一橋　在鳳儀二十四都縣東北四十里宋沈龍光建木橋乾隆元年其後裔沈德祐沈埴易石重建因地爲漁莊水口故名曰第一橋乾隆志

金雞橋　在縣西二里運河北岸北通蘆康河陣河咸豐六年陳聚芝堂重修以下訪冊

金水橋　在縣西四里運河北岸弘濟橋東百數十步北通俞家潭橋頭張

倪家橋　在縣西北約五里南通運河

馬湖橋　在縣西十二里橋跨白馬湖之中明萬歷間里人公建清同治己巳傅鼎乾集資重修題曰重湖襟帶

畫橋　在縣西十二里小白馬湖之北里人傅姓建

清鎮橋　在縣西十里

夏家橋　在縣西十二里里人傅雨泉建清光緒間雨泉孫傅粹英等重修

資福閘橋　在資福橋南二十餘步橋門有槽安放閘板爲蓄洩閘上諸河水之關鍵

通濟橋　在縣西十里御河上土名三眼橋西距王夫人祠約三百步

化魚橋　在縣西十里御河上土名賣魚橋距通濟橋約八十步

太平橋　在縣西十里距永興閘約百步橋與官道平

石家橋　在西興南二里爲東湖塘等村要路南通白馬湖北通運河

福壽橋　在西門城外

萬壽橋　在西門城外淸乾隆間邑人湯克敬建

黃新橋　在治西十七里宣統間里人來福祐等集資重修

古太平橋　在縣西九里湖頭陳村

安寗橋　在縣西二十二里王姓建

瑛珠橋　在縣西二十二里

新橋　在縣西二十五里祥大房來姓建

里仁橋　在縣西二十六里堰兜孫俗名大橋淸道光乙酉孫姓改建

黄山閘橋　在縣西二十七里舊有閘

慈濟橋　在縣西二十八里

楊家橋　在縣西二十九里楊姓建清光緒丙午重修

永興橋　在縣西三十里蔣姓建

大通橋　在縣西三十里俗呼浦沿橋

閘橋　在縣西三十二里花廳廟後舊有閘

鎮龍橋　在縣西三十里潭頭

高橋　在縣西二十九里孫姓建

梧桐橋　在縣西二十八里樟樹下孫

張家村橋　在縣西十八里張姓建

河口橋　在縣西十六里河口孫

蘆花墩橋　在縣西十五里明丙戌之難婦女多殉節於此

寶盈橋　在縣西三十里閘家堰

新橋　在閘家堰上埠

宣德橋　在縣西二十八里清光緒朝里人汪坤厚建

閘上橋　在縣西二十七里舊有閘清道光七年陳士英等改造狹小大舟難通來邦本等呈准築高邑令周示諭此後再修依樣不准狹小碑在縣署大堂

邵家橋　在縣西二十八里

楊橋　在縣西二十里毛家堰後

三喜橋　在湘湖來姓建清光緒丁亥來姓重修

迴龍橋　在管村北架木爲之溪岸闊洞數多富春諸山水合本邑小溪水均由此出狂雨水張時患湮沒同光間章鮑銓章杲先後捐田好義者嚮應得田三十畝歸邁橋會收租充費立碑於巖將廟

上迴龍橋　在迴龍橋上流

永濟橋　在塘口村北

重興橋　在魏家塔村東

大橋　在母嶺脚村東里許

横坑橋　在上馬石村東南里許

夏官橋　在伊家店村北

冷水橋　在伊家店村東北

小菴橋　在中央塢村東

木橋　在小樟樹下亭東

黄鵝橋　在黄鵝亭東

環洞橋　在溪裏周南

管家橋　在管家西

乾坑橋　在河上鎮後溪水出此橋後溪天晴卽涸故名乾坑有橋會田三畝餘歸

乾坑寺僧管理作修橋之用

震東橋　在河上嶺東故名清咸豐間里人魏禮周募建并捐田立會

水木橋　在震東橋下有上下二橋向有水木橋會田數畝又有市房基一處作築

橋經費

康濟橋　即江家橋在江家橋村前

同興橋　清光緒初建在上山頭與十一都交界處

觀音橋　在沈村鄉塘塢前

鎮龍橋　在沈村鄉駱家所中所村

小溪橋　在沈村尖山下村

下門橋　在沈村口石板溪之水過之

淵潭橋　一作鴻潭橋在馬家山村本木橋清宣統二年姜袁氏改建以石作兩洞

三年洪水衝圮楊朱氏重修

嚮石橋　在沈村東嶽廟前山珠山脚石牛山及趙家所諸水過之

望山橋　在沈村石牛山村中天燈岡之水自北來過之

山嘴橋　在石牛山村南望山橋之水南行過之

秦世橋　在沈村坦莊塢村後彭家灣趙家所諸山水東行過之

三嗅橋　在秦世橋東與山嘴橋水合流出嚮石橋

錦帶橋　在沈村塘沿昔建石梁五洞後水衝橋圮改建木橋

迴龍橋　在沈村下沈村東關帝廟前清咸豐間里人沈錦周重建

洪村橋　在洪村

東吳橋　在上堡

三岔橋　在上堡爲富陽人歸市要道

扶親橋　在上堡北里許

篷安橋　在和家橋村

疙子橋　在和家橋村

和家橋　在和家橋村

永豐橋　在治北井亭村徐宗祠旁

萬石橋　土名小泊橋在治北七里

太平橋　在縣北五里陸家閘上與城北水利有關近年邑人來姓集資重修橋洞鑿槽放板以資啓閉

鎭海橋　在縣北七里又名虹橋

高橋　在縣北四里

厚石橋　在縣北三里

鄭太平橋　在縣北五里橋頭鄭村

大木橋　在縣北四里湘二房南

延壽橋　在縣北六里清嘉慶十五年徐趙氏建

公濟橋　在俞家潭爲西興與城北分界處

太平橋　在縣北四里陳河廟西北橋上鐫張氏捨三字道光間沈元標等重修

陳家橋　在縣北里餘清光緒間陳根儒重修

吉慶橋　在縣北二里陸王氏建

第五橋　在治西西河下清嘉慶十六年邑人王宗炎修

東門外弔橋　俗名板橋以木爲之清光緒間王宗耀集資重修近年俞炳揚捐資

獨修

鳳堰橋　在鳳堰閘同治間任氏重修互見閘堰門訪冊

金帶橋　在治西西河下

西河橋　在治西西河下

沈家橋　在治西西河下

楓濟橋　在城東清乾隆間任可聞捐建

會緣橋　在縣東二十八里跨西小江與紹興界連計十八洞清乾隆元年陸美雲破産建四十一年西江塘水決橋圮嘉慶十一年陸具占重修道光十年陸唐氏仝男文海文潮重修光緒九年周杏舒募修三十年陸紹齡胡永甯募修

臨江大橋　在縣東二十三里跨西小江與紹興界連土名楊汎橋

楊公橋　在縣東二十里甯龍閘官塘沿土名甯龍閘橋清光緒間周夏氏修

放生橋　在縣東十八里新林周官塘沿

寶隆橋　在縣東十八里新林周東官塘沿乾隆五十二年周永文重建道光元年周韓氏仝男謹言重修

普濟橋　在縣東十八里新林周西官塘沿

牌坊橋　在縣東十五里樓下陳東官塘沿

莫家港小橋　在縣東莫家港官塘沿光緒間重修

萬濟橋　在瑞蓮橋村西官塘對岸土名澇湖閘橋

延生橋　在縣東八里上岸林東官塘沿道光間陳有倘重建

接渡橋　在縣東七里上岸樓東官塘沿道光間陳有倘重建

鳳儀橋　在衙前市西官塘乾隆五十年修

鳳凰橋　題鳳凰要津橋有三洞

會龍橋　在衙前市西與鳳儀橋對

保甯橋　在西河沈

後橋　在西河沈

古延壽橋　在十間樓村西俗稱戴家橋

錢清橋　在縣東三十餘里之錢清橋跨紹興界本爲木梁明成化間周廷澤改建石橋故又名浮橋

柳城橋　在錢清又名壩橋

騰蛟橋　在錢清

廣利橋　在錢清向有平橋清康熙二十四年鍾廷縉以境多水害改建石橋以資宣洩名曰廣利雍正十一年由邑令捐廉監修較前益固光緒七年有在橋旁築簖養魚阻滯水利者經邑令龔鳳岐示禁十七年仍由鍾姓重修以橋低不便舟楫高之並請縣示永禁養魚又名堰橋一說卽乾隆志載司馬堰橋

義方橋　在錢清又名方家橋

萬緣橋　在盛文閣北西首

德順橋　在盛文閣北東首

太平橋　在澇湖村南

永福橋　在澇湖村西北

壬午橋　在澇湖清道光壬午陳謨建

毓秀橋　在澇湖清道光間陳有倘建

上元橋　在澇湖清道光間陳濟源建

吉慶橋　在澇湖清同治間橋上建文昌閣

會元橋　在澇湖

長源橋　在下潦村前

廣恩橋　在盛文閣南首清光緒元年修

永濟大橋　在縣東十四里跨西小江與紹興界連過橋爲紹興張湖渡地方清乾隆三十年僧戒定建嘉慶十七年重建

螺山大橋　在縣東十六里山南坂之南跨西小江與紹興界連

江橋　在縣東十二里江橋村跨西小江與紹興界連

水獺橋　在縣東四里官塘下沿對蔚家里

永慶橋　在縣東三里官塘沿土名霪頭閘橋

通義橋　通惠公合義和兩廠建故名

里仁橋　在葉家橋村卽葉家橋

古秀隆橋　在螺山寺旁康熙志稱興隆橋清道光二十六年僧東皋重建

永安橋　在曹家埭村

尙鄉橋　在童家橋村卽童家橋

廉讓橋　在李家弄村俗呼李家橋

姚家橋　在李家弄村俗名三眼橋

濱浦橋　在一都孫

古謝家橋　在謝家埭清光緒三十二年修

松茂橋　在西許俗名宓家橋

戴家橋　在十間樓村西

祝家橋　在西胡

報應橋　在單家埭俗名東橋

西橋　在單家埭

百家橋　在塘里陳俗稱堰基橋

延壽橋　在塘里陳

唐橋　在塘里陳乾隆丙寅年修

螺螄殼橋　在塘里陳

陳家橋　在下浦王

槐陰橋　在下浦王乾隆甲申年造

會龍橋　在東莊王

金秀橋　在横河周

王家橋　在余家河王德徽建

石洞橋　在郎家浜

東河橋　在東河

樂善橋　在葉家埭

樟里橋　在漊下陳

八字橋　在安前胡

後八字橋　在安前胡

後橋　在安前胡

下浦方橋　在下浦方

後橋　在一都韓

前橋　在南莊王

後橋　在南莊王

後橋　在西河沈

張家堰橋　在張家堰

小橋　在塘下金

萬壽橋　在盈上園

萬安橋　在盈上圍

萬福橋　在盈上圍

新太平橋　在盈上圍舊名明利近年重建改今名

寗遠橋　在盈上圍

永渡橋　在盈上圍俗名長河橋

蘆花橋　在盈上圍

長生橋　在盈中圍

田家橋　在盈中圍又名德億橋

有緣橋　在盈中圍

六合橋　在盈中圍

亹陡閘橋　在縣東四十里錢清東二里明戴公琥建今板廢閘柱尚存橋亦圮

德聖橋　在縣東四十里錢清東二里清宣統元年朱氏捐修

繼述橋　在縣東四十里鳳儀鄉跨山陰界清順治八年朱雲谷築堰建板橋康熙三年朱夢坤夢康改建石橋三十九年朱國鎔改圓洞上建水閣三間供文昌像雍正九年朱家禧紫綬重修洪楊時毀光緒元年朱啓廷重建水閣右有八角亭左有三公祠

廿眼橋　在縣東四十里與紹興界連

龍興橋　在縣東五十里與紹興界連下同

泰安橋

迎秀橋

永揚橋

山蕭橋

南家橋

毓龍橋

抱珠橋　在縣東四十里堰頭清乾隆間朱玉如建

承智橋　在縣南三十里臨浦鎮高王廟前

古戴家橋　卽臨江第一橋在縣南三十里臨浦之北清道光九年重建

萬安橋　在臨浦北清咸豐七年里人重修

浴美施橋　卽浴美施閘在臨浦北舊有槽可放板以禦浦陽江水自麻溪築壩此

閘遂廢

永寗橋　在臨浦北清道光間里人楊氏建與浴美施東南相錯麻溪之水分爲二

一從橋外北流經西施廟而達所前一流入此橋迤西轉北經白露塘而達所前

屠家橋　在浴美施閘東近年里人重修北屬紹興界

木汀徐西橋　爲臨浦至所前通衢北屬紹興界

木汀徐東橋　北屬紹興界

楊家橋　在縣南三十里北屬紹興界

烏石橋　在縣南三十里南屬紹興界

施渡橋　在縣南二十八里南屬紹興界

廟前石橋　在縣南二十五里西施廟前東屬紹興界

上石橋　在縣南二十三里西施廟之東偏南屬紹興界

安橋　在縣南二十三里西施廟之東偏北屬紹興界

通江橋　在縣南二十里白露塘之東

蓮橋　一名油車閘在縣南二十二里白露塘之西南舊有槽可放板以蓄周家湖水利今廢

洞橋　一名洞橋閘在縣南二十五里苧蘿鄉六莊村前舊有牐板以蓄周家湖水利今廢

太平橋　在縣南二十五里苧蘿鄉郭家埭村旁

張馬橋　在縣南二十六里咸豐三年造

譚家石橋　在縣南二十七里譚家埭橋有二村外名小橋村裏名裏小橋

里仁橋　在縣南二十八里前孔村中

上元橋　在縣南二十五里西葛村外

古水墩橋　亦名水墩閘在縣南二十六里王山前咸豐間重修閘有槽板以蓄周家湖水今閘廢

王巖橋　在縣南二十六里花廳村前

豐熟橋　在花廳村前嘉慶間重修

龍興橋　在花廳村康熙間重修

吉慶橋　在花廳村康熙間重修

八字橋　在縣南三十里周家湖村

虎路橋　在縣南二十六里下頭塢村清康熙十年重修

張家橋　在縣南二十五里張家村清光緒十八年重修

惠濟橋　在縣南二十二里大莊橋村

龍門橋　在縣南二十五里老十房村前

新港橋　在縣南二十五里通濟湖西

屠家橋　在通濟湖西

下堰橋　在通濟湖西

引湖橋　在通濟湖濱

殷家橋　在縣南二十五里屠家村旁

秋口橋　在縣南二十五里趙家塘村前

蔣橋　在縣南二十二里下戴村西近年里人魯廣慓募修

邱家橋　在縣南二十里苧蘿鄉

日新橋　在縣南二十里白露塘村中清乾隆間修

苟新橋　一名振秀橋上有文昌閣在白露塘村清光緒三十年重修

又新橋　在縣南二十里橋頭胡村清乾隆五十年建宣統二年湯煦妻重修

百忍橋　一名史家橋在縣南十八里嶼莊陳村前

美德橋　在嶼莊陳村前

宋家橋　在縣南十八里百忍橋西清光緒二十一年魯廣爂募修

九華橋　在車家埭原有方橋名永濟後圮清道光十年陸樹青等合資改築圓橋易今名

洪家溪橋　在開明鄉清乾隆間方寶林建

夏家溪橋　在開明鄉咸豐間沈錦周募建

大溪橋　在開明鄉光緒十六年沈鳳朝等募建

後溪橋　在開明鄉光緒廿六年僧柳溪丁浩川募建

北平橋　在縣西八里孫家匯之東運河北岸

延壽橋　在縣西南五里今呼弄裏徐橋

萬安橋　在縣西南二里今呼屠家橋

曹家橋　在縣西南七里

魯公橋　在縣西南八里

保安橋　在縣南十二里厲市湖口

萬福橋　在縣西南十九里今呼小新橋

徐家橋　在縣西南二十里埭上河

小新橋　在縣西南十九里埭上河

新虹橋　在縣西南十八里今呼秦家橋

黄繡橋　在縣西南十五里西爲湘東東爲潘西

永安橋　在縣西南十六里舊名孟家橋

永興橋　在縣西南十四里今呼河南王橋嘉慶五年重修

太平橋　在縣西南十二里今呼沙里吳橋

長春橋　在縣西南九里又名祝家橋清咸豐辛酉赭寇陷蕭橋毀光緒十四年繆錦川募修

岳小橋　在縣西南九里清光緒間葆眞堂倡修

古漁家橋　在縣西南十二里南山河

謝公橋　在南山河

古韓大橋　在縣西南十二里一名寒潭橋清光緒三十年廉讓居士倡捐重建

種德橋　在縣南十四里南門江郎古湊堰（互見閘堰）光緒間邑人胡慶餘修近年橋圯被雷擊損

溥濟橋　在治東南十二里東爲城區西爲潘西今呼蔡灣板橋

太安橋　在縣西南二里東爲城區西爲潘西今呼嚴家橋清嘉慶間嚴子元公祭重建

平安橋　在縣西五里西山河今呼時家橋

下木橋　在縣西七里西山河

馬公橋　在縣西八里

黃公橋　在縣西九里一作在石巖山東南距城十一里西爲湘東東爲潘西今呼涇西橋

待詔橋　在苧蘿浦陽江南岸互見壇廟

張龍橋　一名錫麟橋在縣南十七里

唐家橋　在縣南十七里張龍橋之西孔湖之東南爲苧蘿北爲潘西

迴龍橋　在縣南三十八里桃源蘇車倪村口上有關帝廟龕山鹽多運銷於此

馬婆橋　在縣南五十里與諸暨交界

鹿鳴橋　在縣南五十里里亭河堤上與諸暨交界

萬安橋　在縣南四十五里逕游村南清光緒廿九年蔣松卿倡募重建

太平橋　在縣南四十五里李家埭南與紹興屬紀家匯交界清光緒十八年謝仁甫倡募重建

種德橋　在縣南四十五里跨里亭河

雞鳴橋　在縣南四十五里跨雞鳴港蔣敬祥倡募重修

虎山廟橋　在縣南四十里爲尖山之要道

尖山石橋　亦名太平橋爲鳳桐港水出口處

彭家橋　亦名種德橋在縣南五十里清光緒二十年俞丙奎倡募重修

上石橋　在縣南四十里跨梅里河

待詔橋　一名王家釣橋在縣南四十里爲梅里河水出口處

永慶橋　在戴村下街跨凌溪舊呼章監橋見丁氏譜清光緒十二年孫鍨等捐資重建

楊家橋　在孝弟八都架木爲之跨瓜瀆距石峽村里許

石峽橋　在石峽山之西木橋三洞

六吉橋　一名鷹歌橋在孝悌八都白墅前相傳梁平北將軍白敏所築

裏橫橋　在戴村南舊名橫橋里人丁宛倫題曰飲長鯨

溪下橋　在八都溪下村西石橋兩洞可牐水

下水橋　在八都孝悌鄉茅村坂

石橋　在薔薇洞皇墳尖之北麓獨石爲之

嘯橋　在縣南三十五里孫寓村之西北跨朗河一名西隩以聲相近而通稱之同

治間孫表海重修

茅蓬橋　在余家浦上接上董東西二漳水

潏橋　在孝弟鄉孫寓東隴跨潏浦故名明季里人孫俊毅捐建

萬年橋　在十五都坂敢赤王

橫嶺橋　在瓜瀆西孫寓坂跨星河東距星橋半里故又名小星橋光緒間孫鍈等

重修

太平橋　在十五都新義鄉姚山之西跨溆河元里人姚聰建

新橋　在十五都譚圩之東南

永濟橋　在十五都宂河之南

施家橋　在十五都何由之西

謝家橋　在十五都何由之西里許

下湖橋　在十五都何由之南一名何由橋

青龍橋　在石馬莊美女山下

陽霄橋　在縣南四十三里一名高湖橋清宣統三年郭炳文等重修

趙家橋　在苧蘿鄉縣南三十里初名連元橋清光緒十六年趙少穉重建改今名

和睦橋　在許賢鄉縣南三十七里光緒三十年邵鳳興募建

清吉橋　在許賢六都縣南三十九里咸豐二年邵松英創建

平安橋　在許賢六都縣南三十一里光緒十一年陳履沾募資重建

小橋　在許賢六都縣南三十三里光緒十一年陳履沾募資重建

下洋橋　在許賢六都縣南三十五里

丁家橋　在許賢六都縣南三十四里

洞橋　在許賢六都縣南三十九里光緒二十六年邵鳳輿創建

平安橋　在辛義鄉縣南三十里徐公義建清光緒二十年韓師布重修

朱家橋　在許賢鄉縣南三十九里清咸豐三年朱鳳林募資重建

鳳陽橋　在許賢南塢縣南三十九里邵孟剛建

長生橋　在辛義鄉縣南二十六里亭子頭村東

接龍橋　在亭子頭村北

裏陳橋　在許賢南塢縣南四十里

永甯橋　在辛義鄉縣南三十里橋亭村旁

汀頭小橋　在汀頭沈村北清同治初年里人李守常建

萬壽橋　在縣西南六十五里沈村鄉駱家所獅子山麓清道光三十年山洪衝圮

里人重建宣統三年復衝圮李學綱楊福慶興修

青雲第一橋　在沈村鄉駱家所

青雲第二橋　在沈村鄉駱家所

青雲第三橋　在沈村鄉駱家所

青雲第四橋　在沈村鄉駱家所

下聞橋　在沈村鄉舊係木橋清同治十年姜應珪募改石橋

黃泥橋　在沈村鄉裏石溪乾隆元年陳越泉建旁有社廟

葉潘橋　在沈村鄉旁有社廟

南塢橋　在沈村鄉之沈村南塢爲木橋七洞

古章圖橋　在沈村鄉之上堡清宣統三年山洪衝圮里人改建板橋

洞橋　在沈村鄉之上堡清道光間里人吳姓建

上堡木橋　在沈村鄉上堡舊係木橋清宣統元年方金玉募改石橋

新洞橋　在沈村鄉上堡清光緒間沈有年重修

太平橋　在沈村鄉上堡清咸豐初義烏方天榮會里人鍾鴻慶等重修

豐樂橋　在靖雷鄉距城六十里之靖江殿西三里

永興橋　在豐樂橋西里許卽新橋

渭水橋　在永興橋西五里北屬靖雷南屬龕山

里仁橋　在渭水橋西一里

古萬安橋　在里仁橋西里半

興福橋　在古萬安橋西一里

保佑橋　在興福橋西半里

長安橋　在保佑橋西一里南屬龕山北屬靖雷

保勉橋　在龕山鄉清風亭東北

利濟橋　在保勉橋西半里

福慶橋　在利濟橋西一里

金鱗橋　在福慶橋西

獅子橋　在金鱗橋西一里

古清泰橋　在獅子橋西一里近年重建

福安橋　在古清泰橋西里許

雁安橋　在福安橋西

惠遠橋　在雁安橋西半里

積善橋　在龕山鄉方千漊灣距城四十五里清嘉慶二十二年建

萬安橋　在方千漊灣距城四十七里清嘉慶二十六年建

惠遠橋　在方千漊灣距城四十八里清嘉慶十八年建

賢聖橋　在方千漊灣距城五十里清同治十一年建

太平橋　在方千漊灣距城五十一里清嘉慶九年建

樹場石橋　在方千漊灣距城四十五里清光緒二十二年建

金堂橋　在龕山鄉大埠頭灣距城五十里清嘉慶十六年建

項家橋　在大埠頭灣距城五十二里清光緒二十年建

小金橋　在龕山鄉童家殿灣距城四十五里清乾隆初建

積善橋　在童家殿灣距城五十一里清道光八年建

延生橋　在童家殿灣距城五十六里清道光十二年建

太平橋　在童家殿灣距城五十二里清嘉慶二年建

放花橋　在童家殿灣距城五十六里清同治七年建

永流橋　在童家殿灣距城五十八里清同治二年建

太平橋　在龕山鄉任家漊灣距城四十九里清嘉慶二十二年建

羅家橋　在任家漊灣距城四十五里清道光十年建

稱心橋　在龕山鄉瓜瀝殿前灣距城四十六里清咸豐四年建

如意橋　在瓜瀝殿前灣距城四十八里清嘉慶三年建

張家橋　在瓜瀝殿前灣距城四十九里清同治七年建

積善橋　在龕山鄉塘下高灣距城五十八里清光緒三十年建

天燈石橋　在塘下高灣距城六十里清嘉慶十五年建

安瀾橋　在靖雷鄉距城五十八里清嘉慶十九年建

長壽橋　在安瀾橋北三里牧字號清嘉慶十九年建

平安橋　在長壽橋北二里清同治九年建

裕承橋　在雷山東五里

忠安橋　與裕承橋近

太平橋　在雷山南五里許稍北又有太平橋向西過財神殿三里許亦有太平橋

長壽橋　在雷山西北清光緒二十年建

西福橋　在距雷山三里清光緒八年建

八字太平橋　在距雷山五里煥字號

杏花橋　在履字號清同治八年建

福興橋　在杏花橋北四里土名姚公盛地方清同治元年建

勇義橋　在福興西北一里與正義連界清同治五年建

鎮東橋　在勇義橋西北一里清同治十九年建

鎮安橋　在勇義橋南北三里清同治三年建

新石橋　在蓬山鄉頭蓬市咸升街清光緒三十年建後圮近更重修

太平橋　在鎮靖鄉南界中流黄公漊灣距城東北六十里清道光三年建

普安橋　在太平橋東二里許盛陵灣本係木橋清光緒三十一年改建石橋

共濟橋　在黄公漊灣下游老埠頭距城七里初係木橋清咸豐三年改建石橋光緒三十一年重修

通濟橋　在共濟橋東北半里信字號後横港口清嘉慶間建咸豐七年重修同治

元年毁於兵燹僅餘兩塊光緒二十四年通濟閘成此橋廢

魏家橋　在盛陵灣中流界北西大路距城六十五里同治元年建

德聖橋　在魏家橋北二里德聖殿前清嘉慶二十一年建旋堵今成圩堤

小石橋　在正義鄉正字號西界距城六十里

莊家橋　在小石橋北三里清道光八年建

太平橋　在莊家橋東南四里清嘉慶十三年建

積善橋　在太平橋北二里清道光十年建宣統二年修

正安橋　在積善橋東南一里清咸豐二年建

萬安橋　在正安橋北五里清乾隆二十一年建

延生橋　在張神殿同治四年建

福善橋　在延生橋東南三里清乾隆十九年建

衆興橋　在福善橋南三里清乾隆丙辰年建光緒十五年修

正興橋　在衆興橋南三里清咸豐二年建

衆安橋　在仁字號距城七十里清嘉慶五年建光緒十年修

勇義橋　在衆安橋東北二里東屬正義西屬靖雷清同治五年建光緒十五年修

永甯橋　在勇義橋直北一里清咸豐四年建光緒九年修

太平橋　在永甯橋西北三里清道光元年建光緒二十七年修

繼來橋　在義字號距城六十八里清同治九年建

長源橋　在繼來橋北三里清咸豐五年建

和尙石橋　在長源橋西半里清咸豐五年建

衆安橋　在忠字號塘下高灣距城七十二里清光緒五年建按培新鄉地已近海

離塘較遠向無石橋故不具載

鄰江橋　在江寺後筆花書院左近

蔣家橋　在城中十字弄

一字橋　在蔣家橋西

木橋　在城中堰下初係木橋不知何年改石

永泰橋　在東門内沿城

永安橋　又名木橋在馬頭山東距城九里湘東潘西分界

回龍橋　古名木橋在田家衖

范家橋　在范家里湘東潘西分界

淩家橋　在淩家里湘東潘西分界

黃秀橋　在黃秀里湘東潘西分界

太平橋　在瓜藤山址俗名蔣家橋

惠民橋　在沈家塢俗名沈家塢橋

陳家橋　通秦家堰或稱秦家橋湘東潘西分界

州口橋　在長山鄉州口溪距城七十里淸同治間樓宗鶴等重修

錢溪橋　在樓家塔距城七十里

中祠橋　在樓家塔

上祠橋　在樓家塔

赤山橋　在徐家店距城七十三里今廢

官河橋　距城七十五里

巖橋

下巖橋　距城八十里爲巖上通衢

小溪橋　距城八十五里爲鏡畈通衢

金錢橋　在田村距城九十里爲通富陽大道淸光緒間里人募建石橋有碑

張沿橋　在縣東南張沿橋村

董家橋　在縣東南董家橋村中

曾家橋　在縣東南曾家橋村

驛站

西興驛　萬歷志在西興鎮運河南岸領水夫九十八名後裁十八名內山陰八名會稽六名岸夫九十六名後裁六名內馬夫十名除諸暨一名中船十隻俱係官造清朝額設西興水驛丞一員　攢典一名　驛皂二名　均平縴夫一百四十二名　驛水夫七十名　探聽夫一名　代馬竹兜夫二十五名　渡夫一十六名後增八名現共二十四名　肩輿夫一十名　站船七隻　紅船四隻　中河船四隻見通志或云舊設十隻後存四隻復因年久朽廢無存現在撥用中小河船應差係站船水手臨時僱值

賦役全書驛站項下西興驛經費銀一千一百四十七兩三分八釐零遇閏加銀七十六兩七錢四分以上銀兩縣征解道轉發驛丞支給其各項細數具詳通志見下

應差夫工食銀一千二十一兩九錢四分遇閏加銀八十五兩二錢通志均平縴夫一百四十二名工食加閏如前數其銀於地丁內征收報道由縣給領仍歸驛站起運項下造冊報銷

存留項下西興驛丞俸銀三十一兩五錢二分　驛皂加閏銀一兩以上二項在縣征給外驛

皁工食縣征解道發驛轉給與加閏不同

浙江通志西興驛水夫七十名共工食銀四百八十九兩七錢七分八釐五毫遇閏加銀四十兩七錢四分按水夫即今紅站船水手舊因河船四隻並無水手工食暫令兼管撐駕後河船損朽賃僱小河船應差探聽夫一名工食銀七兩二錢遇閏加銀六錢　代馬竹兜夫二十五名共工食銀一百八十兩遇閏加銀一十五兩　渡夫一十六名後增八名現共二十四名共工食銀一百七十二兩八錢遇閏加銀一十四兩四錢　肩輿夫一十名共工食銀七十二兩遇閏加銀六兩　支應銀二百兩　驛皁二名共工食銀十二兩外加閏銀一兩歸縣存留項下見上

以上各款俱蕭山縣徵給今係縣征解道轉發該驛丞支給報銷　站船七隻　紅船四隻　中河船四隻共船料銀二十四兩三錢七分八釐內蕭山縣徵給銀一十三兩二錢五分九釐零連上夫役各款共銀一千一百四十七兩三分八釐零與全書數相符俱係縣征解道發驛支給報銷　嵊縣徵給銀一十一兩一錢一分八釐零此係嵊縣征解驛道發西興驛支給報銷不入本縣全書

光緒三十二年奉兵部咨籌議驛站分別裁留事宜由省札飭府縣核議旋經議

復西興驛一時碍難裁減據是年報告西興驛站經費除各項扣提外每年實支銀八百四十六兩八錢四分二厘

宣統元年遵陸軍部咨塡送驛站總綱報告表西興驛遵塡如下

宣統元年驛站總綱報告表

蕭山縣驛站壹處附記

名稱　員數　名數　驛別	西興驛 額數	西興驛 現數
西興驛丞	壹員	壹員
號書	無	一名
清書	無	一名
水夫	七十名	改設遞夫
長養遞夫	無	八名
幫遞夫	無	八名
代馬船夫	無	一名
渡夫	十六名	十六名
旱夫	四十八名	四十八名
肩輿夫	十名	二十名
差馬夫	二十名	二十五名
探聽夫	一名	一名
驛皂	二名	三名
驛船隻	無	雇用民船不能計數
合計 員數	一員	一員
合計 名數	一百六十七名	一百三十二名
合計 隻數		不能計數

附

查西興驛爲浙東入境首站西連省城中隔錢江計程三十里東達紹郡計程一百十五里離山陰縣西郭門外蓬萊驛計程九十里中間並無腰站凡京外各省發甯紹台三府屬公文向由仁和縣武林驛遞至西興驛接收掛號撥夫轉遞山陰縣蓬萊驛收轉甯紹台三府屬發省城各衙門各局所并蕭山縣屬公文由蓬萊驛遞至西興驛接收撥夫赴省并蕭山縣城内外各鎮分别投遞若省城以外公文亦由西興驛馳送武林驛接收轉遞下站每季站夫工食銀兩由驛丞逕赴司庫領回散給造册報銷此西興驛接遞東西直路上下站文報之實在情形也經管驛務設驛丞一員有俸無廉此外不設弁兵亦無喂養馬牛駝騾驢及置備車輛船隻投遞文報或以夫代馬或以船代馬東路緊急限行文報長行不及或陰雨泥濘大水道梗隨時僱脚槳船代馬以輔人力價由官給若西路文報無分緩急均須長行馳遞夜深另雇民船渡江蓋馹中向無船隻隨時僱用民船多寡不能計數此西興驛代馬船接遞文報之實在情形也驛書本無額數公文掛號

僱能書不能文者充當各夫役額數工食不知定自何時匪亂案卷蕩然聞道光中年與咸豐初年數已不符同治三年全浙肅清原設紅船舘夫岸夫公文夫催夫外江官渡副水手潭頭上沙聞堰王堰西興五埠救生船水手全裁充餉此外水旱渡等夫額數雖仍舊而工食銀每多提減屈計自克復至今又越數十年物力貴賤懸殊不敷養膳駐署燹後片瓦無存賃居民房辦公接遞文報需用號簿各色紙張油燭燈籠包袱雨傘油紙草鞋書役工食均無公欵可支悉在原編夫工銀兩項下籌畫彌補非敢妄自更張實緣歷次裁減太鉅今昔情形不同不得不因時因地制宜略事變通從權籌畫以期無誤云爾

記

宣統二年四月遵陸軍部咨造送浙省驛站舖遞道里表西興驛遵造如下

驛站鋪遞道里表

驛站					
驛名			西興驛		
所在			在城西方		
上站里數			東方至山陰縣蓬萊驛九十里		
下站里數			西方至仁和縣武林驛三十里		
上至界首鋪數里數			至山陰縣界經五鋪四十里		
下至界首鋪數里數			至仁和縣界經一鋪三十里		
由城上下至鄰邑里數			由城東至山陰縣九十里　西至仁和縣四十里		

鋪遞					
方位			東西方一路		
起算			由西興起		
境內所歷鋪數	沙岸鋪	鳳堰鋪	十里鋪	新林鋪	白鶴鋪
界首鋪名	至鳳堰鋪	至十里鋪	至新林鋪	至白鶴鋪	至山陰錢清鋪
至界里數	十里	十里	十里	十里	二十里
過界鋪名		東錢清鋪		西仁錢總鋪	
所至邑名		至山陰縣		至仁和縣	
由城至鄰邑里數		由城至山邑九十里		由城至仁邑三十里	
官路僻路			官路		

查蕭邑西興驛西連省城中隔錢江計程三十里東達紹郡計程一百十五里離山陰縣西門外蓬萊驛計程九十里中間並無腰站蕭邑衝要五舖沿江各口岸及赭山隝等處計程二三十里至四五十里橫路文報均由舖夫遞遞

西興郵亭在西興驛前三間年久亭圮原注舊志廨署內失載清乾隆十五年知縣黃鈺捐俸重修凡亭基河埠甬道悉行加高砌以青石併建照牆一座乾隆志咸豐十一年燬同治初令施振成重建亭三間軒一間厥後令汪學澄高英蕭文斌歷加修葺光緒間亭圮署令胡爲和重建

夢筆驛在縣東北百三十步漁浦驛在縣南三十六里錢清驛在縣東北五十里乾隆志引嘉泰會稽志原注以上三驛均久廢

附記　自宣統三年驛站全裁文報均由郵局遞送今將蕭邑境內設有郵局地點幷改革後名稱附記於此

城內二等郵政局　臨浦三等郵政局　義橋郵寄代辦所　聞堰郵寄代辦所

西興郵寄代辦所　所前郵寄代辦所　錢清郵寄代辦所　瓜瀝郵寄代辦所

龕山郵寄代辦所　赭山郵寄代辦所

營汛

前代兵制舊志黃嶺巖下貞女三鎭錢鏐既破漢宏因置兵收之及錢俶納土乃罷

宋制西興捍江營二百人錢淸北堰營五十人（在縣東四十里與山陰界）西興都巡寨一百三十八人西興寨一百三十二人龕山寨一百三十二人（在縣東北三十里舊志作五十里誤）新林寨一百人（在北海塘南縣東二十里）漁浦寨四十八人（在縣南三十五里）黨旗嶺宋時有寨鄉兵豎旗拒寇處（在縣南六十里）本縣弓手七十人（舊志注宋營寨額兵如此多者因建都臨安蕭邑爲左輔故多設防衛以壯聲勢元明後俱裁減）

萬歷志烽堠二（一在長山一在龕山後又增西興爲要鎭）民壯（舊凡百有五十八人增至二百七十六人又增至四百人後裁革止百人）弓兵（漁浦司原額四十八後裁革十名白洋司原額七十八後止四十六人又裁革二十六人）此弓兵民壯初皆以徭戶充之後俱官募人給工食

按明衞所軍徒存尺籍疲弱不堪用正德中本兵王晉溪乃起民兵之議如民壯快手捕盜等名色皆役也而兼隸兵籍故舊志兵防以弓兵民壯當之康熙間邑令鄒勷修志凡巡鹽應捕弓兵快手各役無不混入兵額皆舊志相沿之誤也

明鄉兵舊志明嘉靖三十五年令魏堂增置在城六百人西興四百人長山二百九十人各有百長伍長副長以千長一人領之龕山二百四十人各有伍長副長以百長二人領之平時聽其各務農商操練日則量給賞勞有事防守則計日給工食是時以連年倭警故設後俱革

清代兵制浙江通志駐防蕭山縣紹協左營千總一員千把輪防舊例三年一換乾隆十四年奉文一年一換駐防向無廨署借居縣西許寺西偏僧房內協防外委把總一員舊係百總一名巡防雍正五年奉文議設乾隆八年詳憲移駐義橋汛住居營房額設馬步戰守兵丁共一百二十五名內馬一步九

各鄉汛口分駐兵額

江干汛兵丁五名營房三間瞭樓一座牌坊一座烟墩三座按通志西興汛以地瀕江故稱江干汛

西興鎮兵丁五名借住關帝廟平屋一間西興鎮距江岸五里乃江口至縣治之腰站鎮設兵五名傳遞緊要公文與關隘要口有間故瞭樓烟墩等項舊皆不設

陳公橋汛兵丁五名借住便飲菴平屋二間瞭樓一座牌坊一座烟墩三座以下各汛

瞭樓牌坊烟墩俱同

姑娘橋汛兵丁五名借住水月菴披屋三間餘同上

迎龍閘汛兵丁五名借住土地廟披屋二間餘同上

楊新橋汛兵丁五名借住圓通菴平屋二間餘同上

白鶴鋪汛兵丁五名借住茶亭平屋二間餘同上按通志載行伍山汛今移駐於此

錢清鎮汛兵丁五名借住土地廟平屋二間餘同上

龕山鎮汛兵丁十六名營房十三間餘同上

聞家堰汛兵丁五名營房三間餘同上

種州插汛兵丁五名借住大覺菴平屋三間

西山尾汛兵丁七名營房三間餘同上

義橋汛兵丁五名營房三間餘同上

尖山鎮汛兵丁五名借住文昌閣屋一間餘同上

浙江通志尖山楊新橋二口汛行伍山一臺俱係康熙五十六年爲會酌陸路營伍等事新設又龕山臺原屬三江汛管轄亦於本案內歸併蕭山汛

演武場在縣治東北舊爲倉基後改爲教場乾隆十五年六月邑令黃鉦丈明直長三十八丈南横闊一十三丈北横闊一十六丈

萬歷志教軍場舊在縣治西湘湖岸上甚湫隘每歲練兵率借用便民倉嘉靖三十五年令魏堂於便民倉東隙地建教軍場建廳及夾堂於上有土地祠一間有退廳三間前爲屏牆牆外爲將臺有門三間今俱傾圮

海防浙江通志紹興北乃海之支港北流薄於海鹽東極鎮海之蛟門西歷龕赭入鼈子門抵錢塘蕭山去海二十里龕山鼈子門皆在蕭境

按清光緒十三年蕭山縣遵札造送境内各汛距省距府及彼此相距里數清册只列城守西興西小江義橋四汛是其餘各汛已於前此裁撤矣及光緒季年練新軍辦巡警舊日營汛遂均裁革無存

志地者以禹貢爲鼻祖班書地理志取法乎九州伯益夷堅之山經取法乎導山曹魏

時之水經取法乎導水今師桑經酈注以水爲經山脈水道橋梁津渡驛站塘鋪分別系之而壩堰湖隄民生之計別爲水利一篇麗焉簡而明要而詳古人原本山川陟降原野攬高極深奠位乎上下之意具於此矣

蕭山縣志稿卷三

水利

首江海塘次湖沼次河渠以次敍之依舊志之例附上鄉水利及南沙各鄉水利於後

江海塘

西江塘即錢塘江東塘也以在縣西故曰西江萬歷府志在縣西南三十里邑之盡處也塘外爲富陽江受金衢嚴徽四府之水其上源高勢若建瓴蕭山在其下流獨賴此一帶之塘捍之舊志西江塘設塘長看守計有十六處曰諸暨墳曰潭頭曰上塘嵜曰聞家堰曰項家缺曰於家池曰張家堰曰上落埠曰汪家堰曰大門白曰方家堰曰吳家堰曰周老堰曰傅家山曰義橋曰新壩修築派于由化由夏夏孝長興來蘇崇化昭名里仁鳳儀安養許賢諸鄉幷苧十六都三圖苧十七都二圖三圖苧十八都後因鳳儀里仁二鄉受海塘患獨切議者僉里仁鳳儀二十五里聽修海塘而西江塘止派由化等鄉修之明洪武三十二年江潮壞堤蕩民田廬主簿師整力任其事增築堤岸四千餘丈魏文靖水利事述景泰四年縣丞王瑾修西江塘白露塘亦皆增築高厚民

受其惠西河水利志景泰七年壬申大水自衢嚴洚發錢江江高漲水反從東西小江衝入內地時魏驥以尚書致仕躬負畚臿親課楗石修築麻溪西江諸塘雖巨波震盪終不爲害至天順五年大水亦然明史河渠志成化七年潮決錢塘江岸及山陰會稽蕭山上虞乍浦瀝海二所錢清諸場命侍郎李顒修築舊志正德十四年六月西江水溢塘傾邑市浸者數日司府以鄉官錢玹議發倉粟募民築之飢者亦賴以濟西河合集正德十四年西江塘北海塘長山閘圮邑人張大司空嶺修之張文瑞水利三刻嘉靖八年修西江塘先是築塘役例官戶得免邑人張尚書嶺致仕家居請應役先自某始諸宦無敢後者是役不勞而成張尚書修塘閘事互見傳後跋內嘉靖十八年六月六日水自西江塘入蕭山大困延及山會邑人黃九皐以書上巡按御史傅鳳翔傅移文藩臬行府縣大興塘役山會二邑協力築之基闊七丈身高二丈有奇收頂三丈南起傅家山嘴北盡四都牛爿山橫亘二十餘里自是始免水患通判周督築勒碑紀其事進士黃九皐書竊觀蕭山地方紹興府之西北隅錢塘江之東南濱也傍江爲縣堤東南自桃源十四都臨浦至四都褚家墳南北四十

里，所以防上江之水，在縣之西，謂之西江塘。江北至四都，北則折而東矣，故自四都而至龕山，東西六十餘里，所以禦大江之潮，在縣之北，謂之北海塘，皆沿浙江爲之也。浙江上流蓋自三衢之水東流，龍游經蘭谿、嚴州、桐廬、富陽，直抵蕭之地名漁浦而匯於錢塘，此上江之經流也。其所受支流尤多，金華、温、處之水自蘭谿入，徽州之水而自嚴州入，新城、分水之水自桐廬入，皆東注之漁浦。漁浦之南則概浦江也，受諸暨、浦江、義烏之水，經臨浦磧堰而北注之漁浦，又合諸府山水之曲折而北，經四都西北十餘里，則又自北而東匯於錢塘，是謂浙江，蕭人呼爲大江。蕭山正在其東南轉屈之間，此江流之曲，逆水勢所必衝，其害一也。大江兩涯相去一十八里，江面汪洋，水有休息，故左右游波，寬緩而不迫。上江之面不盈一里，則窄隘而不容，泛濫而難洩，此上江之不寬，水勢所以必溢，其害二也。蕭山在江東南，地頗低窪，杭、嚴、徽、信、金、衢、温、處八府在江之西，崇山峻嶺，凡遇霪雨，山水奔騰而東，俯視蕭山，若建瓴然，此地形之高卑，水勢所必趨，其害三也。方山水之初漲也，西江塘面去水無幾，杌隉之勢，維恐之不高，支然山水自上而下，海潮自下而上，朝潮夕汐，應時而至，勢如排山，逸於奔騶，東風駕濤，一息千里。時方小信，猶有落水之候，若遇大信，潮水有升而無降，山水有加而無已，上下衝激，彼此怒號，頃刻之間，沸湧尋丈，塘土幾何，而能當此？此際既無洞庭、彭蠡之匯，則必有衝潰泛溢之勢，此潮信之加漲，江塘之反卑，其害四也。國初上江洪流在漁浦西北十餘里，東北入大江。若夫概浦江之水，經臨浦、麻溪，是謂小江，東至三江入海。大江在縣西北，小江在縣東南，縣以一江爲界，素不相涉。成化間，浮梁戴公琥來守紹興，見山、會、蕭山三縣之田歲被小江之害，且小江兩涯皆斥鹵之地，萑葦之場，可以田而耕也。相度臨浦之北、漁浦之南，各有小港，小舟可通。其中惟有磧堰小山爲限，因鑿通磧堰之山，引概浦江而北，使自漁浦而入大江，由是概浦江與大江合而爲一，乃大築臨浦之麻溪壩，使概浦江之水不得由小江而下，以爲山、會西北、蕭山東南之害。又於濱海之地修築三江、柘林、夾篷、徧拖四所陡門，節潮水之上下。由是附近小江之民反藉小江爲利，而兩涯之斥鹵者今民居矣，萑葦者今桑田矣戴公之功也小江居民實受其福而西江水患從此滋甚考工記曰善溝者水嚙之善坊者水淫之蓋謂上水湍流峻急則自然下水沙泥嚙去矣戴公之初心惟恐漁浦磧堰之沙不能一朝嚙去以通概浦江之水而濬滌之尤拳拳焉豈知數十年來日漸月洗決嚙流移漁浦江塘屢被衝壞日徙而東擴爲巨浸里冊之坍江不知凡幾貧民之賠米了無紀極戴公豈知有今日哉漁浦受累蓋亦久矣是以上江洪流亦徙而南之混爲一區以漁浦爲匯國初洪流之在北者漲爲高沙乃在錢塘縣之境今之所謂新江嘴俗呼爲米貴沙即此地也此磧堰之既開江流日剝而東南其害五也受此五害蕭民日以西江爲患蓋嘗訪之江濱西江之塘從古有之不知其始自四都至漁浦十五里古塘也古塘之式崇高三丈基闊五丈其面半之間有內外溝港抵塘之處甃以巨石輔之以木椿樹之榆柳聯之民居歷代雖久尚有存者若漁浦至臨浦麻溪壩二十五里則磧堰既開之後江水泛溢所以戴公彷古式而爲塘崇廣之數一如古焉是皆謂之西江塘也無何時平法玩歲久不修而塘之三蠹生焉一則蠹於私霪之穴竊也二則蠹於削塘以通貨也三則蠹於上都之偷掘也蓋近塘高田凡遇旱乾則掘塘甃涵以通車戽汲引江水以灌田禾苟辦目前之急不虞身後之患江流漲時涵穴通水涓涓之泉勢將滔天禾固無收而家亦蕩廢矣此爲塘之蠹者一也在臨浦義橋倪家壩則有木篺引鹽之出入在汪家堰楊家浜聞家堰則有薪柴磚瓦之出入射利商人削去塘土以便搬運凡此之地不知幾何客貨既過而塘土不增但知用時而不顧後患矣此爲塘之蠹者二也久雨之後西江水漲大信之後江濤沸湧時有桃源鄉田在西江之西爲水注溺計出無奈則百十爲羣夤夜偷掘江塘使水從內而灌桃源始得蘇息不知一鄉之害雖去而三縣之害無紀極矣此爲塘之蠹者三也凡此三蠹塘長知而不敢言告諸官而不加禁一經淫雨三蠹畢生即出不意踰塘而入自正德己卯大水入嘉靖元年水再入六年丁亥水又入十二年癸巳水又入今年六月大水又入凡江漲也必以梅雨水之入也多以六月自己卯至己亥首尾剛二十年而爲大水漂流者五度矣是豈

水之罪哉地勢卑而不振堤防缺而不修三蠹集而不知人心懈而不守遂使滔天之勢排空而入不惟巨浸蕭山而且流毒山會茫無垠岸連爲一壑流徙我桑田漂泊我廬舍汨溺我士女損蝕我農功斯民之不爲魚鱉者能幾何哉惟時蕭山山會三縣洩水之處惟三江陡門而已連年陡門久閉海道湮塞我府尊篤齋湯公移置三江城外建應宿閘多張水門二十八洞賴此而水有所歸始易疏洩然是閘也本以疏內河之水非爲洪水而設民懼不保計出無柰則決北海塘許家缺二都蘆康河三都股堰大堰等處分殺水勢徐俟旬月然後水落土見降邱宅土幸未即死而一年之生理去矣交秋之候買苗插田而布種失時必無西成之望卑濕沮洳疫疾繼發而無和藥之需待哺嗷嗷羣聚爲盜而無垣墉之蔽家無儲石野無青草服食之物腐爛一空啼哭之聲達於四境目擊其害誰不痛心然則西江無塘蕭民難保其生塘弗崇廣猶無塘也十年之前憲副丁公沂僉憲蔡公乾相繼來督水利慨然勤慮加志窮民乃準近年之水痕尋先朝之故迹謂塘非高三丈不足以當江漲也謂基非闊五丈不足以爲巨防也乃出舍於江皐責山陰之助役又作樣塘十餘所制準架一座預期塘成之後使人挽曳而前有不如式即治其罪甚盛心也民方樂於赴功擬觀厥成不意二公陞秩繼去執事之人不皆二公之心竟託空言良可嘆也嗣後張侯選王侯聘相繼來尹蕭山愷悌之心民豈可忘而工役浩繁非邑可辦措置艱難而銀錢有限督理心勞而民力易窮是以塘之高廣不如古式而補塞罅漏終非永圖故曰不一勞者不永佚不暫費者不大鐲然則大興工役必何如而可蓋西江之害小江之害移之也然西江塘決朝浸蕭山而夕達山會唇亡齒寒裘破而毛無所傅害每相因竟未嘗免蕭山既爲山會而受害則山會當助蕭山而築塘近聞小江新漲之田年來三縣從輕科糧漁浦之民欲將此糧奏抵西江之坍江今非所及也亦且未暇以江之利爲辨近年湯侯之築三江塘閘也本在山會之地而蕭山水利亦賴疏洩是以民皆樂從而助費助工未嘗有失今西江之塘雖在蕭山而山會之民同其休戚然則築西江塘之費應做三江閘之故事而行之夫豈不可

蓋三江閘三縣之下流也水患所由洩西江塘三縣之上游也水患所由來水脈流通本同一地利害相因事同一體防江捍海罔非三民功我往彼來罔非己事請以蕭山山陰會稽三縣連年庫存患塘銀兩僱倩築塘丁夫幷力合心共興大役分授地里各効其能在山會所不能辭在蕭山亦不爲泰理所相應情所必至也恭惟明公在上俯念斯民之窮彌縫天地之缺尋按舊跡講明古今利害之原相度原隰務爲萬世永賴之利以三縣之田丁與四十年之工役秉獨斷以致決而百堵皆興禁三蠹於將萌而五害屏息是謂逸道使民雖勞而不怨慎終如始不惡而自嚴其間經畫區處之方明公自有成算奚俟於贅辭哉謹將地圖一幅幷作答難一篇以獻惟明公留神幸甚幸甚

兵部員外郎武林吳鼎重建西江塘記會稽郡實大禹治水功成會計之地當時乘舟踏撬滌源陂澤之迹邈不可想見蓋已數千年矣唯故穴窆石巋然猶存越民至於今仰之曰微神吾其魚乎凡端冕薦紳而臨民於是者咸望洋顧歎思繼禹績乂安烝民云今郡爲紹興府而蕭山邑於西鄙北濱鉅海南當太末東陽富春諸川下流西漸錢塘江水波尤惡前代三面環設長隄以防患雖非聖人法固亦隨時救弊策也然隄外諸暨之民利於隄壞則彼無壍閼田多收往往竊來毀隄隄故皐薄又苦商旅負載躪蹂不戒爲日久矣嘉靖十八年夏五月天連雨至於六月上游諸郡水大至咸匯於下流江海盆溢決壞西江塘四十餘里水高於防三倍湛溺官寺民廬舍田稼畜藏無慮數千萬百姓嗷嗷流散浩然懷襄之勢未止時部使者應山傳公按越聞之瞿然失席曰水菑般於皐下之地猶日月變現於朔望也天實以儆我二三有位何敢不傾府庫平繇作堙塞洪流以紓元元之命乎顧茲役甚大惟通判周表職司治水宜益奮貞亮秉節爲民禦患大禹神靈亦當相之而況於民乎而況於肉食諸人乎毋崇空文以避法毋諉諸下吏他綱紀節制其聽諸廉訪若郡守毋忽是時水利監司眞定張公如京師而山陽盧公攝其事南平游公分巡東道咸下敎郡縣申飭經營於是周君日夜圖上方略愼簡諸執事而傳公博謀於鄉士大夫使同守孫君仝來會周君集諸長吏丞簿尉邑中父老深

論便宜分別利害擇善而從蓋其愼也衆獻議曰計築西江塘萬有百餘丈程之合役六千八人三十日日受平價不過費白金百二十鎰亦可以事諸失業浮民衣食縣官而爲作治乃兩便五堰通商尤爲要害計作石隄勢必完安發邑中諸豪坐法者代買薪石贖罪夫喜免刑辱而自爲除疾亦人情也其董役六官經歷歐陽昊項惠主簿王良弼典史陳舉盧昆林希俊各有分地庶可考驗成功議上報曰善亟行之乃閏七月朔周君如策率吏民事事凡八旬西江塘成崇於故防四之三基廣於舊十之四其網二丈屹如崇墉限隔江海越民知免於昏墊矣於是傅公勞列諸執事而疏周君治狀於朝請增秩褒異之周君暨諸吏民來言曰此實明使君捍禦之功諸大夫贊襄之力也盍紀諸余聞使君言水之方割也吾爲民咎焉復閔焉已而深思焉何使鄰邑不以防爲壑也通商之家毋見小利也則隄豈易敗哉斯有任其咨者蕩析奔播之餘飢渴風雨胼胝手足三月底績亦已病矣可不大哀邪雖然敬天之命惟時幾康而股肱不良萬事隳壞安不忘危逸能思殆彼何人哉嗚呼何念之深也大禹不云乎勸之以九歌俾勿壞是宜紀功敍遺厥嗣守之人是年冬張公呈自京師而漳浦進士林策新爲令上下相冀愼固封守遂立石焉

三年五月大雨周老堰潰西江水入城市其勢不減嘉靖中邑令劉會築塘議蕭山爲塘者二分捍江海向萬歷十並時葺邇來俱停其工爲休息便利計然中有必當葺而不可停者安可不置其辯耶塘曰西江者江受常山以北之水而蕭山之西偏四十里當其衝春漲而蕭必浸且及山會矣所恃以捍之無虞者僅一帶土塘耳所係詎不大哉塘曰北海者捍狂海而爲之也似與西塘並要顧彼海沙漲十里許潮不及塘卽及塘湧入內地祗泆鳳儀二鄉而二鄉害孰與三縣害故議者僉二鄉聽修北海塘而西江塘則派由化等九鄉修之役不相及以利害自相當也顧有謂北海無論已卽西江可無葺而盡革其竊石焉食以噬廢可乎彼或時値波宴漲不及塘修築料價徒貲惰夫故爲此議耳儻一旦難作悔奚及哉竊謂此役終不可罷在矯其弊而救之耳如慮近塘惰

夫兜冒築費莫若派該圖得利田戶身操版鍤定其處遇大造而更如慮丁夫削舊塘冒新功封肉充飽立斃莫若分都挨里修葺工竣輒以石表識堅瑕如慮椿鎔洗出居民拾之爲薪莫若僉近塘殷戶爲長察之某工洗出責令某工復完之不惟斷拾取之弊而塘日益堅矣如是庶里長各保門戶知利害且葺塘即自葺稼也不設有不虞一呼即至不啻手足之運子弟之赴孰有惰窳敗事者顧乃懲惰夫之兜冒狃波宴之一時輒欲廢三縣莫大之長計左矣左矣且如萬歷乙酉梅水江漲隄防庳缺椿鎔無具雖捐俸市築暫救目前終非久計即此余當爲不時葺之一驗云

萬歷四十年議築西江塘患缺邑人任三宅議略曰西江塘舊稱患缺數處即宜增修所謂患缺者由內邊池蕩或接河滯外既衝激內復不支塘土日薄漸以成缺故池蕩不塞平河滯不塡闊則雖用鎔石障之於外泥土培之於上目前或幸無事一遇淫潦仍復傾圮矣某親閱此塘惟方家堰孔家埠汪家堰張家堰逼處池河當急議修其他可稍緩耳又呈略曰西江塘共四十餘里受害處僅一十五里之內隨時修築亦易爲力但各奸視爲利藪交相欺盜不論塘之堅否一概請修逐里派築遠鄉不便勢必包與附近奸民勒其厚價抵塞了事拆塘做塘無益有害至於石塊例在嚴灘裝至塡鎔俱有石價今則惟拾塘下舊石入鎔外露石而內實泥價歸奸復塘工已完餘剩竹鎔折償入己塘長通同乾沒蠹弊百端不可枚舉惟祈洞悉民艱止令丈修患缺可以十省其九築塘有鎔石人工三項各鄉里遞雖多路遠不便赴工或令出辦鎔石二項近塘里遞雖少而先被水害或令出辦人工誠爲兩便不則照田派銀發與塘長僱募修築亦可也

萬歷二十三年邑令沈鳳翔創築桃源鄉捍江塘田受其利鄉民塑像祀之於待詔橋廟中邑人來三聘爲之記

天啓七年知縣余敬中重修西江塘分守甯紹道張魯唯批詳海塘關係三縣之水今年梅雨驟橫惟余知縣委任耆老自行督工完固無患其於地方利益不淺耆民蔡三樂等仰即獎給冠額

餘如議永爲定例以便遵守大學士來宗道紀其事勒石於汪家堰茶亭此條舊志失載今據張文瑞水利三刻增入崇禎元年秋北海塘圮明年西江塘又圮邑人何汝尹請邑大夫力任經度修捍兩塘出帑中金破產殆半毛西河撰何汝尹墓誌此條舊志亦失載崇禎十五年五月梅雨江水泛溢西江塘圮田禾盡淹六月十六日復溢道府及山會蕭山縣親勘塘缺督修淸順治十一年修西江塘知縣韓昌先議分段修築自汪家堰至大門臼此係塘缺內最緊要者爲第一段丁家莊至于家池于家池或作於家池楊樹灣至聞家堰潭頭至諸暨塘凡四段順治十七年修西江塘自大門臼上落埠至于家池止康熙四年大修西江塘邑人周之冕議西江塘爲金衢徽婺暨陽諸水所經易於衝決前人言之詳矣而獨惜其無永久之策何哉邑之捍海塘最爲要害然潮水平漲雖澎湃而不傷其根故易土以石可一勞而永逸矣西捍江之水發若建瓴每遇屈曲則洄湍激射旁搜下注輒成潭穴深至數十尋亘數十里雖上有堅砌之石僅等飄萍敗葉耳故即易土以石難言底績也然今日之患更不在湍激之難防而在修築之無實往例西江塘派各都里長分段修築俱苟且塞責無實心實力之人以任之值歲全坍者費百餘金不能成功徒相爲欺隱值稍坍者僅賄差役以免苛責所以小民歲有修塘之費而無修塘之功僉謀有識謂莫若於得利田畝派出樁篠人工之費公舉誠實者民一專任修理不用催督則人有專責而無差役之需索里長金錢一分有一分之實濟一歲省數歲之虛糜塘政莫善於此然而此法多不行者則以縣間恐受加派之名里長率多頑抗之輩輸將不前任事者不能爲無米之炊耳夫修築江塘費無額設不過以蕭

山之民力禦蕭山之水災原非加派亦何嫌何忌也試使縣父母加意嚴懲孰敢怠抗但可異者蕭山得利田原有定額而數年之間缺額至萬餘畝豈曰悉變滄海耶尤當嚴諭總書確核其實毋使規避斯爲盡善耳康熙十三年項家缺圯邑人周之冕督工修葺一洗附塘居民包役之弊從來修築計圖內得利田若干畝分段若干丈樁竹若干個里長不能親工包與附塘居民潦草完事每年修葺而塘終不堅固周之冕躬任其事議按畝輸錢計工給銀包役無所肆技數年來亦無大患康熙十五年五月大雨江漲十三日張家堰楊樹灣于家池塘圯二十七日上落埠又圯本縣于得利田派銀二千兩有奇邑人周生泰里民張逢翼督修塘缺計一百三十丈康熙二十年五月大雨十四日臨浦塘圯楊家濱閘壞江水湧入內地城市起水數尺楊家濱自來無閘康熙十八年五月間地方居民韓姓等於楊家濱造一閘引水灌溉辛十六都三圖田畝是年閘壞水進淹沒禾苗里遞八等因害流三縣控告詳憲禁止康熙二十一年五月連雨十七日陳塘潰衝沒山陰高田臨浦廟西塘圯十九日江水直衝諸暨墳王家池潭頭片時塘上水高四五尺塘遂圯二十日聞家堰周家堰楊樹灣塘亦圯方家塘傅家山孫家埭塘相繼圯城市可駕大舟六月初六日江水復入如前康熙二十二年福建總督姚啓聖捐資重修西江塘先是江塘大潰督撫親勘檄道府山會蕭三縣躬詣塘所估計工費本府及三縣官民會議府城隍廟西

江塘雖在蕭山利害實關三縣歷來山會原有協濟之例今工費約萬二千金蕭山獨任其半山會合任其半蕭山任築諸暨墳王家池潭頭聞家堰一帶大患缺處山會分築周老堰方家塘孫家埭上南一帶自去年十月動工至是年春尚未竣事福建總督會稽姚公啓聖念桑梓故地連歲被災自任捐貲築塘移文督撫停止三縣捐輸將已經用過工費算還民間其未興工地方命其弟通判姚起鳳躬親督築延袤數十里爲費萬餘金邑人立碑臨浦塘大書深刻曰姚公堤　康熙二十五年六月江漲張家壞塘壞巡撫金公鋐檄本府三縣會議修築江塘本縣得利田輸銀二千兩山會協輸銀二千兩撫鹽二院及司道北關本府三縣官共捐銀二千兩俱解本府同知馮協一收管修理于二十六年正月至三月竣事　康熙三十一年六月楊樹灣於家池項家缺塘陷知縣劉儼請築備塘巡撫張公鵬翮檄署府事處州同知夏宗堯山陰知縣遲燽會稽知縣王鳳采等會議共築備塘三百二十八丈蕭山任築一百六十四丈山會協任一百六十四丈本府通判岳峻極董理經歷司張嗣位監率山陰縣丞莫夢生會稽縣丞孫世寧本縣典史劉烔督工塘脚闊七丈塘面闊二丈塘身高一丈五尺凡二月竣事知府李鐸捐銀五百兩其工作俱出本縣得利田

康熙四十二年築潭頭石塘先是知縣鄭世琇據進士來燕雯等呈通詳奉撫院檄本府山會蕭三縣會勘公議築石塘二百五丈本縣任築一半計一百二丈五尺於得利田每畝捐制錢十一文委縣丞趙之鴉監築山會二縣協築一半亦一百二丈五尺循例山會六四分認據山陰縣詳府原文內

稱山陰縣應分築蕭山潭頭石塘六十一丈五尺照蕭山縣估工料每丈需銀二十四兩皐縣按畝均輸除江北天樂荒都承值浮橋海塘等里及通邑山天等田例不捐輸外實計得利田四十四萬八千六百三十二畝每畝捐銀三厘二毫九絲共一千四百七十六兩委莫縣丞董理又據會稽縣詳稱會稽應分築潭頭石塘四十一丈准蕭山縣關開工料每丈估銀二十四兩皐縣遵舊例除七都三二五圖十三四五六都及二十四都二十三都等山海患都外共計田三十四萬四千零每畝捐銀二厘八毫六絲共九百八十四兩委縣丞馮奇董理並於本年築訖或曰是役也趙丞之囊壯而公輸並派里儀諸鄉殆非例矣

康熙五十三年五月十七日江水闌入西江塘知縣趙善昌會同紳士相視患缺公議大修除臨浦麻溪應修之處各有專責不議外潭頭缺應修十五丈楊家濱匯成深潭應築月隄六十六丈半爿山缺亦應築月隄六十丈其丫义塘小門臼張家堰孔家埠十餘里間老塘皐薄通須修築約估工料需銀三千八百兩役大費繁蕭山民力不能獨任循例詳請山會協修巡撫王度昭批查西江塘據三邑上游爲田廬保障興修工費浩繁幫築久有成例仰布政司速飭各縣公同勘估尅日鳩工毋得觀望不前致貽後患本縣又據紳士公呈以爲山會會勘協濟有需時月而秋濤方壯患缺不堵則江水直進利害關於三縣而蕭山先受其禍請於得利田內每畝先輸錢十二文急堵患缺查蕭山得利田共有二十二萬三千六百三十八畝除坐修瓜瀝湖塘等處外其昭明由化新義新苧苧蘿等鄉共田十三萬八千八百一十六畝按畝均輸計錢一千六百六十五貫有奇應選殷戶督工及時修堵詳府允行是歲患口雖修而老塘皐薄如故來鴻雯急築西江塘患缺而議國策云亡羊而補牢未爲晚也夫羊已亡矣補牢何益然已亡之羊雖不可復追而未亡之羊不至於再失則補牢非過計也本邑西江塘圮平地成江湖漂沒田園廬舍淹死瓜蔬粟荳民之辛苦墊隘何可殫述既已無可如何然拯救之術不可不急田禾猶可補種秧少猶可採買春種雖已後期秋收

半可冀望所憂者柱礎更加濕潤風色不象晴明潮信一月再起再落萬一大水再入則又需半月之期雖水退土見而一歲之生理已去老弱必轉死少壯必流亡矣故合以補塞坍缺爲最急傳聞之言未知所坍的有幾處大約計之塘自西北半爿山起東南至臨浦止與山陰接境長四十里其間如潭頭聞家堰漁浦倪家壩義橋臨浦沿塘俱有民居俱有內河抵塘下俱有竹木磚瓦商鹽客貨搬運出入俱有拖船盤塘之患平時塘土日漸低陷一旦洪水平塘則於低處而決此必然之勢也外江內河無復限隔衝決既久日漸深闊愈難施功及今塞之尚易爲力竊意此等數處居民千百家既食其利而啓其患自應任其事而供其役固有所不得辭也況專責則無可他諉而功易成衆擎則合力爲之而事易舉一鎖之中破船故車爛草敗薦竹頭木屑廢瓦頹垣隨其所有均可權爲塡梁堵塞之用計亦不須大費所少者人工耳庀材鳩工自可不日而就若非此等去處無人烟地方其有塘土低薄谿小椿稀以致坍決者則自係包頭刻減虛應故事之弊其有暗開涵洞蟻穴蜞行以致坍決者則係奸民違制利已妨人之弊察出果係是實則嚴督其修補即破家有不足惜蓋一家哭何如一路哭古之人有行之者以所忍者小而所全者大也若欲通派之於一邑分派之於三縣此則大修之事不可以救目前蓋通縣二十四鄉六都至十四都隔在江南廿二廿三廿四三都專任北海塘例於西江塘無涉應派修者止一都至廿一都十二鄉耳諸鄉已有值過現年亦例難通派即山會亦自救不暇何暇及人或二縣不秦越視亦必遲之又久而後應如此則越日踰時比及塘成而蕭邑十五鄉已寵蠲之與游而蠲賑之與處矣寧有濟哉比年已數邀免糧之惠今雖遘此偏災督撫必不能爲一邑破例題報以安邀格外之殊恩唯望當事存飢溺由已之心姑停數日之征俾民得專力一意乎農事則古人所云必須救得一半者實厚幸矣芻蕘之言聖人擇焉不知有當否也又大修西江塘說鴻雯迂愚人也一生足跡不出百里外雖於天下水利亦常留心然古今異勢南北異宜所不曉不過紙上陳言亦且不能盡曉其於本縣水利亦然今承親友不察其愚訪及塘事無以塞責姑就

所聞稍條列之以備採擇不敢自以爲是也蘇子曰先定其規模而後從事規模既定後之所成與前之所期若合符節此古人之善處事也若毫無定見妄有作爲其始不立其卒不成成而不久輒壞虛費工力不如勿爲而已矣然亦非有他謬巧祗以實心行實政天下事無不可爲也一丈地西江塘長四十里自然漁浦起西北一帶兩江所會匯爲巨漾一望汪洋至四都一十五里最爲危險漁浦東南至臨浦江狹水小塘又高厚不爲大患往年有坍者皆自建閘開窰所致耳今欲大修須得幹才强力之人逐段踏看打量某處當修某處不必修某處小修某處必大修畫一江塘圖節次開載地名兼人烟稀密外江遠近內河深淺丈尺多寡然後可以估計工費即不能不少有參差必不至大段懸絕矣一核田從來派修止責得利田畝塘何利於田凡內之不受水患者即爲得利田矣但其多寡之數人不常知前周文伯先生云不知何以缺額萬餘畝夫缺額豈有不可清查之理殆亦沿習因循之弊不去撤底澄清耳工房必有一縣總數亦有各鄉細數應著總書推算如缺於額之內則有隱漏矣如溢於額之外則有增加矣增加則有不當派而派者令本戶得以呈明漏則有當派而不派者使旁人得以糾舉庶幾夙弊可清吏胥不得上下其手而按隱畝派徵無不均之患矣一定式按黃竹山先生云西江塘自古有之自四都至漁浦古塘也高三丈基闊五丈面闊二丈五尺漁浦至臨浦麻溪壩二十五里戴浮梁公築新塘也高闊之數如古焉至嘉靖十八年間周通判督修基闊七丈面闊三丈高亦三丈今即不能如後修丈尺之數然非高三丈不足以當漲溢非厚五丈不足以備浸淫蓋古人必驗歷年漲痕高低塘土堅瑕而爲之非泛然也今既爲一勞永逸之計不得爲苟且欲速之圖宜一依古式其內外有溝港抵塘亦宜甃以巨石輔之木椿庶垂永久否則增卑培薄勞費無已蹈漢賈讓之譏矣一派費江南九鄉例於塘事無涉然新義十五都跨江南北則田在江北者不得與江南同矣至於塘內諸鄉又有分認各處塘者不得混派重出而使其有後言也可知者如廿二都里仁鄉廿三都鳳儀鄉廿四都鳳儀鄉認北海塘苧蘿十七都一二三圖認臨浦麻溪壩故

二

明時已派定由夏二都四圖五圖認蘆康河塘又有認湘湖塘者認長河至西興一帶塘者此等數處緣在塘內十餘年前做潭頭石塘強派出費以官府之勢臨之不得不應然非心服也以後彼處或有不虞勢必攀扯告訐紛紜非公平之道無甯告乞於山會之協濟猶有成例可援也一辦料塘之所需竹木土石而已竹簍所以護塘也松椿所以固簍也相傳簍用純青猫竹去皮留筠厚篾編成不得用黃重廿五觔能勝人立松椿徑七寸長九尺打沒八尺每丈九箇石則取之嚴灘令江船順帶若干觔到埠卸下堆梁任用並不得拾塘下舊石充數土則取之塘內外隔一二十步不得貼塘近取以致內外兩虛沿塘居民耆老必有知舊法之詳者可訪而知也興工大約須霜降水涸之候物料必先期預備也一任人塘役必藉人分段督理此第一義付之積年包頭斷乎不可矣單寒之士自救不暇即仗義疎財亦難獨任可用唯富民耳但亦有分別家雖有饒富有不識不知全不更事者有畏首畏尾凡事退縮者有起家刻薄算及錙銖者有居尊處優厚自奉養者均難倚以成事然十步之內必有芳草十室之內必有忠信附塘溫飽之家苟誠實不欺年力精強者令近地居民推舉擇而使之授之法式委之金錢物料令其自辦夫役令其自募日後稽考其成獎其賢而酬其勞諒不至有負任使也一屬禁黃竹山先生所云塘之三蠹上都偷掘近年未聞而其削塘通貨私涵穴竊二蠹依然仍舊康熙二十年二十一年之禍均出於此人多委之天災而不咎人事蓋亦恕之辭耳蓋臨浦義橋倪家壩則有木排引鹽之出入楊家濱汪家堰則有柴薪磚瓦之出入聞家堰潭頭則有客商貨物之出入類皆削去塘土以便搬運朝夕拖拽漸以低薄洪水平隄必於低處先決彼豈欲貽之患哉亦日習焉而不爲之遠慮耳但彼既受其利亦宜任其害今宜於築起之後令本處自鋪石版十餘丈凡過塘必由之不許就兩旁低處即有不測亦令本處自任修築遞年分段派修亦除出此數處自然用心照顧不致疎虞矣至於私涵爲害尤酷私開竇穴汲引細流本家狃爲無妨行人過而不覺豈知一綫之隙洪水乘之所謂涓涓不絕流爲江河千丈之隄潰於蟻穴者也本妨人利已之陰謀成

挖肉醫瘡之患計利歸一室禍及千家此可與城門失火楚國亡猿比而論罪宜乎麻溪壩之坍爲十七都一二三圖士民所切齒也以後如有犯者必照舊例責其修築如舊仍加罪責殺一警百此正其宜不必爲之姑息右七條固老生之常談亦人所共知者所謂救荒無奇策也惟任事諸君子告之當事以實心行之未必無小補余實望之耳趙總兵文璧與俞知府卿書五月間蕭邑西江塘壞洪水滔天某於次日乘船出東門登高而望陸地行舟桑田變海眞所謂蕩蕩懷山襄陵者其時衆謀修築之事而某以僕僕風塵久役於外於本邑水利茫然不知加以先人未歸窀穸刻無甯晷今而得少暇考之舊志參之輿論稍知綱要其修築事宜已具合邑公呈當事自有主裁但猶有二事工程之緩急未定捐輸之銀錢未具不得不煩老祖臺之主張者有敢爲左右陳之夫坍缺之當急築者人盡知之有未坍之塘似若可緩而急宜修補者人不盡知也蓋徽婺合衢處杭嚴諸水直衝而下環蕭山之西南折而東入海者大江也概浦江合富陽山陰諸水屈曲而下環蕭山之東南折北而入海者小江也二江原自分道而流自明代成化年間太守浮梁戴公憂小江爲山蕭二縣之害築塞臨浦麻溪二壩使小江不復由故道而鑿斷磧堰引小江以入於大江於是兩江渾而爲一而漁浦上下十餘里間適値其會合之地匯成巨浸浩瀚汪洋而孔家埠汪家堰小門臼大門臼上塘嘴張家堰諸處正當其衝一帶塘甚低薄極爲危險今歲幸不衝決淺見之人遂謂此數處且可恃以無恐不必興工但責成來年分段歲修者增卑培薄足可了事此等議論極足動聽然極爲誤事夫衣袽不戒則萬斛之舟可沈蟻穴不塞則千丈之隄立潰皆機伏於隱微而禍生於所忽也此數處塘內卽八十里之湘湖萬一決入則江湖相連勢益洶湧浩無津涯將必湖塘盡倒方憂水患旋患旱災方治江防又繕湖隄安得有如許物力乎況氣再鼓而必衰力長用而必竭今年不了以待來年今人不爲以待後人今日之苟且安保後日之不因循今人之泄泄安保後人之不沓沓乎此事尙未有歸一之論所謂工程之緩急未定者此也若夫蕭邑據東浙上游自西興東至曹娥一水直達而地勢西高

東下朝浸蕭山夕及山會理固然也故水旱蓄泄三縣每相灌輸同病相憐同患相恤譬之同舟而遇風秦越之人相救如左右手矣蓋西江塘所以捍外水也萬一決溢則三縣皆有沉溺之害三江閘所以泄內水也萬一壅塞則三縣皆有泛濫之憂所以三江造閘時蕭山幫工幫費而西江塘山會之協濟始於明嘉靖時蕭山田少而獨任其半山會田多而合任其半此舊例也迄今不廢載在志書可考並非無稽近聞三縣會看會稽谷公而有本縣自有海塘無暇旁及且以往年蕭山不幫修三江閘為責竊以為過矣幸今歲坍缺猶少水勢猶緩且在二麥既登之後禾苗初插之時故蕭山雖已大擾而山會尚得晏然猶可買苗補種設其缺口加多圮在六月山會亦難免沉霪洪水一過烈日熯之苗且立槁秧無可覓其為二邑害可勝言耶所以從前協濟歷有年所二令不曾存此疆彼界之見上官何曾受截鶴續鳧之譏良有見於此也若往歲之不肯修三江閘者亦自有故蓋蕭邑原有協濟銀兩每歲解府收貯存積以備修葺之塘閘之用此項歷年未動何容重出況無病而服藥不飢而強食非徒無益而且有害閘並無傾覆之形何煩修築之勞無端光棍獻謀有司過聽將以萬姓之膏血充奸徒之囊橐所以敝邑貢生來爾繩發憤具呈上臺得以中止官吏不知省多少追呼閭里不知省多少箠撻而閘固依然無恙是二縣所當尸而祝之者奈何反借以為口實耶值此亟宜修舉之時閘尚未有歸一之論則所謂捐輸之銀錢未具者此也此二事非得老祖臺主持於上則縣父母難以奉行於下工無自而興功無自而就故敢竭愚夫之千慮以備智者之一擇焉

康熙五十六年築西江備塘

張文瑞西江備塘記黃河之防水之所及而為之限者謂之緩隄水之所未及而預為之限者謂之遙隄蓋河之決溢不常緩隄或潰猶有遙隄以制之則不至於泛溢四出而為室廬田園之患然非工力有餘則不暇以為江之有備塘猶河之有遙隄也吾邑西江向無備塘康熙三十一年楊樹灣於家池項家缺塘陷縣令劉公始築備塘三百餘丈既修補缺陷處而別築新塘於內是亦預防之計而民力已勞矣今五十六年之築則繼此而缺起不得已而為

之者也先是五十五年九月總督滿公保按臨浙江本縣諸生來竹吳弘道魏憲尹蔡森張應甲王脜智等請築西江備塘公呈稱自五十三年西江塘決半爿山楊家濱今年五月又決麻溪壩臨浦塘修築甫竣而八月大潮又以塘坍見告查自大門曰至小門曰一帶塘身衝壞塘脚搜空又張家嘴至朱家墩一帶情形不減大小門曰但欲幫闊則外苦江深不測無從措手內苦塘河塡塞維艱欲增高則又苦於塘身無脚如飄葉浮萍徒勞無益請照舊例於患缺腹裏預築新塘以備後患總督批本府親勘一月本府俞公卿踏勘定議自汪家堰至朱前墩一帶地方應築備塘四百六十五丈基闊七丈收頂三丈高一丈六尺又塘內取泥僉地七丈於本縣得利田一十三萬八千八百一十六畝每畝出錢一十八文共該額徵錢二千四百九十八貫有奇外山會協濟銀一千二百兩據縣令趙公善昌會紳士公議王君綏祖來君珏蔡君文謨單君徐周蔡君達趙君邦鎮吳君弘業孫君曰發及文瑞等董其事預借庫帑儷夫挑築於五十六年正月經始三月落成計每丈工銀五兩塡河每丈量增工食共用銀二千九百六十七兩毀田一百二十三畝地十四畝四分七厘池一畝八分七厘額糧照例攤入得利田均輸差亦免值遷民房若干間遷墳二穴並給遷費共六十兩係趙公捐俸非舊例也是舉也名雖曰備塘而去江無多丈尺他日洪水衝激惟有藉此爲捍禦則實新塘也也與劉公之有外塘復有內塘者名同而實異矣本縣尚有未徵錢若干當爲修理舊塘之用其事則俟後之當事者

康熙五十八年三月西汪橋居民汪君德等經撫院陳告西江舊塘腹裏低窪請開霪洩水以便民居等因奉院批本縣鉉文成踏勘不許張文瑞西江塘霪洞議西江塘防三縣之水患自來有修塘之事無拆塘之理今欲開霪是拆塘也塘主闌水不主洩水若許開霪是主洩也蓋霪洞有不可開者七請略言之前進士黃竹山上巡按書論西江塘有三蠹而私霪爲第一蠹載在府縣志可考此一不可也康熙十八年附塘居民韓姓等私造楊家濱

閘引水溉辛十六都之田至二十年間壞一塘帶傾經里遞告縣詳憲司禁止於縣有舊案可查此二不可也先因汪家堰至朱前墩一塘舊塘危險諸生來竹等呈於督院請築備塘蒙本府親看請築新塘兼修舊塘今新塘雖已造就而舊塘猶當歲修譬如人家牆壁多一重有一重之遮拉未有才築內牆便於外牆自開一竇引賊入來者此三不可也前歲撫院朱公初下車汪賢等呈請開霪行縣查議經前縣趙公請覆不許今汪君德等又仍前說無已試問其開霪將在舊塘乎抑新塘乎若於舊塘則累卵之危不穴且潰在汪君德等宜亦知其不可若新塘則奉督院憲檄建造本府親定規模又奉撫院鈞批在案此四不可也夫人情何厭之有春雨聯綿則思開霪以洩內水夏日旱乾能勿開霪以引外水乎千丈之堤壞於蟻穴不可不慎假如前已有霪為今之計倘欲塡塞以保塘身何況無而為有乎此五不可也西汪橋地勢本高舊塘河亦甚深闊縱有連雨不致淹沒民居況塘基地粮已經攤派通縣從來塘下田地聽其拋荒若私霪一開他日秋水高漲先於塘霪處決裂必致餘塘俱倒三縣遭殃誰任其咎此六不可也且康熙三十一年前任劉公於楊樹灣築備塘與此正同而當時未有開霪之時若今日此處破例他處效尤則營私苟利之徒比肩而起開霪洩水之狀便蓄而至何所底止此七不可也惟望縣父母察先輩黃竹山之名言遵本朝楊家濱與楊樹灣之成例體各憲之同仁仍前尹之舊政為三邑作法於嚴勿開霪洞念災黎一路之哭勿恤數家則蕭邑幸甚山會亦幸甚

張文瑞水利初刻

乾隆元年上諭朕聞浙江紹興府屬山陰會稽蕭山餘姚上虞五縣有沿江沿海隄岸工程向係附近里民按照田畝派費修築而地棍衙役于中包攬分肥用少報多甚為民累嗣經督臣李衛檄行府縣定議每畝捐錢二文至五文不等合計其捐錢二千九百六十餘千計直銀

三千餘兩民累較前減輕而胥吏等仍不免有借端苛索之事朕以愛養百姓爲心欲使閭閻毫無科擾着將按畝派錢之例即行停止其堤岸工程遇有應修段落著地方大員委員確估于存公項內動支銀兩興修報部核銷永著爲例特諭

乾隆九年洪水衝擊自尖山至臨浦塘隄圮壞巡撫常安委員勘估發帑一千六百有奇築塘二千五百五十七丈

張文瑞修西江塘稅畝圖說除二都四圖五圖坐修盧康河塘三都第四圖坐修傳家池塘三都第十二圖坐修本圖塘苧十七都一圖二圖三圖坐修麻溪臨浦廟西塘十九都二圖三圖四圖坐修湘湖塘廿二都之第十二圖坐修石巖上壩廿二都一圖二圖三圖四圖六圖七圖廿三都一圖二圖四圖五圖廿四都上一圖上二圖上四圖上五圖上六圖以及下一圖下二圖下四圖下五圖下六圖下七圖共二十一圖坐修北海上瓜瀝諸塘外又有六都之一圖三圖七都之一圖二圖三圖四圖八都之一圖二圖四圖九都之二圖三圖長山十都十一都十二都桃源十三都十四都並不受西江之害皆不稅畝其餘則一都之一圖二圖三圖五圖六圖二都之一圖二圖三圖三都之一圖二圖三圖六圖七圖八圖九圖十圖四都之二圖三圖四圖五都之一圖二圖三圖六都之第四圖七都之第五圖八都之第三圖五圖九都之第一圖十都之第二圖十一都之第三圖十二都之第三圖十五都之一圖二圖三圖四圖五圖新十六都之二圖三圖苧十六都之一圖二圖三圖苧十八都之第二圖來十八都之一圖二圖三圖五圖二十都之一圖二圖三圖四圖五圖六圖七圖八圖九圖十圖十一圖二十一都之一圖二圖三

圖四圖五圖六圖七圖八圖九圖十圖十一圖十二圖凡六十八圖皆得西江塘之利而按畝以税者也

西興塘相傳吳越王所築舊志洪武三十二年江潮壞隄田廬淹没主簿師整增築隄岸四十餘丈嘉靖三十一年沙薦坍及石塘至四十三年後江潮撼激塘石飄捲漸嚙内地萬歷志自官巷至龍口舊有石塘面廣六尺壅以沙土而塘隱隱起僅一二層嘉靖甲子以來沙坍潮撼漂塘石如捲薦嚙内地田基莫可誰何萬歷十四年秋潮異常一夕漂毁百餘廬令劉會力請改築石塘其制先溝土三尺每丈以松樁徑七寸長九尺者五十根花矴沒土尋以羊山等宕石廣三尺厚八寸兩塊連接丈有六尺鱗次直壓樁上爲脚石疊至十六層高一丈二尺九寸每二層縮尺許至塘面廣一丈用統石蓋下每層止用兩塊直接自官巷至永興閘用此制自閘南至官埠具因舊塘基增築不用樁石用八尺者直疊十六層自官埠至股堰北偏仍用樁疊石一如官巷制特每層縮八寸作階級以便上下官巷中衕口塘外矴蕩浪樁二兜共長六十餘步計塘延袤三百三十二丈工費計一萬六千一百六十八兩樓閘等費在内

劉會申文爲海潮突變急救生靈事萬曆十四年七月十八日據通縣人民張本滔沈良臣等呈稱本鎭坐臨海口民居稠密自趙宋至今原有石塘捍禦雖坍沒已久然未及內地人皆安堵近因錢塘沙漲海潮衝激而東入秋以來風浪滔天沙地洗蕩者千餘丈室廬衝壞者數百間卽今灌入內河勢在咫尺懇乞拯救民命並查錢王建塘舊基山會協助故事以垂永久等情知縣聞之隨卽徬徨走視果見沿江一帶波震浪擊石捲土崩其舊塘以內桑田入於滄海民居沒爲汙池悲號滿前流徙載道且隔運河僅僅丈餘萬一潮勢湧進豈惟蕭山爲長浸之區卽山會皆吾鄉國之釁矣計今要害去處且暮宜爲石隄者約有五十餘里灰石樁木不知當若干具工匠徒役不知當若干人變生倉卒卽欲一一遙度之未易也但訪之故老謂此塘始建於錢鏐用百萬緡乃成又詢國初兩經修築洪武間曾遣工部主事張傑宣德間復遣都御史周文襄公忱當是時特以重臣奉命親督豈非以此事重大旣關百里生靈之計又保千百年長久之規必德位隆重者理之而後能勝其任哉自古徒杠闕而鄭僑刺川梁隳而單公譏知縣聞之矣僭食玆土目擊民艱烏敢自諉第蕭山疲敝之邑每歲錢穀幾何以此興作責之一縣力小任重未有不仆者也合無依昔海鹽作塘舊例以各郡佐之或依三江築閘近例以各縣佐之則庶幾事可濟耳主持力議周文襄公之事此惟有台臺在若知縣則奉令惟謹不敢不殫厥心力也合用工費候計定另行上裁舊志其費請於朝取諸倉穀及庫羨并派蕭山田每畝征銀八厘山會田每畝征銀三厘兩院復捐贖鍰數百助之巡撫溫純記塘在紹興郡蕭山縣西十里許爲西興鎭鎭被錢塘江江被海而起鎭以達郡者運河也錢武肅王鏐故建塘其鎭海潮日再至歲久寖決寖修丙戌大決民居漂數百家江且及河害且及郡郡守蕭良幹邑令劉會申狀因集衆議大略言越蓋東南一都會也西興實其門戶故名固陵以可守故越生聚教訓廿年竟以沼吳以此鎭也漢買臣稱一夫守險千人不得上晉元帝稱浙今之關中亦以此鎭也無塘無鎭無鎭無越爲塘而庶幾其有越乎一利也江入河卽蕭山西興以水不可居山陰會稽以滷不可

田爲塘而蕭山西興安於居山陰會稽安於田二利也余於是同直指使者傅公好禮李公天麟請於朝而各以贖鍰佐之發郡若邑倉粟半不足取於山會蕭田畝不滿升量工授食以卜判鏜總領郡幕陳策縣丞王箕典史徐閔分任其事六閱月而工竣又復故鎮海樓余渡江中流而觀塘壁立樓峯峙而榜入則指中流謂余此錢氏故塘所也余悵然低徊歎而不忍去者久之既登岸還武林署會有客過余言塘自武肅歷宋守吳芾而來畚鍤之役略可得而言洪武中遣尙書郎暨潘大夫治而周文襄公最著於宣德間至於今波流極矣石非因於故也而下木以爲樁朝下則潮夕推之夕下則潮朝推之雖鞭之長不及馬腹毋論武肅舉一國力捐數百萬緡集强努射潮郎洪武之役取材他郡藉力他邑而文襄周公便宜括贖鍰數莫可詰難矣皇上神靈挾嶽瀆而左右相之宜祭潮潮退判令幕丞身攙樺經營費不盈二萬工不及三時人力不至於此豈禹陵廟在越而陰以濬川刊木之烈導耶何成之易也越自是有禆而公中流歎者何余應之曰若謂越而有此塘乎胡不求錢氏塘以觀之也今天下大患在失時在諉事孔子曰使民以時其以農隙解者語時一端耳及時則事半功倍踰時則事倍功半不待智者而後知也而事半功倍或不以功名事倍功半則以其勞苦費多而功之矣是以漢廷有曲突徙薪焦頭爛額之喻今之守令無能名一錢費以萬計不效則有文法效則亦有唇吻以故事即不可已苟可緩目前卽遺大費於後日後之人之責也文法唇吻我無與耳今日之役蓋迫於江且及河害且及郡而爲之也亦會今之守若令皆任事人也語曰蟻穴不塞將成江河夫人而不蟻穴忽也費或無事於萬而錢氏塘與西興數百家居在今以往有不蟻穴忽者而越庶幾其有此塘乎不然余恐後之視此塘亦猶今之視錢氏塘也而越奚禆余故不能不臨流而歎客曰善故記此以告後之守令因以自警事固有類此者其味孔子時使之言鑒失時諉事之弊察蟻穴江河之戒毋若此役迫於江且及河害且及郡而爲之也

舊志萬歷元年六月江溢漂溺人畜三年潮勢東奔西興古塘盡坍

邑署丞來端操建與勝塔以厭之仁和張尙書瀚爲之記

北海塘海在縣北故曰北海又曰捍海塘　通志蕭山捍海塘在縣東二十里長五百餘丈闊九尺萬歷志治北十里曰北海塘跨由化由夏里仁諸鄉橫亘四十里其中之徑在由化鄉爲龍王塘東至由化疑夏鄉爲橫塘爲萬柳塘又東至鳳儀鄉爲巨塘爲瓜瀝塘爲任家塘舊志在治東北一十里許西自長山之尾東接龕山之首跨由化由夏里仁諸鄉橫亘四十里自龕山至新竈河塘三百八十丈新竈河至丁村塘二百八十五丈丁村至陳家塘三百丈亘塘至三神廟塘三百八十丈三神廟至橫塘三百三十丈橫塘至唐家埠塘一百九十丈唐家埠至莫家港塘二百八十九丈莫家港至金家埠塘二百十四丈金家埠至蔣家埠塘二百十四丈蔣家埠至橫塘二百四十丈共分十二段每段設塘長一名看守修築派里仁鳳儀二鄉不及諸鄉　咸淳中捍海塘爲風潮所嚙盡圮于海越帥劉良貴主議移入田內築之植柳于塘冀其歲久根蟠塘固名曰萬柳塘府通判慈溪黃震記　洪武中捍海塘傾于風潮邑令王谷器疏于朝下議合鄰府縣夫力築之于切患處易土以石今皆淪于海水縮時猶見其椿石之跡舊志洪武二十二年捍海塘壞鹹潮湧入害民禾稼直抵縣城知縣王谷器奏聞命工部主事張傑同司道督修易土以石令衢嚴輸椿木本府八縣輸丁夫本縣辦石板石條自長山至龕山塘成計四十餘里　洪武三十二年江潮壞隄蕩民田廬主簿師整

乃力任其事增築隄岸四千餘丈　正統末新林凌家港等處塘壞潮入之巡撫侍郎周忱具奏仍築其塘所費令兩浙徒流者贖之傭木石以資成功明史河渠志正統七年修蕭山長山浦海塘成化七年風潮突新林塘田廬漂沒人多溺死邑令鞏撫存恤家收掩漂骸率多便宜要法力請貸鄰郡儲粟以賑飢乏補築隄岸不遑寢食萬歷志弘治八年潮嚙長山隄幾圮太守游興以屬縣水利聞事下參政韓鎬同知羅璞督工築為石隄山陰陳僉事壯長山隄記略蕭山縣東北十里許名曰長山直抵龕山舊皆土隄隄內乃運河外夷日本蕃舶畢獻方物浙東溫台甯紹等府衛所官民商賈所必經之處良田民居比比緣海門以爲之障沙漲壅恆十餘里近年海水泛溢所謂濤山浪屋雷擊霆砰有呑天沃日之勢者無間日日弘治八年秋潮囓長山堤幾圮居民皇惑將扶攜徙避先是紹興守三山游公興以屬縣水利聞事下分守大參盧氏韓公鎬報至韓公疾馳視囑處經畫久圖欲易以石鳩工庀材諏日始事紹興貳守吉水羅公璞實專任焉羅公夙夜憂悸百物所須百方營備量地之遠近分人以董其役掘去浮沙易以堅石令行禁止工不後期不數月而隄邇迤垂成當塗鄒君魯來令蕭山首曰此吾責也無苦土人爲也相度已成之功益弘遹久遠之規湫溢者高廣之衝突者縈紆之而石隄煥然一新矣且君子之作事固貴乎始謀精審尤貴乎規制宏遠蓋作者未始不欲其久存而繼者常至於怠廢使繼者有人隄石幸久不朽則諸君之惠利於人物者可歲月計哉是役也新塘延袤五百二十五丈價費五千七百緡役夫七十萬工經始於弘治八年十月成於次年十月記作於丁巳年之九月舊志萬歷三十四

年北海塘圮協同山會修築邑人周國城捐貲助築

萬歷四十一年復修北海塘邑人任三宅議我蕭捍海士隄近十年來費緡錢不啻千百會兩派山會協濟銀四百餘兩二縣或以害不及已求助無名由今思之未盡然也常爲臚陳其害在我蕭什之三在山陰什之七在會稽什之四任餘上新嵊及甯台溫什之六何言之我蕭疆域共止二十四都自五都至十五都縣西南境也有浦陽富春二江限隔於外海患絕不相及自二都至四都六都至二十都亦縣西南境雖無二江限隔而去海尙遙亦無潮患獨二縣東境廿二都新林諸村落正當潮水之衝耳卽旁溢不過一都內之一二圖廿一都內之一二圖廿三都內之一二圖耳而廿四都更在鳳凰山迤北海之與山隔潮不能入其無害明甚且水性東流勢必不逆而折而西此所謂害在蕭什之三也邑東小江南岸非山陰十餘都所橫亘耶湖自新林衝入小江自小江衝入十餘都則十餘都桑田淪而爲滄海者殆不知幾萬頃也十餘都居民斥鹵不可甕飧殆不知幾萬家也吾蕭有若是甚乎此所謂害在山陰什之七也會稽又居山陰東界離海頗遠然由山陰達會稽共一水道潮勢東奔不極不止亦必有斥鹵苦鹹之患此所謂害在會稽什之四也海塘內卽運河係浙東四府之人往來會城及兩京各省孔道舳艫相望近年因運河爲潮所囓假途西江水徑紆迴絕無縴路操楫之勞幾倍疇昔客商以偃直頓增行程復緩彼此稱苦然猶曰小江可行也使後海沙日壅洪流漸成涸轍則陸行甚艱剎淺不易道路爲梗行旅增憂此所謂害在四府之人什之六也故前賢蒞蕭者灼見斯塘之害不耑一方爲力疏於朝而均其役非僅派山會而已何近年吾蕭專受此役之苦也萬歷十四年潮囓西興舊隄請派山會協築三院俞請奏聞更發司道贖鍰及郡邑倉粟之半事已克濟此耳目所覩記未聞吾邑專任其費也今考浙東郡邑晏然而山會僅輸協濟尚謂無名猝遇興作蕭獨受殃當事者能勿憬然動念乎

崇禎元年七月二十三日颶風大作海水泛溢由白洋入瓜瀝

漂沒廬舍淹死人民無算府道俱臨塘親勘議築　崇禎九年秋潮衝瓜瀝塘壞縣令顧棻議建石塘二百餘丈申請各憲着里仁鳳儀二鄉共二十五里歲修海塘魏文靖水利事述捍海塘宜照海鹽捍海塘例點有丁力粮里之家看守遇有損壞告官修理勿動細民清康熙三年八月初三日海嘯塘坍二百餘丈田廬漂沒邑令徐則敏于要患處築石塘一百丈里仁鳳儀二鄉每里派築四丈舊志康熙三年後忽潮汐大至瓜瀝塘一帶沙地蕩嚙無存海水直抵塘岸雖改石塘而衝激猛汛隨築隨坍修築歲費不貲議者謂宜照西江塘式疊石板層砌庶可稍抵狂瀾耳康熙九年塘復壞又建石塘塘外沙土壅壞嗚字田六百八十餘畝邑令造冊送司達部改入輕折其編役派田俱准照桃源例乾隆十四年部議奏撥兵備道標把總一員外委一員帶兵丁一百八名來蕭駐扎專管一帶海塘以備堵築搶修地方之事不預西興牛塢蕩頭建堡房三間西興官倉基建營房一十八間外委駐扎錢家塘埠建堡房三間富家搭建堡房三間轉塘頭建堡房三間新林周建堡房三間新發莊建堡房三間龕山塘內建堡房三間龕山塘北建營房七十二間把總駐扎西瓜瀝建堡房三間

按縣境西北兩方逼近江海築塘以禦之在西者曰西江塘在北者曰北海塘皆自西興永興閘一名龍口閘起西江塘自閘而南以至麻溪北海塘自塘而東以至瓜瀝西

興爲兩塘交界之處不宜於兩塘之外別立西興塘名目故今續修縣志於舊志所載姑仍其舊而紀其後圮修之事則但分西江北海兩塘不更立西興塘之名焉自經洪楊之亂以前案卷均已遺失在同治以後者因辛亥之變亦復不全今就僅存之卷參以見聞所及紀兩塘修築工程之較大者如下

西江塘

乾隆十三年知縣黃鉒拆修聞家堰坐陷南首石塘二十一丈加高三尺動用引費七百五十餘兩有餘是年久雨上江山水急流五都二圖洪家莊石塘冲刷十餘丈孔家埠即洗牛池土塘冲削三十八丈漁浦街土塘坍陷二十九丈署令楊治詳稱石土各塘關山會蕭三邑田廬至孔家埠漁浦街二處金衢嚴等郡山水直逼頂冲塘外餘沙刷盡又外臨江海內則瀕河塘身單薄現在坍削宜急改石塘永資捍衛仍請先築柴塘以禦春汛共估用銀一千二百五十四兩十五年知縣黃鉒又拆修聞家堰北首舊石塘七丈十五年二月孔家埠柴塘決四十丈漁浦街柴塘決二十九丈

以久雨山水江潮並盛也知縣黃鈺議建石塘未果時荷花池張家堰簍石塘身殘缺知縣黃鈺詳修十七年孔家埠柴塘決四十丈漁浦街方家塘柴塘決三十丈知縣楊國華復詳請砌石旋議漁浦街爲富陽江頂冲舊塘圓凸尤爲受險請取直改建石塘三十五丈海防道陳親勘飭停並飭孔家埠塘毋庸鑲柴以節帑項接任知縣梁世際捐俸修補四十一年上游山水驟長漁浦街潭頭義橋新壩等處坍卸十餘段自五六丈至二十餘丈不等各缺口水深三四丈布政司徐恕親勘飭建德桐廬仁和錢塘四縣購柴一百萬觔委員分築漁浦街孔家埠潭頭臨浦街龕溪壩等處巡撫三寶奏於漁浦等處頂冲地方改建石塘一百三十餘丈布政司徐牌開漁浦潭頭張家堰張神殿龕溪等處石塘共估銀八千五百十八兩未修土工共估銀六百五十九兩又北海塘未修柴工共估銀二千三百六十七兩蕭山知縣舒鵬搶堵西江塘之漁浦潭頭臨浦龕溪等缺口二十六段又塡築北海塘缺口二處用過工料錢九千四百九十六串零并四縣柴價通計約需銀二萬兩除紹所商人公輸銀一萬三千七百兩外其餘不敷銀院司道共捐廉俸二千五百兩甯紹台三屬共捐廉俸三千八百兩計新建潭頭南首條石塘十八丈修潭頭北首舊石塘四十九丈又新建漁浦街條石塘三十丈張家堰塊石塘三十丈張神殿南首新建塊石塘三十丈龕溪壩增建條石塘三十丈月堤三道長十五丈又新砌舊土石各塘二千三百二十二丈是

時各工在在險急，舒令以自後壩頭起至麻溪壩止係山蕭二邑交界，麻溪未築則蕭邑全工受害無已，因請先築山邑之後壩麻溪等處，而麻溪缺口水深溜急險要尤甚。巡撫三寶委粮道噶爾弼善督委員分築，區各工為四段：漁浦條石塘為一段，派署杭捕同知范全忠；張家堰張神殿塊石塘為一段，派嘉興分司羅興堯；潭頭條石塘為一段，派甯紹分司陳爕；麻溪條石塘為一段，派山陰令趙思恭。各分任之。為趙令董役者則孫奎、金懋中、張青錢、張鎮華也。有碑記略。五十七年七月，山水江潮並盛，西江塘張神殿荷花塘等處塘決，知府李亨特發款搶修，繼由巡撫長公麟、吉公慶先後遣官履勘興工。時董其事者為汪龍莊、王穀塍、何葭汀、吳蒸菴、鄭緒肩、蔡雲白、丁昂若諸先生，擘畫精詳，費省工倍，改建石堤二百二十餘丈，又增築新舊兩塘中縫塘、後坡陀塘、外坦水，另建鎮水菴石倉。統計工程較原估約增三分之一，費用却較原估為減，計用二萬餘金。時有汪以謀、何以斷，欵不虛糜，事不愆期之語，立改建西江塘石工碑於笠山廟北。嘉慶戊辰，西江塘決數處，時阮文達公撫浙，籌資修築，延王宗炎先生董其事，鄉人建阮懷亭以誌感，亭內有重修西江塘碑記，今圮。道光四年正月，西興鐵嶺關口石塘為江潮冲去石簍二十餘步，鎮水菴董家潭等處塘身均被衝坍。湯文端公時以丁父憂在籍，出任總理修築工程，並請王蓮溪陸引伸王晚聞陶安生陳石卿諸先生分段董事自龍口閘至股堰自塘頭街以南至裏七莊統計二里餘均以長石層叠鈎心鬬角而成復於當衝要處築一大石盤頭周圍約五六十丈中實以大塊毛石工程堅實自是漲沙漸遠西塘之在西興鄰近者不聞有坍陷之患道光廿九三十兩年西塘兩次坍陷田禾盡淹其時董理工程者爲陳立齋何古厓徐與榮蔡仙帆諸先生咸豐十一年賊陷蕭山於閘堰等處決塘通舟同治元年江水盛漲衝坍譚家浦傅家山下蓬廠等處塘堤僞監軍何炳文派畝捐興修二年克復蕭山工仍未竣經丁令限令何炳文賠修完竣四年五月大雨江河盛漲西北兩塘均決西江塘自麻溪壩至長河一帶共坍缺三十餘處計陷七百餘丈洪水內灌高埠水深數尺巡撫馬端愍公具奏委臬司段光清督同縣委分段搶堵估工修築共需錢二十餘萬串先借撥紹釐八萬千動工不敷之款由山會蕭三縣沾水利田畝開捐撥用並歸還釐款八年五月西江塘磧堰山馨松字號石塘盤頭坦水均衝陷六月潭頭土塘聞堰下埠石塘及孔家埠地方

均有矬陷先築月堤暫行堵禦續於十一月將坍塘三十餘丈重行建築計費一萬九千餘串邑紳韓欽鍾寶英林梯青蔣孝先蔡癸生承修九年塘決聞堰下埠修費二千七百餘串十年三月西塘彼談短三號冲陷改築土塘三十餘丈塘身高一丈四尺面寬一丈至二丈不等底寬約三丈二尺不等用錢一千六百餘串續又加倍高厚添費二百餘串邑紳陳甄承修光緒元年潭頭聞埠等處塘決時北塘亦有坍陷共用款二千四百串修築三年二月潭頭王家漊重字號冲缺六丈聞堰孟家殿皇字等號矬陷二丈水淹塘面漁浦新壩亦間有矬陷漏洞開裂縣令吳公承恩動用畝捐搶修完固四年五月西塘出險搶修用費四千餘串八年三月大歷山土塘共坍矬三十丈修費二千串邑紳汪坤厚陳以咸林鳳岐韓欽承修九年五月漁浦西首之楊家濱地方坍食場兩字號塘四十餘丈邑紳汪坤厚總理工程先築搶工柴塘繼築石塘共用錢一萬一千串又是年因聞堰歷山地方塘身單薄由陳以咸汪坤厚經理加倍高厚用錢三萬千十年四月漁浦孔家埠等處塘決修費一千餘

串邑紳汪坤厚黄中耀林鳳岐承修十二年九月巡撫衛公奏紹屬塘工緊要援案籌辦畝捐爲修理塘閘及歲修經費以山會蕭得沾水利田共計一百十二萬畝有奇每畝内徵銀一錢五分遞至一錢四釐不等酌中牽算每銀一兩約計田七畝左右每兩帶收錢三百五十文山會以一年爲限蕭山以兩年爲限可得錢六萬八千串每縣提銀一萬兩存典生息爲歲修之費有大工則動本蕭山提銀一萬兩外其餘歸還舊欠山會除提二萬兩外其餘連蕭山還款訖作爲修理塘閘一次之用十三年西塘半爿山後曹林張地方泥柳塘冲缺約六十丈陸家潭塘冲缺二十餘丈楊家墩冲缺十餘丈臨浦麻溪壩附近儀都二字號泥塘冲坍二十餘丈富家山之上名字號冲陷方七八尺深丈餘又山邑麻溪閘諸姑兩字號冲坍約三四十丈又孫家埭楊家濱均有坍矬共修費一萬二千餘串十五年以工代賑培修西興龍口閘附近騰字號起至場字號止又礫山前地方食字號起至體字號止土石塘用款三千四百兩由籌賑總局發十八年修理孔家埠塘身用費一千六百餘串二十年

二月雨雪連綿江河並漲西北兩塘均有坍陷共修費三千三百餘串邑紳黄中耀
承修廿二年二月江水暴漲潭頭附近珍李奈菜重等字號塘身低矬且狹外面餘
沙坍至貼塘內面又臨深池內外空虛勢甚危險加培高闊寬二丈五尺長一百二
十丈砌石拖樁多擲坦水用費四千餘串邑紳黄中耀承修廿三年廿四年廿五年
西塘均曾小修各用費數百千文不等均邑紳黄中耀王暐昌承修廿七年江河盛
漲西塘𦼮溪壩潭家浦西莊下墳頭汪家堰褚家墳等處土石塘盤頭均有坍矬分
別首要加培土塘次要加釘樁木又汪家堰頂冲處改建腰式盤頭兩座並貼塘身
盤頭一埭共需經費三萬一千餘串內二萬一千餘串在畝捐息款內動支餘一萬
千歸公帑支給免予歸還又汪家堰坍卸盤頭原議建復改築腰式盤頭因江水淵
深難以釘立木樁改建柴塘以資抵禦以上工程由山會蕭三縣分段承修廿八年
三十年西塘均曾小修三十三年西北兩塘共冲决四百餘丈汪家堰盤頭亦有坍
矬自𦼮溪至臨浦磧堰山並北海塘歸紳董黄中耀承修自白涼亭新壩起至半爿

山鹹潭頭止歸紳董王暐昌承修汪家堰盤頭歸山會蕭三邑紳董承修共用經費一萬八百餘串是年六月又修西汪橋亂石盤頭用錢五百餘串宣統二年修聞堰平章愛育字號塊石椿木工程用款五千元邑紳王暐昌王燮陽林國楨李昌壽虞祖恩承修西江塘衝要之處凡數變乾嘉之際富陽江折下之水衝在漁浦街厰後下注孔家埠咸同時漸至小歷山以上光緒庚子辛丑間則集矢於汪家堰近來逐漸下移已灌注於聞家堰上埠問之土人張神殿相近等處水深約二三丈根土刷盡萬一出險有妨市面云云所以然者以對面錢塘沙嘴即東江嘴日朘月削故水之衝處愈趨愈下前邑令胡爲和欲鑿斷東江嘴之上游導江水使出周家浦後以地屬鄰封不果

北海塘

乾隆三十五年七月颶風暴雨海水陡漲自西興至宋家漊八十餘里以蘆康河一帶潰決最甚其餘決處甚多邑令清公會紳何錫邦陸瑛陳之濂單斌等修築富家池蘆康河等處石塘五十餘丈費一千五百餘金道光十四年北海塘圮時王石渠創議自西興至來家塘止建石塘數百丈並於衝要處設立盤頭隨謁郡守會商山會士紳定議按畝徵捐山會每畝六十文蕭山每畝七十五文通詳立案董其事者

爲王石渠何功安同治三年修理北塘陳家漊曹家埠塘身四年北塘富家埭等處潰決時西塘亦大決巡撫馬端愍公具奏委臬司督同縣委勘估興修光緒元年北塘決新林周漊下陳等處時西塘亦有坍陷共用款二千四百串修築十五年修理北塘新林周塘身費一千三百餘串邑紳沈寶琳余官濬陳光穎承修二十年西北兩塘均有坍陷共修費三千三百餘串邑紳黃中耀承修二十二年修理新林周莫家港漊下陳塘身二十五年修理新發王塘身二十八年修理漊下陳莫家港塘身各用費數百千文不等三十三年西北兩塘均決北塘由邑紳黃中耀承修宣統二年修北海塘之月華壩用款四千八百餘元邑紳王暐昌林國楨徐鼎承修又修俞家潭珍果柰菜重芥薑等字號用款一千六百餘元邑紳王顯謨徐樹標承修嗣因富家塔垂拱平章愛育等十二字號繼續出險用款一萬二千餘串修理山會紳周光煦言寶華張嘉謀邑紳王燮陽王暐昌林國楨承修又因臣伏戎三字號外面護沙削盡塘脚豁露塘身欹凸復加培修用款二千二百餘元三年以江沙冲斷海塘

危險異常除搶修外並議興辦大工由省委勸業道來縣履勘會改革事起議遂寢

勸業道稟撫憲文爲詳復事宣統三年七月初七日奉撫憲札開案據紹興府溥守呈遞節略內開本年閏六月十六十七等日風潮異常激烈北海塘自西興驛至荏山一帶石塘甚少土塘居多塘外護沙已被剝削幾盡而尤以俞家塘富家塔等處爲最盛危險形狀不堪言喻全塘工程浩大需款繁多請派大員復勘籌辦一面由府分飭山會蕭三縣召集城鎭鄉自治職開會協議共謀進行等情當經增中丞發交會議廳參事科公議決定辦法四條並派勸業董道前往查勘督同府縣相度情形妥籌稟辦幷由紹興府會同山會蕭三縣立卽將塘閘存項先行動支以爲搶護險工之用其餘應辦事宜仍應次第籌畫尅日興辦以資保衛云附錄議決辦法四條一由撫院委派監司大員選帶熟悉河工人員查勘險要處所切實估計工程應如何修築所需經費若干稟請核辦一此次辦理之手續由紹興府飭縣趕速召集山會蕭三縣城鎭鄉自治會暨照前次會議廳議決辦法速開會研究其興修辦法一面仍須由府縣就原有存款萬金趕緊搶辦險工一此次興修工程成欵需多由公家設法籌墊將來卽責成山會蕭三縣人民合力攤還仿照同治年間由官籌墊興修成案在於塘沿水利田畝按畝抽捐分年攤還並預先酌定還清年限一塘董王暐昌等此時仍應責成辦理不得推諉卽欲辭退應俟新機關成立後方能照准札到該道卽便遵照辦理計抄溥守節略及議決辦法等因奉此除奉抄發會議廳議決辦法第二第三第四各條或俟聯合會成立後再行研究或由府縣責成舊董辦理外其第一條辦法查勘險要處所切實估計工程如何修築需費若干應卽遵照查勘稟辦卽於七月十一日淸晨渡江至西興驛督山會蕭三縣及三縣塘閘董事沿塘履勘查北海塘自西興驛天字號起至荏山脚鳴字號止計長二千五百八十丈內天字號至辰字魚鱗石塘二百六十丈宿字至水字條塊石塘六百二十丈玉字至庚字土塘一千四十丈弔字至首字條塊石塘四百丈臣伏兩字塊石塘四

十丈戎字至王字土塘二百丈嗚字二十丈塘基現已夷爲平陸其間地勢各殊情形互異所有職道沿塘查勘情形及官紳會議辦法請爲我憲臺詳晰陳之西興驛地海潮自尖山入口而其勢斜出江心山水下衝至此直趨東北西北而天字至水字石塘其形勢則自西興驛轉折而東上可避直衝之水下不受倒擔之潮且潮至此已徵故數十年來得保無恙現在塘外護沙已盡江心陡然漲沙而護塘坦水僅祇一層排樁亦祇一道坦窄樁單一且出水爲江水漲沙所逼折向東南勢必刷空坦底搜及塘根似應於坦外釘排樁一道以保坦者保塘此查勘天字至水字石塘宜堅築坦水預防危險之情形也玉字至唐字戎字王字上下兩段土塘以俞家潭地方菜重芥薑四字最爲危險緣江心漲沙被海潮冲斷後潮頭由斷處自北而南直撲俞家潭塘外又無護沙故上月風潮坍塌至六七十丈之多現雖打樁塡土而樁底半係浮泥深而不固樁內又未塡柴不能保土不外走如大潮時遇東北風恐土被潮刷樁爲土擺已面告塘董趕於樁外加樁去土塡柴以賫補救其餘各字號現在雖未出險而中沙日漲而東即險工日移而下且鳴字土塘久已夷爲平陸恃塘外漲沙爲保障漲沙日減而險象日增沙地居民已有拆屋遷避者一且沙盡潮來不待潰決而已泛濫成災非趕修柴塘不足救目前之急以上兩段如籌有巨款一律改作石塘最爲上策否則貼塘添修埽工外加埽坦等但使工堅料實修築得法未始不可保衞田廬此查勘上下兩段土塘或改作石塘或添修柴埽萬難從緩之情形也弔字至伏字石塘以富家搭育字以下爲最險裴家埭代字以下次之緣此段護沙已盡塘身又低坦水更多潑損垂字以下長約二百丈新加塘石三層風潮損處現已塡平問字以下新修二丈寬坦水五十丈因地勢險要外加二坦三十餘丈釘樁砌石均甚整齊臣字塘外新修石塘一道亦尙堅固此段石塘但能一律加築坦水隨時修砌卽可抵禦潮流此查勘弔字以下石塘宜普修坦水以資保護之情形也勘畢至蕭山縣之江安寺邀集官紳將以下各情形開會公議僉謂全塘形勢岌岌可危治本治標兩不容緩爲經久計則治本重於治標爲救急計則治標

先於治本改土塘爲石塘最爲萬全之策惟工艱款鉅且現正値秋汛潮大水深亦無從着手自應遵照憲飭俟聯合會成立後公議進行至土塘一千二百六十丈如一律改做條塊石塘當由該紳等約略估計每丈需工料洋五百元共需洋六十三萬元坦水工程尚不在內卽使多方撙節塘坦兩項工程計非六十萬元不辦再四籌商公擬治本治標兩法治本之法爲改築石塘其經費如何籌措工程如何辦法聯合會尙未成立無從表決治標之法爲購料防險擇要培修新機關未立以前舊董應負責任所需經費卽在舊存塘閘經費項下勸支官紳贊成遂卽定議此查勘塘工後官紳會議籌定先後辦法之情形也職道綜核全局參以今昔情形證諸地方輿論塘之安危視護沙之坍漲爲轉移沙之坍漲以江流之趨向爲標準從前南坍北漲北坍南漲害在此則利在彼今則中沙高起南北皆坍有兩害而無一利挖沙無效既有前案可徵概築石塘巨款又難立辦惟有仰懇憲恩札催紹興府督同山會蕭三縣迅將自治聯合會組織成立以期早日進行一面責成各縣舊董照公議治標辦法先行按段興修但令實事求是不必過慮浮言至北海土石兩塘所以間段興修之故或因款巨難籌功虧一簣或甫修數字號塘外漲沙遠起遂卽停修蓋光緒十八年以前塘外沙地成圍來往行人均視爲康莊大路幾忘其爲捍海之塘自沙地逐漸坍走居民亦逐漸恐慌至今日而沙盡塘危遂有此呼號之請所有職道奉委查勘北海塘情形會議辦法是否有當理合抄同議事清摺稟請大人察核俯賜批示祇遵再蕭山縣沈紳宗傳在會聲稱前項工程民捐民辦力恐不及應奏請撥款等語未便壅於上聞合併聲明

沿西江塘一帶閘壩

大堰　萬歷志治西十里萬歷十五年令劉會改建永興閘

股堰（元里正楊伯遠妻王氏割股投水水忽漲沙堰成故名）萬歷志治西十里顧冲水利事蹟股堰在西興市係居民衆多之地淳熙十五年五月內孔茂齡論張邦英占股堰爲魚池冲牒巡司體究因依據所申到不曾指定占與不占遂親往地所喚集鄰保見得股堰內果有魚池有妨泄水卽命大小保長喚集鄉夫卽時開掘訖魏文靖水利事述宋淳熙八年諸暨水自南衝下本縣新林海水自東衝入二水相合浸沒田畝一縣盡爲魚鼈是時富人徐氏集夫數百人破堰決水而入浙江人始得平土而居今雖沙漲去江頗遠水患亦不可不講究開掘康熙志自萬歷間將大堰基址改建永興閘水澇可洩股堰似可從緩按股堰在御河盡頭處堰身卽塘身道光間修築西江石塘惟堰基一段仍屬土塘同治六年五月堰決里人田氏捐資修築幷添築石塘一段邑侯邊厚慶有記

按股堰由元里正妻得名宋淳熙間何由預稱股堰顧冲水利事蹟經明邑令張懋重刻專輒追改嫁元於宋乾隆志分登水利古蹟兩門一元一宋鑄成大錯今

從康熙志例合載於此附識數語以當更正

汪家堰　在治西南三十里外江內河土人於此轉運貨物

聞家堰　在治西南三十里內爲聞家堰河塘上有市場

張家堰　康熙志治西南三十里

吳家堰　康熙志治西南三十里

方家堰　康熙志治西南三十里

周老堰　康熙志治西南三十里以上六堰俱沿西江塘一帶俱設塘長數名看守

臨江堰　顧冲水利事蹟堰在漁浦市淳熙十二年三月內吳彥宗論金世榮據臨江堰上造屋冲竊思之造屋堰上爲害頗重淳熙八年諸暨溪水自南衝下新林江水自東衝入二水相合浸沒田畝蕭山一縣盡爲江湖是時臨江堰上既無屋宇有富人徐氏集夫數百人破堰放水西入浙江一邑居民始得平土今若造屋堰上他年再有此水雖有富人豈容鄉夫致力卽牒西興巡檢定驗中凡占爲房廊者八間一

間係百姓金世榮不服拆解府從杖一百斷押下毀拆內七間係寄居孫僉判者行下委縣尉呂迪功拆除及到地所弓手數人皆爲孫僉判私業打散又蒙前任鄭倘書牒縣取本官職位姓名孫僉判方肯毀拆至今堰上無屋萬一遇潦可以決放而無壅塞之患矣

永興閘（亦名龍口閘）萬歷府志閘基故大堰外障江潮內節運渠二百里之水道時鑑湖淫潦逆奔於蕭昭名崇化由化諸鄉匯爲巨浸鄉民爭開大堰放水入錢塘江顧潮汐奔潰塞之甚難嘉靖三十年土人創鬼祠於堰外塞龍口水無從洩轉於股堰洩之第塞之尤難此係一方利害非淺萬歷十五年令劉會因石塘功畢計羨銀二千餘兩貯府庫酌請閘費八百七十四兩零改堰爲閘二座以洩諸鄉水潦且便啓閉而山會則以爲公羨也亦領費於府庫因創青山白洋二閘並洩鑑湖水云（劉會申文爲懇恩建閘救民水患事本縣自蒞任以來間嘗召長老問圖籍以知民所疾苦則俱言邑最苦水患蓋其西接長江北通大海內有運河四十里外有諸湖數十派以故稍稍遇雨輙成巨浸廬舍傾圮田疇渰廢本縣蓋四載於茲而蕭之沒於水者屢矣今日修西江明日築北海又今日則築土壩又明日則築石塘邑無寧民民無寧歲至於今）

曰而苦極矣此職所目擊心痛蚤夜焦勞欲爲蕭民一拯而未能者也近據通邑人民徐淵戴和等呈稱邑有西興大堰昔嘗於此建閘前一基雖廢遺迹尚存往三十年前曾一開洩水患立消今望救民陷溺垂恩再建萬姓幸甚本縣聞之惻然遂復召邑中長老按故道詢之則各言所可以建閘狀大都以水勢直濬入江最便職猶未敢遽信復詢之諸縉紳詢之通學諸弟子員則又人人言便如前爲保百無一失且云此閘一建不惟本縣可免魚鼈而諸山會既無蕭山上流之增注則三江之水亦可分殺其勢是一舉而數邑俱受其利也願建必然之畫夫有司職在爲民民有一利則當興之民有一患則當恤之借使利多而害少猶當斷在必行況百利而無一害者乎今見剩海塘銀兩原爲蕭山題請以築塘之餘者取爲建閘之用則上無困於公帑下無苦於私徵惠之而不費勞之而不怨此眞千載一時也伏乞俯從民願特俞縣請倘有利害本縣願以身爲百姓甘之本縣

乾隆五十八年邑宰蔣重耀重修近因天旱河涸里人田廷瓛何燦請於縣就閘外開河溝一道閘內積穢悉以畚除閘底淘清乘江潮漲時引水入內爲救旱計用錢一百五十一餘串皆里人樂助塘閘局又置新閘板兩道閘河內不許堆積穢物立碑禁止

潭頭壩　在治西三十里內爲潭頭河亦貨物轉運之所壩上有閘江水溢時可以加板咸豐二年歲旱里人韓東軒稟請開壩以放江水

倪家壩　義橋壩萬歷志二壩俱在治南三十五里

新壩　康熙志在治南三十五里

楊家濱壩　建於乾隆五十年邑令蔣公重耀詳府備案遇旱引江水救田咸豐十一年粵軍入境築壘於傅家山毀壩取石遂廢近遇旱築板壩放後即堵石壩尚未規復　按壩即涵洞

潭家浦壩　苧蘿鄉十七都一圖譚家埭附近之西江塘上斯字號內向有壩洞名譚家浦自粵軍亂後年久失修閉塞不通且內有深潭外無餘地不便濬築光緒二十年譚家埭居民議移至蘭字號內建築稟縣核准興工圖內農田均蒙其利

詹家壩　苧蘿鄉十七都一圖詹家埭附近之西江塘上篤字號內向有壩名詹家壩塘內農田資以灌溉後漸傾圮道光己丑年圖內居民集資興修惟工料不甚堅實光緒丙戌年寺後孔村居民孔雲甫倡捐重修完固

磧堰　萬歷志治南三十里天順間知府彭誼建議開通磧堰於西江又築臨浦麻溪二壩以截之既改其上流又於下流築白馬山閘以遏三江口之潮汐故知府戴琥水利碑曰磧堰決不可修三江決不可開舊志鑿磧堰築麻溪此山會蕭山一大利害也昔戴公不知用幾許心力當時應有

移文碑記而郡邑志俱載之不詳豈世久無復存焉者乎又天順年間三江口潮汐衝入但宜遏而不宜開所以築白馬閘於三江口近地使山陰蕭山水東趨下流不得因潮汐衝入增瀰漲之患故水利碑云磧堰決不可修三江決不可開此戴浮梁非無見之言也及湯篤齋來時三江口並無潮汐衝入但見東流下趨決當由三江以入海而不宜塞矣所以建閘啓閉百餘年但見開之利而戴浮梁之言反不驗正所謂時異勢殊當爲之變通也

臨浦大壩　在治南三十里上有旱橋南接浦陽江北接裏河兜

臨浦小壩　舊志治南三十里爲西江之內障明正德以來商舟欲取便乃開壩建閘甚爲邑害嘉靖十三年邑令王聘塞之十五年令蕭敬德因建亭曰民造爲文勒石使不可廢記云民造亭何重民造而作亭也重民造而作亭何亭據要害之地作亭民造關焉均轄於蕭莫匪地也而獨作亭之地爲要害何蕭遇遭阽海北築塘禦鼈子門之潮今剝牀以廣矣西築塘禦臨浦悍湍雨霪洪漲金衢嚴上流之水灌臨浦港裏陵而入挾海之鹽潮澎湃演溢淤民居盪穡場民用昏墊穡事弗登壯者散老者轉死民之造關水之害厥惟甚哉故築黃樓以捍河流而彭城之民奠厥攸居若今臨浦之小壩是已壩之廣不踰三尋外通港港通大江內防浜浜通合境故壩塞則洪漲暨鹽潮俱不爲之害民用安焉曰塞壩特百人之力一勞永逸而腐懟其事何曰蕭人之壩徵人之利也故錢之泉勝於海之患蕭人吭於浙東魚鹽木植與夫諸貨之懋遷必由於蕭西來自西興而達運河東來自東關而達運河鮮弗四通矣蕭人非必障而厲之也商人取捷徑必欲由江入臨浦港由江決壩衝河腹心以直遂雖蕭人胥溺僅利厥載亦忍爲之矣曰是均商人也而必曰徽人何曰魚鹽木植之大賈十九爲徽人徽人培厚貨錢本神徽人又神其術故牧民者不暇計大禹

胥溺之心而惟通徽人恐緩曰臨浦之人亦若是恝乎曰臨浦之人衣食於徽人且樂爲之囮媒曰吏茲土者豈無蘇東坡之憂勞者乎曰有之而念未遑耳東臯王子以司諫判太倉遷蕭令蒞任郎歎曰蕭之利害莫有大於海潮者北巨塘西臨浦其要害之最者乎遂峻禁之商人百計壞之而請之於憲臣者益懇誠有如己溺之之心因得允命立亭勒石以爲永禁事未成而東臯擢南京地官正郎去任蕭子以承乏至歎曰予每過彭城登黃樓而羨東坡曰茲殆非禹之徒與東臯茲舉雖謂之迸續民命可也爰爲之立亭勒石以濟美焉因名其亭曰民造使人知重民造必不至於毀亭矣不毀亭則壩吾知其無恙矣壩無恙民造其有永哉商人雖有呂不韋之知之貨不復於此居其貨焉礱石甃甓經始於嘉靖丁酉十月廿有二日落成於戊戌十一月廿有六日亭修十尺廣加修五尺築如廣之數

麻溪壩　萬歷志在縣西南一百二十里浦陽江自金華浦陽縣爲概浦江北流一百餘里入諸暨界或分或合遂爲大江至蕭山之官浦紀家匯峽山臨浦而注於山陰之麻溪李志麻溪水出自冕旒山北過烏石山又北東至錢清鎮曰錢清江然後穿內地而入海其經麻溪南岸以達錢清者山陰境也經麻溪北岸以達錢清者蕭山境也於是兩岸水口各築塘壩堰閘以捍江而時患橫溢明成化間知府戴琥營築土壩橫亙南北而浦陽江由磧堰以合浙江萬歷十六年蕭山知縣劉會加石重建下開涵洞廣四尺每旱則引水以溉田俞志崇禎間鄉官都御史劉宗周倡議欲展壩十五里移

於茅山以天樂四都截在壩外欲包四都入內蕭人力阻之遂止十六年乃於茅山建閘以禦江水其麻溪壩涵洞明鄉官學士余煌廣之清康熙二十一年鄉官福建總督姚啓聖改洞爲三各廣六尺康熙五十六年知府俞卿重修

劉宗周天樂水利議山陰之西南接壤蕭山曰天樂鄉隸四十一二三都凡四都世稱荒鄉爲田三萬七千畝計歲入不足當湖鄉五之一居民苦之越繞東西兩江而北襟大海東江在會稽外界不具論西江則自東陽發源歷浦江諸暨蕭山山陰至三江所口出海往者山會鑑湖以北皆潮汐出沒之區又有西江以合之故全越爲水鄉迨漢築南塘唐築陡亹明築三江大閘漸出而拒海海潮遂不得越三江一步而西江之水已包舉於內地矣西江積五縣之水包舉內地勢必以三縣爲壑於是天順中太守彭公誼相西江上游鑿開磧堰口徑達之錢塘大江仍築壩臨浦以斷內趨之故道自此內地水勢始殺獨臨浦以東有茅山嘴一帶江塘未築江流反得挾海潮而進合之麻溪橫入內地故後人復築麻溪一壩以障之相傳有厲禁曰磧堰永不可塞麻溪永不可開凡以謀地萬全也然自麻溪築壩而一溪之水不得不改從茅山以合之外江當春夏霖雨之時山洪驟發外潮怒張相持十餘日天鄉盡爲魚鼈矣坐是十年九荒嘉靖中知府戴公琥始建茅山閘以司啓閉萬歷中土人復自茅山至鄭家山嘴築大塘捍江流不使內犯而山水仍不可時洩其禍未解也今請言補救之策曰上策莫如移壩中策莫如改壩下策莫如塞壩何謂移壩麻溪之有壩也原以備外江非備天樂一溪水也麻溪湖源趙家橋止十五里踰壩入內河不過半都之水均分三縣距盈一鑵又日夜通流以出三江萬不足爲三縣害今撤麻溪壩移壩茅山永無冲決之患而內地萬全如故天鄉之田盡成沃壤且壩下仍通涵口可節旱潦其利雖不能普之三縣而天鄉獨受之故曰上策也何謂改壩越人久習麻溪永不可開之說以爲

一移壩則禍不旋踵今姑謂從原壩稍改其制壩故有涵洞高廣四尺今加廣三尺高倍之天鄉之水從七尺涵口約束而入其流有漸需之數日潮汐漸平又可轉決茅山以去故曰中策也何謂塞壩霪謂移壩與改壩均有內地之虞者將必使壩外之水涓勺不入內地而後可故不如竟塞壩霪適還故制雖遇潦之日固受其禍而遇旱之年猶得酌彼西江存此涸鮒故曰下策也過此以往仍舊貫焉耳以土田日荒以人民日困以盜賊日繁以錢糧日逋斯稱無策雖然此為一鄉言利害未及三縣之大利害也三縣命脈全恃三江三江倘一決而不守旬日之間皆成平陸幸而前人開磧礓通外江誠能加築茅山閘每遇春夏以前用土堅築以絕江潮望秋以後遇旱則啓使一日兩潮引灌三縣枯槁之田其為利孰大於是卽一日地方有事至於失三江之險猶有茅山可恃以無坐困眞萬世之長策也則麻溪之通塞有不待言者矣昔三江之役太守湯公鑿山塡海竭三縣之膏羅萬民之謗而不惜卒成偉業萬世賴之今之當事者倘念及天樂子遺舉三策而酌行之是亦再起之湯公也不得已思其次其惟中策乎任三宅議謹按麻溪地屬山陰天樂之西南邊境非吾蕭所轄也曷為築以石壩而令蕭輸其工費哉蓋蕭山東南境外有概浦江者源出金華浦江縣北流一百餘里入諸暨與東江合流至官浦浮於紀家匯東北過峽山又北至臨浦而注於山陰之麻溪北過烏石江又北至錢清鎮曰錢清江乃東入於海對富春大江而言名曰小江在府治東曰東小江在邑治西又曰西小江計此江經流麻溪之南岸以達於錢清者皆山陰地也經流麻溪之北岸以達於錢清者皆蕭山地也水害宜均受之但南岸皆山延袤至於錢清而未斷山為阻截被害之田土猶少若北岸並無山崗阻截一望平田而且多通江之水口一遇泛濫平田以內皆江也卽不泛濫而江水由各河以入浸淫洋溢無一田廬非江也蕭山苧蘿鄉來蘇鄉由化鄉里仁鄉鳳儀鄉被害尤劇宋元迨明設策備禦但於各河口多築塘閘壩焉堰則有單家堰邱家堰湊堰大堰衙前堰沈家堰曹家堰楊新堰孫家堰章家堰鳳堰以遏江水內溢之勢閘則有徐家閘螺山閘以時啓閉節水之流又特築

龕山石閘以爲江流入海之道壩則有臨浦大壩小壩又特築錢清大壩使江水東奔山會而麻溪要害處倘未築壩江水猶多衝入雖有諸堰閘壩害猶未除弘治間郡守戴公琥詢民疾苦博採輿論相視臨浦江迤北有一山在江中曰磧堰因鑿通磧堰令浦陽江水直趨磧堰北流以與富春江合並歸錢塘入海不復東折而趨麻溪遂令蕭山於彼麻溪營築石壩橫亘南北石壩以內始無江水衝入南岸山陰田土固不受害而蕭山北岸汚萊悉成沃壤矣其餘諸堰閘可不復議修築也又嘉靖間太守湯公紹恩築三江閘以洩下流而水益不爲害蓋弘治迄今一百六十餘年無水患者皆麻溪壩之爲利也萬歷十六年邑令劉公會加石重建以杜禍源惟懼壩漸湮圮以踵前患何今日特有開壩移建之議也以爲此壩不開則害及天樂鄉一都有半之民夫此一都有半之民在壩外東南貼近茅山閘至鄭家山嘴大塘者也澇固可通溝道由閘以洩其水旱尤可資江水由閘以灌其田於壩無甚利害也即使有害而困此山陰天樂一都有半之田土孰與於困夫麻溪北岸蕭山苧蘿諸鄉所跨之土田也二者較量孰多孰少且先時建壩之初明達如戴公夫豈不軫念此一方民也良亦利害有輕重地勢有緩急故不得不就築於麻溪耳且開壩之害不可勝言就蕭山言之麻溪未築之先屢有小江之患而不致剝廣者以有塘閘堰壩爲之屏翰也今盡廢久矣使此壩一開既無閘堰之防又無興復之費脫有不虞將如生靈何豈獨蕭山卽天樂迤東沿江諸鄉水害孰與禦之其橫溢錢清以北奔注於三江口者勢將倍於曩時一遇霪霖泛溢橫奔山會將並受其害詎止一邑之殷憂也爲民牧者一審諸時崇禎十六年

附記　按麻溪壩今已改爲橋創議者爲紹之天樂鄉人當時爭論甚烈有調停者爲廣洞之議仍久而未決後天樂鄉人竟集衆拆毀焉由此麻溪壩遂廢而爲橋土

廢者大抵持劉忠介之議紹蕭二縣人爭之稟牒紛集今擇錄一二以見其略紹蕭各鄉耆民呈文爲決防壑鄉禍貽三邑環叩永禁以捍災祲而全生命事竊紹興麻溪官塌關係山會蕭三縣水利有明中葉彭戴二守相度三邑地勢卑下建設此塌以禦山洪江流四百年來官紳之修葺不止一人民等得以出沉淵而登樂土者賴有此塌也近聞天樂中鄉建議拆廢以鄉爲壑不勝惶駭查該鄉地勢毘連諸暨較之塌內各鄉高下之差不可尋丈前清同治四年猝發洪水自麻溪塌至三江閘數百里面積水漲及棟其最低之錢清安昌東浦陡亹各鎮高出屋脊且至丈餘郎蕭山城之不沒者亦僅一二板痕跡俱存儘可勘驗而天樂中鄉地處高阜此次奇災水不及階此地勢高低關係之明證也且該鄉雖間遇山洪猝發外恃茅山閘以導其流內有麻溪塌以通其淤或患水未聞渟滯我鄉因前清道咸間該鄉以塌設閘板有礙宣洩輒將閘板毀棄致塌內各處一遇發水經旬累月停積不退以地勢卑下而宜洩之三江閘甚遠而遲滯也然猶賴塌狹小來勢不猛尚不致時遭淹沒若將此塌拆廢無論該鄉之山洪建瓴而下即諸義浦三江之水洋溢直注三邑全境必成澤國近雖經各鄉自治會連合稟禁特恐該鄉人四出運動各鄉自治職或懾於勢或暱於情稍一讓步貽禍大衆民等俱已衰朽何敢抗違第以誰無廬墓誰無妻孥明知災已切膚不敢再安緘默民國成立以來咸望共享幸福何期福未及身而禍懸眉睫不得不遲情哀訴夫使拆廢此塌果有利於彼無害於我去年光復後前都督湯公產自該鄉當時羣情推戴坐鎮全浙欲毀此塌一舉手耳乃終不忍出此者良以湯公之公爾忘私不欲利己害人輕效白圭之舉該鄉即不顧三邑之生靈又當體湯公之仁厚胡竟悍然出此敢犯衆忌民等以身家性命攸關爲此披瀝伏叩知事電鑒迅予出示永禁不勝迫切待命之至　又蕭邑人任若金任鎮南任彥祁任爾康任光耀任維城暨闔族人等呈縣議會文略曰蕭山東南浦陽江者發源於金華浦江縣合義烏諸暨諸水注於麻溪達於錢清勢若建瓴宋元以前雖有塘

閘堰壩爲之捍禦水患終不能免逮明弘治間郡守戴公相度地形見臨浦迤北有山横截江中名曰磧堰因鑿而通之使浦陽江水分趨錢塘以殺其勢復於麻溪營築石壩以防其溢自此以後百六十餘年山會蕭三縣並無水患豈非麻溪壩之利乎其後劉忠介有開壩移建之議家先人三宅公以一諸生侃侃力爭其事遂寢雖曰理之直者氣自伸亦足見劉忠介之能受盡言也迨前清康熙初鄉宦姚啓聖改壩爲閘之設有三洞此後屢遭水患仍復堵塞至道光間歲常大旱山蕭農民欲資江水以溉田禾遂開兩洞乃爲利無幾而爲害無窮己酉庚戌兩年連遭大水六十年來一遇霪霖高壤尙遭淹沒而窪田遂不可問矣所以道光迄今山蕭兩邑未聞大有之年皆此兩洞之爲害也且壩之爲義與閘迥殊閘則可啓可閉壩則可閉不可啓戴公興築之初不曰閘而曰壩明示後人以不可開之意而況明季到今地勢迥異在當日有長山龕山瓜瀝等閘爲江流入海之道於山會無甚利害今閘外海沙漲至五六十里桑麻成蔭勢難宣洩水必由所前鄉而下横溢錢清奔至三江則柯橋東浦安昌陡亹松林則水牌等處地皆窪下其不成爲巨浸也幾希豈徒蕭山受害哉故無論添洞廣洞均足爲患縱使仍舊兩洞亦害大而利小不如幷此兩洞而塞之還壩名義斯爲盡善伏望諸先生俯念民生代請督轅及農林各部將麻溪壩加石永閉與蒿壩曹娥壩一例則紹蕭幸甚矣

沿北海塘一帶之閘壩

長山閘萬歷府志閘在縣東北二十里東北禦海西南節由化由夏二鄉之水舊志成化間郡守戴琥重建歲澇則出諸鄉之水東北入於海按文靖水利事述云長山閘其港直通大江自古通客商船隻往來之所近因沙漲淤塞旱澇無濟崇禎十四年

大水邑令郝愈集民夫濬掘今又沙塞水患猝至無由放洩是宜與龍口龕山二閘同爲開濬啓閉則水患可弭也　雍正元年邑人陸巡捐資重脩又黃墹在長山頭墹外沙地爲近墹諸村屏障

龕山閘萬歷府志閘在縣東北三十里東北禦海西南節鳳儀里仁二鄉之水歲澇並以出諸鄉之水東北入於海二閘並成化間知府戴琥建今歲久築塞不力漸就廢吳寬龕山閘記紹興地介於江海之間潮至則海沙漸壅而水不通故雨霪則江流暴漲而田皆沒其患豈無自而致者常考之郡志有漁浦有磧堰凡水自山陰天樂慈姑麻溪而來與金華義烏諸暨之水合流於江者足以障之入海而不使分殺其勢則沙涸不能湍悍矣夫水道無阻則澇易泄而旱有濟其爲利也莫大於是自堰之廢農人始以爲病久之莫有爲民慮者浮梁戴侯庭節由檢察御史出知紹興之三年政既有成益留意水利既相山陰境內置五閘以洩江南北之水矣他日行蕭山問民所苦縣令陳君瑤亦以苦水對侯遂與之行水指龕山斷處曰是獨不可置閘乎乃以委陳君陳君召父老沈珪翟經度材用而命司稅凌正宣義郎汪霑督工工既訖因名之曰龕山閘仍設卒守之相時旱澇以爲啓閉自是水有節宜田無汙萊農人賴以爲利閘之制爲門二中施橫木深若干尺廣若干尺傍列石柱上架石梁各四爲椿三百石爲丈六百灰爲觔三萬五千其工四千五百六十

許家閘萬歷府志在縣東三十五里捍北海之水南溢於里仁鄉

其在海塘外者有新塘汪老閘新閘在外沙盈上圍莫家港海塘後面又山南汪閘在盛圍山南莊以上三閘皆外以禦潦內以止洩

附錄沿錢清江塘閘壩

荻徑塘（亦名白露塘）萬歷志荻徑塘治西二十里在苧蘿鄉橫亙四里（按各志俱分白露荻徑爲二塘據萬歷志則一塘也）魏文靖水利事述西江白露塘看守修理同海塘　按荻徑塘在治南廿里本以禦浦陽江水自磧堰開後遂成虛設有荻徑塘壩在塘之盡處

大堰陳家堰均在治南十二里（萬歷志大堰在治南廿五里陳家堰在治南十五里）與荻徑塘同時所建亦以禦浦陽江水自磧堰既開並成虛設嘉道間曾將陳家堰開決光緒十七年邑紳汪坤厚復築近又開決

錢清壩萬歷志治東四十里舊志以禦小江水自開磧堰築麻溪遂廢

陡亹閘在錢清東二里戴公琥建今廢

蔡家堰舊志沿萬歷志云在治東四十里考蔡家堰卽今之錢清堰頭村旁有廣利橋

俗名堰橋卽舊志所載之司馬堰橋也查堰頭村向名蔡家坂

螺山閘萬歷府志在縣東南二十里天順間知縣梁昉重建並以禦小江之水防昭明崇化二鄉凡旱南引江水澇北築渠行之於江魏文靖水利事述看守修理同海塘

按此閘今已廢

曹家堰　陳家堰　張家堰均在仁化鄉錢清江北岸

徐家閘萬歷府志在縣東南十二里元邑人戴成之建景泰間縣丞王瑾重修魏文靖水利事述戴成之出已資建閘近年東小江淤塞不通徐家閘廢壞不治景泰四年得縣丞王瑾於東小江開通徐家閘不一月修完其閘當置鎖封固禁船戶不許通客舟往來看守同海塘（磊志云今改橋無閘）

單家堰　在治南十三里今爲漁鱗關小橋魏文靖水利事述臨浦壩單家堰曹家堰張家堰邵家霪周老堰楊家濱諸處遇旱皆可與當地有識者議放江水入河救濟禾稼看守修理如海塘

湖沼

湘湖　萬歷志宋神宗朝居民吳氏等奏以崇化等鄉有田高阜兩岸皆山連雨則水散漫下流由化鄉濱浦趙墅五里等地低窪受浸乞築爲湖上可其奏　政和二年楊龜山來蒞政視山可依度地可圩以山爲界築土爲塘均稅於得利田內民樂從之名湘湖　宣和初年有淤湖復田之議民咸不可遂寢　乾道中頑民徐彥明獻計恩平郡王有以湘湖爲田之議邑丞趙善濟力爭之時史浩帥浙東榜禁不許事寢西河水利志縣西二里許有高阜在西山之陰距隔阜菊花諸山相去越二里而東西夾東如衕衕然每春夏多雨山水流離漫無所潴旣不可以藝植一當秋暵則中高外埒如蕩盧眞蕪田也宋熙寧間縣民殷慶等度通化之地此爲頗高可以下注而東西兩山蜿蜒如長隄天然捍蔽惟北南山盡處橫亘以塘卽巨浸也春夏山雨下可以蓄水而秋暵卽洩漑之以數萬畝易潴之田救十餘萬畝洮裂不鏹之地似乎較便因具狀奏聞請築爲湖之時神宗皇帝頗留心水利已可其奏下本縣會議時富民多游移不能畫一而令其地者又憚於任事遂不決而罷徽宗大觀間縣民復有以築湖請者至政和二年將樂楊時補蕭山縣令集耆老會議躬歷其所相山之可依與地之可圩者增庳補陋但築兩塘於北南一在羊騎山歷山之南一在菊花西山之足兩相攔截而其潴已成大約周迴八十餘里通計其田有三萬七千零二畝以爲湖用以漑由化等鄉諸田得一十四萬六千八百六十八畝有奇卽以湖田原粮一千石零七升五合加派之由化等鄉得水利之田每田一畝派七

合五勺以代爲上納謂之均包湖米當時制度本極詳密而世遠籍亡漸有不可考者但其大概則如此宣和改元豪民即請罷湖復爲田者下本縣會議時梅雨初過湖岸淫溢守者皆撤防待涸而議不盡一且議罷者少議作者多主客不敵遂遲久未決入夏頓晴而運河水淺民甚虞之值一鄉官有主罷議者被召入汴里老十人詣其家跪請弗罷會縣令送者亦在坐助里老言各咨嗟間里老請視今年旱澇果須溉與否以定行止旱則留之否則聽罷之可耳許之是年適大旱秋後河涸賴湖水救濟得不饑於是議罷不許時民謠曰民有天湖不田脫未信視此年高宗紹興二十八年戊寅歲旱爭水九鄉之決民溉者多寡早晚不得均平因有毆擊致訟者縣丞趙善濟爲集塘長暨諸上戶與之定議設一均水法相高低以分先後計毫厘以酌多寡限尺寸以制泄放立爲榘則絕無枯菀偏頗之患衆皆悅服無敢爭者其所定例遂永以爲法孝宗乾道二年湖民徐彥明私獻湖與恩平郡王璩使請爲田而招討使李顯忠亦謀據之爲外墅又大節使周仁暗乞佃種若干畝彼此紛紛諸論並發時縣丞趙善濟以他事渡江入朝詣朝堂有論及佃湖事者善濟力爭之侍郎單君直善濟爲之具奏會史丞相浩知紹興府善濟至府又極言其利害於浩浩悟爲榜禁之得免

宋邑令錢塘顧冲水利事蹟淳熙七年大旱八年大水民憔悴莫甚於此九年冲來任邑寄慨然欲去其害乃具六湖二堰鄭河口事蹟於後　湘湖去縣二里周圍八十里溉田千餘頃其湖甚淺亦無泉源春夏之交霖雨流注方有潴蓄一遇亢陽半爲平土築堤圍繞卽爲良田此有力者朝夕之所睥睨也宣和間嘗有議爲田者竟不就後恩平郡王璩及招討使李顯忠並乞爲田大節使周仁亦欲占之得縣丞趙善濟言判府史丞相浩御史單中丞相繼力爭方免侵奪淳熙十年六月十四日有百姓王四

四狀論李百七等六人占湖爲田又十八日王四一論褚百六等三人攔住稱不合使王四四論種湖田用石頭打腦背損傷押往張提舉宅又據汪琚等十一人列狀論王七盜種牛坊塢湘湖田極多難計其數及追到王七供牛坊塢田並是張提舉僱人插種不知得畝步坵片止追到褚百六李四二周十四三名各從杖一百斷罪怨謗之生實起於此如百姓汪寧趙七吳五徐榮祖周信厚吳文榮或占爲田或占養魚或占種荷或暗置私穴盜水以溉己田者重即解府斷罪追償輕卽就縣行遣冲盡復爲湖至十一年五月大雨湖水平岸卽時乘舟巡歷見横塘河墅堰二處若不增土修築必致衝破不惟壞田又恐六七月間無水灌溉遂集鄉夫築壘塍諸穴泄放之處各令增土三尺惟石湫一穴近運河常令開放以殺水勢且戒以雨止卽閉湖水增倍過於常年六月果大旱常歲止溉九鄉至是及一十二鄉歲則大熟顧

冲均水利約束記謹按圖經湘湖在縣西二里周圍八十里溉田千餘頃水之所至者九鄉紹興二十有八載縣丞趙善濟以旱歲多訟乃集塘長暨諸上戶與之定議相高低以分先後計毫釐以約多寡限尺寸以制泄放立爲成規人皆悅之八鄉既均有未及者若許賢居其旁不預後有告於上者雖得開穴以通其利卒用舊約垂二十有餘年莫之重定淳熙九年冲濫宰邑適丁旱傷之餘知其湖有利於民甚溥

既去其侵奪爲田者復謀於衆取舊約少損八鄉以益許賢利始均矣九鄉管田一十四萬六千八百六十八畝二角水以十分爲準每畝合得六絲八忽一秒積而計之以地勢有高低之異故放水有先後之次分爲六等柳塘最高故先黄家霪最低故後其間高低相若同等者同放此先後之序不可易者去水穴一十有八每穴闊五尺自水面掘深三尺並樂尺其旁柱以石底亦如之非石則衝洗深闊去水無限矣水已放畎澮皆盈方得取之先者有罰私置穴中夜盜水者其罰宜倍昔召信臣居南陽作均水約束刻石立於田畔以防紛爭後人敬慕之茲以放水穴次時刻開列於後第一放柳塘溉夏孝鄉范港村二百二十四畝一角四十步得水一厘三毫七絲七忽放四時一刻止周婆湫溉夏孝鄉杜湖村六百五十畝得水四毫四絲二忽放一時三刻止歷山南溉安養鄉孫茂村一千四百九十七畝三角得水一厘一絲九忽放三時止歷山北溉安養鄉孫茂村一千四百九十七畝三角得水一釐一絲九忽放三時止第二放黄家湫溉夏孝鄉斜橋村一千七百五十五畝杜湖村六百五十畝共得水一厘六毫三絲七忽放四時九刻止金二穴溉夏孝鄉寺莊村一千五百一十六畝二角四十步得水一厘三毫二忽放三時一刻止楊歧山穴溉新義鄉前後峽村二千三百五十六畝一角三十步得水一厘六毫五忽放四時八刻止河墅堰溉安養鄉百戶村二千三百四十二畝三十步長興鄉河墅村四

一千六十四畝一角黃山村五千八百三十七畝三角山北村九百三十六畝一角夏孝鄉許村一千九百五十三畝三角十二步共得水八厘二毫六絲三忽放二十四時八刻止

第三放東陡亹 瀝昭明鄉縣東村一千二百八十五畝由化鄉滂湖村三千四百三十畝北幹村六百四十二畝去虎村一千九百八十三畝安射村一千六百三十六畝長豐村一千六百二十六畝共得水七厘二毫一絲一忽放二十一時六刻止

石家湫 瀝由化鄉北幹村六百四十二畝長豐村一千六百二十六畝安射村一千六百三十六畝滂湖村二千四百三十畝去虎村一千九百八十三畝共得水四厘三毫四絲五忽放一十九時止

划船港 瀝夏孝鄉寺莊村一千五百一十六畝得水一厘三絲二忽放三時一刻止

亭子頭 瀝新義鄉前後峽村二千三百五十六畝一角三十步共得水一厘六毫四忽放四時九刻止

許賢霪 瀝許賢鄉羅村六千三百三十七畝三角二十步荷村三千三十七畝二步朱村三千四百六畝一角六步共得水八厘七毫三忽放二十六時一刻止

第四放童家湫 瀝崇化鄉黃村七千一十畝百步村二千八百五十四畝徐潭村八百三十一畝來蘇鄉孔湖村三千八百二十畝共得水九厘八毫八絲四忽放二十九時六刻止

第五放鳳林穴 瀝新義鄉莫浦村三千八百畝前豪村三千八百二十九畝何由村七千二百四十一畝宂村五千一百七十三畝共得水一分三厘六毫四絲九忽放四十時九刻止

橫塘 瀝夏孝鄉斜橋村一千七百五十五畝杜湖村六百五十五畝范港村二千二十畝一角共得水四厘五毫一絲三忽放十三時五刻止

石巖陡亹 瀝崇化鄉史村三千三十三畝徐潭村八百三十一畝社壇村一千三百一十七畝二角趙村二千二百五十三畝陳村三千八十二畝二角昭明鄉龔市村三千四百一十二畝五十步縣南村七十六畝二角社頭村一千五十四畝二十步南江村三千一百六十四畝二角一十步由化鄉五里村七千七百一畝一角四十步趙士村一千四百六畝二角濱浦村二千一百二十九畝共得水一分五厘二毫三絲

一忽放四十二時止第六放黃家霪溉崇化鄉趙村二千二百五十三畝史村三千三十三畝徐潭村八百三十一畝社壇村一千三百一十七畝二角陳村二千八十畝二角昭明鄉龔墅村三千四百一十一畝二角社壇村一千五十七畝二角縣南村七十六畝二角由化鄉五里村一千九百六十畝二角四十步濱浦村二千一百二十九畝趙士村一千四百六十畝二角一十步共得水一分五厘三毫三絲一忽放四十六時止宋史食貨志南渡後水田之利富於中原故水利大興紹興五年江東帥臣李光言明越之境皆有陂湖大抵湖高於田田又高於江海旱則放湖水溉田澇則决田水入海故無水旱之災本朝慶歷嘉祐間始有盜湖爲田者其禁甚嚴政和以來創爲應奉始廢湖爲田自是兩州之民歲被水旱之患餘姚上虞每縣收租不過數千斛而所失民田常賦動以萬計莫若先罷兩邑湖田其會稽之鑑湖鄞之廣德湖蕭山之湘湖等處尚多望詔漕臣盡廢之西河水利志宋嘉定六年郭淵明一作郭源明字潛亮來爲邑宰見湖民有私蝕水涘倚畾而築者遣里老勘明還報里老與民各爭界不决淵明踟躕間有子甫十五進曰此易辨也黃者山土青黎者湖土也次日至湖跑視之果然於是大起疏濬且立爲令凡湖東西兩沿以金線爲界金線者謂界黃於青若線絣然自山麓黃

盡處皆湖身也其後有畚黃土於水涘而築宮其上者土未跑而黃見居民首者不得白其子曰再跑之未幾果青見遂拆宮還官治罪充軍　元至正八年於善由杭州推官改任縣尹到任後大興水利時山賊四起饑民多乘間竊發田畝荒穢湘湖俱蕪塞乏水善以官帑發饑民疏濬兼捍築西江諸塘民受利焉前此監縣亦馬丁見湖涸不潴有廢湖之請賴縣尹崔嘉訥爭之得已然湖民亦漸有侵佔者至是盡還官開治但脩湖而侵佔已清後以兵燹故不得還里家於邑之長山鄉相傳長山有於司判墓今不存（元制以縣尹爲司判正官）明洪武十年邑宰張懋留心湖利重起經理以爲代有興革而民間利病千古不變乃歷考前賢遺蹟清奪侵佔時顧公所著蕭山水利事蹟乃湘湖均水約束記俱已湮沒懋乃搜舊本補訛訂闕爲之重刻而親爲序言以冠其首復以淳熙所頒湘湖水利圖記勒石縣庭者其石已不可復考懋特購良石命繪工繪圖別爲作記以樹之縣庭右楹之前計有九鄉即以湖田之稅均攤之九鄉之田九鄉之外不預焉（由化鄉夏孝鄉安養鄉長興鄉許賢鄉新義鄉來蘇鄉崇化鄉昭明鄉）魏文靖水利事

述洪武末縣民蘇原九因所佃官田坍入江内朦朧告官將上湘湖近江湖田若干畝開墾爲田以補所坍之數每畝仍作官田例秋糧五斗七升起科輸官甚妨水利至永樂初縣民韓望等照例亦開湖若干畝爲田初欲照民田起科後被隣人張嗣宗告發雖禁止將來而已佃勿奪但以此田係湖中即官田也亦照官田五斗七升起科自此之後仍多私田其高阜隙地開墾不計景泰四年老人張昇鄭珪舉呈本縣委縣丞李孟惇將開墾人户蘇原九韓望張伏義等所開田畝盡行清出且計畝罰穀共得穀一千六百餘石入官爲賑濟饑民之用其後高阜隙地悉禁栽插然湖民有漸暗佔者張文瑞水利初刻明正統五年敕諭洪武年間於各府州縣開濬陂塘以捍水旱蓋永遠之利亦因後來有司不得其人視農事爲等閑委而不問以致土豪奸民將官築陂塘或爲私己池塘以蓄魚利或湮塞爲田耕種爾等須一一歷勘如有前項官築陂塘瞞官作弊侵奪水利者責令自備工力如舊修築完固還官悉免其罪如隱佔兩月不還及違限不即修築者將犯人正身牢固枷釘連當房妻

小差人管解赴北京遼東衛分充軍欽此西河水利志初魏文靖在朝以湖利不修於正統五年七月親爲啓奏時英宗皇帝特降敕諭爲水利禁劉相國翊德魏祠記景泰改元邑人魏文靖公時繇吏部尚書致仕歸里第視楊公舊規隳廢年久設法添築塘高廣內增築臥羊坡抵避湖中風浪栽柳於塘使其堅久其時鄉老口碑作頌有過於昔除佔湖爲田七千三百一十八畝及江海無塘障衞民罹水旱致徙他方鬻妻賣子憂形於色勸率官民子孫同臨患害處所修築復舊塘閘堰壩一十二處歲歲如之是以連得二十餘年豐稔民感其惠西河水利志天順間湖民孫氏多佔田而未盡發覺故魏公文靖授意於門人御史何公舜賓令任其事邑人富釪何御史父子復湘湖考備何侍御受魏文靖公命清理湘湖發孫全奸佔鄒魯黨孫全殺害侍御子競復讎公婦朱三次奏差近臣核實復奏始克復是湖佔田西河水利志成化以後孫全與吳瓚隱佔愈夥時舜賓以湖廣道監察御史戍廣西緣赦歸里已發佔湖事揭縣入奏會當塗鄒魯亦以御史謫蕭山令孫全重賂魯謀反所奏御史力爭之且語多侵魯魯大恨乃囑全暗揭御史竊署事官印假作官奏且謫戍私歸無赦牒應押解原衞察治而揭上鎮巡不行遂有言御史陰具實封公文將入奏者魯信之會御史門人致官童顯章以丁憂歸魯陷以發塚罪論死憲司疑之駁所司覆讞道經蕭山魯囑解人押

教官過御史家，尋遺里老蒯捕等暗隨之，呼曰御史奪重囚，壞門而入，刼所具實封并赦牒，縛御史入縣笞四十，蒯立爲文解慶遠衞而害之於道。孝子何競逃匿常熟王刑部家，嚙指血書壁曰報仇，日坐複室中不睡，刑部每夜分從門呼曰何競，必應曰唯，躍而出，如是者八閱月。會魯遷山西按察司僉事，孝子請歸，刑部曰朋友之讐，視從父昆弟，吾當執兵以從爾，顧爾能不煩吾行也，餞於庭，假爲圜緋骰之，得六緋，遂行。適魯已繳印將詣省領憑，孝子先日匿族父何寧家，假甯命召親黨飲酒，酒半，寧泣曰魯行矣，御史恨未泄，奈何，衆皆泣。既而寧舉觴曰假競在，必有以報之，今何在耶，衆又泣。及醉，甯起曰事迫矣，競在，能從之乎，皆曰能。孝子出跪曰競在也，遂於次日率衆伏道旁，皆白衣手杖，伺轎過，掀擊之，杖一齊下，呼號震天地，矐其目，剔其鬚髮。母與族父各前後赴闕訟冤，命下雜治，奈何毆長官，曰印不在手，奈何毆五品以上官，曰憑不在手，乃以報讐例辟魯而戍孝子福甯衞，并究佔湖事，擬全以辟，清出所佔田一千三百二十七畝，堰池九十六口，地二十六片，瓦窰房屋二百十間，盡還之官，委本府經歷到縣追理，并設耆民等八名專一議攝，命知縣楊鐸勒石曰：勿侵勿佃，勿蝕水涘，勿依圩倚㽞，緣堤截匯，而以漁以草，以栽以蓄，犯則重者死，輕則釘發遼東永遠充軍。邑人富釪考：備孫全、吳子信父祖佔田共一千二百三十畝，糧二百一十四石五斗二升四合；韓望、蘇原九佃田共五百四十一畝，糧五十一石三斗五升。通計田一千七百七十二畝，何孝子奏行開復舊蹟，糧共三百六十五石八斗七升四合，均派一九鄉包納，每畝三合，載昔曹評事案，今不詳云。邑人來鴻雯水利事蹟：富公玹痛其外舅何公舜賓以清理湘湖佔田被禍，遂取邑令張公懋所刻蕭山僉事水利事蹟，及邑尚書魏公蕭山水利事要，合梓之，延平尚書劉公璋爲之序。西河水利志：弘治十三年定例，侵佔及千畝者死，一應私築私蝕，依圩倚㽞，漁草栽畜，釘發遼東衞永遠充軍。張文瑞水利初刻：正德中

縣民徐學告孫肇五等復佔湘湖，時鄉官工部尚書張嶺、按察司僉事富玹請之巡

覰御史許庭光（舊志作光庭）檄副使丁沂查勘凡湘湖田地盡斷還官（丁副使禁革侵佔湘湖榜爲禁革侵佔湘湖以修復水利事奉欽差巡視浙江兼管南直隸徽州一帶地方都察院右僉都御史許批據蕭山縣三都民人徐學告本縣孫肇五等復佔湘湖乞提人卷祛革民害等因奉批仰分巡官勘問明白具招解審奉此先爲預防水患以救災荒事奉本院批據蕭山縣申據致仕鄉官錢玹等呈要修築西江塘岸抵捍西江洪水及築湘湖塘岸以捍湘湖之水甚爲民便等因奉批仰分巡副使丁沂親詣該縣查勘議處興工詳報本職依奉親詣蕭山查訪本縣各鄉先年常被江水渰沒得倘書魏文靖公建築西江塘岸抵禦江水民甚受惠近年江岸被水衝坍各鄉仍受水災相應修築及湘湖埂岸亦應蓄水防旱已經起夫興工修築具由呈報又查得蕭山縣雖瀕江海歷代民被水災宋徽宗時楊龜山來令蕭山弗忍民艱相縣西南一隅由化等鄉官民田地三萬七千二畝四面皆山其地高亢周圍八十餘里遂經始以山爲界斷處一築岸名曰湘湖蓄受諸山之水以灌溉由化夏孝等鄉田一千餘頃盡除湖田原稅一千石零七升五合均派九鄉得受水利之田包納每畝增一料湖米七合五勺宋孝宗時知縣顧沖以放水約束繪圖作記刻石樹立縣庭又著水利事蹟梓示久遠至國朝洪武永樂間有豪民孫全吳子信各祖父通同沿湖居民混將湖田開作田畝買佔爲業及有奸民蘇原九韓望等因江水衝坍本戶田畝朦朧告官開種湖田抵補坍江稅糧因盜泄減湖水佔種湖田以致九鄉田畝旱無水灌溉景泰中尙書魏文靖公不忍民旱因著水利事述禁民開墾湖田弘治年間鄉官何舜賓思祓孫全等侵佔湘湖有妨水利倡率耆老王榮王世瞻等呈奏踏勘致被孫全謀串知縣鄒魯殺害何舜賓伊男何競奏行勘明將孫全等問罪及斷孫全等買佔湖田並蘇原九等謀佔湖田盡復爲湖近年又被官豪及無知小民因見湖田膏腴漸又設計佔種往往偷挖湖岸泄減湖水圖便種田以致九鄉田畝仍被災害欲行具呈禁治今奉前因欲候將孫肇五等占種湖田事情勘問通呈禁治緣今及時栽禾誠恐各奸

仍盜泄湖水以致九鄉旱乾後雖重問旱已難救合先出給告示曉諭官豪小民人等但有先曾佔種湖田俱要退出還官低窪去處聽從水浸高平去處聽從拋荒固不許栽禾種菜亦不許蓋房栽樹其各收遞年花利並侵佔罪名俱免追問仍行委典史鄒仲和踏勘湖岸周圍里數量分作爲九節於由化夏孝等九鄉每鄉選報家道般實行止顛端壯丁二名充爲湖長派各分管湖岸一節若遇仍有佔種湖田偷泄湖水人犯許湖長呈拿送道併追遞年花利及查照正統年間土豪奸民隱佔官築陂塘兩月不還釘發遼東衛分充軍事例擬充軍呈詳發遣若湖長通同豪民佔種分利不行舉首被人告發或體訪得實一體問罪其各湖長量免丁差二丁酬其勞苦二年後另選各鄉壯丁各二名更替管湖一體免差本府水利并本縣掌印官不時閱視湖堤遇某鄉湖長分管湖岸坍塌就起該鄉人夫修築堅固不致泄漏湖水每年正月以裏本月取具不致通同奸豪佔種湖山盜泄湖水結狀并本縣督修過湖堤緣由申繳本道查考若府縣官不行用心提督修湖及奸豪佔湖不舉亦併拏問應得罪名如此庶奸豪不敢侵佔湖田而湖水不致泄漏九鄉遇旱亦可少資灌溉矣除將孫肇五等侵佔湖田事情另勘呈詳外今將查議禁佔湘湖以復水利事宜具呈伏乞照詳施行奉批湘湖水利實前賢公溥濟民之心又經奏斷明白而貪橫無知之徒仍敢佔種盜決專利害衆本當通查重罪姑恕既往仰分巡道即便依擬禁處改正施行刻日完報等因奉此按照前事已經查議呈詳去後今奉前因擬合通行爲此除外示蕭山縣致仕鄉官并小民人等但有先曾佔種湘湖田地俱要盡數退出還官低窪處所聽從水浸高平去處聽從拋荒固不許栽禾種菜亦不許蓋房栽樹其各收遞年花利并受佔罪名俱免追問如若恃頑玩法仍敢佔種湖田偷泄湖水致害各鄉人戶許各湖長并地方人等呈拿送道算追遞年花利照例問發充軍若湖長通同豪民佔種分利不行舉首被人告發或體訪得實一體問罪決不輕恕張嶺復湘湖水利節要正德以來豪横吳景琛等日漸織侵繼乘江西逆濠事變官司無暇究理放乾湖水大肆耕佔詭情具告水利道批府梁通判見行

拘審又蠹緣喇虎張奇充爲水利老人幷買串老人沈鐸等人戶曹陽周堂等扛幇妄證此係一縣水利興廢之機民生休戚所關惟望廉明軫念吾鄉民瘼先賢遺澤痛爲釐革

濬園集戶科右給事沈君鳳翔初爲蕭山令邑故濱江汚田以畝計者九萬餘隄一決則滷潮入而稻田無弗腐者且嫁賦他腴田君歎曰吾不能令瘠者腴可使腴者瘠乎乃創築堤之議徙步堤上日無寧趾堤成民可力耕而巨浸成沃壤矣湘湖故產蒲用以糞田舊各爲界尋沒於勢家君悉歸侵疆令豪敓者無所逞居恆慕劉寵江革楊時之爲人其祠宇悉捐俸新之清康熙二十八年八月湖民孫凱臣等機乘歲旱湘湖乾涸不遵先制私自築堤架橋南自柴嶺北至湖嶺約有三里許假揑僧人莘弘名色以便商旅往來爲稱邑令劉儼到堤親勘按律定罪督令剷削隨申本府轉詳藩臬二憲檄行永禁邑人大理丞任辰旦爲記立石西河水利志翰林院檢討鄉官毛奇齡揭蕭山本澤國而地墝易涸因築湘湖以漑九鄉之田無如湖豪孫姓者聚族而居世爲湖患在昔元明之間孫吳二氏佔湖爲田而永樂間淸之隨有孫全者復行侵佔魏文靖公以尙書致仕親爲恢復越至弘治間孫全吳瓚兩家對湖爲婚姻共起塡湖爲陶窰之基文靖門人湖廣道御史何公挺身爭理致孫吳二姓以賄殺御史於路其孝子何競爲父復讐始奏聞朝廷置孫全辟刑清出佔田若干坵地若干畝瓦窰房屋無算敕知縣楊鐸爲之勒石此事載弘治十九年孝宗實錄幷府縣志

書甚詳然猶怙惡不悛又有孫肇五者於正德年間復爲築堤賴何御史門人張尚書擯再爲擴淸然後得復如初是一孫姓之豪佔而歷成化弘治正德三朝之訟經魏張吏工二尙書暨御史父子以及門生三世有死生報復之力始得稍淸然猶御史父子飲恨至今其爲害如此及嘉靖年間孫姓爲中書者忽造跨湖橋於湖中以通孫吳兩姓往來彼時鄉官懲御史之禍不敢出言且以此堤當上湖與下湖之中駕言上湖洩水在南下湖洩水在北而橋爲界限不甚爲害一時聽之實則上湖以陶土陶甓湖窪而浸下湖以蔀草壅塞湖淺而磽而橋復爲之阻故至今湫口之水不及石巖九鄉而不均未嘗不痛恨於孫氏爲橋之爲害也今孫氏以陶湖之利合之族巨富而人丁又衆圈水築塘種荷畜魚甚且爲陶窯爲佛舍漸漸興佔向時令甲凡湖中之土以黃綫爲界而今則爲黃爲靑不可復問此正當籲告伸理大爲淸復之際而土豪怙惡反築堤而橫截之尉橫甚矣所賴當事嚴敕正法而奸詭百出以二姓之族而駕爲九鄉以孫氏所造之橋而詐稱先賢以兩家相通之路而指爲通衢以姻婭貨賂幷壙墓風水之豪黨而妄名公舉之衆可怪尤甚第九鄉百姓初無公詞祇澇湖一鄉蔣陳二姓先爲具控者以則水有寸不可有絲毫阻隔大凡竹箔截水則每一竹箔阻水三寸土坊截水則每一土坊阻水九寸澇湖最磽去水九寸則此鄉絕水沾溉不及故切膚之呼籲他鄉爲獨先也乃不意屢發公議而隸不散帖里不知會陰陽不到門鄉官不集議謬以已成不毀之辭詩謾以覆無論此堤之成爲禍不淺而卽此行事詭秘神奸百出萬一稍遂其意則前此跨湖之築祇屬孫之姓猶且駕出多人東支西飾況儼奉批行則自此以後公然官築矣將見種荷畜魚之外或圈或佃爲房爲畝誰得禁之至於勢成則雖兩尙書之撓回御史父子之身殉甯有效耶況孫吳二姓外實有不肖黨惡爲風水貨賂起見者近聞石巖定山結黨窺伺陰具畚鍤以機乘隙其存毀之際關係匪淺倘能徹底澄淸去惡務本極爲長便卽不然而毀其新築加之以應得之罪則小創大懲亦足補救如果爲輕縱茅靡波委養癰釀禍邑雖乏賢哲焉可謂魏何之後必無其人因於補議之餘并爲此

揭又補議據湖民孫凱臣築堤截湖蒙發公議爾時某任會城原不曾與然漸查東城舊宅亦並無陰陽生到門夫以湖之利害關係重大鄉官先賢歷任恢復豈有身列薦紳實生其地而漠然不相關者然且奸邪衆多揑造公呈其爲黑白尤宜早辨此所以扶病捉筆急爲補議者也按此堤之築實有四害有五不可何謂四害按湘湖之水通管九鄉田一十四萬六千八百六十八畝每畝止得水六絲八忽一抄水面多寡所爭在毫厘之間故凡放水時卽湖外之竹筍土硬皆令撤去以爲截一筍則阻水三寸截一硬則阻水九寸今公然蔽湖而截之則九寸之水勢必加倍其害一也湖之有跨湖橋也初以爲湖有上下上湖南洩下湖北洩橋適當分界之間似乎無患然而築橋之後父老痛恨切齒至今尙有湖堤長害九鄉之謠蓋一湖雖分上下而上湖爲孫氏淘土磚埴其水深下湖爲葑茭年遠壅積其水淺以淺身倒注之水而又橫堤以截之則下湖之水咽而難洩況堤之又堤是一埂之阻將不止九寸而下湖水常少上湖水常多其害二也放水則例惟恐偏枯舊制下湖之水分爲數等如第三放東陡亹溉昭明由化等鄉得水七厘二毫一絲一忽放二十一時六刻止第二放金二穴溉夏孝寺莊等村得水一厘三毫二忽放三時一刻止夫開放之時如此其促而出堤之水如此其緩則不特上湖下湖卽水有多寡而卽下湖之中其時刻多者倘可望堤內之水紆徐而下若三時一刻而湖行閘止則水未出堤而湖口之防已閉矣將見得利之田竟成虛受其害三也且水流則葑草不生前此下湖之葑以跨湖一截致之今又加一截則停蓄不行葑與土膠而孫氏復取埴於湖如淘濬然淘濬右涵則葑土左露窖汙所止旣鮮瀿洄而奔注不能卽反生轇轕又況秋前堆草秋後放水孫吳二姓皆互立竹簽以爲界限彼此盤沍使其闕處不得竟泄遲久不疏遂爲平地其害四也且夫孫吳之爲害也自明初以來歷歷可指在洪宣時有吳子信之害在成弘時有孫全吳瓚之害在正嘉時有孫肇五之害今其族富其丁繁沿湖而居易爲侵蝕稍一疏縱奸佔百出不可者一舊制湖址以金線爲界一交青土皆爲湖身而今則孫氏竟佳於青土之中篆魚畜凫種荷採茭已非

一日所稍欠者無倚傍耳一有堤可倚則以一漁形以佃漸次成勢不可者二且惡不可長也此湖利弊自嘉靖以後平安至今亂法以將佃釀大患據水利報文已稱石巖諸處竟有效尤相繼起者此變亂之兆不可者三況湖豪奸宄不測而又加之以勢家大族有風水於湖中者陰爲指使而陽竟助之如假爲公呈之楊氏蔡氏皆風水家也湖中兩山無非墳墓此端一開將東圈西錙無賸地矣不可者四況中尊至公現在清理而郡尊甫蒞已有賢名在人此眞東南幸逢之一會豈可使賢守賢令相際之時而舊章之變自今日始不可者五具此四害五不可其宜存宜廢宜築宜毀當事之薦紳必有能辨之者紹興府縣憲票節略九月十六日據蕭山縣具申詳僧人萃弘居民孫凱臣等擅於湘湖私築堤壩有害九鄉等由詳府查湘湖蓄水九鄉攸賴前人設有成效何物豪強輒敢毀制築堤大干法紀合行嚴飭爲此仰縣官吏查照即將爲首諸人枷號湖濱勒令拆毀以復舊制堤平之日該縣勘明各重責三十板仍勒石永禁取人驗遵依送府存查無違本縣第三申府詳文節略查得湘湖擅築行堤已經奉憲將爲首之人枷責在案今憲駕省回復有楊升等具詞蒙批查議遵即傳請紳衿里遞查議去後而屆期無一至者止據楊升蔡天生等具詞各有私見卑職復又單騎細細查勘實非行旅大路兩岸皆山湖旁居民東係窰裏吳西係湖裏孫二族所居且有某宦一墳在堤之畔堤之所使者止孫姓一族入城之道而吳姓亦便於往還且將水一阻或所謂風水有使於某孫者故築堤之心堅而且易今赴憲求免者大約皆二族之人不則其黨與也今縉紳從不赴議而翰林院檢討今在籍鄉官毛自爲揭子幷檢舉補議有四害五不可極其詳析卑職據看湘湖尺寸之土不許侵佔恐碍於蓄水耳今所築長廣如是既非衡衢必需似難以二姓之私意爲準也至於古人亦曾增築橋堤自必酌量妥確假使此處應築則早已築之矣況跨湖橋一堤又與新堤相去咫尺者乎且築一堤少蓄一堤之水漸不可長所以前詳若此者恐紊舊制也至於爲倡之孫凱臣原係舊役刑書素爲不法所當懲究因確據鄉官揭子幷補議一併申明爲此具由本府申請潘臬二司覆文看語節

略看得湘湖蓄水溉田毋許變制去秋水涸居民孫凱臣等私築塘堤總甲具報典史詳縣轉詳到府當即批令妥議詳復據詳前來又經鄉官確議委係蓄水溉田不許築堤變制批令枷責剗削在案而違抗延捱致九鄉陳視遠等有變制壞法之詞呈縣籲求通詳奉憲批府律擬妥議照復舊制詳覆去後據縣詳稱九鄉百姓各執未耜同職親諸塘所拔去橋樁削堤大半即有未盡塘基自當水衝以復舊制將凱臣等各行重責援例免擬并請勒石永禁詳報前來相應轉請批示勒石永禁至於凱臣等始而違制築堤既而抗官藐法雖經該縣責懲不足蔽辜應否俟詳允日重責三十板再行架示一月以儆

康熙五十八年五月沿湖居民金士三十四等浼武舉孔沈詩監生孔成九武生韓伯英等賄囑典史馮愷經偷放石巖穴等處湖水經生員王協卜吳弘業王麟書富啓英王渭略洪琛毛佳瑞楊復元張膺庚徐夢鼎等呈縣呈稱蕭邑湘湖創自宋邑令龜山楊文靖公三時蓄水秋旱溉田利及九鄉澤流萬世查得利田一十四萬六千八百六十八畝有奇每畝一合得水六絲八忽一秒放水一十八穴分為六等柳塘先開黃家霪最後或放一時三刻或放四十六時或得水四毫四絲或得水一分五厘不等順次而開過時即塞均平公溥至悉至精其原田三萬六千餘畝該糧一千石零七升五合派之得利田每畝七合五勺謂之均包湖米其塘壩穴口九鄉坐地修築並不輪派通縣則是湘湖乃九鄉衣食之原亦九鄉性命之本利則九鄉獨沾責亦九鄉獨任防護最嚴偏枯即競故先時而開有罰過時不塞有罰沿湖車戽有罰私開涵洞有罰所謂揭防斷臂竇水斷趾者此也揭防謂先開竇水謂私穴碑版誌書班班可考水利衙所謂獨任其責而縣主考其成功歷代遵循豈容顛越今歲旱魃為虐山川盡滌所賴湖水滿盈足甦枯槁乃現在放湖十不偏一低鄉猶有一杯高鄉竟無半勺萬姓徬徨呼天莫應揆厥所由其弊有在定例出水之穴穀數有穀

時隨放隨止外壩一開內壩即塞一蓄雪水二蓄春水三蓄梅水不患少水祇患塘低距塘長蠹胥營私賣法當塞不塞以規厚利先時不蓄臨時何來其弊一也湘湖皆屬官地而取土捕魚不禁乃窰戶利其乾涸便於挖泥漁戶乘其水淺便於絕流賄囑塘夫挽通衙蠹吏不簽催官不勘驗甚則偷開穴口張網設笱毫無顧忌而絕窰戶之運磚過瓦更得順流直下省費省工棍蠹既有陋規見亦不問日復一日源盡水窮其弊二也幸今春東水逆流少收涓滴若能嚴防偷泄或可什存二三乃沿湖一帶奸民恣意車戽甚且遍放私涵晝夜不絕夫沿湖之田雖屬得利然既分數定時則一毫一忽不得私沾一刻一時不容先得減湖水之分厘即缺九鄉之秒撮而納賄開涵通同作弊蠹則指官官則庇吏上下比蒙一帆穿就試思一涵一珠民膏民血而堤其鯨吞略無剩汁其弊三也夫湘湖之地非有所減九鄉之田非有所增昔何以盈今何以涸昔能波及各村今并不周得分況湖地比昔加深鄉田比昔加少湖深於取土燒窰田少於造墳豎屋以加深之水溉加少之田宜更有餘而反不加足咨將誰諉今田禾不救無望西成民食垂絕而又派之納湖耗築湖塘輸德惠祠地糧造各村坊堰壩是九鄉之民不受湖利獨受湖累師之臺甫及下車未遑清問水利衙久司其職而視湘湖為利藪等九鄉如兒戲狗私殃民莫此為甚伏乞嚴查壞法因由不築不脩私車私穴或賄或情是官是蠹通詳各憲民照盜佔湖田例發邊遠充軍塘長吏胥一體同罪若夫徇庇受賄婪贓溺職國典煌煌則非書生之所敢議也七月內本縣委縣丞賈克昌會同紳士勘驗得黃家涵（官穴石巖山邊）私涵三個又私涵一個（假名黃家涵）石巖陡亹（官穴）私涵一個（在四家河上）水溝一個（深三尺）私涵一個（土名張家涵）水溝一個（深三尺）童家湫（官穴）私涵一個（假名童家涵）私涵一個（土名坑金山穴）私涵四個（土名橫塘穴）私涵一個（在陳家河假名上黃河涵今用泥塞）私涵一個（在陳家河上假名黃

家涵通大河六月二十五日先開現據辛十六都韓耀泰等於糧衙勘塘日具控黃芳玉私開私涵一個在陳家河上假名黃家霪今用石塞水溝一個深五尺又私涵二個水溝一個深三尺私涵一個土名下霪私涵一個土名上霪水溝一個深三尺私涵一個在潘家濱上鳳林穴官穴去秋至今始終不塞私涵一個亭子頭官穴許賢涵官穴楊冀穴官穴現蒙縣批孔茂賢呈詞爾與韓翔鳳膠同賄塘長偷洩湖水已干例禁等語私涵一個在沙闌嘴旁歷山南官穴河墅堰官穴歷山北官穴柳塘穴官穴石湫口官穴私涵三個東陡亹官穴私涵一個划船港官穴金二穴官穴周婆湫官穴私涵一個橫塘穴官穴私涵一個黃家湫官穴以上官穴共一十八處私涵水溝共三十三處其外沿湖車水基址共四十餘處又經生員來竹王協卜吳弘業王渭略蔣樞洪琛來斯文王麟書張應甲來曰聖富啓英陸巡等控愷經將陳家河開穴罄洩鳳林穴草率補塞楊冀穴潑賄先開呈稱湘湖水利均及九鄉蓄洩限時釐毫定則共水穴一十八處自宋迄今並無增減移易舊制穴式各闊五尺各深三尺兩旁豎石底亦如之彼此無異至於先開私放罰例最嚴誌載甚悉詎水利衙蠹作利藪串役婪贓烹肥賣法及至放湖水泉盡涸田禾枯稿痛甚剝膚生等具控蒙委糧衙勘驗會同紳衿沿湖遍歷涵洞水溝鱗次相續晝夜不休或假公掩私或移彼就此一穴三呼一涵四見情弊顯然衆目難掩更有甚者陳家河地勢最低塘工最險大開一穴罄洩官河私築外堤詭稱公穴私涵之中爲禍最大至鳳林穴今年五月草率補塞楊冀穴又於今年五月潑賄先開不惟私

者干冒禁罰即公者亦變壞成規竊思揭防賫水向有明條私開私放必有主使民不賄釐不敢私行衙不受賍豈肯故縱伏乞嚴提水利衙經承胥役并該管塘長總甲逐一嚴訊賍私按律通詳以昭國典以救民生庶水利得全後來知警又紳士何錫田來銑毛鈞孫士榮來竹吳弘猷王協卜洪琛蔣樞王麟書等控孔茂賢等饋送馮尉錢七千二百文於廿九日擅將楊冀穴偷放一晝夜呈稱湘湖之水原以溉九鄉之田不非以飽一家之谿壑今馮尉賄洩殆盡而狡辯不休彼謂之賍證未明或可掩飾耳卽據楊冀一穴溉新義鄉前後峽村為田不下三千餘畝詎孔茂賢孔一隆孔德計畝斂錢七千二百文於本年五月廿八日同孔九成孔沈詩韓伯英陳璵等饋送馮尉其衙胥單升塘長華瑞各有分規總甲孔學交相賄庇卽於廿九日擅將楊冀穴偷放一晝夜此在新義鄉老幼士民萬口如一賍證明確舉一可例此天臺明鑒而鈞批鑿鑿者也夫官穴如此何況私涵暫開如此何況久洩按畝計賍其數不億按律究擬與受同科伏祈併賜詳揭逐一拘提對質則馮尉之喙可息而田等亦非捏詞誣陷者矣本縣據呈詳揭督撫發兩司會核愷經褫革餘杖責如律仍勒石永禁毋許私開改令縣丞專司其事縣詳稱看得王協卜等控水利典史馮愷經賄洩湘湖一案查湘湖蓄水澤及九鄉共有官穴一十八處載諸邑乘修築一塘堤係典史專司每至立秋後三日各涵洞次第開洩不容紊越今夏天道亢暘田禾缺水沿湖居民違禁私開而馮尉失於覺察致紳士王協卜等有叛例徇私等詞之控隨據勘明私開涵洞水滯共三十二處立飭堵塞修築當經通報在案奉憲飭詳解遞卽訊據來竹等各供馮愷經除懈弛職守失察衙役犯賍及收受楊梅一擔鴨一隻輕罪不議外得受孔九成等所送銀壹兩貳錢合依官吏人等非因事而受財坐賍致罪折半科斷一兩以下笞三十係貪官不准折贖永不叙用單升奉差查塘

私受錢二百四十文又係過付塘長華瑞得受七折錢五百文合依枉法贓一兩以下杖七十係無祿人減一等各杖六十折責二十板革去塘長名目總甲沈一茂得五十文杖責革總孔茂賢孔德宜非因公務科斂人財物若饋送人者雖不入己計贓以不枉法論各主者折半科斷一兩至十兩杖七十折責二十五板各贓照追入官違禁偷放石巖穴等處之金士三十四等因天亢旱衆姓紛紛救苗情般應邀免議武舉孔沈詩監生孔九成武生韓伯英係馮尉供稱進衔說事之人應照新例與受財人同科但俱恃護符並未承認除將典史馮愷經職揭孔沈詩中式科分孔九成捐納事例韓伯英入學年分一併開送應否分別咨題黜革伏候憲裁府詳稱蕭邑湘湖之水灌溉九鄉田畝設有溝涵立秋三日始行開洩水利有籍可稽然亦止就雨暘時若而言非可概論於焦原亦壞之候也康熙五十八年四月以後雨澤愆期湖堤以外田成龜拆耕稱之家車戽無自是以偷放諸涵莫可禁遏五月二十日該邑典史馮愷經查復塘長孫茂雲開放柳塘解縣枷責而孔九成等以救禾情般交相請託乃愷經始則姑息繼且曲狥爲紳衿王協卜等於七月初一初五二十一等日羣起詰告筆陣相尋該縣委縣丞勘明通詳奉批查審行該縣元令擬解前來卑府逐加細鞫據孔九成等有醵錢修塘之費餘錢付衙差單升之供卽單升亦經自認不諱據塘長華瑞等僉云並無其事卽在縣三木嚴訊亦復矢口不承惟馮愷經供有當日縣審慘見百姓受刑曾認得銀一兩二錢之語查職員受賄例有處分蹤過贓無人而親供可據殊難爲之寬議也但蕭民素稱健訟若華瑞等果有餽送典史別情三木之下豈甘隱忍卑府職司守郡該典史任蕭數載不聞其有劣蹟今以自認無多之贓遽罹嚴咨殊屬可憫可否請記大過一次免其咨革出自憲仁卑府未敢擅議再查湘湖舊設水霪一十八處今據該縣勘詳至三十洞之多其開自何人始於何年難以窮究相應將邑乘所載仍留啓閉其餘悉加堵塞永杜爭端至典史有巡捕盜之任嗣後湘湖水利請委縣丞專司責成典史不得干預再水霪之設原以利民遇有大旱之年若拘定秋後始放是何異啼饑於室而扃固倉箱乎

應令邑民稟縣詳請或控憲委員查驗因時救濟更爲恩便至生員韓翔鳳陳瑛等係爲首出錢之人忽而附和原告且曲爲支飾殊屬反覆奸險應與斂錢之孔九成韓伯英發學戒飭但念係公事起見并請一視同仁均免深求其塘長華瑞等卑府審訊時已經薄責並邀恩免所斂之錢於各名下照追入官公用司詳稱本司會看得蕭邑湘湖蓄水利及九鄉自宋迄今設有水穴一十八處灌田一十四萬六千八百六十餘畝誌載立秋後三日始自柳塘終及黃家涵次第開塞責成該邑典史管理毋許紊越九鄉田主數千餘戶水利均沾十八洞之外原不容別有徑竇也乃典史馮愷經任挖私涵非時放水以致紳士王沾協卜等有叛例狥私等事先後控縣元令隨委糧衙協同紳士勘驗湘湖啓閉官穴一十八洞又添私洞水溝三十二處共五十處等情覆縣復據衿監來竹等以遵勘顯然等事開明五十處官私涵洞具呈在縣而紳衿何錫田等以賄洩之贓證確然等事呈孔茂賢等科斂等情據該縣通報奉憲批司口提通賄犯證確審咨飭究擬等因遵行紹府轉飭蕭邑訊詳去後茲據元令詳稱庭訊典史馮愷經據供自認縱役私開楊冀穴受銀一兩二錢衙差單升得錢二百四十文又係過付塘長華瑞總甲沈茂等俱各分錢武舉孔沈詩監生孔九成武生韓伯英等進衙說事擬以咨斥笞杖解府該府覆訊以孔九成醵錢爲修塘之費餘錢四百文爲單升所得塘長華瑞等則矢口不承而典史馮愷經又供因見百姓受刑曾認得銀一兩二錢之語請記大過一次其餘請邀寬免前來二本司查得縣尉雖係微員而官箴豈容有玷今馮愷經專管湖田水利乃於水洞一十八處之外任憑私挖至三十二處之多則平日之請託臨事之受賕皆非無因據供康熙五十三四年間來姓等私開湖塘詳縣枷責歷歷有案信如斯語是其責守何至士民羣起而攻視之若讎即使從寬亦難靦顏供職況自認得銀一兩二錢初供鑿鑿應請憲臺批奪俯容另具簡詳咨斥至單升華瑞沈茂等供認得錢及過付情形歷歷如繪府審異同亦屬矯飾姑寬免擬各予杖革各贓於各名下照追入官生員韓翌鳳陳瑛爲首出錢孔九成韓伯英等因事科斂均屬不應相應發學戒飭再

該府以蕭邑典史有捕盜之責請以湘湖水利委任縣丞是管糧之員而司蔭田之水似爲允當其湘湖水利誌載一十八洞此外私涵盡行堵塞毋許私開勒石永禁再據該府詳以水涵之設遇有旱年請因時救濟之語但查湘湖創始自宋代邑令龜山楊文靖公相傳至今奉爲法守先賢豈不知因時救濟之法惟恐蓄水有限若旱爲開放則立秋急於需水之時必有不足之憂應令該縣會同紳士從公酌議妥確另文詳奪

時兩司以府詳有水澤之設遇有旱年請因時救濟之語發議邑人張文瑞議止之

議曰竊以法有不便於人者宜變其法以從時人有不遵夫法者宜黜其人以復古凡事盡然去年湘湖之旱乃人之無良非法之不善也府詳乃有逢大旱之年許令因時救濟不必拘定秋後始放之例大駭物聽凡言農事者僉曰天時地利若如府詳俱不相當蓋士雖寄旺四季各十八日而六月謂之長夏專司溼土之令月令曰土潤溽暑言雖旱乾終帶潤澤苗即枯槁亦能蘇醒一逢秋雨勃然而興其收反倍至於秋則燥金用事禾苗不可缺水故諺曰一田怕秋旱古制限於秋後三日放湖者此也今若變之則山淺水少一放而乾萬一秋雨不來時後將何救非所謂因天之時也地有高低則需水有緩急古制限定一十八穴放水有先後止水限時刻得水分毫厘取其均平不偏也今若變之則富豪強梗之鄉得水嘗有餘貧難狹小之鄉得水嘗不足爭鬥紛然獄訟必起官府雖有均平之心安能家諭而戶曉也唯夫溫台衢處諸府多種占城早稻夏末秋初便可收割此法施之彼處頗亦相宜若蕭邑傍湖之田皆植晚禾直至霜降之後方是收成之期自立秋至冬初尙有百日不可脫水倘湖無涓滴之流後何所恃非所謂分地之利也且湖本爲大旱而設若風調雨順之年諸方自有港漾支流足以灌濡亦復何藉於湖況人之趨利若水之趨下也嚴禁設防以約束之猶不可遏而可縱之使橫流乎更有請者一則私涵宜絕也淮南子曰溜水可以溢壺榼江河不能實漏卮去年糧衙按行湖塘搜出私霪三十餘穴比正穴幾倍則湖水必無盈滿之日今雖堵塞不過苟且了事

掩一時之耳目塞之幾易開之亦不難欲絕其弊須行臥羊坡之法查取開露之家免其罪責於放湖之後水落土見督其取土附於塘脚作斜坡之勢則塘脚高厚開霪頗費工力即開亦易得敗露將不絕而自止可以百年無患此魏文靖公脩塘舊制也一則陡亹宜建也大旱之年民爭水如珠最苦不均故制用石作陡亹闊五尺以石爲底去水面三尺上爲橋或木或石以通行人以爲放水之節度若以泥爲堰壩易於坍塌去水無限矣但以一座約計費銀二十兩一十八穴約費銀三百六十兩此費從何而出合無積罰鍰以成之亦可百年無患此宋令顧公沖立石舊制也此二條初行不無稍擾要在調劑得宜耳一則界址宜清也傍湖居民易於侵佔得尺則尺得寸則寸分計之則無多總計則十百不止也古制以金線青黃爲界黃土者山也是私產青土者湖也是官地截然分明而奸民有以下實青泥而上冒以黃土種樹植蔬者矣此雖不可盡清亦須去其太甚又山脚必有灣坳之處而行路之人便於徑捷往往築短堤爲路其內實官湖也必爲小橋以通水方可否則山土下頹漸成平陸居民佔爲私產矣此亦當去其太甚者也一則請佃宜核也奸頑之民往往借坍江之名請佃湖中退灘地墾田起科以補其缺誑惑有司或不察輒起效尤不可究詰勝國時自首佔田幾半何御史以清理忤令命何孝子以奏聞改正乖名今湖中汙萊之地任從荒棄而不以予民者其端不可開也曠日遲久安知無逞其故智所當一痛懲而嚴絕也此二條人人皆知犯者亦少有司特不可忽爲細事而不加之意耳則偷洩盜決之禁宜辨也人堤塘者塘夫之職掌乃有貪愚之人暗於堰下挖穴通水夜以晉畱取魚晝以泥草塞穴行人過之而不言近鄉知之而不發不知涓涓不絕流爲江河又非漑田徒然耗水一家之利甚微一邑之害甚大又有傍湖居民以水滿捕魚不便夤夜盜決隄防既不知其姓名亦莫究其蹤跡又有傍湖養牛之家利於水淺則柴薪磚瓦重船必然雇牛拖拽因可取值每每買囑塘夫洩水涸湖亦是壞法之一蠹宜重懲而不貸者也一則分疆畫界之弊宜革也王制名山大川不以分水澤之利與民共之舊有草蕩魚池俱在湖底於水無礙蕩也

地每畝科米三升五合池地每畝科米五升蓋因利之所在無主則爭故設爲此法今則一望平湖水深者不過行舟之港有何池蕩之分而豪强之家因爭湖草可以糞田往往插標爲界小民必納錢方得取草傍湖居民亦以遠近分爾我時有鬥爭夫湖本官地草又微物有工夫氣力任其取之有何不可而據爲已有耶魏文靖公詩曰荇帶荷盤從取市蕁絲菰米任求嘗此廓然大公之心也設有到官宜從容開諭俾其和息若其不悛亦不妨大懲而小戒也湖之利弊已盡於此如其及時督修堤防完固湖畔此在當事隨時斟酌非一時之所得議而盡也

湘湖塘舊志治西二里周八十餘里其地曰東陡壐盛家港橫塘（治西三里）柳塘（治西四里橫亘三里餘）塘子堰石巖堰施家河史家池童家湫鳳林穴秦家堰潘家濱黃竹塘（治西南二十里新義鄉橫亘三里塘內外皆河因行舟者取便多挽舟過焉塘漸薄屢年衝決康熙九年塘壞邑令鄒勷議修築易土以石）楊岐穴許賢滏河墅堰石鰡口共十七處皆設塘長看守先是湫口洩水未經設閘崇禎間邑人蔡三樂捐貲建閘又助修西北兩塘撫按旌奬魏文靖水利事迹塘裏宜爲臥羊坡護椿木於上可積湖草泥糞田兗致頑民開掘塘岸過草過泥及私開穴盜水看守修理同海塘（詳上捍海塘）

按舊志於水利門內分列湘湖及湘湖塘二條其實塘以蓄水塘廢則湖亦廢似不必

分叙今並録於此而接續總敘於後亦因年湮代遠縣卷殘缺事實鮮得而徵僅能就其可考者以記之耳

紹興府志乾隆三十五年邑人趙虞相以土壩易於私放改建石閘知縣清泰碑蕭邑水利莫大於湘湖周圍八十里東西兩山蜿蜒如長堤天然捍蔽宋邑令楊文靖公相度形勢於南北山盡橫亘以塘兼設堰壩以資啓閉三時瀦水秋暵洩之以溉九鄉田禾後人恪守成規民食其利數百年矣惟是堰壩穴口必砌石方得永久顧公沖水利約束記云去水穴一十有八每穴闊五尺自水面掘深三尺旁柱以石底亦如之水非石則沖洗深闊去水無限矣魏文靖公驥送王照磨序云湖塘有穴十八名曰陡亹皆以石爲之是知穴之建石自昔爲然自陡亹圮廢祇以土塞之沿湖數十里悉屬土塘諸弊因之蜂起居民貪徇小利偏啓私涵非時偷放塘長知而不報以致湖水易涸一遇亢暘田禾枯槁貽害實非淺鮮先是邑人趙君虞相顏而憂之欲於各穴口悉易以石以衞湖水而力不逮也因勗其子鳴鑾曰汝勉之他日能繼吾志死無恨矣鳴鑾聞而誌之不敢忘乾隆戊子夏郡憲明親蒞湖濱諮諏利弊蒙諭湖塘不高則水不深周圍塘堤宜增高原涵穴內有八處應建石閘照例啓閉庶可無虞偷泄蓄趙生鳴鑾嶇然興起念先人有志未遂遺命諄諄時縈夢寐今際賢太守留心水利痌瘝在抱而吾不能承先志而建鉅工何以慰先人於地下即具詞以獨建石閘爲已任郡憲嘉其志下其議於縣糾集紳士公同商榷查穴口十有八如童家湫黃家涵等處或附近鄰穴舊蹟已湮或貼連山麓石溝可藉祇須修築無事更張惟東陡亹石家湫橫塘柳塘河墅堰楊岐鳳林石巖三穴均係放水要害應建石閘以杜偷放而石家湫橫柳二塘暨石巖穴旁向設拖船土壩今皆易石煥然更新凡高卑丈尺酌水面淺深自八九尺至一丈不等其砌築之法先於河底多釘木樁樁上鋪蓋

石板石縫悉填塊石灌以灰漿一切工程俱細密周緻計用工料及夫匠飯食共費銀二千八百有奇興工於戊子八月庚寅三月落成嗚呼如趙生者可謂賢矣古人有言一介之士存心利物於世必有所濟又聞之莫爲之前雖美弗彰莫爲之後雖盛弗傳今以數百年圮廢之業而廣相欲以一身仔肩厥任其用心良苦嗚鑾又能繼父之志不惜多金建石閘以資捍衛俾九鄉田禾不憂枯槁其象賢善述爲何如哉繼自今邑之士大夫咸以恢復前規爲已責八閘之外迤邐土塘悉爲修築增高培厚固若金湯而功留奕禩不特邑民傳頌勿諼余亦將額手爲蕭民慶也是爲記

三十八年准沿湖居民業窰者三百八戶永遠住居岸上但不得佔墾湖身有妨水利先是邑紳黃雲等在省呈控該居民等侵佔湖身委府查勘三十三年知府明祿詳曰皋府伏查蕭山縣湘湖自宋季政和年間開濬成湖灌溉九鄉田十四萬六千畝有零惟自宋迄今已逾六百餘載之久如果奸民侵佔有礙湖身無論其地是官是民均應剗除以復湖身以保水利而察核送到繪圖據稱居民侵佔之處均係沿湖地方今概請拆毀擯逐居民生計攸關不可不詳愼查辦皋府隨於乾隆三十三年五月初八日親詣蕭邑傳同各紳士逐細履勘其各居民搭蓋房屋並窰座處所均係沿山沿湖一帶山零地角與湖身儲水之區並無妨礙訊據該居民等僉稱生長習業於此或轉輾契買或積祖相承實不知始自何年何代卽詢之原告紳士黃雲等供亦相符令其指明金線界限實無從辨色而該窰戶等取土燒磚燒瓦隨時開濬湖身該紳士等亦稱有利於湖並云居民房屋成功莫毀仍請照舊免拆等語詰其因何呈控之由咸稱不過欲清釐湖界起見並無別情各等情在案皋府竊思以八十里湖旁之地歷經數百年之久湘湖界址既無可考如果居民搭蓋宇舍有礙於湖原不容其久佔今履勘之下尙屬有益無損遽以紳士一呈卽令三百八戶頓遭拆毀擯逐失居失業難免向隅之泣在該地居民祖孫父子相安已久並不

知始自何年何代今按查鱗冊四至以無完粮契據即屬侵佔亦無從究其始末根由究世遠年湮滄桑屢易是否湖身遽難稽考際此昇平盛世生齒蕃衍山零地角
原不禁民托足謀生卑府管見應請仍從其舊免其拆毀以安民業以杜滋擾所有該縣吊到各契均行給還並飭各莊保嗣後如有在於官地界內混行侵佔者即行
呈縣究治永杜後人覬覦之漸庶小民生計有賴永戴皇仁憲德於無既矣如蒙憲允卑府即當出示曉諭居民永行遵守理合勘擬具詳伏祈察轉又惟此三百八
戶之中搭蓋瓦草房屋僅止一百三十三間半又窰房二座此外悉屬場地空地荒地道路地灘地埂地並湖勘水池各佔戶門前屋側閑曠之地並無出產者十居七
八核諸潘倅原查冊開名目相符是雖列佔戶之名究無被佔之實今若一旦議令按戶輸納佃租不特地無出產各戶力有未能且恐各戶視為佔輸租之產竟同己業
將來羣起效尤續添侵佔待至查究咸以輸租為辭轉得藉為口實於農田水利頗有關礙是以斷不可開輸租之名正所以杜其續佔之路也至為閘口壩工程久經監生
趙鳴鑾獨力捐修完整歲修自有塘工捐錢可動而三百八戶之中侵佔搭蓋瓦草房屋者不過十分二三其餘悉屬門前屋側廢地並無出產之土即搭蓋房屋各戶
俱有本身住房粮產不過門前屋側舊有湖基佔造一間半間而本身屋基均屬承粮之產與全行安居無粮之地有間應請仍照卑縣清令原詳免其剗復拆毀亦不
必議令陞佃聽各紳士查察以垂永久毋庸官為差查致滋民累嗣後歷經守令丞倅先後查明各戶並無佔墾亦未有侵湖身三十八年二月奉旨通查畜水湖灘
布政司王亶望時護撫篆奏覆曰蕭山之湘湖係宋時開濬成湖周圍八十餘里灌溉田一十四萬餘畝湖之周圍俱有小山沿山沿湖一帶山側地角舊有居民蓋屋
居住及燒窰生業者三百八戶前因訐訟委員確勘於乾隆三十三年間查明屋宇積祖相承或轉輾售賣不知始自何年且係陸地築室與湖身無礙而挖土燒磚湖
面日闊與蓄洩有益當據府縣詳稟毋庸拆遷在案今欽遵諭旨再行申禁嗣後但許住居岸上不得佔墾湖身有妨水利等情具奏於乾隆三十八年三月初九日奉

到硃批知道了欽此

紹興府志乾隆四十八年庫書傅學明武舉曹聲煌革書吳士達革役周登山等囑壩夫王良千於湖心定山盜築土塘一帶圖佔墾爲田署紹興府范思敬拆壩刊碑永禁

清嘉慶元年於南湖王融谷兩先生發起借歲修五年之費一千金大修湖堤王宗炎湘湖考略序曰湘湖積水環以山山所不周爲隄補之隄高於湖湖高於田歲久隄壞水淤淺人得居山與湖之間爲廬舍園林場圃坵墓以侵湖鄉大夫鄉先生治其侵而不治其所以侵猶不治也夫湖水也周之者山也別於山還湖以水則治湖之事畢其要莫先治堤使多潴水水溢及山麓則居山與湖之間者不能與水爭地是說也宗炎聞之敎諭費先生孝遷而心韙之嘉慶改元之歲於君士達集同志上書當事假行省銀爲兩者千大治隄崇庳益高不洩不溢足以固水當是時君立堤上兩手持士濯水驗堅疏弜畚鍤與傭保雜作不避風雨炎暑日行兩崖間尋十有八穴遺迹度地形勢便宜民所疾苦施行緩急論而錄之爲湘湖考略以遺宗炎俾序其端宗炎嘗往來湖上視近日放水開閘諸法若湫口橫塘盛家港皆後立秋三日開後白露三日築不復循限時啓閉之制跨湖橋橫界南北區湖爲二下湖徑而恆深上湖紓而恆淺邑有司視徐家曹家趙家諸閘爲通流禁不使築則石巖穴不可啓歷山南北穴久廢划船金二兩穴疑莫能定崇化鄉貧西小江許賢鄉隔浙江南皆不藉湖證以宋令顧君冲明富僉事鉉國朝毛檢討奇齡張青州文瑞之書往往不合思考訂今昔勒成一編附水利三事刻後塵俗牽率日弗遑暇於君實事求是視時所

宜質之古不沿其迹言不文而可以信今傳後宗炎見治湖者屢矣三百八戶散居湖濱由於黄丹凌雲何泰安淦不得金線確址之所在八閘漏裂不涵水由於趙上舍鳴鑾之易土以石來戶部起竣治蠹吏之隄而不隄者不可治鄭祿豐應簡何孝廉其焱治土豪之園而不園者不可治於君材能未必過數君子蹈義激發毅然以身任不治湖而治隄隄成而湖不可侵功乃出鄉大夫鄉先生上利害明而所持者要也君貌僅中人性誠樸不善側媚闔然修門內行以化於鄉行事應古經法後之讀是編者勿徒以治湖知君 書中論全湖形勢曰湘湖周八十餘里蓄水溉崇化等九鄉田十四萬六千八百餘畝創自宋邑令楊文靖公就其形勢傍山爲湖其無山可傍者築土爲塘分設穴口以司啓閉規制之善利澤之溥具載邑志湖有上下之分南爲上湖北爲下湖穴口十有八處曰石陡亹即石巖穴曰黄家霪曰童家湫曰鳳林穴曰亭子頭曰楊岐穴曰許賢霪曰歷山南曰歷山北曰河墅堰曰柳塘即塘子堰以上十一處屬上湖曰石家湫即石湫口曰東陡亹即盛家港曰横塘曰金二穴曰划船港曰周婆湫曰黄家湫以上七處屬下湖其歷山南歷山北許賢霪亭子頭四穴久廢蓋因今昔形勢之不同也上湖自楊岐山迤南過亭子頭轉東而北至糠金山計五里許築塘八百一十餘丈其間有鳳林楊岐二穴踰糠金山而北則爲童家湫從此過小湖廟而東則爲嶺頭田迤東北至石巖計二里許築塘三百四十餘丈其間有石陡亹黄家湫二穴其河墅堰一穴在東汪村居湖之西柳塘一穴在井山塢居湖之西北此上湖之大略也下湖自城西石家湫至菊花山計二里許築塘三百五十餘丈石家湫東陡亹二穴分設其間過菊花山則爲横塘穴其志載金二穴划船港在東陡亹之西周婆湫在菊花山麓迹尚存而穴廢黄家湫在横塘西里許此下湖之大略也宋令顧公冲以穴不建石則衝瀉深闊去水無限乃定尺寸淺深各建以石年湮漸廢復成泥壖乾隆三十三年間邑人趙鳴鑾於穴之尤要者石家湫東陡亹横塘柳塘河墅堰楊岐鳳林石巖八穴捐資仍建石閘爲便於啓閉計不惜千金志可嘉也其後閘縫脫罅晝夜涓漏塘夫復偷開漁利自是湖水無

盈滿之時矣長河來申之痛陳其弊志在必拆余謂拆之則没趙君之美不若去梁而留閘之座座中實泥如築塘式其內貼閘座加築護塘則罅漏永塞閘之外面仍見梁石工遺迹長留而閘座倍固可絕竊放之弊無滲泄之虞此議修各閘之大略也至於湖塘歲修在於民捐錢文項下撥有經費向爲吏胥侵蝕未加寸土以致坍塌日甚如史家池秦家堰等處內外深潭尤狹不容足行人遇凍滑有失足落水者且湖水淺則無以救旱湖地涸則易於侵佔爲弊不可勝言夫先賢剏建之意士達濱湖而處目擊心憂無能爲力適里人王君融谷居吉大中丞幕府以桑梓利害白中丞期閭邑紳士呈縣逓詳勘修紳士散處不齊幾成畫餅幸中丞念切民瘼日久不見申詳委員查勘委員惑吏胥之言估費不及一半勢必草率補苴無關實濟達以時不徑可行失復商之邑紳鄭緒肩飛鳴呉懷友斐諸君呈請邑尊覆勘通詳中丞行司允借五年歲修銀一千兩始遂大修之願於是總理銀錢者陳禹疇來崐彩王維德丈量工估按算造冊者來崐彩來杏梁分段承辦董事西鄉來崐彩來杏梁陳禹疇南鄉倪耀宸賈載堂韓秋佩韓一峯韓象揆韓觀文施朝棟暨達共十一人自嘉慶元年四月初八日開工至五月杪竣事塘高八尺底闊二丈面闊一丈塘身高厚則湖水自盈築水滿易致風浪侵激難免坍損在五年內承辦董事歲歲培修至保固限滿則仍歸官修終恐吏胥侵蝕歲修虛存名目不免日復坍圮是深有望於後之重湖利者矣至穴口廢置穴名沿誤以及修築革弊之要聊陳管見分綴於後以備參考云爾　又論革弊之道修築之法甚爲詳盡足資後鑒

越八年改建石塘

湘湖改建石塘記事之剏於始者難而繼於後者則尤難由於一身一家者易而關於一鄉一邑者則不易苟非不惜其力不吝其財並不避嫌怨則斷不能肩其任也夫湘湖爲蕭邑蓄水之藪九鄉賴焉環湖皆山也山所不周之處則築土爲隄以障之夫湘山可爲千百年不變而隄則日久頹圮非歲修不爲功前賢治之屢矣王君融谷慮夫經費貲也嘉慶改元之歲以湖之利弊上書大吏請假歲修銀千兩集同志大治湖堤於是統塘完固又於上下湖險要之處更築坦水以護塘身坦

水者即志所云臥羊坡也惟歲修在官徒有其名不數年間而坦水又衝激殆盡坦水去則土塘之爲力者微傾頹仍所不免得毋前功之盡廢歟閱七年壬戌王君歸自山左因慨然曰事惟不爲爲則必要其成功惟不成成則必期其久夫培土爲堤修之誠是也然修之不力而日聽其圮也則仍與不修等欲圖可久其惟石乎爰又邀同志呈請邑有司給發歲修錢二百五十千文糾工購料刻日興築下用塊石密排作脚上用石板側竪作牆旁用厚板起槽合榫作釘而堵中以土實之名曰倉石堵式共計二百七十八丈高厚堅固如法此誠有湖以來創見之工也是役也始於嘉慶癸亥莫春不一月而告竣焉王君不假胥役躬親督辦雖風雨烈日僕僕往還無倦容費有不給則自稱貸以益之其真可謂不惜其力不避嫌怨者矣至其所築處所則仍土塘之舊其名已詳載於君所著湘湖考略中不多贅云是爲記

光緒六年修湘湖塘

具稟同知銜前署福建壽甯縣知縣來棐監生於萬鍾來召模王嘉杰王立沼爲湖塘坍塌堆積不堪叩請親勘急切興脩事竊蕭邑湘湖創自宋賢楊文靖公周八十餘里跨兩山無山處築土爲塘分設閘壩以司啓閉蓄水灌溉九鄉田十四萬六千八百餘畝每年在於民捐江塘費項下由縣坐支銀二百五十兩作爲歲修湖塘之費而此費盡爲胥吏侵蝕乾隆六十年蒙前撫憲吉訪聞歲修有名無實委員勘估借數年歲修之費併作一次大修責成紳董領辦不准假手胥吏委員惑於胥吏之言估費不及一半經紳士呈請本縣覆勘增估至一千三百千文而承辦之董事十二人每人仍賠錢百餘千文不等嘉慶元年四月修竣具結保固五年此五年中於險要處仍築坦水以護塘身保固限滿仍歸官修嘉慶八年因坦水衝盡塘身將圮又經紳董在縣呈借歲修銀二百五十兩並經貢生高第等各捐錢二百餘千改建石塘迄今加歲修之費有名無實而塘夫漁利掘塘放水賣堆湖草偷開順運以致塘身壩閘日坍塌更有沿湖奸民賄囑書役塘夫將湖水放乾霸佔湖地爲田園湖面日窄蓄水無多湖中之水將不能爲灌溉之貧湖畔之塘更不能爲往來之路每遇陰雨失足淹跌者不少道光二

十四年九月經紳士張百揆等呈請撥照嘉慶元年成案預借數年歲修銀兩由紳董承領興修延不果行至二十九年三十年連遭大水坍塌尤甚咸豐元年經紳董呈請修築一面糾資百餘千聊補險要之區次年復行呈請蒙邑主勳支江塘餘項錢四百千文一由紳董領辦修築幷添建史家池石壩立禁堆積湖草同治四年大水胥吏藉修補之名開銷公項仍屬有名無實並無尺土增加逐段殘缺已不堪行路去年夏月大雨驟注秦家堰史家池塘下施家河等處沖有漏洞數處及坍缺一路二丈不等各壩閘板歲久殘缺未能全堵不時洩漏職等居近湖濱情形目睹不得不稟請公祖大人卽行親勘援照先年成案着實興修並求懲治私涵偷放賣堆湖草諸弊以副先賢創建之心以繼前令興修之意則九鄉幸甚恭呈湘湖考略一本伏乞電鑒以謹稟　正堂龔批湘湖水利爲近湖之農田灌溉要區據稟前情具見留心農業深堪嘉尙所有秦家堰史家池等處坍漏情形自應趕修候約會該紳等詣勘核奪一面飭差查拏並出示嚴禁至此項捐錢歷奉府憲提解現需經費若干仍希確估另稟以便轉請憲示核辦湖略存光緒五年四月初八日　蕭山縣知縣龔謹稟湘湖秦家堰等堤請工現已遴董趕緊開辦呈清摺由稟大人閣下謹稟者案據卑縣職員來耒等以湘湖秦家堰等處沖漏坍缺閘板不全稟請撥照成案興修等情當以湘湖築塘蓄水遇旱以灌九鄉之田關係匪輕誠不宜趕築幷查修費動支小塘捐錢歷經造報有案移委縣丞勘復之後卽先後具詳奉憲核准照辦現由卑職訪邀公正紳董許瑞張遠復往會勘湖塘周圍八十餘里半皆傍麓依山惟秦家堰塘下施施家河三處內外河面寬闊近堤又多深潭風浪頂沖自昔稱爲險要近因年久失修剝卸坍缺不一而足其餘石巖壩等處閘板亦多殘缺不全傳匠逐細確估所有坍缺壘陷各處一律築土加椿兩面添砌塘石殘缺閘板更換修固共需工料錢四百三千二百文卑職以籌款維艱不得不力籌撙節酌量核減擬以九折除零實給錢三百六十二千文惟卑職初任及回任徵收四五兩年小塘捐錢除動支橋開各夫工食幷築壩放水等費外實存錢七十六千九十五文又方令代理期內

徵存錢二十一千五十文又卑職本年上忙徵錢截至現今止除坐支各款外尚存錢四十五千八百二十五文三共僅止錢一百四十二千九百七十文儘支尚不敷用而湘湖蓄水全在春末夏初過梅恐雨澤漸稀失此不修水難瀦蓄設遇亢旱灌溉何資上年因堤坍水淺近湖田禾被旱歉收可爲殷鑒萬不能因經費不敷再任墜廢不舉各紳民咸以此工爲急環求趕辦現除儘支前項存錢外其不敷錢二百十九千零先由卑職設法籌墊請俟徵起塘捐歸款以全要工而免坐誤除照會該紳董等先將塘下施等堤工趕緊開辦一面移委縣丞常川赴工監修仍俟工竣另行造報外合先具簡明清摺肅泐稟呈仰祈大人察核批示實爲公便虔請勛安伏乞垂鑑卑職謹稟計稟呈清摺一扣稟本府憲光緒六年三月二十九日塘工房承

十五年重修湘湖塘閘壩邑紳汪坤厚董其事 重脩湘湖塘閘壩碑記湘湖水利創自宋邑令楊文靖公週八十餘里傍山爲湖無山處築塘一千三百五十餘丈舊制出水穴十有八歷久變遷今存石閘九石壩十一曰石家湫即湫口曰東陡亹即盛家港俗稱湖水壩曰柳塘即塘子堰曰鳳林壩即横築塘曰横塘曰湫河墅堰曰石巖陡亹以上七處閘壩并設又曰楊歧曰亭子頭者有閘無壩又塘下施即史家池秦家堰史家河潘家濱四處有壩無閘資宣蓄壩利舟楫澤溉九鄉利極溥也兵燹後迭經脩築完固丁亥初夏西江塘決閘三口於四都水由白馬湖直注湘湖建瓴之勢迅不可遏塘閘壩均多衝坍熾曾於戊子仲春忝蒞斯邦披閱案牘知工不可緩即邀城紳汪君坤厚輕舟履勘其最要者如湫口横塘河墅堰三壩塘子堰閘壩均坍石料殘缺鳳林閘鼓裂其餘閘壩亦多損閘板朽敗不全塘身坍綫決漏及宜培高加寬者統計四百六十五丈查邑乘向有小塘捐又名湖耗凡沾湘湖水利之田按畝徵錢二文歲可得錢四百餘千除尖山浮橋歲修費及橋壩夫工食等欵外餘皆湖中塘閘諸工歲修費也乃兵後案牘不全曾奉府提作江塘工用又經迭次開支冊存僅百餘千爰稟請以所存購料興修不敷動用續徵報曰可經始於戊子秋工竣於己丑春共用經費五百六十餘

千任其事者爲汪坤厚也例得備書俾後之人有所稽考焉是爲記光緒十五年己丑季夏月知縣事元和宋熾曾撰

三十年舉人黃元壽稟請開墾湘湖荒土邑紳孫壽康憤之邀集附生孫賢許煒垣及鄉父老上書請禁布政司翁委員會同蕭山縣查勘旋據稟復開墾湘湖有妨水利不洽輿情因詳明撫憲聶飭縣立碑永禁蕭山縣知縣李蓁爲遵飭立碑永禁事光緒三十年三月十七日奉藩憲翁札開案准農工商礦總局移奉撫憲聶批蕭山縣黃元壽稟請開墾荒土以廣農業而興教育由奉批仰農工商務局會同布政司迅卽飭查明確核議詳辦毋延切切稟及章程抄發等因並據舉人黃元壽具稟到局移司查照會詳辦理等因由當經由司詳明委令候補知縣趙世芬前赴蕭山縣會同查勘去後茲據該印委會同稟稱查勘湘湖在邑之西南中有石橋一帶橋南曰上湘湖橋北曰下湘湖現在湘湖南岸定山南北及横築塘等處各有漲塗其高出水面二三尺者爲數無幾餘皆高與水平或出水面一二寸不等飭令丈書逐一丈量定山南北暨麻西墩等處共丈得塗地四千六百三十五畝零傳集就地紳耆諮詢輿論不一查縣志與湘湖志載該湖開於宋政和二年週圍八十餘里湖身廣三萬七千二畝零其水灌溉九鄉共一十四萬六千八百六十餘畝業經當時以湖田原粮一千一石零七升五合攤入由化等九鄉田內徵收湖中漲塗自宋迄今俱禁開墾現在漲塗任其荒廢誠爲可惜第竟開墾誠恐築圩圍埂日見侵塡於水利不無碍處於輿情不能允洽似以不開爲是稟祈察核等情到司據此本司查蕭山湘湖開於宋時湖身週圍八十餘里廣至三萬七千餘畝以顧九鄉水利前人孤詣苦心經營不易淤積之所似應設法疏濬以復舊規不應乘便開墾漸佔湖地現在定山南北漲塗高出水面者究屬無多開田墾種非築圩圍穴不足以禦水患必至貪多務得日見侵佔漫無限制且九鄉田畝原派湖糧清理亦不容易未便因此四千

餘畝之生息而害九鄉十餘萬畝之水利應如該印委所議一概不准開墾惟近時人心不古往往藉詞新法講求農工不顧地方利害率請集股開荒現雖委查禁墾難免將來不飾詞聳聽復請委勘應即飭縣於該處立碑永禁以杜覬覦而惠農民除稟批示詳明外札縣遵照前旨辦理並奉撫憲聶批司飭縣立碑永禁仍將碑示拓送備查各等因奉此合行給示立碑永禁爲此示仰九鄉紳耆人等知悉須知蕭山湘湖爲九鄉農田水利攸關自宋迄今禁止開墾此次奉憲立碑永禁自應共相遵守毋得再生覬覦藉請開荒致違禁令切切特示光緒三十年五月十六日給

嗣後議開者仍復紛紛稟請率以主禁者衆議遂寢

按此案主開主禁各執一議紛爭不決今錄一稟於下以見兩方論議之所據

具稟蕭山縣分部郎中黃元壽爲因時制宜開墾荒土公請確查地勢變通舊制以廣農業而資教養事竊生財莫大乎地利治地所貴乎因時世界開通不變拘成例況以滄桑改變明明於古有害而今無害古宜止而今宜行者如蕭山西南鄉之湘湖本宋令楊文靖公廢瘠田三萬六千畝瀦水爲湖灌溉九鄉之田十三萬畝功在民生事在志乘至明中葉太守彭戴二公開通磧堰山築斷麻溪壩使諸義浦三縣之水從臨浦經義橋直達大江於是九鄉中之安養許賢二鄉地面有十成之八割在新開錢塘支江之南與湘湖永遠隔絕至明季太守湯公建三江閘蓄洩有時利及三縣於是崇化昭明來蘇三鄉均沾三江利益不藉湖水由化鄉之澇湖村地勢較高大旱間用湖水惟此興義夏孝三鄉每年立秋前三日放水白露後三日閉閘仍資灌溉合而計之全用者三鄉十用其二者三鄉水不用者三鄉故宋設放水十八穴明設八閘今之所開者六閘此古今水利之不同而開墾湖田之議所由起也所謂開墾湖田者亦並非改湖爲田湖之西南隅近江塘道光同治兩次倒塘沙塗淤進積久漸成高原因水利有餘無人議濬可以逼田而耕者約五千餘畝此外猶是汪洋湖水蓋湘湖之大週圍八十餘里以三萬六千畝之水利分派九鄉則每鄉應得水利四千畝今但以滴水不用之三鄉計之其應得之水利亦

有一萬二千畝所墾者僅五千餘畝尚有六千餘畝之水利加灌各鄉則水利之有
益無絀開墾之有利無害不辨而自明况不用者不止三鄉職元壽世居應用不用
之鄉熟察情形確知可墾礙於舊禁自光緒二十四年後疊奉諭旨飭民開墾荒土
仰見九重宵旰廑念民依遂於光緒二十九年通稟列憲照天一通海例設立墾務
公司繳價開辦並提餘利二成興辦學堂蒙聶前撫批准飭司發委查勘事在可行
忽有杭紳高爾伊由農商局稟詳撫憲特保在籍庶吉士邵章辦理是項墾務印委
官見事有衝突含糊稟復略言或云可開或云不可開或云可開不宜設公司旋由
翁前司詳撫停辦在案今綜繹稟批其注重在變易古制侵佔湖身刪除湖耗三層
夫古制因時損益錦州之天一公司爲上駟院牧地尚可變通何况民間廢地至若
開墾以後而湖身不免侵佔勢必掘取已成之田塡築汪洋之水愚公無此愚舊額
三萬六千畝之糧散在十三萬畝每畝不過十數文崇化等鄉不用湖水空完湖耗
考二百餘年無人求免豈一旦開墾反議減糧且水利仍在何能免耗前此百年禁
令一旦破除愚民無知混稱九鄉未免因疑生阻現在發明至五六年之久水利之
沿革婦孺咸知諒不能飾詞阻撓近來米價日昂又奉諭旨催墾而政界開通不拘
成例但求有益於民朝令不妨夕改古制更可斡旋當此利權外溢生計日艱惟開
一分地力即多一分天利特此邀集九鄉代表公同研究謹將公司章程古今水利
表及開墾利害問答統呈大公祖大人電核俯賜發委確查開放禁令以廣農業而
興教養實爲公便上稟　具稟廪生韓紹湘等爲水利所在民命攸關附呈湘湖考
略一本環叩俯賜察覈嚴禁開墾以保農業而安地方事竊蕭山水利莫大於湘湖
考昔記載證今地勢固彰彰在人耳目無煩生等贅述乃黃元壽以一己之私砌成
謬說聯合黨徒朦稟層憲一再請開罔顧大局貽害生靈莫此爲甚伏思湖之大小
自若田之多寡自若地之高下又自若今昔情形不同安在至於湖水之餘不餘覗
乎天旱之甚不甚若果五風十雨亦何水不餘萬一亢暘即傾全湖之水以灌漑一
二鄉猶虞不足如乾隆五十年咸豐二年此時磧堰山已開麻溪壩已築非猶是數

鄉用水之湖耶乃竟以大旱而粒米無收湖水無餘是其明證況既開湖田必用湖水設遇天旱竊恐所留湖水止供就近湖田之用尙慮不敷此外諸鄉又何望焉論者謂高處可墾低處可濬濬則水能多瀦自無旱患不知湖宜高不宜深深則能積不能洩雖多何用故湘湖考略載有與其深一尺不知高一寸之語此濬湖之說之不能行也論者又謂汲水可用機器不知用水無定時亦無定數機器仍賴人力設或損壞修理維艱語云田無三日糧豈能久待且機器引水區區豈能灌數萬畝之多與數十里之遠之田耶此機器之說之不能行也論者又謂江塘開閘援麻溪閘之例引江水爲挹注不知麻溪等處地勢較卑故得暢引江水若許賢安養長興等鄉地處上游必值秋潮大漲方有涓滴可通故湘湖考略載有乾隆時邑令蔣公開潭頭埠引江水入河勢緩水小乾涸如故等語至海水之鹹之不宜於內地更無論矣此江塘開閘之說之不能行也種種謬妄萬無一當所恨湘湖成例詳載縣志並散見於水利諸書乃自黃元壽之父中耀充當湖塘紳董以後便蓄異謀漫不加察隄之坍圮聽之閘之開放聽之以致蓄水不多地皆淺露而黃元壽遂得於光緒二十九年稟請開墾父子濟惡通同舞弊實屬令人髮指爲今之計要惟有一面查光緒二十九年前翁藩憲詳撫成案重申禁令並坐以一再誣妄之罪一面諭飭現充湖塘董事認眞修理照章啓閉務使水無漏洩則全湖盈盈自無高阜自無旱患否則卽不開墾如去年之偶一遇旱水卽不足各鄉之以旱荒控報者且接踵至仍非保衞農田之至意生等世居湖畔利害切身近日鄉民聞此消息奔走呼號驚惶萬分如果一經開墾勢必以鐵路之拒款激烈釀成旗地清丈之暴動則水旱兵戈行將立見實不勝急切危懼之至爲此萬不得已附呈湘湖考略一本除稟撫憲藩憲暨農工商礦局憲府憲外理合環叩公祖大人俯賜察覈重申禁令嚴究虛誣有以保水利而全民命實爲公便謹稟　以上乃主開主禁之各執一說者也或謂主禁固是然宜鳩資濬治以復湖身之舊庶蓄水多而遇旱不致於涸爲利實宏雖工大費鉅而未可以已也

湘湖穴口沿革

石巖穴

湘湖考略石巖穴溉崇化昭明由化等鄉田五萬餘畝放湖時下河必於張龍橋趙家堰等十二處先行築壩然此穴雖遇亢陽大旱不輕開放各村農民亦未聞有呈請放湖者石巖居民相傳此穴爲龍口一經開放各村必有災殃余謂開放果有不利於民先賢必不於此處建設穴口矣迨承修湖塘加以體訪乃知崇化等鄉地勢最低河道深闊足敷車灌且以深闊之河築十餘處之壩勢亦不易且石巖附近居民又恃有黃家霪晝夜盜洩可以灌溉己田若石巖穴一開則全湖頓涸近塘之田亦須內河車灌故作此無稽之說耳說者又謂崇化等鄉本可無需湖水則石巖一穴不幾虛設乎蓋自前明弘治年間郡守戴公築麻溪壩滂則洩內河之水於江旱則灌外江之潮於河所以乾隆五十年間非常大旱辛義高鄉溪河乾涸者半月交秋放湖湖水無多村民徹夜車戽不數日河道仍涸而瀫堰壩外之水反覺漸漲詢之則知爲麻溪閘潮水所進也村民即開瀫堰放入潮水以救禾苗之辛義高鄉尚賚麻溪之水而崇化昭明等鄉地勢低窪自可無藉湖水是石巖一穴雖遇亢旱誠無庸開放也　王宗炎註乾隆十六年會開石巖穴者老尚有能言其事者乾隆五十年秋旱署令蔣公重耀邀余等議開潭頭埠引江水入內河勢緩水小乾涸如故嗣開麻溪從西小江下注而崇化等鄉仍不得水決荻徑塘之狗頭頸引麻溪水直灌南門江而水始通

柳塘

湘湖考略云柳塘在治西四里橫亙三里其穴似在盛家港金二穴之間然查湘湖穴口並無柳塘之說訪之近村者老亦未有知之者說者謂不曰柳塘霪柳塘穴而僅曰柳塘且曰橫亙三里先年或於塘上種柳故塘以柳名概稱之詞不指穴口言也然案顧公水利約束記明載第一放柳塘溉夏孝鄉范港村田二百二十畝則柳塘實係穴口非塘堤也惟查湖之西北有塘子堰一穴志載十八穴中無此名目而其現在所溉村落田畝與所謂柳塘灌溉之處相符且塘子堰村中有柳塘庵則柳塘之名疑即塘子堰矣戊午七月十五日偕王融谷同訪是穴投憩於柳塘庵值蘭盆懺會者老咸集略舉以詢僉云塘子堰舊名柳塘壩本在連山之下柳塘庵亦

在山麓因前明黃竹山公於山上造墳移其庵於現建之地并嫌穴口冲洩移建山前改名塘子堰云云則塘子堰卽柳塘似無疑義矣但按黃公九臯係嘉靖戊戌進士而化治年間邑令吳公淑遊湘湖記中已有塘子堰之名則父老傳聞又不足據至塘子堰距城十餘里而志載治西湖四里地復不符志亦未免舛誤記之以俟詳考

划船港金二穴

湘湖考略云划船港一穴志載溉夏孝鄉寺莊村田一千五百十六畝得水一厘三毫二忽放水三時刻止與金二穴所載村落田畝得水厘毫放水時刻一字不易則其穴似與金二穴相近然左右細勘其東首數百步外則爲東陡亹其西首貼近則爲周婆湫更無他穴口形迹且寺莊村田不過一百千五百餘畝亦不必建設二穴以資灌溉划船港一穴究無着落戊午秋偕融谷往驗金二穴放水河溝數十步內便屬橫溝約長里許遍訪近村居民僉云金二穴橫溝卽所云划船港以其河溝狹小僅容划船故名此外並不聞另有划船港穴口卽或金二穴之別名未可知也然先賢創制以二穴並立則有之未有一穴而二其名者且志載第二放金二穴第三放划船港則划船港必另爲一穴不敢強爲之解記之以備參考

周婆湫

湘湖考略云周婆湫在菊花山麓穴已久廢水道形迹猶存視其地勢可車而不可放其內應溉田畝與划船港相近通一小溝水可引入無事車戽之勞故其穴遂廢查勘時有耆老指云現在通溝處昔年不敢公然引水暗築地溝掩人耳目其下尚存磚塊形迹卽此地亦可見當日禁令之嚴也

鳳林穴

湘湖考略云鳳林穴溉新義鄉田二萬一百餘畝是鄉地勢最高河道淺狹其間如柴家裏南堡西莊等坂地勢更高距河又遠雖有溝瀝可通河水稍落溝瀝先乾故其田自插秧後往往用閣田之法任苗枯槁止勤培削蓋土雖寄旺四時而長夏專司涇土之令雖遇旱乾土終帶潤苗卽枯槁自能蘇醒一經秋雨勃然而興若至交秋無水則收成絕望矣故西莊南堡等坂之田名爲靠湖田是則新義鄉之所需湖水較各鄉爲更要也然他穴放湖較便如河墅堰塘子堰橫塘等穴內河卽宜築壩而河道不通商旅民間私築屆秋卽放若楊岐穴則穴在僻處內河不必

築壩水無他洩賄囑塘夫未及交秋先行稱放歲歲爲常至石家湫東陡壟其應築
東西各壩雖礙客商往來近在縣城應築應放胥役不能舞弊惟鳳林一穴內河必
築漵堰天昌二壩而漵堰爲商旅往來之處勢必秋前地總先行具稟領費幸逢賢
令准放給費而經承扣尅所費不敷尙須鄉民賠墊幫築若遇聽信胥役之主則義
橋牙行因此壩一築客貨半從臨浦過塘大有不利往往賄囑經承朦稟縣主多方
留難及至各村農民急切具呈情願各出已貲趕築開放而湖水已落所得之水已
屬他穴之餘滴矣更可恨者放湖費盡周折農民正在車戽之時略見時雨行家不
遵舊例白露未交輒先毀壩是鳳林穴之放湖爲獨難而所得之水爲獨少也夫漵
堰本有石閘屆期下閘塡泥原屬易易歲久坍圮乾隆五十四年間鹽商出費捐修
其閘座下椿高出河底尺餘放湖時水從兩旁椿木間奔瀉閘雖新築仍歸無用必
需另築土壩而此地河道深闊所費不貲稍不堅實難免坍圮融谷見放湖之周折
築壩之艱難有漵底重修之議於閘之上下築壩將水車乾拆去閘座掘深河底照
舊安放閘座座中魚鱗疊石灌以濃漿不使纖毫滲洩幷呈請給示照例秋前作壩
秋後放湖白露後方許毀壩立石於漵堰閘邊永杜胥役牙行舞弊之患其費於新
義鄉得利田畝出穀數升各村立董事收存爲次年修築之貲議已定以歲歉不果
行　王延祥記漵堰閘修復始末查鳳林穴放水必築漵堰天閶兩閘而漵堰閘底
損漏每屆放湖必得另築土壩屢爲義橋牙行阻撓欲修閘而不果已詳載鳳林穴
條內矣嗣嘉慶十三年秋築壩放湖時被義橋牙行韓瑾等毀壩涉訟吾鄉公請修
閘委員履勘受韓瑾等賄囑遽以漵堰止有石橋而無閘座應仍築土壩不准修閘
等情詳奉上憲批准韓瑾等立石於漵堰廟前是閘幾爲所廢吾祖融谷公上書阮
中丞力爭之中丞始知委員之妄遴委寧紹台道陳觀察候補通判王鳳笙督縣復
勘閘梁具在且橋石上所鑿漵堰閘三大字彰彰在目嚴責韓瑾等之非當場斷令
擇日開工修閘照舊秋前三日下板堵築放湖商船離閘左右一百步停泊不准近
閘致損閘座白露後三日開閘通詳立石本縣大堂永遠遵守吾鄉即以韓瑾等所

立之石磨平而用之吾祖首先倡捐錢五十千文餘則通鄉按田派捐於嘉慶十四年冬將閘潵底拆修完竣在事各董共糾潵堰社會捐錢置產輪流值年每年屆期築閘會首赴縣呈請給示下板是日公集於潵堰龍圖廟祭神散福永以爲例至今稱便前書未曾載石茲因補刊考略板片幷識之　按王煦上阮中丞書見藝文門

歷山南歷山北二穴　湘湖考略云歷山南北二穴志載各溉安養鄉田一千五百餘畝山之南北各有河溝河湖交界處各設一穴今則遺迹無存不知廢自何年訪其廢穴之由乃以近村居民以陶爲業不便運泥載瓦漸次削毀湖與河通而任其毀廢者則又有故丁巳秋余登歷山之巔俯視山下南北之田各不過數百畝與志載不符訪之友人汪君瀛洲汪曰幼時聞余祖言自隔江七條沙嘴漸漲上四府水勢匯冲江塘屢次坍卸屢次退築自明至今塘身已三易其地田之坍入江中固不少矣田少而溉水無多不復計得水之多寡而且地居偏僻無人過問此穴之所以竟廢也水無他洩不爲湖患似不必以復舊制爲念也

許賢霪在湘湖塘爲灌溉羅村荷村朱村等禾田而設湘湖考略謂不在湖塘而在江塘似誤蓋磧堰未通以前無江無塘與羅村等接連一片固無所用霪磧堰既通以後中隔大江設霪反洩更無所用故此霪之在湖塘不在江塘明矣府志所載湘湖全圖繪許賢霪於亭子頭楊岐穴之間較爲確實

亭子頭　湘湖考略云亭子頭穴口其西與楊岐穴相距百步許東與鳳林穴相距里許所溉新義鄉前後峽村與楊岐穴所溉村落田畝相同但此穴專爲許賢霪而設許賢霪既廢則新義鄉之田自有楊岐穴放水灌溉而亭子頭穴口亦廢

黃家湫　湘湖考略云黃家湫在湫上王村中貼近山麓繞屋設溝溝下俱係石骨昔時湖水由溝道放入至今歲久地勢漸高湖水必須車灌矣

余訪湫上王氏居民隨宋南渡卽居於此距設湖時不過數十年其湫專爲此村而名所謂黃家湫者當是王而非黃如童家湫周婆湫皆因其童姓周姓而名之也按此穴今已廢　童家湫在糠金山與瓜藤山之峽間此處多石在石峽間决口使河與湖通不易坍淤鄉人稱爲水平謂湖水與河水於此取平也無閘無壩但架片石於洞口之上以便行路其洞高不二尺廣不三尺向來任其通流無塞之者光緒二十五年有畜魚於河者恐魚之逸於湖也用泥塞之鄉人不敢阻止今遂塞按童家湫本爲湘湖放水十八穴之一若據現時情形峽南之地高於湖身尺餘水安能入詢之耆老亦無有知爲放水者蓋水利之更變久矣　光緒十五年重修湘湖塘閘壩記文曰舊制出水穴十有八歷久變遷今存石閘九石壩十一曰石家湫曰東陡亹曰柳塘曰鳳林曰橫塘曰河墅堰曰石巖陡亹以上七處閘壩並設又曰楊岐曰亭子頭者有閘無壩又塘下施秦家堰史家河潘家濱四處有壩無閘按亭子頭穴無閘

湘湖各壩湘湖考略湖身之糧派在得利田畝故得水利者各有定界而不能相爭屆秋開放內河各就其界先行築壩放石家湫東陡亹共築壩九處東暘橋一壩東門弔橋一壩新壩頭一壩霪頭閘一壩湖閘一壩陸家閘一壩學前一壩西門二壩放石巖穴黃家霪童家湫共築壩十二處張龍橋一壩趙家堰一壩徐

家閘一壩水仙廟東一壩張家堰一壩塘裏陳一壩八里橫堰一壩霪頭閘一壩八字橋一壩上洋一壩新壩頭一壩後八字橋一壩放橫塘河墅堰一塘子堰築兩壩村口閘一壩和尚橋一壩放鳳林穴築兩壩瀫堰一壩天昌閘一壩然志僅載石家湫東陡亹內河九壩暨石巖穴內河十二壩其餘皆不及焉豈所載之處因大河支流散漫壩閘較多恐年遠壩基遷改難以稽查而其餘不過數處不患改遷而不載及耶然水利所關自宜備載將來修志應請將村口閘等壩一併刊入庶有所稽攷焉

白馬湖　顧冲水利事蹟白馬湖紹興二十年中入內侍省東頭供奉官睿思殿掌管簿書幹辦甯壽觀劉敖箚子奏據紹興府蕭山縣人戶沈琮等六十一人將本鄉白馬湖荒地三千餘畝投獻行在甯壽觀充長生田奉聖旨令轉運司覆驗指實轉運司委幹辦公事趙綱立躬親前去地頭子細覆驗委的有無妨礙後據申綱立躬親起發到白馬湖地頭喚上父老據華期等言其湖約有三千餘畝若被侵佔作田委是有害又據元獻田傅欽等二十人連狀供稱當來各不曾列名著狀陳獻作田係是賣卦人沈琮盜逐人花字朧脫官司其白馬湖古來係是蓄水湖地難以作田綱立今覆驗白馬湖係蓄水去處難以侵佔轉運司點對指實申聞十二月十七日三省同奉聖旨更不施行未久白馬湖又爲李直殿張提舉二家所佔冲在任日於淳

熙十年十二月九日蔣正言箚子奏紹興府蕭山縣連年旱傷民用艱食流移失業臣私恠其由因加詢訪聞縣有白馬湖三千餘畝自乾道九年有李九直殿張提舉者請買兩家包佔廢湖爲田水無所潴難以禦旱欲望睿旨依舊開掘爲湖下浙東提舉司如元錢曾經發納於上給還以蘇一方旱傷流徙之民十二月九日三省同奉聖旨依奏委本路提舉勾郎中躬親開掘勾提舉至地頭出榜湖側言李直殿張提舉皆係世食爵祿之家當來冒佔想是幹人脫悮本宅爲見小利不思妨衆今來開掘即非官中無故騷擾並請公心體國不生阻撓及妄起異議如此告戒可見威談在監司尚如此何况一縣令豈能免其謗毀既復爲湖湖旁三村之民無不欣悅

落星湖　顧冲水利事蹟謹按圖經湖在縣西二十五里周圍二十餘里溉田百餘頃其來久矣湖地計有五千九百二十五畝三角熙寧六年委白主簿撥高處與民爲田每畝管納官租三斗七升有奇宣和二年再紐租田等則增添產業人戶出納自天地元黃字號以下凡一十九圍民戶陳昌等七百二十四戶湖田計三千八百二

十一畝一角水低處不圍管二千一百四畝五十步蓄水灌田乾道二年止作九百畝撥賜歸正官大節使又取梓湖瓜瀝湖約二百畝共作一千一百畝充數又欲佔湘湖賴百姓爭訟遂止計所佔已二千三百餘畝矣大節使妻張氏以其湖本係水利乞還民間朝廷以人戶無訴不行淳熙十年內長興安養兩鄉百姓吳諒等經縣及提舉司下狀行下本縣沖即時同申本縣係居江海之間自西興至錢清四十五里朝夕兩潮貫其中皆是鹹水不可漑田兼田少土薄農民率負販奔走外州若遇水旱饑餓流亡便不相保淳熙七年八年水旱相繼典賣妻子毀拆房廬生者厭糟糠死者塡溝壑田萊荒穢市井坵墟自昔之患未有甚於此者仰惟聖天子愛民有素憂形於色命官賑恤無所不至米計用二萬七千四百五十石三斗四升五合錢計支四萬七千五百二十九貫七百四十一文不惟蠲放稅租使大司農失一歲之入又且國家倍費錢米如此原其所自雖災傷致之亦水利不講之故也或謂水利有二非寄居強占則君命撥賜寄居尙可言之君命撥賜在臣下孰得而議沖竊謂

不然自昔人主皆有聽言之德或有利於民顧臣下不言爾言即從之何爲而不言
主上以務農爲心前事可驗也淳熙九年内傳法寺僧妙因嘗請佃明州定海縣等
處湖田八百餘畝戶部下本州給佃度支員外郎姚實堯具奏鳳浦灌田之利奉聖
旨候收割了日開掘又有介福宮幹人張宗元通神庵道士呂知常爭佃平江府長
州縣武邱山長蕩三千五百餘畝安撫司差幹辦官胡廷直定奪奏上得旨依舊作
積水泄水久遠旱澇之備此有以見主上樂從水利之說也蕭山水利有十今來已
復四湖惟落星湖并梓湖未得如舊故吳諒等列狀舉論且國家恩賜臣下或以爵
命或以金帛爵命高則俸祿自厚金帛多則田畝自增不必以田也況天下之田皆
有主凡無主而屬官者必是水利不應常有閒田以待撥賜也兼落星湖田連歲不
熟又主田之吏從而爲姦所及歸正之家其實不厚若果厚其妻張氏決不肯進狀
乞爲湖使二湖得如張氏所乞則蕭山水利十全無害矣提舉勾郎中偶過台州未
報忽聞朱察院朝陵經過蕭山縣亦知落星湖之害及回取按及圖經去不十日於

淳熙十一年十一月奏上乞開掘落星湖梓湖之田遂得依舊爲湖自此長興安養二鄉不憂旱矣此湖慶元四年又爲臨安府龍華寺僧寶嚴乞賜爲田以妨民灌溉爲長興鄉人戶于宗正等節次經臺省陳論至慶元六年蒙張察院澤奏請復湖還民繼蒙陳侍御讜奏請一應湖溪水利將請佃者從條斷罪追收花利入官仍令提舉官常切興修每季具申御史臺照應西河水利志今落星湖已廢惟梓湖尚存大抵諸興廢祇載宋淳熙間當顧公修復一節以水利事蹟皆顧公所著矣

詹家湖　顧冲水利事蹟詹家湖冲嘗詢之父老皆言夏孝長興二鄉之間民有詹姓者有田六百畝無水灌溉歲率不熟因聚族而謀曰棄百畝爲湖以溉五百畝可乎其族樂然爲之於是湖成以受白馬湖故謂之白馬湖及詹氏衰田非已有族亦散徙有詹百八者未必非其族居鄉無藉以湖獻知宗趙丞宣其湖自此復爲田失水利矣冲在任日同提舉勾郎中開掘白馬湖有鄭京下狀稱伏覩指揮委提舉開掘白馬湖竊見詹家湖已被詹百八獻與趙丞宣其湖係白馬湖支派在今來開掘三千畝之數既蒙聖旨盡數開掘爲湖理合與京等開掘勾提舉令冲躬親相視冲遂詣地頭集到父老曹四等幷佃戶詹珍保正郭達等各狀供本村古蹟蓄水白馬湖

毗近有小湖一所名詹家湖約一百五十餘畝自來蓄水澆蔭楓木塢五百餘畝自趙丞宣爲田之後委是有妨蓄水冲相視得其湖若或毀去田塍幫修塘岸蓄水以備旱涸於民委是利濟申上未行遣間本縣先有轉運司船一隻原泊在縣遇嗣王朝陵過經乘坐其船年深除毀拆外只存其底每遇嗣王來紹興府差船應付雖前政任內行下令修即不曾支給官錢木植兼冲到任適當八年大水之後百姓流移止有空邑忽運司專人追工案手分前去斷杖一百送江陰根勘不造船因依及詢究來歷園令趙不艱乃占田趙知宗之子是嗣王近族始知船事起於詹家湖不免申主管司乞得錢三百餘貫及本縣措置四百餘貫夤夜督工幾月船就後來鄭京等再經戶部趙園令遣幹人屠永經提舉司陳狀乞別委淸强官重行體究蒙差諸暨汪縣丞據汪縣丞申其田係趙丞宣承買爲業出納稅租湖内見今蓄水只緣趙丞宣不容鄭京等車戽致有詞訴乞行下告示趙丞宣幹人如遇旱暘衆共車戽提舉司具所申幷諸暨汪縣丞體究事理申戶部再准戶部符前後兩申各有異同更

切契勘照條指定後來提舉司指定申上件湖田既是有妨水利欲行下本縣開掘還湖灌溉民田准戶部符仰從申施行詹家湖於此得復西河水利志詹家湖者白馬湖西南一別浸也今其湖在冠山之麓與白馬間隔湖邊亦尚有詹姓居住明崇禎間湖屬來氏訛傳爲相國來公所築其湖亦漸堙廢較向時所謂百畝者祇十之四焉

瓜瀝湖　顧冲水利事蹟有瓜瀝湖又有臨江湖以理推之瓜瀝村名也臨江居其中別無他湖以此知臨江卽今之所謂瓜瀝親到地所視之約二百畝有吳堅者率其衆獻之大節使張提舉二家佔以爲田人戶何端等累於臺省陳論行下本路提舉司委紹興府杜察推看定據申瓜瀝灌溉民田六千餘畝若佔塞爲田則水利不通凡有田之家必受其害大節使撥賜田縣道固當措置在法瀦水之地爲衆共溉田者尤不當給今廢其湖於民實有利害本府申上戶部勘當從杜察推定斷行下結絕蒙委冲前去開掘又有吳堅佔湖作雪窖不免將吳堅解府斷罪押下毀拆從此瓜瀝湖始歸民間矣

周家湖　舊志周家湖明嘉靖二十一年令林策改正周家湖民感之立石記其事置

於通闤坊寅賓亭邑人毛公毅改正周家湖記周家湖記者記周家湖之改正也正之者誰我邑宰丹峯林侯也湖在苧蘿鄉去縣三十里肇建自宋嘉佑中邑人周姓者族衆繁衍貲產饒裕環是鄉田屬於其家者居多然其地連山延谷未始有湖故旱潦相仍往往被其害焉周姓苦之聚鄉人合謀相度山形酌量水勢各捐己田濬而深之遡衆流而納諸中以備灌溉而周家湖成矣南渡以來尙未畝也沿至元代入於國初周姓日益替而居於其鄉者亦死徙靡常於是向之所謂湖其名雖存轉展貿易夤緣侵佔先之以奸民之塡塞繼之以豪右之兼併誣起則例混報升科蕩然無復舊觀宣德至今極矣去任錫山張侯東臯王侯每常究心於此力欲釐正之適以遷轉之速功未就緒以去於後隨革隨僭法莫有禁之者乃幸丹峯林侯來宰茲土興衰剔蠹百廢具舉深知佔湖者爲民厲階不淺也躬履其地諭告諸鄉民曰昔人棄田爲湖乃今易湖爲田豈昔人之見出汝輩下哉其所慮誠遠也然竊怪前有司者不塞其源而逆禁之於其末不豁其升科之稅而徒有僭種之罪是使奸民有辭莫能禁以至此於是委陰陽訓術田玹等按圖籍之傳稽額例之舊丈量其涯岸而新之正其冒者裁其竊據者劃其壅塞而田者釐其妄科而誕漫者自是無廢前業而規制猶宿昔矣計其廣四百一畝九分八厘零豁其稅泉額九石二斗二合妄派二石二升七勺約十有一石二斗二升七勺均派本鄉每畝代輸一合六勺一抄嚴其洩放以利及爲準先後次第各有規則毋致紛爭又慮塘圩弗禁啓閉無方也委耆老予猶子毛官者鳩鄉夫運土累石築以塘埂設以版閘工告成且僉塘長三人管束爲久遠計申諸當道以昭大工侯之惠民可謂宏且遠矣猶子毛官以德政不可使泯也請言志諸石予惟侯之德政存於湖湖存萬世則澤流萬世鄭國白公可知也已奚俟予贅若湖之興廢彼惡害己者利於速去其籍不有言以昭諸永久則繩約弛而防範疏法禁墮而勸懲廢歲月流易耳目改觀後之人安知其有今乎是使侯之德政不行於世也斯則不可不記也已故悉其始末以示方來侯諱策字直夫丹峯其別號也閩之漳浦人以名進士來邑有公輔之

望云康熙志周家湖塘周二里　萬歷志周家湖各壩以蓄周家湖之水皆先秋而築屆白露而隨毀又六莊閘油車閘王山閘均爲周家湖水利而設唐書賀知章求周官湖數頃爲放生池縣志刊誤云即周家湖也舊志按湖爲宋嘉祐中邑人周姓者所開似非賀監所請之地或賜監後日久漸湮爲田至宋復開因而改官爲家俱未可知並存之

淨林湖　萬歷志縣南十里一名杜周湖舊志一名杜湖周十里溉田五十餘頃按此下舊志皆入山川但既有溉田之數自當入水利故並載之按此湖今詢之土人已不知其所在

童湖　舊志童湖紹定間資利寺僧議作田一頃一十餘畝按湖址即今之童墅村舊志云資利寺在龕山今查寺在衙前即今之白鶴寺

清霖湖　萬歷志縣南二十五里按此湖今亦不知所在

桃湖　舊志今爲田三千畝屬桃源鄉

澇湖　舊志其灘淺遇霪雨旋溢旋退屬由化鄉

戚家湖　舊志與湘湖接一名莊湖墾田二百餘畝莊或作樁

梓湖　萬歷志縣西三十五里按考鄉里表實僅二十八里面積本有百餘畝光緒時被長興鄉人來小全湮塞較向時湖面僅餘十之三

牧馬湖　張文瑞水利附刻湖屬龕山村灌田二十頃東西北三面距山惟西南築塘數十餘步湖以備旱而塘以備潦也

女陂湖　張文瑞水利附刻又名孔湖屬來蘇鄉溉田二百餘畝週里許西南北三面距山東皆民田水泉深濬不費陂障而車戽不窮利出自然者也按此湖在今苧蘿鄉三面距山林壑幽美其水出一小橋流入南門江每日早出夕歸若子午潮焉相傳湖水通海云

厲市湖　張文瑞水利附刻湖屬來蘇鄉周三里溉田五百畝東近西小江西南北三面皆田不事隄防不涉有司與女陂相類云

通濟湖　張文瑞水利附刻湖屬苧蘿鄉周十里溉田一萬畝東北距木峯山西南腴田數十頃逶迤環繞不濫不竭民咸利之

楊家湖　張文瑞水利附刻湖屬孝悌鄉周二里漑田八千餘畝南至龜山東西北三面皆田沮洳原隰瀕潦而利薄者也按此湖詢之土人今亦不知其所在

大小湖　張文瑞水利附刻湖周九頃西至梓湖山東南北三面皆田其田外横塘所以備潦也萬歷志縣南六十里按紹興府水利圖說大小湖西至梓湖山邑人謂今郭墓山東有大湖小湖相隔二里並非一湖是當有誤兩存之按郭墓山東之大湖周二百畝漑田數千畝小湖在其北周百畝漑田千畝

于湖　張文瑞水利附刻湖屬長山鄉周二里漑田二百六十畝一名游湖東南北皆距大山西近大溪地最高阜取諸湖而不給則以溪濟之蓋惟患其亢而不患其潦也萬歷志縣南六十里一名游湖按舊志謂在長山鄉邑人謂長山鄉無此湖惟郭墓山下有于湖在五里坂並存之

卸湖　萬歷志縣西三十里新義鄉張文瑞水利附刻湖周二里漑田一百五十畝南至東山西北東皆田湖小而救旱則不及其三面無防或潦則有餘今築桃源鄉塘則三面有賴一舉而兩得也按既云在新義鄉又連及桃源塘則應在縣南不在西也

徐安正湖　張文瑞水利附刻湖屬長興鄉周十五里溉田三十頃東至冠山西南北皆田湖狹小蓄不廣田旱而澤不周其利害與于湖相類云以上諸湖互見山川今廢

迴龍庵大湖　在縣西三十里面積十餘畝溉田百數十畝

雙岡大湖　縣西二十九里面積二十畝溉田百五十餘畝

河渠

運河　舊志宋令顧冲水利事蹟蕭山自西興閘至錢淸堰計四十五里中有運河河之南有湘湖河之北爲由化夏孝二鄉每遇歲旱各得湘湖水利如欲取水先於運河兩頭作壩方決望湖橋下壩引入運河復開鄭河口壩流入二鄉望湖橋乃水之所自出鄭河口乃水之所自入其水已足然後去兩壩復塞望湖鄭河口二壩按運河自西達東橫穿縣境而過爲各溪河之幹流沿途閘壩甚衆其通塞關於本邑之水利亦極鉅也

新河　嘉靖志明景泰四年縣丞王瑾興工浚新河以洩由化昭明里仁諸鄉之溢

沿運河附近閘壩新河閘盧康河塘橫築塘及其餘閘壩附

永興閘　見前

村口閘　清水閘　涸水閘　資福閘　萬曆府志村口閘在縣西五里清水閘涸水閘在縣西八里資福閘在縣西十里並以瀦湘湖之水防夏孝長興二鄉凡歲秋三日則謹守之舊志古志村口資福二閘外另有清水涸水二閘今查清水閘即村口閘涸水閘即資福閘非有四也並以瀦湘湖白馬湖詹家湖水以防夏孝長興二鄉凡穀雨後閉閘秋分後開閘俱設閘夫看守之或云清水閘在西興倉橋邊今稍移進爲資福閘涸水閘以受江水故名今稍移出近江爲龍口閘　按嘉泰會稽志景德三年知越州王礪置清涸二水閘又清水閘去治西十一里村口閘在縣西十里二百步則村口閘與清水閘當是二處也　按涸水清水二閘今均無遺址可考惟村口資福二閘在運河南岸爲蓄放湖水之關鍵甚爲重要或如康熙志所言非有四也二閘並立夏閉閘秋分開閘設閘夫司其事考來氏重修村口閘記云閘昉自宋代不知何據又云萬曆時經來端操等改建其閘始大康熙十四年來集之來日彰鳩工修築嗣後嘉道同光間屢經修治故閘之啓閉及挑選閘夫均由來氏主其事咸豐六年奸民趙良煥等勾串無賴滕示開牙計圖倫放漁利經來錫爵等訴於官撫憲何批云村口閘既向由來姓挑選閘夫專司啓閉

事關農田水利自應循照舊章辦理豈容船夫牙戶朦混串開仰紹興府迅催蕭山縣照章勒石嚴禁並取具遵結送查如有棍徒抗違不遵即行提案究治自是以後遵循未失

湖水壩　湫口壩皆在運河南岸遇旱則决放湖水入運河

王家堰　萬歷志治西一里宋志名鄭河口顧冲蕭山水利事蹟鄭河口蕭山自西興閘至錢清堰計四十五里中有運河河之南有湘湖河之北爲由化夏孝二鄉每遇歲旱各得湘湖水利如欲取水先於運河兩頭作壩方决望湖橋下壩引水入運河復開鄭河口壩流入二鄉望湖橋乃水之所自出鄭河口乃水之所自入其水已足然後去兩壩復塞望湖橋鄭河口二壩緣鄭河口係在張提舉住宅前斷爲船浜爲荷池水不通者三十餘年淳熙十一年九月内勾提舉被旨前來掘白馬湖有賈珍等狀論鄭河口被張提舉冒佔水利却於河内立樁壘石起造船坊築捺强霸畜養魚鼈栽種荷花不容放水灌溉田禾遭旱致傷農民流移乞委官毁拆勾提舉於當

月二十六日將歸紹興行至縣遂詢問鄭河所在適在問處令本縣預集夫五十人不一時頃其壩盡開通但未知日後通塞如何也

林家堰　萬歷志邑之西河舊有林家堰以爲水勢乾溢之節後或廢或存無一定之規兄兩岸多爲人塡出架屋乃漸淺狹舟不能通民病之弘治十四年屯田僉事張鸞開浚亦不能復其舊矣萬歷十一年重建橋稍廣之

林家閘　萬歷府志閘在縣西百步許西受夏孝長興諸鄉之水南受新義苧蘿諸鄉之水會於西河達於運渠東經於錢淸又東入於江今西河上林家橋卽林家閘基

鳳堰　萬歷志治東二里

鳳堰閘　萬歷府志閘在縣東百步許閘水舊自鳳堰逕入廟橋河築城後水由運河出東門南經城濠始入廟橋河又經東塘河至徐家閘東流以達螺山閘並入於江萬歷志嘉靖三十三年未城之先閘受崇化鄉并芹沂陸家河水自鳳堰逕入廟橋河舊志弘治七年邑人任邦瑞重修山陰高郎中潤記略蕭山襟花溪磧堰西帶錢塘北瀕大海霪雨浹旬遂至泛濫高亢彌月卽爲赤地蓄難洄易旱潦相仍民多病之宋楊龜山皆爲堰閘而因時啓閉焉鳳堰閘

亦其一也今歲自春之夏霪雨凡三閱月是堰傾圮田禾淹沒邑士任邦瑞乃率其子曰鳳等出私帑白於縣令以甃治之令嘉其倘義助以夫力蕢莢一更厥功告成嗣此汚窪高阜皆爲膏腴其利於蕭豈淺鮮哉清同治六年任氏重修

陳公閘　在東門外運河南岸

轉壩　在縣治東三里盛文閣左側每逢旱年秋時作壩以放湖水按此壩與霪頭澇湖二閘均爲湖水而設恐湖水洩入運河也平時仍通

盛文壩　舊志即東壩俗呼新壩在治東五里明萬歷四十四年邑令陳如松講求地方利病於霪頭閘橫築一壩以防潮患壩上建文昌閣開雙河塍通運河以便舟楫建橋一大通橋傍搆塔一座共費銀二千餘兩不動公帑按西河撰何汝尹墓誌云汝尹任其役破產之半舟行紆回視舊遠二里後崇禎間於壩北首開通運河建橋二所舟由壩北一折直抵東門前陳公所開之河惟天旱由之

霪頭閘　萬歷府志在縣北十五里節由化鄉之水北注於運河按霪頭閘在治東六里運河旁北有陸家閘其水出霪頭閘入運河

漤湖閘　萬歷府志在縣東十里昭明崇化由夏諸鄉之水會焉一入於漤湖一入於山北河會於長山閘又北入於海按漤湖閘在霪頭閘之東亦在運河旁

吟龍閘　在治東十八里運河旁

麻車閘　萬歷府志在縣東三十里節鳳儀鄉之水南注於運河

新河閘　萬歷府志在縣東三里

蘆康河塘　舊志治北七里貼近海塘

橫築塘　在潘西鄉黃竹山下光緒二十七年舉人黃元壽等請毀塘造閘其呈文曰敎習舉人黃元壽增貢韓祖昌生員韓壽椿舉人韓拜旒監生於笠雲等聯名稟稱縣南二十五里有黃築塘係前明進士黃九臯所築其塘長約五十餘步北接湖塘南接河岸塘在湘湖之外河通義橋之水至蕭城僅二十里自建此壩往來舟楫必由連堰經所前入西小江過謝恩橋至東門六十餘里惟小船可拖壩而過推造壩之意專爲湖水開放而設蓋壩上之水自義橋出連堰從臨浦出大莊橋至白露塘爲總匯經所前由章潘橋達南門江與壩下之水經埭上出岳大橋達南門江仍合爲一則上下之水本無高下之別惟壩上各鄉每到秋時均藉湖水灌田若無此壩則湘湖開放之際連堰雖閉仍流至壩下各鄉湖水不能停蓄今請添建閘橋一座每年至立秋前三日連堰既閉此處亦閉至白露後三日連堰既開水已四通閉之無一律開放如此則與農田無碍於舟楫便利誠恐附近居民藉拖壩徼利飾詞阻撓公

叩示諭**經邑紳呈駁**具稟職員韓錫霖監生韓履祥鄉耆韓鳳松生員韓光治其餘人等另單粘呈爲毀塘造閘民命農田兩受其害公叩勘以安民業事竊職等於今正二十八日目睹示諭知黃元壽等聯名請示於橫築塘創造橋閘聲稱水利農田兩便抑知其詞之誣者有二蓋此橫塘宋政和二年邑主楊文靖公建築湘湖並築此橫塘職等由宋南渡遷居於此已有此橫築塘故村以塘名而十六都三圖十九都二圖莊册亦以橫築名而黃元壽乃易橫爲黃揑爲黃九臯所築查黃九臯係前明嘉靖戊戌進士塘與九臯遠隔兩朝其誣一也又橫築塘有上河下河之別而黃元壽謂上下之水本無高下之別竊維河既分上下則水焉得無高下現時橫築塘至義橋卽濼船亦難通行而義橋至大莊橋大船儘可裝載淺深之別顯判兩途謂舟楫可通其誣二也且其害有四既造橋閘欲通舟楫勢必開闊河道欲闢河道必毀兩岸民房民將誰歸其害一也民房既毀粮無從出其害二也造橋開河損傷地脈民命攸關其害三也新義鄉地勢最高大河開深支河乾涸不特河失灌溉而民間吃水全無其害四也有此二誣四害蒙蔽公祖強造橋閘必有爭鬥訟獄等事而咎將誰歸在公祖雖諭四塘工董此事二黃紳中耀王紳暐昌邀集紳董會同勘明而黃元壽卽黃紳之子父爲子隱理或當然而其餘紳董無一知者不惟案外無知卽案內如黃之霖數年前往保定爲幕友今尙未歸韓祖昌韓一拜旒職等近在卭尺日與接談亦皆未知又公祖告示係前年九月發出而黃元壽捺匿至今於正月二十一日破土二十八日始交地總日懸夜收稱稱情節弊竇日多以數百年相安之塘而黃元壽強欲開造其有包藏禍心藉端爲己之意明矣且公祖蒞任以來民皆樂業頌聲載道今爲黃元壽朦蔽建橋恐於小民無什一之利而有萬千之害職等居橫築塘之左右均受其害不得不瀝情上訴焚香跪叩請公祖一面迭諭黃元壽中止不行一面親自履勘則地勢之有高下否舟楫之可通行否地脈之有損傷否農田之有違礙否庶幾可造不可造一目了然澈底澄清水落石出而農業可安矣職等不勝銘感之至頂德上稟**乃奉縣批禁止**正堂瞿批

查此案前據舉人黃元壽增貢韓祖昌舉人韓拜旒廩生韓第昌生員韓壽椿監生於笠雲舉人黃之霖武舉王馬寶黃守忠聯名稟稱縣南二十里有黃築塘係黃氏遠祖明進士黃九臯所築塘之長約五十餘步北接湘塘南接河岸塘在湘湖之外河通義橋之水按義橋至蕭城水程止二十里自建此壩舟楫往來計程須六十里請添建閘橋與連堰之閘同時啓閉農田無碍舟楫可通公叩出示曉諭以免阻撓等情具稟到縣當經前縣批飭以數百年之舊跡一旦事涉變更必須有百全之利無什一之弊方可動作應候照會塘工董事邀集城鄉各紳董會同妥議稟辦未及核辦交卸本縣抵任後即經照請會議嗣據塘董黃中耀王暐昌稟稱遵即邀集城鄉各紳悉心妥議均稱黃築塘之建閘橋閉則利於農田開則便於舟楫一舉兩得其益各繪具圖說請即給示照辦等情稟復當查黃紳中耀王紳暐昌經辦塘工有年水利情形頗稱熟悉又據邀集城鄉各紳董妥議衆情既稱允洽於農田舟楫兩有裨益是以批准給示辦理今據稟該塘建自宋政和年間水有上河下河之別至義橋即船亦難通行改建閘橋則禾失灌溉糧無所出舉人黃元壽列名紳董無一知者以數百年相安之塘強欲開造藉端濟私置一鄉水利得失於不顧聯名稟請勘明諭止等情本縣查閱志乘所載黃築塘治西南二十里康熙九年塘壞邑令鄒修築易土以石時閱二百餘年現在改建閘橋是否有百全之利於水利農田有無妨礙既據該職等公同具稟請勘姑候查勘西江塘盤頭之便前詣履勘明確再行核辦着即知照

響水閘　在湘湖塘外溪流上

堰基壩　在義橋鄉峽山莊溪流上

湊堰　在治南十四里湊堰金湊堰丁地方舊有堰孔湖之水由來蘇村之東出入南

門江明初廢堰建橋湖水直入南門江

黃山閘　在治西三十里明萬歷四十二年里人蔣國恩章梅坡許佐橋諸君以四都長興鄉𡶶爿山之北週圍二十餘里地處高脊水由江出旋溢旋涸乃相度地勢鑿開黃山之峽築閘瀦水每歲清明下板填泥蓄水溉田秋後啓閘以通水道又於閘旁建廟命僧專司啓閉於是旱潦有備一鄉利賴逮洪楊之變啓閉制毁而廟亦焚焉

舊制水利門中尚有章家堰治東三里孫家堰治東二十里楊新堰治東廿五里沈家堰治東三十五里衙前堰治東三十五里石湫堰治東四十里季家堰治東四十里今並廢

附錄萬歷志總論邑之水利由化等九鄉賴湘湖爲多今法密民惴固無䫫然侵利如曩時者矣然不無私霔盜洩此不過一塘長可督察之爾惟遇旱開放不顧則例時刻獨强有力者先得之此不均之端曷可長哉

附錄康熙志總論蕭邑三面襟帶江海中潴諸湖以防旱潦楊文靖經畫於前魏文靖踵事於後水利事迹一篇已具載之矣至閘塘堰壩要皆因高視下以節宣諸水而裨益斯民者也其利害之大者惟西北兩塘蓋西江塘受三衢徽婺諸府之水而會於蕭西塘固則蕭邑先受其利而山會亦旋被之西塘傾則蕭邑先受其害而山會亦併及之至於北海塘爲海水出入之衝其爲蕭邑之利害僅數鄉而已在山會則兩邑之利害實係焉是二塘之所關匪細也以時補葺庸可緩與若夫山鄉池湖以納諸富二縣谿谷之水又或密邇大江春潮春雨兩相激盪爲害良多故各鄉居民或築塘以禦橫流或開澪以納潮水無非爲救生計而行萬不得已之事也爲之上者可不急爲左右哉　凡堰壩所以障水之出入而不以時啓閉者也又有閘焉則時慮內水之澇用板閉之以障外水之入或慮內水之旱復啓板以引外水之入者也先年磧堰未開麻溪未塞蕭邑迤東諸鄉患浦陽江水由麻溪而東北經小江又東北經龕山閘入海則必溢入內河害不可言所以

山會懼其東溢於錢清鎭壩以截其衝而旁逼東西小江通口處必築堰閘又於內河處加築堰閘無使溢入而後已自戴公開磧堰築麻溪壩使浦陽江水北合富陽江水直入大江以趨於海卽西小江亦內河耳不更爲害所以錢清壩大開而單家堰徐家堰諸處皆廢無復議修築矣至林家鳳堰等閘在城之先各鄉水溢一時莫禦故於要處各設閘堰以抑橫流及施公旣建城而各鄉水困於城禦不能泛溢故諸閘堰亦改作橋梁矣若今所存堰閘俱江塘湖水所關甚匪淺鮮修飾之功毋視泛常可也龍口閘長山閘龕山閘原爲去水所建今龍口閘有港以通大江惟長山龕山二閘沙漲湮塞必宜開掘蓋因山會蕭諸水共由三江一閘出海水盛不能卽退遂成澤國近年屢被其害使各分流則水易退而民亦甚便議水利者善蓄尤貴善洩也此爲蕭邑第一要務

附紀家匯舊志宋乾道八年諸暨水溢詔開紀家匯浚蕭山新江以殺水勢邑令張暉力爭以地形水勢列疏上之謂諸暨地高而蕭山地低山陰則沿江皆山故有

小江以導諸暨之水欲浚新江其底石堅不可鑿若開壯家匯則水逕衝蕭山桃源苧蘿許賢新義來蘇崇化昭明七鄉田廬俱成巨浸時安撫丞相蔣公主諸暨之請暉力爭有頭可斷匯不可開之言議遂寢馮騆作記以著其實

附浜蕩議舊志邑中水道旱則藉以溉田澇則資以容水所係匪淺邇來士民輒請自實蓋浜蕩糧薄輸納甚省得利頗贏動以納糧爲名人不敢詰自實一分必侵佔數分以之植菱畜魚停汚積垢日漸壅塞甚且以土築壩閉遏舟楫阻隔通川霪涸莫救職此之由一經自實遂謂己產凡民間引水取泥捕魚一切禁止小民莫敢誰何嗟嗟以通邑大共之河一旦據爲已有使水旱災傷合邑坐困是何心哉至城河更爲城守所係尤宜清理司民社者愼勿狥庇而久爲民毒也

附上鄉水利說

萬歷邑令劉會荒鄉水利論邑壤二十四鄉以浦陽江界上下下自由化至鳳儀十五鄉而上則許賢至桃源九鄉也是九鄉不惟聲容習尙與下鄉殊而土田瘠

确亦不可與較蓋許賢以上七鄉當富諸及我南境萬山諸水入江之口而溪溝淤窄霖雨即窪桑田爲壑瀉之且甚緩而桃源二鄉爲浦陽江壖或霖時潮逆諸豔山水往往倒塘湧入爲湖藝時正梅雨候而九鄉詎無妨耶俟水退而蒔業已入夏至矣時下鄉正耘耨而彼方蒔求禾之亟秀得乎即秀矣而秋之蓼水又至一滅沒而盡爲腐草求有秋穰穰如下鄉又可得乎以故號荒鄉誠苦之也如此水利可弗亟講耶竊謂江水宜障山水宜瀉譬如病癆瘵者防穀道而饕餮積結之症補之則死九鄉士人之病水也開已稻田私築塘圩以捍之大小官溪一任其淤塞而不顧且利其沙漲而佔植焉沾沾如處堂燕雀何自喜也孰知塘愈築溪愈塞水愈大一旦倒塘而入且淤稻田不如無塘是無異於積結之症而補之也愚矣愚矣然則欲病之瘳也莫如利導而泄之嘗謂下鄉阻江海患山水其初霪潦未必不與上鄉相當顧近縣治民居輳集地形便而經畫者易爲力故自楊龜山開創湘湖而後之講求羽翼者不下十數輩自劉帥築捍海近築西江等塘

而後之葺治者恆屢屢焉隨聲附影咸克底績以故海潮不入而山水自瀦下鄉遂爲樂土今人咸謂湘湖爲備旱不知當時亦爲備澇計也乃上鄉則不然去縣遠矣民居稀矣地形雜而即欲經畫亦無庸藉手山溪通江水固不可湖矣土人能爲隄防而不知利在洩也盍亦濬而溪決而漲分殺其狂瀾乎創開新溪力固不及僅因其故道而疏瀹之不猶愈於築塘而障之乎與其開毀私田以築塘而水或倒塘反爲田害孰若開濬官溪以築塘而溪愈深水愈洩塘愈高且固田愈無患乎如西鄉之廣義堰沙河口閘峽吳家閘下海橋靈橋等處東鄉之李家堰橫山前鍾家灘梅里灘等處周遭不越五十餘里計其得利田數約十萬餘畝均派而興工不過畝僅數尺名爲大工實則衆擎易舉不煩官帑而鄉無不役之田溪無不通之水如血脈周流於一身而積結且泄而通利何災害之能爲而其所獲也未必不與下鄉等矣此理易知亦易舉而土人顧以靠天荒都自諉恬然不爲意何哉夫地方利害惟在呈舉農於水利尚恬不爲意矣而上之人又復奚顧

哉且下鄉今日修湖塘明日修西江塘又明日修北海塘本縣亦未嘗無所事事
奚暇舉恬不爲意處而擾之耶况經畫下鄉舊跡易循人心易附績易成名亦易
起顧於恬不爲意處一振作焉則開創難而人心頓駭非見眞守定者一經浮議
未有不盡棄前功反不若不爲之便也蓋上之人誠慮之矣豈於下鄉厚而獨於
上鄉薄哉余蒞任以來屢行部未嘗不以荒鄉增慨每與彼處父老講求得此曩
嘗奏記於觀風使者李公時方區畫濬溪適戊子大祲遂寢其事何此鄉之不偶
哉然中常耿耿不釋計有年大舉而猶恐未能也値諸生志水利因論以告將來
云　按余自戊辰歲承乏茲土邑人方有修志之舉纂有南鄉水利稿本余細閱
之大概皆以溪水爲說夫溪水亦溉田所需非不可以爲利但民天所係當爲久
遠之謀溪水贏縮不時利於目前未必利於後日萬歷府志謂郡屬新昌嵊而外
六邑皆以湖爲水庫則言水利者自不當置湖而言溪矣今據紳士云南鄉現有
數處得水之利今姑節錄其說列後然未可據爲定論也

五都有池有河有溝通江水可以車戽又有雲峯山發源一溪及虎爪山下小溪幷從富陽來之乳溪足資沾溉

六都溪水下注分二溪至東潭口及王家石橋等處入小江又小溪經交山鶴山而入漁浦江凡田近江者潮水可灌近山者山水可溉且外高中低復多池蕩不至旱乾

按五都六都今屬義橋所謂雲峯山發源一溪即石門溪至王家石橋入大溪見前大溪下虎爪山小溪發源虎爪山北流入錢塘江乳溪未詳其經交山鶴山入漁浦江者爲石門溪之支流

七都沿江者地高無塘圍凡溉田池水不足繼以潮汐又有上董山小溪潘山一溪有河口閘以節之其江水所不及惟賴山水灌溉而已

按七都今屬沈村鄉亦有屬浦南者河口閘今在浦南鄉其在沈村鄉之堰有簹溪堰在方家塘長潭堰在葉潘橋青山堰在青山頭灌堰在沈村堰創於明季芒種時先期有公田廟僧鳴鑼於村以曉衆次日各備鋤簣通力合作築壩擁水壩長四丈水高三尺始得入堰水由下街屋底而出過沈祠前北入於坂灌田七十畝爲七溝每溝十畝每日一灌夜一溝周而復始七溝之中或多少不一總算十畝洪水壞壩田涸鳴鑼合衆再作久旱自車汪家堰在汪家山下以溉下沈坂之田橋頭堰在洪村有上下二堰上堰溉洪村南坂下堰溉洪村東坂麻車堰在洪村溉村前坂吳家堰在上堡村溉村內之田望山堰在沈村之石牛山溉麻櫟山脚之田低巖堰在石牛山

南口溉低巖坂之田棋杆堰在坦莊鴟村

八都水從七都來凡近江近溪者資車戽焉其凌橋有蔣家堰明萬歷中爲戴任董三姓所築爭水相殺邑令沈鳳翔定放水則例戴放三日任董各一日勒石許寺門西又溪水自七都來高山夾之傾注莫禦田常湮沒孫厲一村自築小圍以障之其後鄭十字塘等處亦築一圍以避水災但塘築於下流近溪之田水難驟洩則壑鄰亦所不免若張家衖等處有張家河資蓄洩又有楊家湖通後馬河可資車灌

十五都自磧堰至石蓋皆塘塘內水積西有河口閘以洩之東水北流入江其石馬頭有桃山閘以洩之韓塘河湖頭周河童埠等處有錦山閘以洩之陶家河蒲山韓等處有永興閘以洩之

十七都有倪家閘蹤塘河皆爲塘閘霪洞以備水旱

按八都今分屬浦南開明十五都今分屬浦南義橋十七都今分屬浦南苧蘿今浦南鄉除孫圩後鄭之塘外有八都坂塘其田數十頃石峽山障其南白墅寺山蔽其北惟西臨大溪東濱梅溪築塘以禦之西曰上塘東曰下塘上塘之北又有橫塘下塘之北有小八都坂塘其內又有新塘張家河楊湖後馬河均在塘內黃天坂塘在鄉內十五都之一四兩圖東至七賢南至石蓋西至大溪北至鳳桐獨坂塘亦名瑭瑯在十五都二圖河田坂塘在十四都四圖十七都一圖之塘十五都二圖之塘茅村坂塘在八都五圖坳芝坂塘亦在八都五圖小石蓋塢塘在八都石蓋塘在十五都其閘

除河口閘錦山閘永興閘倪家閘外有施家閘在姚山下圓閘閘在七都五圖之上董一名問天閘以節漳河茅蓬閘在七都五圖一名余家閘以節余家浦水堰基閘在八都一圖以節朗河蕭閘在堰基閘西南八馬閘在八都一圖之後鄭坂亦名星橋閘以節星河十字塘閘與八馬閘東西相距二里亦名萬湫閘楊河閘在八馬閘南半里許以節楊河洪富閘在八都一圖之黄家西坂石峽村上閘下閘俱在八都二圖萬家閘在十五都二圖以節亢水塘鄉南閘在十五都二圖以節亢水塘鄉旱閘塘鄉前閘後閘花女閘在十五都二圖磧堰下閘即響水閘在十五都四圖以節溆河河口閘在十五都四圖以節西亢河九老閘在十五都一圖以節九老山水獨山閘在八都葛藤閘在十五都一圖之石蓋以節葛溪小石蓋塢閘在石蓋塢其霪有長片霪在戴村丁家霪在十五都一圖戴家霪在十五都一圖大口霪在十五都一圖山前王霪在十五都四圖其堰有成蓬堰在戴村堰湫堰在十五都何桐莊今開明鄉之堰有汪家堰已圮道德堰

九都東北俱有塘圍江潮可資車戽西南有大小二溪築廣成堰使大溪入小溪自是東北有沙陀石堰西有風車堰又有中堰西北有牆裏童閘又有吳家閘以節宣溪水之出入焉

按九都今爲紫霞鄉牆裏童閘今改爲大堰又有邵家堰名曰小堰其中堰在楊家村北經亂就圮同治辛未瞿生瑞倡義修復又有沙河堰在沙河村鎭橋堰在鎭橋

村

十都蕭之溪自十二都至十都九都不下什百堰十都沿溪有蕭家堰白康堰又有郎家堰

按十都今爲河上鄉鄉內之塘有謝家塘梅塢塘楊樹塘新塘皆沿大溪其堰之在大溪者有青山堰在上山頭溉下圩坂田八百餘畝長青堰在河上鎮之上溉田數十畝蕭家堰在河上鎮之下溉田五百餘畝河上鎮有前後二溪前溪即大溪其水可資灌溉後溪則天晴即涸無益於田但後溪介乎前溪與坂田之間故堰溝必橫穿後溪而過之後溪有水時堰溝必被淤塞隨濬隨塞工程艱鉅光緒二十一年始議將堰溝掘深而於後溪之底採石築霪洞長十餘丈堰水從霪洞中自南而北後溪水自霪洞上自西而東如十字形始無淤塞之患霪頭堰在蕭家堰之下以溉霪頭坂之田白康堰在霪頭堰之下明俞愷三字普賢具狀白於有司捐田築堰名曰白康以時啓閉芒種修築白露開放永歸俞姓經理至秋成熟每畝取稻一百零八株以爲脩築之費郎家堰在白康堰之下歸大橋牆衖瞿姓及下牆門俞姓分年經築其堰之在西小溪者有上廟堰下廟堰新堰郎中堰梅樹堰長堰六畝堰九畝堰橋頭堰黃泥堰其堰之在南小溪者凡六皆無名鄉內有後坂湖池咸豐及同治初年湖倘長闊今漸被侵佔畜水甚少又有鏤頭池在白康堰村上凡遇旱年車戽不竭

十一都魏家塔管村後俞佳山杜同等處有金堰其西有無涯堰有牢堰有馬蹄堰又東南小溪從諸暨分水嶺來入蕭山五寨溪界會大溪經青山寺有青山堰

按十一都今爲大同鄉所謂東南小溪即管村東面之小溪在護寨溪合大溪經青山寺至落馬潭下有青山堰今鄉內除青山堰外有扶凹堰錦堰均在管村西馬蹄堰在管村北施家堰一名永濟堰在塘口村北小堰在青山堰下

十二都一水自黃童江至蓬山入江一水注黃公閘至紀家匯入江又一水循尖山入江足資車戽舊志桃湖已爲田三千畝今上下桃湖是也在田村有紗帽堰荊堰土名廟下潭有缸霪堰有施堰八畝堰其村名巖下有鴿渚堰門前堰仙人堰上巖堰下巖堰其村名巖下有長潭堰十六畝堰至兩頭門有青山堰黃嶺有鮑宅堰徐家店有赤山堰至樓家塔有宅坂堰前山堰州口堰

按十二都今爲長山鄉黃童江即鳳桐港其一水至紀家匯入江者即里亭河至尖山入江者即鷄鳴港均在桃源鄉十三都非在十二都也今長山鄉內之堰在田村有青龍頭堰紗帽堰門前堰即舊志所稱荊堰廟下潭是也小溪口堰在鏡畈有錢山堰鏡畈下有高良堰即舊志之缸霪堰十二畝堰烏渚堰在後畈有後畈堰在巖上有門前堰仙巖堰在湯團廟畈有石竹堰寺洞堰在上巖下有河磡堰在兩頭門有洪山堰柏樹堰在黃宅畈有檀樹堰在鮑宅畈有鮑宅堰在下蔣畈有赤山堰水碓堰在樓家塔有寒坂

堰樓家坂堰即舊志之宅坂舊後俞上畈堰後俞下畈堰即舊志之前山堰州口堰今已廢所溉之田由後俞下坂堰分溉之楊樹溪灘水碓堰章家墈堰童家堰又有蒲鞋堰在長山鄉而注大同鄉之茅

庵坂

十三十四都梅里灘沙淤已久外又有低湖梓湖其謝薦湖通潮湖和尚湖均未有湖因地卑下一雨便溢故以湖名皆有塘防之又有茗瀆大湖小湖于湖其湖之東爲橫塘塘之東南沿江爲蓬山塘之南爲金雞坂塘之北爲五里坂又北爲四里坂四里堰西偏爲鍾家灘又西爲橫山各有塘圍不相聯屬其週圍塘圩則有六閘曰鍾家閘天山閘下坂閘藏塘閘水埠閘唐家閘皆以洩內水又有九霪外以引潮水各因地而制宜焉

按十三十四都爲桃源鄉今鄉內之塘沿浦陽江者有江西坂塘東坂塘金雞坂塘五度坂塘閘家塘四里坂塘沿內河者有西坂塘曹家湖塘小里亭湖塘姚家湖塘三角坂塘單家湖塘舜湖塘大湖坂塘謝薦湖塘洪水灣塘紫湖塘田頭莊坂塘梅里坂塘橫山坂塘其閘有黃公閘在里亭河謝薦閘在新河其旁本有方家閘今改爲霪舊志黃公閘在治南六十里桃源十三都諸暨坑塢山水注於桃源里亭湖江湖田萬餘畝盡被淹沒潮水泛溢時又從橫江而進邑鄉賓俞种捐貲置閘至今民受其利鄉人立祠於閘上尸祝之方家閘謝薦閘俱俞磁建

紹興水利圖説桃源塘坐桃源新義二鄉去縣東南四十里上接諸暨諸水下通錢塘兩潮自石馬山至郭墓山七百餘丈又自童家山至磧堰山三千九百餘丈霪雨山洪共湧爲患近議增修高闊比舊加倍其東西二溪議建四閘以時啓閉准工料銀二百二十兩内得利田三萬一千六百餘畝按郭墓山童家山在今桃源鄉石馬山磧堰山在今浦南鄉蓋統桃源迤西及浦南鄉内十五都各塘而言之也所謂四閘者未詳其名惟東溪二閘其一爲呂家堰閘在桃源鄉張應曾有記桃源邑之上鄉也有小溪貫於其中源自富陽諸暨二邑而來至吾邑孝悌鄉曰沙河大溪其側出餘委爲小溪經由梅里橫山呂家堰凡五六里入浦陽江夏秋之月酷烈暵爍大溪上游疊爲堰壩以雝水其漏溢涓滴入小溪者不鎖則洩又溪尾接江者也晦朔潮起宜導之來少選潮殺宜截其去故紹興水利圖説曰桃源新義二鄉東西兩溪議建四牐以時啓閉蓋斯牐爲桃源東溪二牐之一康熙間牐圮壞魃旱若干年乾隆庚辰秋傳生始與諸首事者科費受溉田每畝穀一斗得百五十餘金議修復此牐便從旁估地立屋設水候一人以舊有公產四畝零給資食衆僉悦懽不兩月牐既竣而後有中變者呈於令若曰利於旱將不利於潦夫牐固所以備旱而堤則所以備潦不相兼也且山水下潰牐啓斯泄若洪潮沸天與夫不時小漲沙土升淤水道即閉牐可拒未爲不利且桃源之甿其不自魚昭如矣然且牒訴踰年盧兔且瘴猶爭必毀之及今劉公至則委丞勘又密臨勘不費兩造絲粟無所用之隸話其弗率訟平復給示以曉因民所利垂之無窮吾小人合口呼父母其他細大之獄案不留事暇即徽行芸

鋤豪梗往往雜山農野叟中間諮疾苦故裁斷益神嗟乎生所言可謂心誠求之者矣予雖不獲面公然公於吾蕭如此吾能無感乎哉天福蕭人使公毋遽飛躍大利大弊次第整頓吾茲有厚望焉故忻然而爲之記公名復仁字體元號靜齋貴州人由孝廉歷任七邑俱有德政生又言首事諸人且立牐屋即以爲公廟俾子孫世世歌享公亦以見輿情之古也

南沙各鄉水利

按南沙各鄉之水利重在四壩即永裕壩新灣壩小泗埠灣壩張案壩是也蓋各鄉水道東以永裕灣盛陵灣爲衆流會歸入海之道西以小泗灣米市灣爲衆流會歸入海之道而四壩當四灣之尾閭也分述於下

永裕壩當永裕灣之尾閭其啓閉向由民捐民築以防東北潮水之衝入時當霉水盛漲間開壩以宣洩之光緒二十八年因壩外朱茂林案之日月等號沙地間有開墾以振餘創築新堤俗呼官埂一道是壩亦移而之北與新堤相銜接不常開啓而盛陵灣之關係遂愈重矣

新灣壩當盛陵灣之尾閭光緒二十三年邑宰朱公榮璪所建初紹蕭二縣因三江

應宿閘洩水不暢民常苦之朱公思所以補救之法查郡志曾載明距紹城北五十里龜山之麓有便閘三洞爲萬歷六年知府蕭良幹所造以補三江應宿閘出水之不足因就其地查勘時則閘外沙地久經漲復墾熟相度形勢惟閘西爲盛陵灣舊時引溝猶有存者按步計數約三百餘弓擬由此開掘導流入海並於沿海築攔潮壩以防旱澇其築壩經費朱公稟准由李保君等案丈餘官租內撥二成半以充常年之費又高闢春捐朱茂林案餘字號官租地六十畝以歲收大租作爲補助又新灣底市商捐抽收協濟惟盛陵灣爲衆流之所歸易於漲漫一年之間開築必須兩三次需費頗巨而前項租捐逐漸減收殊形支絀宣統二年鄉紳李恭壽等援照諮議局農田水利規則議就出水民竈各地每畝捐錢十文以充永裕新灣兩壩築費並購五行水尺石十二塊分立於各灣緊要水口以定啓閉議章繪圖呈蒙邑宰翁公長芬據情照轉奉前紹興府批准立案（置五行水尺石十二塊於各灣緊要水口高下一律每字半尺刊一橫線議定漲水之時淹及水字下橫線者開新灣壩再淹至木字下橫線者開永裕壩各於秋前堵築一次以禦潮患平時量水之深淺以定開築）當朱公議築新灣

壩之時又慮各路來水湍急勢猛壩難堵築度諸地勢就上游東西分派之區各建一小閘俾築時閉閘而遏其流庶易施功二閘一名安瀾閘坐落成字號盛陵灣之直港受上游並東路各灣之來水計東西兩洞爲南北往來通衢一名通濟閘坐落倍字號後橫港受西路塘下高黃公漊各灣之來水計南北兩洞爲東西往來通衢節錄朱公呈文略曰此舉有三益焉海近沙地高逾塘堤潦時水無所洩沙民每偷挖塘堤以內爲壑厲禁雖嚴悍然弗顧此溝既通水可入海不致故智復萌其益一各溝匯流商船通行懋遷日繁其益二水有蓄洩沙地種植與內田無異日臻富庶其益三化無用爲有用補三江之不足更其大焉者也其建閘經費請於徵存小塘捐項下提撥錢一千二百串於存府塘工經費生息項下撥錢四百千瓜瀝各商店捐錢二百千呈上撫藩府三憲均嘉許之二十四年閘壩先後竣工二十五六年丈量朱茂林案地畝戚君筌懷囑辦董周汪兩君於新灣底造閘一洞以司啓閉而外沙始無潮患閘外爲官地閘內爲民地閘夫啓閉工資於官地內提存一百二十畝收息以作此欵永遠爲例

小泗壩爲小泗灣之尾閭初灣溝淺狹頻苦旱潦光緒十八年龕山周嘉謨良甫雇工掘通小泗埠南灣直至海口遂於小泗埠立壩以便啓閉開築工資周君囑已地佃戶畝出錢三十文永遠爲例命其司事掌之水淺則閉水滿則開南河農民始免

旱潦之患因經費不敷往嘗籌諸頭蓬市商捐應用近年由小泗埠運貨點件抽捐以爲補助

張案壩當米市灣之尾閭開築之資以曹案張案福慶案三案內之棉花每包抽捐銀一分又於牧租地內每畝抽錢二文充之

新堤建自光緒二十八年因二十七年六月霪雨浹旬南沙一帶致成澤國而沿海尤甚經山會蕭三邑士紳籌款賑撫並馳書於京外各同鄉捐集銀洋一萬元匯解到越購粮於無錫及運到而賑務已竣遂議以工代賑於紹蕭沿海創築大堤長四千八百餘丈底厚三丈面厚八尺高一丈需款六千餘元即以糶糧之價充之二十八年冬開工次年春工竣計圈進紹縣三江場粮地一千餘畝蕭縣日月等號生熟沙地二萬餘畝繪圖呈報府縣立案董其事者爲山陰鮑臨徐墀蘭會稽徐爾穀蕭山湯懋功有碑記其事此堤屬於蕭境者計三千六百七十丈以歲修乏資且沙質鬆浮堤身日受潮激易於損壞光緒二十九年因星字號地坍卸入海新堤亦有冲刷由沙民鳩工擇要興修宣統三年閏六月風急潮猛全堤矬陷致成歉歲鎮靖鄉

徐嘏三等籌辦賑撫目覩險象次年春循以工代賑法重修完竣

赭山土塘　緣赭山東北麓至禪機山南麓築有土塘里許名曰東塘內爲赭山街市疏有河渠俾山水下注由西南而出並於赭山之西北文堂山之南築一閘以資蓄洩但今街面河道久不疏濬多半淤塞其閘亦惟存址而已又赭街西北與西牧鄉交界處舊有萬家壩今廢

蕭山澤國也襟帶江海而包孕湖沼湖沼以湘湖爲大然利害及九鄉而已江海之利害則及於紹興蕭山兩縣蕭且首膺其衝故防水患尤重於興水利水患袪而後蕭之水利乃可得而言焉舊志言水利輒先湘湖又於堰閘壩別爲一門讀者不能無歧惑今次其輕重大小之序於江海塘事蹟新舊加詳湖沼以次類述閘壩之屬亦各依其統系庶幾同條共貫一目可以瞭然乎

蕭山縣志稿卷四

田賦上

賦役全書序

順治十四年九月初四日世祖章皇帝頒示賦役全書序朕惟帝王臨御天下必以國計民生爲首務故禹貢則壤定賦周官體國經野法至備也當明之初取民有制休養生息至萬歷年間海内殷富家給人足及乎天啓崇禎之世因兵增餉加派繁興貪吏緣以爲奸民不堪命國祚隨之良足深鑒朕荷上天付託之重爲民生主一夫不獲亦疚朕懷凡服御膳羞深自約損然而上帝祖宗百神之祀軍旅燕饗犒賜之繁以及百官庶役餼廩之給俱各取之民間誠恐有司額外加派豪蠹侵漁中飽生民先困國計何資茲特命戸部右侍郎王宏祚將各直省每年額定徵收起存總散實數編撰成帙詳稽往牘參酌時宜凡有參差遺編悉行駁正錢粮則例俱照萬歷年間其天啓崇禎時加增盡行蠲免地丁則開原額若干除荒若干原額以萬歷刋書爲準除荒以覆奉

俞旨爲憑地丁清核次開實徵又次開起存起運者部寺倉口種種分晰存留者款項細數事事條明至若九釐銀舊書未載者今已增入宗祿銀昔爲存留者今爲起運漕白二粮確依舊額運丁行月必令均平胖襖盔甲昔解本色今俱改折南粮本折昔留南用今抵軍需官員經費定有新規會議裁冗改歸正項本色絹布顔料銀硃銅錫茶蠟等項已改折者照督撫題定價值開列解本色者照刊書價值造入每年督撫確察時值題明塡入易知由單内照數辦解更有昔未解而今宜增者有昔太冗而今宜裁者俱細加清核條貫井然後有續增地畝錢粮督撫彙題造册報部以憑稽核綱舉目張勒成一編名曰賦役全書頒布天下庶使小民遵兹令式便於輸將官吏奉此章程罔敢苛斂爲一代之良法垂萬世之成規雖然此其大略也若夫催科之中寓以撫字廣招徠之法杜欺隱之奸則守令之責也正已率屬承流宣化覈出納之數慎挪移之防則布政司之責也舉廉懲貪興利除害課殿最於荒墾昭激揚於完欠恪遵成法以無負朕足國裕民之意則督撫之責有特重焉其敬承之毋忽乾隆通志

田地山蕩粮額

明洪武二十四年官民田地山蕩濱瀝港漊共五千八百貳十貳頃玖拾肆畝五分玖毫陸絲官房屋肆百五拾柒間半肆拾陸披柒帶夏麥壹千伍百柒拾柒石玖斗玖升捌合陸勺稅鈔壹千貳百柒拾捌貫肆百玖拾肆文秋米叁萬玖千壹百叁拾石玖斗陸升陸勺租鈔叁千壹百五貫柒百貳拾五文官房賃鈔貳千陸貫壹拾肆文

永樂十年官民田地山池蕩濱瀝港漊凡五千捌百捌拾捌頃玖拾叁畝肆分肆毫陸絲官房屋凡壹千貳拾玖間半五拾披壹拾叁帶陸所

弘治十五年官民田地山池蕩濱瀝港漊凡五千捌百捌拾肆頃五拾陸畝柒分肆釐伍毫肆絲官房屋凡壹千貳拾柒間半伍拾披壹拾叁帶叁扇陸所

正德七年官民田地山池蕩濱瀝港漊凡伍千捌百柒拾叁頃玖拾叁畝貳分柒毫壹絲官房屋凡壹千貳拾柒間半五拾披壹拾叁帶叁扇陸所

嘉靖二十一年官民田地山池蕩濱瀝港漊凡伍千捌百捌拾貳頃肆拾貳畝柒分捌

厘壹絲官房屋凡壹千貳拾柒間半伍拾披壹拾叁帶叁扇陸所

嘉靖三十一年官民田地山池蕩瀝濱港漊凡伍千捌百玖拾玖頃伍拾貳畝肆分壹厘肆毫官房屋凡壹千貳拾柒間半伍拾披壹拾叁帶叁扇陸所

萬曆九年官民田地山池蕩瀝濱港漊凡伍千壹百五拾頃玖拾陸畝叁分陸厘肆毫官房屋壹千貳拾柒間半伍拾披壹拾叁帶叁扇陸所東側壹所混堂窰叁分叁厘以上康熙志

萬曆十七年以後俱以萬曆十年令馬朝錫丈量爲準田地山池蕩濱瀝港共伍千玖百柒拾頃捌拾伍畝壹分陸厘陸毫內田叁千捌百陸拾叁頃玖拾壹畝伍厘肆毫地貳百捌拾陸頃捌拾貳畝陸分伍厘伍毫山壹千陸百陸拾伍頃貳拾柒畝陸分五絲蕩肆拾壹頃叁拾畝玖分叁厘貳毫池伍柒拾伍頃柒拾貳畝肆分捌厘柒毫濱貳拾頃柒拾捌畝玖分陸厘伍毫瀝壹拾伍頃玖拾貳畝柒厘五毫港壹頃玖畝肆分官房屋壹千貳拾柒間半伍拾披壹拾叁帶叁扇陸所本色米約捌千伍百叁拾捌石肆斗伍升叁合條折銀約叁萬壹千叁百肆拾叁兩捌錢捌分貳厘五毫萬曆志府志

清順治十四年賦役全書原額田叁千捌百陸拾肆頃貳拾肆畝貳分壹厘伍毫，內由化昭明鄉田壹千貳百捌拾伍頃柒拾壹畝叁分捌厘貳毫 每畝原徵銀玖分肆釐叁毫原徵麥伍勺柒抄 安賢鳳儀鄉田肆百柒拾柒頃叁拾肆畝伍分陸厘壹毫 每畝原徵銀玖分貳釐柒毫原徵麥五勺柒抄 許孝鄉田叁百柒拾陸頃柒拾玖畝肆分玖厘貳毫 每畝原徵銀玖分壹釐肆毫原徵麥五勺柒抄 新義鄉田壹百叁拾頃伍拾叁畝貳分肆毫 每畝原徵銀捌分貳釐捌毫原徵麥伍勺壹抄伍撮 苧蘿鄉田陸拾捌頃伍拾柒畝肆分伍厘柒毫 每畝原徵銀捌分貳釐肆毫原徵麥伍勺柒抄 新苧鄉田叁百柒拾玖頃陸拾伍畝貳分捌厘貳毫 每畝原徵銀捌分壹釐壹毫原徵麥伍勺柒抄 里儀鄉田叁百玖拾壹頃柒拾捌畝捌分捌厘玖毫 每畝原徵銀玖分貳釐原徵麥五勺柒抄 長山鄉田壹百捌拾捌頃貳拾叁畝玖分玖厘叁毫 每畝原徵銀柒分陸釐叁毫原徵麥伍勺柒抄 塘外不起耗田壹百貳拾壹頃捌拾柒畝玖厘貳毫 每畝原徵銀捌分肆厘壹毫原徵麥伍勺柒抄 桃源鄉田肆百叁拾柒頃玖拾捌畝捌分玖厘玖毫 每畝原徵銀伍分叁厘肆毫原徵麥伍勺柒抄 輕折沙田并鳳儀告折田伍頃柒拾叁畝玖分陸厘肆毫 每畝原徵銀伍分肆厘叁毫原徵麥伍勺柒抄地貳百捌拾陸頃陸拾畝壹分叁厘伍毫 每畝原徵銀貳分柒毫 山壹千壹百陸拾捌頃伍拾叁畝叁分捌厘伍絲內 花山伍百柒頃玖拾捌畝伍分壹厘貳毫每畝原徵銀五厘 光山陸百陸拾頃伍拾肆畝捌分陸厘捌毫五絲每畝原徵銀壹釐叁毫柒絲

池蕩濱瀝壹百伍拾柒頃肆拾陸畝捌分捌厘貳毫 每畝原徵銀玖厘壹毫

原額人丁叁萬叁千陸百柒拾捌丁口 內 市民人口玖千玖百玖口伍分 每丁徵銀壹錢叁分叁厘 鄉民人口貳萬叁千柒百陸拾捌口伍分 每丁徵銀壹錢肆分捌厘米玖合柒勺

康熙四年清丈 舊志作四年全書作六年蓋各縣丈量在四年院司彙總奏報在六年也 共田地山池濱蕩伍千伍百伍拾肆頃陸拾捌畝肆分陸厘柒毫 內

田叁千捌百陸拾陸頃壹拾玖畝貳分捌毫 內 由化昭明鄉田壹千貳百捌拾陸頃伍拾柒畝壹厘貳毫 每畝徵銀壹錢壹分壹厘肆毫徵米柒合陸勺壹抄伍撮 安養鳳儀鄉田肆百捌拾頃肆拾捌畝柒分貳厘陸毫 每畝徵銀壹錢壹分玖厘徵米柒合陸勺壹抄伍撮 許孝鄉田叁百叁拾玖頃捌拾叁畝捌分伍厘玖毫 每畝徵銀壹錢壹分柒厘五毫徵米柒合陸勺壹抄五撮 新義鄉田壹百叁拾頃叁拾捌

畝壹分肆厘陸毫（每畝徵銀壹錢陸厘陸毫　徵米柒合陸勺壹抄五撮）苧蘿鄉田陸拾捌頃玖拾壹畝玖分伍厘柒毫（每畝徵銀壹錢陸厘壹毫　徵米柒合陸勺壹抄五撮）新苧鄉田叁百捌拾頃貳畝陸分肆厘壹毫（每畝徵銀壹錢叁厘壹毫　徵米柒合陸勺壹抄伍撮）里儀鄉田叁百捌拾陸頃伍拾畝伍分叁厘陸毫（每畝徵銀壹錢壹分捌厘肆毫徵　米柒合陸勺壹抄五撮）長山鄉田壹百捌拾五頃柒拾肆畝伍分捌厘五毫（每畝徵銀玖分捌厘叁毫徵米　柒合陸勺壹抄五撮）塘外不起耗田壹百壹拾肆頃壹拾柒畝壹分陸厘（每畝徵銀壹錢捌厘叁毫徵米柒　合陸勺壹抄五撮）桃源鄉田肆百叁拾捌頃捌拾貳畝五分五厘壹毫（每畝徵銀捌毫徵米柒合　陸分捌厘陸勺壹抄五撮）輕折沙田并鳳儀告折田壹拾肆頃柒拾貳畝叁厘伍毫（每畝徵銀陸分柒厘玖毫徵米柒　合陸勺壹抄五撮）

地叁百叁拾捌頃（康熙作志捌　拾捌頃誤）陸拾柒畝陸分肆厘玖毫（每畝徵銀　貳分柒厘）山壹千壹百陸拾捌頃伍拾叁畝（康熙志作五　拾五畝誤）玖分五厘柒毫（內）花山五百柒頃玖拾捌畝壹厘（每畝徵銀　柒厘貳毫）光山陸百陸拾頃五拾五畝玖分肆厘柒毫（每畝徵銀　壹厘捌毫）池蕩濱瀝共壹百捌拾壹頃貳拾柒畝陸分五厘叁毫（每畝徵銀壹　分壹厘陸毫）

官房屋壹百肆拾叁間半

人丁叁萬叁千陸百柒拾捌丁口（內）市民人口玖千玖百玖口五分（每丁徵銀壹錢叁分叁厘凡貳拾都貳拾壹都幷三都八戶俱爲市丁）鄉民人口貳萬叁千柒百陸拾捌口五分（每丁徵銀壹錢肆分捌厘徵米玖合柒勺）

通共該正糧銀肆萬肆千貳百叁拾叁兩壹分肆厘柒毫陸絲叁微米叁千壹百柒拾叁石壹斗柒升肆合捌勺肆抄柒撮貳圭貳粟人丁銀肆千捌百叁拾五兩柒錢壹厘五毫

康熙十年田地山池濱蕩以四年丈量爲準

田共叁拾捌萬陸千陸百壹拾玖畝貳分捌毫（原額田叁拾捌萬陸千肆百貳拾肆畝貳分壹厘五毫康熙四年丈量其中坍毀荒蕪與自實等相折算外增田壹百玖拾肆畝玖分玖厘叁毫按乾隆志別本漏玖分兩字）

地叁萬叁千捌百陸拾柒畝陸分肆厘玖毫（原額地貳萬捌千陸百陸拾畝壹分叁厘五毫康熙四年丈量其中坍毀幷陞田者相折算外增地五千貳百柒畝五分壹厘肆毫）山壹拾壹萬陸千捌百五拾叁畝玖分五厘柒毫（嘉靖貳拾玖年山別花光自六都至十二都爲花山遇大造不得收出別都各都俱爲光山任其開除花山原額五萬柒百玖拾捌畝五分壹厘貳毫康熙四年丈量缺山五分貳毫光

山原額陸萬陸千五拾肆畝捌分陸厘五毫康熙四年丈量增山壹畝柒厘捌毫五絲

池蕩瀆瀝共壹萬捌千壹百貳拾柒畝陸分五厘叁毫原額壹萬五千柒百肆拾陸畝捌分捌厘貳毫康熙四年丈量增貳千叁百捌拾畝柒分柒厘壹毫

康熙二十一年邑令姚文熊編審田地山池蕩瀝悉准康熙十一年

康熙三十年邑令劉儼編審略歷年奉築西江塘毀田共叁百玖拾畝玖分玖厘肆毫

又先田今地壹拾玖畝肆分叁厘伍毫又先田今池叁畝貳分柒厘叁毫以上築塘毀田共肆百壹拾叁畝柒分貳毫應徵銀五拾五兩陸錢肆分叁厘柒毫其差向例免值糧係各里得利田均輸前屆重號田畝今據各產戶具呈查明豁除田共壹百柒拾肆畝肆分肆厘柒毫今屆編圖清出地池除抵花光山原缺額外餘銀抵毀田并告豁重號缺額

雍正九年總督李衛改里甲爲順莊編審田地山池蕩瀆瀝共五千五百五拾肆頃柒拾五畝陸分五厘壹毫內

田叁千捌百陸拾陸頃貳拾壹畝陸分肆厘叁毫

地叁百叁拾捌頃捌拾畝貳分肆厘叁毫

花山五百柒頃玖拾畝壹分陸厘五毫

光山陸百陸拾頃五拾五畝玖分肆厘柒毫

池蕩濱瀝壹百捌拾壹頃貳拾柒畝陸分五厘叁毫以上康熙志兼採乾隆志別本　按別本池蕩一項壹百捌拾壹頃五拾玖畝五分五厘叁毫係將雍正十一年報升池叁拾壹畝玖分并合在內誤今核正

雍正拾壹年爲確查開報等事案內新墾池叁拾壹畝玖分

乾隆朝原額田叁千捌百陸拾肆頃貳拾肆畝貳分壹厘五毫內

由化昭明鄉田壹千貳百捌拾五頃柒拾壹畝叁分捌厘貳毫康熙六年爲清查各省等事案內丈出田捌拾五畝六分叁厘除雍正七年爲請定各省耕耤等事案內置買耤田壇基共田五畝肆分壹厘實該田壹千貳百捌拾陸頃五拾壹畝陸分貳毫每畝徵銀壹錢貳分壹厘肆毫該銀壹萬五千陸伯壹拾捌兩叁錢肆厘肆毫捌絲貳忽捌微每畝徵米柒合陸勺壹抄五撮該米玖伯柒拾玖石陸斗捌升壹合玖勺肆抄玖撮貳圭叁粟田在由化一都由夏二都夏孝叁都長興肆都辛義陸都來蘇拾捌都崇化拾玖都貳拾都昭明貳拾壹都又安養五都叁圖許賢陸都肆圖辛義拾五都五圖田坐江北亦得湘湖水利故照則同科錄全書兼採舊志乃知科則之輕重由田之肥磽也

安賢鳳儀鄉田肆百柒拾柒頃叁拾肆畝五分陸厘壹毫康熙六年爲清查各省等事案內丈出田叁頃壹拾肆畝壹分陸厘五毫實該田肆百捌拾頃肆拾捌畝柒分貳厘陸毫每畝徵銀壹錢壹分玖厘五毫該銀五千柒伯肆拾壹兩捌錢貳分貳厘柒毫五絲柒忽每畝徵米柒合陸勺壹抄五撮該米叁百陸拾五石捌斗玖升壹合肆抄捌撮肆圭玖粟田在安養五都壹圖由夏貳都陸圖由化壹都貳圖鳳儀貳拾肆都　許孝鄉田叁百柒拾陸頃柒拾玖畝肆分玖厘貳毫康熙六年爲清查各省等事案內丈出田叁頃肆畝叁分陸厘柒毫實該田叁百柒拾玖頃捌拾叁畝捌分五厘玖毫每畝徵銀壹錢壹分柒厘五毫該銀肆千肆百陸拾叁兩壹錢叁厘肆毫叁絲貳忽五微每畝徵米柒合陸勺壹抄五撮該米貳百捌拾玖石貳斗肆升柒合捌抄陸撮貳圭捌粟五粒田在許賢柒都壹貳叁肆圖許孝捌都孝悌玖都　新義鄉田壹百叁拾頃五拾叁畝貳分肆毫康熙六年爲清查各省等事案內丈缺田壹拾五畝五厘捌毫實該田壹百叁拾頃叁拾捌畝壹分肆厘陸毫每畝徵銀壹錢陸厘陸毫該銀壹千叁百捌拾玖兩捌錢陸分陸厘叁毫陸絲叁忽陸微每畝徵米柒合陸勺壹抄五撮該米玖拾玖石貳斗捌升五合肆勺捌抄壹撮柒圭玖粟田在苧十七都二圖半苧十八都　苧蘿鄉田陸拾捌頃伍拾柒畝肆分五厘柒毫康熙六年爲清查各省等事案內丈出田叁拾肆畝五分實該田陸拾捌頃玖拾壹畝玖分伍釐柒毫每畝徵銀壹錢陸厘壹毫該銀柒百叁拾壹兩貳錢叁分陸厘陸毫叁絲柒忽柒微每畝徵米柒合陸勺

壹抄伍撮該米伍拾貳石肆斗捌升貳合貳勺伍抄貳撮伍圭伍粟伍粒田在苧拾陸都　新苧鄉田叁伯柒拾玖頃陸拾伍畝貳分捌釐貳毫康熙六年爲清查各省等事案內丈出田叁拾柒畝叁分伍厘玖毫實該田叁伯捌拾頃貳畝陸分肆釐壹毫每畝徵銀壹錢叁厘壹毫該銀叁千玖伯壹拾捌兩柒分貳厘貳毫捌絲柒忽壹微每畝徵米柒合陸勺壹抄伍撮該米貳伯捌拾玖石叁斗玖升壹勺壹抄壹撮叁圭壹粟伍粒田在苧拾柒都貳圖半苧拾捌都　里儀鄉田叁伯玖拾壹頃柒拾捌畝捌分捌厘玖毫康熙六年爲清查各省等事案內丈缺田五頃貳拾捌畝叁分五厘叁毫實該田叁百捌拾陸頃五拾畝五分叁厘陸毫每畝徵銀壹錢壹分捌厘肆毫該銀肆千五百柒拾陸兩貳錢貳分叁厘肆毫陸絲貳忽肆微每畝徵米柒合陸勺壹抄五撮該米貳百玖拾肆石叁斗貳升叁合捌勺叁抄壹撮陸圭肆粟田在里仁貳拾貳都鳳儀貳拾叁都　長山鄉田壹百捌拾捌頃貳拾叁畝玖分玖厘叁毫康熙六年爲清查各省等事案內丈缺田貳頃肆拾玖畝肆分捌毫雍正玖年爲陸加田糧事案內山改田柒畝捌分肆厘五毫實該田壹百捌拾五頃捌拾貳畝肆分叁厘每畝徵銀玖分捌厘叁毫該銀壹千捌百貳拾陸兩陸錢五分貳厘捌毫陸絲玖忽每畝徵米柒合陸勺壹抄五撮該米壹百肆拾壹石五斗五合貳勺肆撮肆圭五粟田在長山拾都拾壹都拾貳都　塘外不起耗田壹百貳拾壹頃捌拾柒畝玖釐貳毫康熙六年爲清查各省等事案內丈缺田柒頃陸拾玖畝玖分叁厘貳毫實該田壹百壹拾肆頃壹拾柒畝壹分陸厘每畝徵銀壹錢捌厘叁毫

該銀壹千貳百叁拾陸兩肆錢柒分捌厘肆毫貳絲捌忽每畝徵米柒合陸勺壹抄五撮該米捌拾陸石玖斗肆升壹合陸勺柒抄叁撮肆圭田在沿江壹

帶塘外　桃源鄉田肆百叁拾柒頃玖拾捌畝捌分玖厘玖毫康熙六年爲清查各省等事案內丈出田捌拾叁畝陸分五厘貳毫實該田肆百叁拾捌頃捌拾貳畝五分五厘壹毫每畝徵銀陸分捌厘捌毫該銀叁千壹拾玖兩壹錢壹分玖厘五毫捌忽捌微每畝徵米柒合陸勺壹抄五撮該米叁百叁拾肆石壹斗陸升伍合陸勺貳抄五撮捌圭陸粟五粒田在桃源拾叁拾肆都田甚低窪常爲山水漂沒故粮特減半開造時不許收出別都而別都田亦不得收入拾叁拾肆都　輕折沙田幷鳳儀告折田五頃柒拾叁畝玖分陸厘肆毫康熙六年爲清查各省等事案內丈出田捌頃玖拾捌畝柒厘壹毫實該田壹拾肆頃柒拾貳畝叁厘五毫每畝徵銀陸分玖厘玖毫該銀壹百貳兩捌錢玖分五厘貳毫肆絲陸忽五微每畝徵米柒合陸勺壹抄五撮該米壹拾壹石貳斗玖合五勺肆抄陸撮五圭貳粟五粒田在夏孝叁都陸圖拾圖拾壹拾貳圖長興肆都壹圖鳳儀貳拾叁都肆圖按康熙玖年塘外沙土壅壞鳴字號田陸百捌拾餘畝邑令報司達部改入輕折其編役派田俱准照桃源例

以上共實在田叁千捌百陸拾陸頃貳拾壹畝陸分肆厘叁毫零共徵銀肆萬貳千陸百貳拾叁兩柒錢柒分五厘肆毫柒絲五忽肆微共徵米貳千玖百肆拾肆石壹

斗貳升叁合捌勺壹抄壹撮肆圭肆粟五粒（按乾隆志共田叁千捌百陸拾陸頃壹拾陸畝貳分叁厘叁毫誤今據通志改正）

原額地貳百捌拾陸頃陸拾畝壹分叁厘五毫（康熙六年爲清查各省等事案內丈出地五拾貳頃柒畝五分壹厘肆毫康熙三十三年爲遵例開墾事案內墾陸地玖畝陸厘康熙四十八年爲墾報陸科事案內報陸地貳畝柒分貳厘貳毫雍正二年爲報明陸科事案內報陸地捌分壹厘貳毫）

實該地叁百叁拾捌頃捌拾畝貳分肆厘叁毫（每畝徵銀貳分柒厘該銀玖百壹拾肆兩柒錢陸分陸厘五毫陸絲壹忽）

原額山壹千壹百陸拾捌頃五拾叁畝叁分捌厘五絲內

花山五百柒頃玖拾捌畝五分壹厘貳毫（康熙六年爲清查各省等事案內丈缺山五分貳毫雍正玖年爲加陞田糧事案內山改爲田除山柒畝捌分肆厘五毫）

實該山五百柒頃玖拾畝壹分陸厘五毫（每畝徵銀柒厘貳毫該銀叁百陸拾五兩陸錢捌分玖厘壹毫捌絲捌忽）

光山陸百陸拾頃五拾肆畝捌分陸厘捌毫伍絲（康熙六年爲清查各省等事案內丈出山壹畝柒厘捌毫五絲）

實該山陸百陸拾頃五拾五畝玖分肆厘柒毫（每畝徵銀壹厘捌毫伍絲該銀壹百壹拾捌兩玖錢柒毫肆忽陸徵）

原額池蕩濱瀝壹百五拾柒頃肆拾陸畝捌分捌厘貳毫（康熙六年爲清查各省等事案內丈出池蕩濱瀝貳

拾叁頃捌拾畝柒分柒厘壹毫雍正十一年爲確查開報等事案內新墾池叁拾壹畝玖分實該池蕩濱瀝壹百捌拾壹頃五拾玖畝五分五厘叁毫每畝徵銀壹分壹厘陸毫該銀貳百壹拾兩陸錢五分捌毫壹絲肆忽捌微

以上共額徵銀肆萬肆千貳百叁拾叁兩柒錢捌分貳厘柒毫肆絲叁忽捌微共徵米貳千玖百肆拾肆石壹斗貳升叁合捌勺壹抄壹撮肆圭肆粟五粒

嘉慶朝同乾隆籍

嘉慶十八年海寧改隸田山漊肆千貳百叁拾叁畝玖厘玖毫三絲三忽編爲二十五都一二兩圖內

一圖告折田玖百柒拾陸畝陸分壹厘五毫八絲肆忽每畝徵銀壹錢五分　二圖告折田四拾畝壹分壹厘捌毫貳絲叁忽徵銀同　一圖山貳千肆拾畝柒分壹厘陸毫貳忽熟山每畝徵銀叁分陸厘原山每畝徵銀肆分貳釐荒山每畝徵銀壹分陸釐　二圖山壹千壹百叁拾壹畝五分貳厘陸毫肆絲叁忽徵銀同　一圖漊肆拾畝陸分肆厘玖毫陸絲每畝徵銀叁分玖釐　二圖漊叁畝肆分柒厘貳毫貳絲壹忽徵銀同

以上共改隸田山漊肆千貳百叁拾叁畝玖厘玖毫叁絲叁忽共應徵銀貳百肆拾壹兩貳錢柒分貳厘又鹽課銀肆兩貳厘以上縣册

道光朝田賦額同嘉慶籍

咸豐朝田賦額同道光籍

同治朝田賦額同咸豐籍

光緒朝田賦額同同治籍

宣統二年縣署檔案田地山池蕩濱瀝漊畝額

田叁千捌百陸拾陸頃貳拾壹畝陸分肆厘叁毫零

地叁百叁拾捌頃捌拾畝貳分肆厘叁毫

花山伍百柒頃玖拾畝壹分陸厘伍毫　光山陸百陸拾頃伍拾伍畝玖分肆厘柒毫

池蕩濱瀝壹百捌拾壹頃伍拾玖畝五分五厘叁毫以上同乾隆志

改隸告折田壹拾頃壹拾陸畝柒分叁厘肆毫柒忽

改隸山叁拾壹頃柒拾貳畝貳分肆厘貳毫肆絲五忽

改隸漊肆拾肆畝壹分貳厘貳毫捌絲壹忽以上嘉慶朝增

通共田地山池蕩濱瀝漊五千五百玖拾柒頃肆拾畝陸分五厘叁絲叁忽

人丁糧額

原額完賦人丁叁萬叁千陸百柒拾捌丁口內市民人口玖千玖百玖口五分每口徵銀壹錢叁分叁厘該銀壹千叁百壹拾柒兩玖錢陸分叁厘五毫鄉民人口貳萬叁千柒百陸拾捌口五分每口徵銀壹錢肆分捌厘該銀叁千五百壹拾柒兩柒錢叁分捌厘每口徵米玖合柒勺該米貳百叁拾石五斗五升肆合肆勺五抄

康熙五拾貳年奉詔盛世滋生增益人丁永不加賦

雍正四年遵奉部行丁糧銀米隨產辦納

以上田地山蕩池濱瀝人丁等項共徵銀肆萬玖千陸拾玖兩肆錢捌分肆厘貳毫肆絲叁忽捌徵一加顏料新加銀叁拾叁兩肆錢肆分玖厘捌毫柒絲五忽一加蠟茶新加銀壹拾兩捌錢捌分陸厘叁毫貳絲貳忽捌徵柒塵五渺

一加顏料時價銀柒兩玖錢陸分五厘玖毫肆絲壹忽肆微陸渺貳漠五埃一加蠟茶時價銀貳兩玖分陸厘五毫叁絲柒忽叁微柒塵五渺一加藥材時價銀五兩叁錢柒分肆厘壹毫肆絲五忽五微陸塵貳渺五漠一加匠班銀壹百叁兩陸錢叁分陸厘以上六欵每年於地丁項下每兩帶徵一加收零積餘米五石叁斗壹升捌合柒勺肆抄柒撮貳圭貳粟五粒今每石改徵銀壹兩該銀五兩叁錢壹分捌厘柒毫肆絲柒忽貳微貳塵五渺一加孤貧口糧米壹百捌石今每石改徵銀壹兩該銀壹百捌兩通共實徵銀肆萬玖千叁百肆拾陸兩貳錢壹分壹厘捌毫壹絲叁忽貳微肆塵叁渺柒漠五埃應徵米叁千壹百柒拾肆石陸斗柒升捌合貳勺陸抄壹撮肆圭肆粟五粒內一除收零積餘米五石叁斗壹升捌合柒勺肆抄柒撮貳圭貳粟五粒一除孤貧口糧米壹百捌石改徵折色歸地丁銀數

內實在額徵米叁千陸拾壹石叁斗五升玖合五勺壹抄肆撮貳圭貳粟

外賦除已入地丁科編徵者無庸複載外考賦役全書有水鄉蕩價銀柒百捌拾肆兩叁分五厘叁毫五絲柒忽每兩車珠壹分柒厘該銀壹拾叁兩叁錢貳分捌厘陸毫壹忽陸塵玖渺漁課並路費銀叁拾五兩貳錢壹分玖絲貳忽五微本縣稅課局課鈔銀肆拾肆兩貳錢五厘五毫肆絲陸忽漁浦稅課局課鈔銀柒拾五兩肆錢捌分壹厘玖毫貳絲帶徵河泊所課鈔銀陸兩肆錢壹分柒厘陸毫三款係均徭編徵抵裁冗兵餉以上各款共銀玖百五拾捌兩陸錢柒分玖厘壹毫壹絲陸忽五微陸塵玖渺俱係隨糧帶徵已入地丁額編之內外賦不入地丁科徵銀壹拾柒兩叁錢捌分肆厘柒毫肆絲內本縣課鈔銀貳兩柒分壹厘肆毫陸絲油榨人戶出辦歸經費用本

縣河泊所課鈔銀壹拾五兩叁錢壹分叁厘貳毫捌絲栽菱人戶出辦歸經費用

以上地丁並外賦共額徵銀肆萬玖千叁百陸拾叁兩五錢玖分陸厘五毫五絲叁忽貳微肆塵叁渺柒漠五埃

宣統二年縣署檔案地丁銀款徵額

額徵地丁漕鹽驛雜存等銀肆萬玖千叁百陸拾叁兩五錢玖分柒厘加閏銀柒百捌兩叁錢柒分

額徵改隸地課銀貳百肆拾壹兩貳錢柒分貳厘加閏銀肆兩五錢叁分肆厘額徵改隸鹽課銀肆兩貳厘不加閏

通共額徵銀肆萬玖千陸百捌兩捌錢柒分壹厘

加閏銀柒百壹拾貳兩玖錢肆厘

地丁耗款徵額

額徵地丁漕鹽驛雜存等款肆分耗銀壹千玖百柒拾肆兩五錢肆分肆厘額徵改隸

地課柒分耗銀壹拾陸兩柒錢叁分玖厘額徵改隸鹽課柒分耗銀貳錢捌分通共額徵耗銀壹千玖百玖拾壹兩五錢陸分叁厘

起運銀額

藩司項下地丁銀叁萬柒千五百肆拾肆兩玖錢貳分叁厘捌毫肆絲陸忽五微捌塵肆渺貳漠壹埃玖沙並鋪墊解槓滴珠路費銀壹百柒拾兩玖錢五分五厘柒毫叁絲捌忽玖微捌塵捌漠捌埃貳沙　內戶部本色銀壹百肆拾陸兩五錢五分壹厘壹毫貳絲肆忽五微陸塵貳渺五漠鋪墊解槓滴珠路費銀玖兩貳錢叁分捌厘壹毫肆絲玖忽肆微壹塵貳渺五漠其顏料各項原編加增及改折加增價銀俱載全書戶部折色銀捌千壹百柒拾捌兩柒錢五分肆厘貳毫肆絲陸忽壹微伍塵肆渺陸漠滴珠路費銀壹百肆兩貳錢叁分捌釐貳毫壹絲陸忽貳微壹塵捌渺叁漠捌埃貳沙其麥折米折及陸科等銀兩俱載全書禮部本色銀捌兩柒錢陸分捌厘柒毫壹絲玖忽五微陸塵貳渺五漠津貼路費銀壹兩陸錢玖分柒厘貳毫捌絲柒忽其各項藥材原額改折加增價銀俱載全書禮部折色銀捌拾壹兩肆錢陸分玖厘五毫柒絲陸忽路費銀陸兩五錢五分柒厘玖絲貳忽其牲口果品各項銀兩俱載全書工部本色銀五拾柒兩貳錢壹分壹厘

貳毫玖絲鋪墊路費銀壹拾陸兩叁錢陸分貳厘捌毫貳絲貳忽捌微五塵其桐油每觔及改折并墊費銀俱載全書工部折色銀貳千叁百柒拾肆兩貳錢柒厘肆毫柒絲路費銀玖兩貳錢柒分叁厘貳毫壹絲壹忽五微其白硝麂皮弓箭軍器匠班漁課各項銀兩俱載全書裁改存留解部銀壹萬玖千叁百壹拾壹兩肆錢玖分五釐柒毫捌絲陸忽貳微叁塵玖渺陸漠壹埃玖沙路費銀叁兩五錢捌分捌厘玖毫陸絲其各項充餉裁扣銀俱載全書留充兵餉改起運銀柒千叁百捌拾陸兩肆錢陸分五厘陸毫叁絲肆忽陸塵五渺內

田地山銀貳千捌百叁拾貳兩五錢捌分玖釐柒毫陸絲原編銀數及除置買耤田壇基免徵銀數暨編入存留項下銀數俱載全書預備秋米折銀壹百壹拾兩貳錢五分肆釐壹毫壹絲捌忽柒微五塵均徭充餉銀貳百柒拾柒兩捌錢民壯充餉銀柒百玖兩捌錢貳分續撥軍儲充餉銀捌百玖拾肆兩貳錢貳分陸釐捌毫壹絲捌忽叁微柒塵五渺協濟嘉興府充餉銀捌百壹拾叁兩叁錢肆釐捌毫柒絲玖微肆塵憲書充餉銀柒兩陸錢五分會裁冗役充餉銀壹千柒百肆拾兩捌錢貳分陸絲陸忽原編銀壹千玖百貳拾捌兩陸分陸絲陸忽驛站項下諸暨縣協濟銀壹百捌拾柒兩貳錢肆分抵解蕭山縣兵餉除扣留外實該前數鹽課銀五拾叁兩肆分肆釐滴珠銀五錢壹分柒厘肆毫肆絲

內白洋司巡檢鹽課銀五拾壹兩柒錢肆分肆厘 滴珠銀五錢壹分柒釐肆毫肆絲 鹽院完字號座船水手解部充餉銀壹兩叁錢 俱解歸藩司充餉 以上共銀叁萬柒千柒百陸拾玖兩肆錢肆分壹厘貳絲五忽五微陸塵五渺玖埃壹纖壹沙

鹽課 運司專轄 隨糧帶徵鹽課并車珠銀柒百玖拾柒兩叁錢陸分叁厘玖毫五絲捌忽陸塵玖渺

漕運 糧儲道專轄 隨漕折色銀陸千肆百肆拾肆兩柒錢陸厘捌毫壹絲肆忽陸微玖渺陸漠五埃捌纖玖沙 內淺船料貢具月粮柒分給軍銀各項銀數詳見全書

驛站 驛傳道專轄 驛站銀貳千壹百陸拾捌兩玖錢柒分捌釐捌絲五忽內 驛站銀壹千壹百肆拾柒兩叁分捌厘零縣徵解道轉給驛丞爲各夫役應差之用又應差均平夫工食銀壹千貳拾壹兩玖錢肆分係在縣給發造報驛道仍歸起運項下奏銷 按嘉慶七年奉文驛站銀兩彙入地丁解收藩庫應支各款仍於起運地丁項下動支造報題銷 以上每年起運正款共額解銀肆萬柒千壹百捌拾兩肆錢捌分玖釐捌毫捌絲叁忽貳微肆塵叁渺柒漠五埃

加閏銀額

地丁加閏每兩加徵銀捌厘壹毫玖絲貳忽銀五百叁拾壹兩壹錢貳分柒厘壹毫玖絲叁微伍塵壹漠壹埃肆纖捌沙

驛站新加銀壹百柒拾五兩玖錢貳厘陸毫陸絲陸忽陸微陸塵陸渺陸漠陸埃陸纖陸沙外賦不入地丁科徵加閏銀壹兩叁錢肆分壹毫柒絲肆忽本縣課鈔油榨八戶出辦銀捌分肆厘陸絲歸經費用本縣河泊所課鈔栽菱人戶出辦銀壹兩貳錢五分陸厘壹毫壹絲肆忽歸經費用

以上地丁並外賦共加閏銀柒百捌兩叁錢柒分叁絲壹忽壹塵陸渺柒漠捌埃壹纖肆沙

起運折色加閏銀肆百叁拾肆兩伍錢柒分捌厘玖毫陸忽壹塵陸渺柒漠捌埃壹纖肆沙批解藩司其戶工二部折色各欵及節年裁扣俸工各細數俱載全書及鹽課加閏銀肆兩肆錢陸分叁厘肆毫伍絲解歸藩司充餉驛站驛傳道專轄加閏銀壹百陸拾壹兩玖錢肆分內本府各驛銀柒拾陸兩柒錢肆分係驛站新加各驛支銷細欵詳本府全書養膳應差夫壹百肆拾貳名共銀捌拾五兩貳錢原編及裁扣各數俱載全書存留加閏銀壹百柒兩叁錢捌分柒厘陸毫柒絲五忽內本府通判轎傘扇夫七名加閏銀叁兩伍錢本縣

各役加閏銀伍拾貳兩柒錢門子二名銀壹兩皂隷十六名銀捌兩馬快八名每名工食銀五錢陸路備馬置械水鄉打造巡船銀玖錢共銀拾壹兩貳錢民壯四拾貳名銀貳拾壹兩禁卒八名銀四兩轎傘扇夫七名銀叁兩五錢庫子四名銀貳兩斗級四名銀貳兩外加增禁卒加閏銀壹兩陸分陸厘係奉文將後開看守公署門役加閏銀撥給不在五拾貳兩柒錢之內縣丞各役加閏銀叁兩門子一名銀五錢皂隷四名銀貳兩馬夫一名銀五錢典史各役加閏銀叁兩門子一名銀五錢皂隷四名銀貳兩馬夫一名銀伍錢儒學廩膳役食加閏銀捌兩壹錢叁分叁厘叁毫齋夫三名共銀叁兩廩生膳銀叁兩叁錢叁分叁釐叁毫門子三名共銀壹兩捌錢白洋弓兵加閏銀陸兩弓兵二十名每名銀叁錢漁浦巡司兵役加閏銀五兩肆錢捌分柒厘柒毫壹絲五忽皂隷二名銀壹兩弓兵十七名每名銀貳錢陸分叁釐玖毫捌絲叁忽貳微叁塵共銀肆兩肆錢捌分柒釐柒毫壹絲伍忽西興驛皂隷二名加閏銀壹兩看守公署門子加閏銀壹兩陸分陸厘陸毫陸絲布按貳分司二名府館一名每名銀叁錢抽分廠一名銀壹錢陸分零今奉文撥給加增禁卒入冊報銷本縣巡鹽應捕加閏銀陸兩鹽捕十名每名銀陸錢衙要五鋪司兵加閏銀壹拾柒兩五錢鳳堰鋪沙岸鋪白鶴鋪十里鋪新林鋪各伍名每名銀柒錢

以上起存各項加閏銀兩遇閏照額徵解支給彙入奏冊內報銷具如前數乾隆志

按賦役全書乾隆五十二年奉文存留統歸起運其年例應給存留各款按額赴藩司請發轉給仍於題銷冊內分別支收造報核銷嘉慶四年奉文府縣存留銀仍留

縣支給道光二十三年奉文存留俸役各欵減平支發按京平九四放給應銀專款解司彙解部庫其祭祀驛站廩孤囚糧等款均不減平仍照額數支給減

宣統二年縣署檔案地丁銀款解額

解藩司地丁叁萬捌千玖百貳拾捌兩陸錢壹分陸厘加閏銀伍百伍兩叁錢貳分其部寺本色折色及裁改存留解部並鋪墊槓解滴珠路費顏蠟茶藥等各項銀數具詳全書及舊志茲不復載按原額叁萬柒千柒百壹拾五兩捌錢柒分玖厘零今加乾隆十九年裁本府諭祭銀陸兩陸錢陸分陸厘陸毫陸絲嘉慶七年奉文驛站彙入地丁解收藩庫銀壹千壹百肆拾柒兩叁分捌厘零道光十三年裁本府通判俸工銀壹百貳兩均平銀夫扣建銀拾柒兩叁分貳厘內除添支文帝祭銀陸拾兩故較舊志多銀壹千貳百壹拾貳兩柒錢叁分陸厘陸毫零實該前數解抵課水手銀五拾叁兩五錢陸分壹厘加閏銀肆兩肆錢陸分肆厘巡檢司鹽課并滴珠及鹽院座按此即白洋船水手等欵解司存留銀壹百貳拾貳兩玖錢玖分玖厘分項見前解改隸地課銀貳百肆拾壹兩貳錢柒分貳厘加閏銀肆兩五錢叁分肆釐解馬械銀捌拾陸兩肆錢加閏銀柒兩貳錢解鄉飲酒禮銀捌兩解歲貢旗匾銀叁兩柒錢五分解公署門子銀壹拾貳兩捌錢加閏銀壹兩陸分陸厘解祭餘銀貳拾壹兩貳錢陸分裁鄉賢名宦減山川厲壇等祭餘銀解收藩庫撥補不敷祭祀之用解知縣俸銀肆拾五兩解縣丞俸銀肆拾兩解典史俸銀叁拾壹兩五錢貳分解漁浦巡檢俸銀叁拾壹兩五錢貳分解西

興驛丞俸銀叁拾壹兩五錢貳分解訓導俸銀肆拾兩解廩膳銀肆拾兩加閏銀叁兩叁錢叁分叁釐解廩粮銀陸拾肆兩解齋夫銀叁拾陸兩加閏銀叁兩以上十四項原編存留今改解司其訓導於光緒三十二年裁缺廩膳廩粮齋夫併裁解均平部飯銀壹百兩解均平驛站銷册費銀壹百兩以上二項解運臬司衙門

解水鄉鹽課銀柒百玖拾柒兩叁錢陸分肆厘內課銀柒百捌拾肆兩叁分五厘車珠銀拾叁兩叁錢貳分玖厘解改隸鹽課銀肆兩貳厘內課銀貳兩貳錢陸分玖厘車珠銀貳分捌釐以上二項解運運司衙門解漕項銀陸千肆百肆拾肆兩柒錢柒釐內折色月糧銀五千捌百叁拾兩玖錢五分壹釐淺船貢具銀陸百拾叁兩柒錢五分陸厘以上一項解運糧道衙門解本府衙門倉夫工食銀拾貳兩加閏銀壹兩解修理三江塘閘銀拾玖兩肆錢玖分捌釐以上二項解運本府衙門解二府衙門鹽捕工食銀拾肆兩肆錢加閏銀壹兩貳錢以上一項解二府衙門按嘉慶十八年

紹興府同知改隸南沙同知添設鹽捕十六名在於紹興八縣內每縣抽撥二名赴同知衙門供役其年額工食閏銀照編移解給領

存留銀額

解司存留銀壹百貳拾貳兩玖錢玖分捌釐陸毫內布政司解戶役銀陸拾兩戰船民六料銀陸拾貳兩玖錢玖分捌厘陸毫存縣支給銀貳千陸拾兩壹錢捌釐柒絲內本縣拜賀習儀香燭銀肆錢捌

分本縣致祭關帝銀陸拾兩係動支地丁題銷冊內仍於起運項下造報本縣致祭厲壇米折銀五兩係動支地丁題銷冊內仍於起運項下造報本府諭祭銀陸兩陸錢陸分陸厘陸毫柒絲按是項乾隆十九年裁本縣祭祀銀壹百陸拾陸兩玖錢文廟釋奠二祭共銀陸拾兩　崇聖公祠二祭共銀拾貳兩　社稷山川壇各二祭共銀叁拾貳兩　邑厲壇三祭共銀貳拾肆兩　鄉賢名宦祠二祭共銀拾陸兩　德惠祠劉太守祠二祭共銀拾陸兩　張侯祠二祭共銀肆兩玖錢　塘江潮一祭銀貳兩文廟香燭銀壹兩陸錢迎春芒神土牛春酒銀貳兩本府通判俸工銀壹百貳兩俸銀陸拾兩轎傘扇夫七名銀肆拾貳兩　按是項道光十三年裁本縣知縣俸工銀陸百柒拾柒兩肆錢俸銀肆拾五兩　門子二名銀拾貳兩　皂隸拾陸名銀玖拾陸兩　馬快八名每名工食陸兩陸路備馬置械水鄉打造巡船銀拾兩捌錢共銀壹百叁拾肆兩肆錢　民壯四十二名銀貳百五拾貳兩　禁卒八名銀肆拾捌兩　轎傘扇夫七名銀肆拾貳兩　庫子四名銀貳拾肆兩　斗級四名銀貳拾肆兩　外加增禁卒工食銀拾貳兩捌錢係奉文將後開看守公署門役工食撥給不在陸百柒拾柒兩肆錢之內　按馬快照給工食外其馬械銀捌拾陸兩肆錢批解藩庫抵給將軍都統各衙門各役工食等用縣丞俸工銀柒拾陸兩俸銀肆拾兩　門子一名銀陸兩　皂隸四名銀貳拾肆兩　馬快一名銀陸兩典史俸工銀陸拾柒兩五錢貳分俸銀叁拾壹兩五錢貳分　門子一名銀陸兩　皂隸四名銀貳拾肆兩　馬夫一名銀陸兩儒學俸工銀壹百玖拾叁兩壹錢貳分教諭俸銀叁拾壹兩五錢貳分　廩生膳銀肆拾兩　廩糧銀陸拾肆兩　齋夫三名每名銀拾貳兩共銀叁拾陸兩　門子三名每名銀柒兩貳

錢共銀貳拾壹兩陸錢儒學加俸銀肆拾捌兩肆錢捌分係動支地丁題銷冊內仍於起運項下造報漁浦司巡檢

俸工銀玖拾柒兩叁錢柒分貳厘陸毫俸銀叁拾壹兩五錢貳分皂隸二名銀拾貳兩弓兵十七名每名銀叁兩壹錢陸分

柒厘捌毫共銀五拾叁兩捌錢五分貳厘陸毫白洋弓兵工食銀柒拾貳兩弓兵貳拾名每名銀叁兩陸錢西興驛驛丞俸

銀叁拾壹兩五錢貳分鄉飲酒禮二次銀捌兩歲貢生員旗匾花紅酒禮府銀柒錢

五分縣銀叁兩看守公署門子工食銀壹拾貳兩捌錢布按貳分司二名府館一名每名銀叁兩陸錢抽分

廠一名銀貳兩後因署廢廠裁奉文將此項工食併加閏銀撥給加增禁卒入冊報銷本縣巡鹽應捕工食銀柒拾貳兩鹽捕拾名

每名銀柒兩貳錢衙要五鋪司兵工食銀貳百壹拾兩鳳堰鋪沙岸鋪十里鋪新林鋪白鶴鋪各五名每名銀捌兩肆

錢修理三江塘閘銀壹拾玖兩肆錢玖分捌厘捌毫孤貧三十名布花木柴銀壹拾

捌兩每名年給銀陸錢孤貧三十名口糧銀壹百捌兩原編本色米壹百捌石順治十四年改米徵銀充餉每米壹石徵銀壹兩

康熙三年復給孤貧實該前數每名歲支銀叁兩陸錢

以上解司及府縣支給共存留正款銀貳千壹百捌拾叁兩壹錢陸厘陸毫柒絲

額徵本色米叁千陸拾壹石叁斗五升玖合五勺壹抄肆撮貳圭貳粟內

南米叁千貳拾叁石捌斗壹升肆合玖勺貳撮捌圭五粟原編米叁千貳拾叁石捌斗五升陸合壹勺除置耤田壇基免徵米肆升壹合壹勺玖抄柒撮壹圭五粟實該前數

康熙六年丈量陞科米壹石肆斗捌升肆合捌勺柒抄壹撮陸圭玖粟五粒

雍正九年報墾陞科米五升玖合柒勺叁抄玖撮陸圭柒粟五粒

縣重囚口粮米叁拾陸石

宣統二年縣署檔案地丁存留款額

支迎春酒禮銀貳兩支習儀香燭銀肆錢捌分支文廟香燭銀壹兩陸錢支文廟春秋釋奠銀陸拾兩支崇聖祠春秋祭銀拾貳兩支文帝春秋誕祭銀陸拾兩支武帝春秋誕祭銀陸拾兩支邑厲壇上中下元祭米銀貳拾五兩玖錢玖分捌厘支社稷山川等壇春秋祭銀貳拾玖兩柒錢肆分支張侯祠春秋祭銀肆兩玖錢支潮神廟祭銀貳兩支德惠祠春秋祭銀拾陸兩支縣署門子工食銀拾貳兩加閏銀壹兩支仵作工食銀拾捌兩加閏銀壹兩五錢支馬快工食銀叁拾陸兩加閏銀叁兩按原編馬快八名工食銀叁拾陸兩陸路備馬

置械水鄉打造巡船銀捌拾陸兩肆錢後改工食照給外其馬械銀匯批解藩庫抵給將軍都統各衙門各役工食等用支禁卒工食銀肆拾捌兩加閏銀肆兩支軍牢工食銀拾貳兩加閏銀壹兩支轎傘扇夫工食銀肆拾貳兩加閏銀叁兩五錢支庫子工食銀貳拾肆兩加閏銀貳兩支斗級工食銀拾貳兩加閏銀壹兩支鋪兵工食銀貳百拾兩加閏銀拾柒兩五錢支皂隸工食銀柒拾捌兩加閏銀陸兩五錢支本縣鹽捕工食銀五拾柒兩陸錢加閏銀肆兩捌錢支均平夫工食銀捌百肆兩玖錢捌厘加閏銀捌拾五兩貳錢原編驛站應差均平夫一百四十二名銀壹千貳拾壹兩玖錢肆分同治初年迭奉催解銷冊部飯等費改由原額均平夫工食內抽解銀貳百兩解收臬署又遇小建每月扣銀貳兩捌錢叁分捌厘零歸入地丁解收藩庫支巡警餉銀叁百柒拾柒兩捌錢五分貳厘加閏銀叁拾壹兩肆錢捌分捌厘此項係以原編民壯弓兵奉裁改撥支教諭俸銀肆拾兩支門斗工食銀貳拾壹兩陸錢加閏銀壹兩捌錢支縣丞門子皂隸馬夫工食銀叁拾陸兩加閏銀叁兩支典史門子皂隸馬夫工食銀叁拾陸兩加閏銀叁兩支漁浦巡檢皂隸工食銀拾貳兩加閏銀壹兩支正額孤貧口粮布柴等銀壹百貳拾陸兩加閏銀拾兩五錢支浮額孤貧口粮布柴等銀叁拾陸兩陸分陸厘此款由存留耗款內坐支不入存留項下附支西興驛皂加閏銀壹兩此款遇閏年支給

以上共起運存留銀肆萬玖千陸百捌兩捌錢柒分壹厘　加閏銀柒百壹拾貳兩玖錢五厘按賦役全書乾隆五拾貳年奉文存留統歸起運其年例應給存留各款按額赴藩司請發轉給仍於題銷冊內分別支收造報核銷嘉慶四年奉文府縣存留銀仍留縣支給道光二十三年奉文存留俸役各款減半支發按照京平九四放給應減銀兩專款解司彙解部庫其祭祀驛站廩孤囚糧等款均不減半仍照額數支給

南米徵額解支同

額徵本色南粮米叁千陸拾壹石叁斗五升玖合五勺按南米向分大小戶每徵米壹石以柒斗捌升爲省南名曰大米以貳斗貳升爲零戶名曰小米同治四年奉定省南兵四共米貳千叁百捌拾貳石柒斗貳升五合五勺每石折收錢五千文共折徵錢壹萬壹千玖百拾叁千陸百貳拾柒文零戶米陸百柒拾捌石陸斗叁升肆合每石折收銀壹兩陸錢合錢叁千叁百陸拾文共折徵錢貳千貳百捌拾千貳百壹拾文每解省南等米壹石折解錢肆千文外加耗米柒升折錢貳百捌拾文正耗併計共折解錢肆千貳百捌拾文零戶米每石以壹兩陸錢合銀批解解省倉南米貳千壹百捌拾陸石柒斗貳升五合五勺解省兵米壹百陸拾石解司零戶米陸百柒拾捌石陸斗叁升肆合

留支縣重囚口粮叁拾陸石

耗款解支額

解藩司地丁叁分耗銀壹千壹百陸拾兩陸分叁厘加閏銀拾伍兩壹錢肆分貳厘解又地丁五厘餉餘銀壹百玖拾叁兩叁錢肆分肆厘加閏銀貳兩五錢貳分肆厘解又顏蠟司存抵課叁分耗銀壹拾叁兩玖分壹厘加閏銀壹錢叁分五釐解又顏蠟司存抵課五厘餉餘銀貳兩壹錢捌分貳厘解又府縣存留叁分耗銀玖拾兩肆錢玖分加閏銀五兩玖錢柒分陸厘叁此款內留支浮額孤貧糧銀叁拾陸兩實解司銀五拾肆兩肆錢貳分肆釐解又府縣存留五厘餉餘銀壹拾五兩捌分貳厘加閏銀玖錢玖分陸釐解又府縣存留節省解費銀玖兩五錢陸分五厘加閏銀捌錢玖分陸釐解又改隸地課陸分耗銀壹拾肆兩叁錢肆分捌厘加閏銀貳錢柒分貳釐解又改隸地課五厘餉餘銀壹兩壹錢玖分陸厘加閏銀貳分貳厘解糧道漕項叁分耗銀壹百玖拾叁兩叁錢肆分壹厘　解又漕項五厘備公銀叁拾貳兩貳錢貳分肆厘　解運司鹽課叁分耗銀貳拾叁兩玖錢貳分壹厘　解又改隸鹽課陸分耗銀貳錢肆分

支地丁耗五厘解費銀壹百玖拾叁兩叁錢肆分肆厘加閏銀貳兩五錢貳分肆厘支顏蠟司存

抵課等耗五厘解費銀貳兩壹錢捌分貳厘加閏銀貳分貳厘支漕項耗五厘解費銀叁拾貳兩貳錢貳分叁厘支鹽課耗壹分解費銀柒兩玖錢柒分肆厘支府縣存留等耗留支解費銀五兩五錢壹分陸厘加閏銀壹錢壹厘支改隸地課耗留縣五厘解費銀壹兩壹錢玖分陸厘加閏銀貳分貳厘支改隸鹽課耗留縣壹分解費銀肆分

以上共解支耗銀壹千玖百玖拾壹兩五錢陸分貳厘　如閏銀貳拾捌兩柒錢叁分貳厘

雜項外賦

學租銀壹拾五兩五錢叁分五厘載賦役全書每年照數徵輸解司轉解學院賑給貧生膏火之用據縣署報冊蕭山學租額田壹拾肆畝陸分貳釐壹毫向給佃戶認種每畝徵收租米捌斗五升共徵米壹拾貳石肆斗貳升捌合每石折收銀壹兩貳錢五分共徵銀壹拾五兩五錢叁分五釐每兩照地漕以貳千壹百捌拾貳文折收

當稅銀壹千叁百兩舊額每戶徵銀五兩光緒二十三年戶部奏准每典徵收稅銀五拾兩現存典當二十陸戶每戶完稅銀五拾兩每兩折收洋銀壹圓陸角

牙稅銀五百五拾柒兩舊額每戶上則徵銀捌錢中則徵銀陸錢下則徵銀肆錢後改上則叁兩中則壹兩五錢下則柒錢五分次下則肆錢五分光緒二十八年起因攤還賠款案改上則徵銀拾五兩中則柒兩下則五兩革除次下名目現存繁盛上行壹戶

徵銀拾五兩中行壹戶徵銀柒兩下行一戶徵銀五兩偏僻中行九十六戶每戶徵銀五兩下則十一戶每戶徵銀叁兩統共徵稅銀五百五拾柒兩每兩折收錢二千壹百捌拾貳文以上當牙二稅每年查明開歇增減造冊報部徵起銀兩另案解司

契稅每買產銀壹兩徵稅銀叁分

牛稅每兩徵稅銀叁分以上契稅牛稅二款歲無定額每年儘收儘解造報題銷另款解司充餉

漁臨關爲工部抽分竹木之所向在單家堰今於聞家堰義橋分署收稅官商兩便其稅粮係司關者報銷惟本山竹木概不起稅今裁

宣統二年縣署檔案雜項外賦

賦役全書學租銀壹拾五兩五錢叁分五厘每年照數徵輸解司轉解學院賑給貧生膏火之用

當稅銀叁百柒拾兩全書載當鋪陸拾叁名每名徵銀五兩共該銀叁百壹拾五兩另欵解司充餉仍於每年春季查明增除造冊報部乾隆十四年查明確數當鋪七十四名銀叁百柒拾兩

牙稅銀肆拾玖兩貳錢上則牙戶壹拾柒名每名徵銀捌錢中則牙戶六名每名徵銀陸錢下則牙戶捌拾名每名徵銀肆錢共該前數另款解司充餉

季鈔銀五拾柒兩壹錢貳分現存單季鈔壹百玖拾叁戶每戶徵銀壹錢陸分雙季鈔捌拾貳戶每戶徵銀叁錢貳分每兩連耗折收錢貳千壹百捌拾貳文

諭單同治三年定有開設絲繭行請領諭單章程上則每年繳錢捌拾千文下則肆拾千文一年一換次年換給新諭將舊諭繳銷宣統三年改定分爲三等上等肆拾千文中等叁拾千文下等貳拾千文

契稅舊額每兩徵稅銀叁分折收錢陸柒拾文不等後定爲陸拾陸文宣統元年奉通飭賣契玖分典契陸分光緒二十八年藩司誠詳奏奉准契尾每張捐銀壹兩合洋壹元五角光緒三十年奉發行官契紙每張價錢壹百五拾文

牛稅壹千肆百兩舊額每兩徵稅銀叁分光緒間稟准歸縣書經收報解每年原認銀柒百兩宣統元年改爲認解銀壹千兩二年復改認解銀壹千肆百兩縣中收於牛戶者水牛每隻收錢叁百貳拾捌文黃牛每隻收錢貳百捌拾陸文官基佃租銀玖拾叁兩柒錢捌分按萬歷志官房屋壹千二十七間半五十披壹拾三帶三扇六所康熙志官房屋一百四十三間半歷年久遠屋漸坍毀給民認租就基起造官收佃租每年造冊報解藩庫咸豐季年細冊遺失今冊可稽者基凡貳拾畝貳分玖釐肆毫佃凡叁百陸拾五戶徵銀實該前數海神廟官田租米壹百壹石叁斗柒升陸合內額租米捌拾陸石零除租米拾五石零每米壹石除申讓人工米壹斗外每石照部價折徵銀壹兩貳錢五分按年彙收報解撥作海寧歲修海神廟之用按海神廟官田清雍正間邑中何姓抄家沒入官田壹百五拾柒畝五分柒釐柒毫內分由田叁拾叁畝叁分捌釐壹毫安田貳拾捌畝叁分五釐三毫許田柒拾肆畝貳分叁釐陸毫苧田貳拾壹畝陸分柒毫池叁分五釐其細冊經亂散失今僅存田壹百壹拾壹畝叁分每年徵收租米實該前數營房租每年錢貳千陸百文營基地租每年錢拾貳千陸百文又銀壹圓營房基兩項宣統二年經督撫奏裁綠營奉委會縣清查營產計存舊營房六間一街營基地十畝陸分肆釐捌毫炮臺烟墩基玖分捌釐柒毫一給民承佃每年收租報解捌抵款房屋每年租銀拾貳元同治九年庫書陳樹滋虧欠公款將屋三間作抵給民承佃每年收租報解以上縣冊

丈量田號

康熙四年全書作六年蓋各縣丈量在四年而院司彙總奏報在六年也知縣徐則敏奉文清丈清丈田土所以剔積弊甦民困然弊端滋

起擾民實甚徐侯令民自丈吏胥不上下其手有借端生事者許民赴愬時出履畝抽量自備饔飧戒飭徒役鷄犬不驚視他邑紛擾者蕭民獨受其福也

田號

由化一都一二三四五六圖天地玄黃宇宙 由夏二都一二三四五六圖洪荒日月盈昃 夏孝三都一二三四五六七八九十十一十二圖辰宿列張寒來暑往秋收冬藏 長興四都一二三四圖閏餘成歲 安養五都一二三圖律呂調 許賢六都一二三四圖陽雲騰致 許賢七都一二三四五圖雨露結爲霜 許孝八都一二三四五圖金生麗水玉 孝悌九都一二三圖出崐岡 長山拾都一二三四圖劍號巨闕 長山十一都一二三圖珠稱夜 長山十二都一二三圖光果珍 桃源十三都一二圖李柰 桃源十四都一二三四五圖菜重芥薑海 辛義十五都一二三四五圖鹹河淡鱗潛 辛十六都一二三四圖羽翔龍師 苧蘿十六都一二三圖火帝鳥 苧蘿十七都一二三圖官人皇 苧十八都一二圖始制 來蘇十八都一二三四五圖代服衣裳文 崇化十九都一二三四圖推位讓國 崇化二十都一二三四五六七八九十十一十二圖有虞陶唐民伐周發般湯坐朝 昭明二十一都一二三四五六七八九十十一十二圖問道垂拱平章愛育黎首臣服 里仁二十二都一二三四五六七圖戎羌遐邇壹體率 鳳儀二十三都一二三四五圖賓歸王鳴鳳 鳳儀二十四都上一二三四五六圖在竹白駒食場下一二三四五六七圖化被草木賴及萬 魚鱗弓口冊共壹百肆拾貳本今有殘缺應請藩冊校對補繕以正經界以杜奸胥以上乾隆志兼採乾隆志別本

地丁統編科則

鄉丁 由田壹錢叁分五厘玖毫捌絲米捌合貳勺玖撮安鳳田壹錢叁分叁厘捌毫陸絲米捌合壹勺玖抄陸撮里田壹錢叁分貳厘陸毫叁絲米捌合壹勺捌抄捌撮許田壹錢叁分壹厘陸毫叁絲米捌合壹勺捌抄壹撮苧田壹錢壹分五厘五毫叁絲米捌合捌抄羅田壹錢壹分捌厘捌毫捌絲米捌合壹勺義田壹錢壹分玖厘肆毫肆絲米捌合壹勺肆撮沙田壹錢貳分壹厘叁毫肆絲米捌合壹勺貳抄桃田柒分柒厘貳毫米柒合捌勺肆抄長田壹錢壹分壹毫柒絲米捌合五抄折田柒分捌厘肆毫貳絲米柒合捌勺肆抄地叁分貳毫池壹分叁厘花山捌厘五絲光山貳厘

市丁 由田壹錢叁分肆厘五毫陸絲米柒合叁勺肆抄肆撮安鳳田壹錢叁分貳厘肆毫五絲米柒合叁勺肆抄肆撮里田壹錢叁分壹厘貳毫肆絲米同上苧田壹錢壹分肆厘叁毫貳絲米同上許田壹錢叁分貳毫肆絲米同上義田壹錢壹分捌厘貳毫米同上羅田壹錢壹分柒厘陸毫叁絲米同上長田壹錢玖厘柒毫米同上沙田壹錢貳分柒絲米同上桃田柒分陸厘叁毫捌絲米同上折田柒分柒厘陸毫米同上地叁分池壹分叁厘花山捌厘光山貳厘以上縣冊

田號莊册

由化一都一圖天字塘裏陳莊**二圖**地字童家莊**三圖**元字十里鋪莊**五圖**宇字附四圖黃字長山莊**六圖**宙字五里莊**由**

夏二都一圖洪字市心莊**二圖**荒字寶賢莊**三圖**日字衡河莊**四圖**月字後山莊**五圖**盈字附六圖昃字龍王塘莊**夏**

孝叁都壹圖辰字瓦窰莊二圖宿字善慶莊三圖列字墩上莊四圖張字附五圖寒字杜湖莊六圖來字湖裏孫莊七圖
暑字坂里孫莊八圖往字西興莊九圖秋字長河莊十圖收字花園莊十二圖藏字附十一圖冬字南莊長興四都二圖
餘字附一圖閏字傳家莊三圖成字東山莊四圖歲字潭頭莊安養五都一圖律字西山尾莊二圖呂氏河西莊三圖調字
東汪莊許賢六都一圖陽字羅磨莊三圖騰字附二圖雲字北塢莊四圖致字漁浦莊許賢七都一圖雨字張量莊
二圖露字潘山莊三圖結字沈村莊五圖霜字附四圖爲字坂里莊孝悌八都一圖金字戴村莊二圖生字張家衖莊三
圖麗字附四圖水字上河莊五圖玉字洪家莊孝悌九都一圖出字沙河莊二圖崐字大橋莊三圖岡字孫橋莊長山
十都一圖劍字溪頭莊二圖號字塘村莊三圖巨字西山莊四圖闕字河上莊長山十一都二圖稱字附一圖珠
字管村莊三圖夜字中央莊長山十二都二圖果字附一圖光字樓家莊三圖珍字巖上莊桃源十三都一圖李字
蔣村莊二圖柰字尖山莊桃源十四都一圖菜字梅裏莊二圖重字橫山莊三圖芥字蓬山莊四圖薑字李家嘴莊
五圖海字小湖莊辛義十五都一圖鹹字丁家莊二圖河字沈家莊三圖淡字後韓莊四圖鱗字馬安莊五圖
潛字義橋莊辛十六都二圖翔字附一圖羽字峽山莊三圖龍字附四圖師字牌軒莊苧十六都一圖火字周家湖莊二圖
帝字花廳莊三圖鳥字高橋莊苧十七都一圖官字臨浦莊二圖人字居家莊三圖皇字西葛莊苧十八都二

圖制字附一圖始字白露塘莊來蘇十八都一圖文字洪家莊二圖代字塘下金莊三圖服字丁村莊五圖裳字附四圖衣字來蘇莊按二圖宜字字因音重不便以代、字代之而當時誤寫代字故二十都六圖反編代字舊志三圖乃字康熙四年以十、三都二圖有柰字音同故去乃字崇化十九都二圖位字附一圖推字東蜀莊三圖讓字埭上莊四圖國字沙裏吳莊崇化二十都一圖有字西門莊二圖虞字同胞莊三圖陶字西河莊四圖唐字太平莊五圖民字社壇莊六圖代字七家池莊七圖周字史村莊八圖發字蔡家莊九圖殷字祝家莊十圖湯字凌家莊十一圖坐字黃閣莊十二圖朝字金西莊原編不用弔罪兩字昭明二十一都一圖問字南門莊二圖道字通貴莊三圖垂字東橋莊四圖拱字芹沂莊五圖平字道源莊六圖章字示農莊七圖愛字嚴家莊八圖育字姚家莊九圖黎字文裏莊十圖首字呂裁莊十一圖臣字魚鱗關莊十二圖伏字江下河莊里仁二十二都一圖戎字東單莊二圖光字下浦莊三圖遐字新林莊四圖邇字附五圖壹字朱家莊六圖體字楊新莊七圖率字羅山莊鳳儀二十三都一圖賓字楊樹下莊二圖歸字附三圖王字新發莊四圖鳴字龕山莊五圖鳳字瓜瀝莊鳳儀二十四都上一圖在字新田莊上二圖竹字附上三圖白字橫塘莊上四圖駒字錢清莊上五圖食字陳家莊上六圖場字堰頭莊下一圖化字丁家莊上貳圖被字鎮龍莊下四圖木字附下三圖草字芙蕖莊下五圖賴字塘頭莊下六圖及字草洋莊下七圖萬字長巷莊以上舊志按乾隆志康熙四年知縣徐則敏奉文清丈編都二十四圖一百四十名數一仍舊制張文瑞稅畝圖說蕭山地方二十四都舊爲圖總一百四十康熙初年并汰一十七圖如一都無四圖二都無六圖三都無五圖及十一圖四都無一圖六都無一圖十一都十二都辛十六都俱無一圖苧十六都無四圖苧十八都無一圖來十八都無四圖十九都無一圖二十二都無五圖二十三都無三圖二十四都無上下三圖以上皆謂之汰圖以上乾隆志

今册各都圖莊號

一都一圖 韓家莊 塘里莊 童家莊 外莊 二圖 童家莊 廟後莊 塘上莊 孫家莊 董家莊 吳家莊 坂里莊 謝家莊 堰頭莊 河上莊 范家莊 外莊 三圖 十里莊 圩里莊 塘上莊 東許莊 管家莊 西湖莊 坂里莊 上岸莊 西許莊 外莊 五圖 長山莊 家莊 蘇莊 十里背 富家莊 百莊 澇湖莊 墩里莊 小橋莊 王家莊 吳家莊 徐家莊 下潦莊 外莊 六圖 五里莊 閘頭莊 井頭莊 塘上莊 下坂莊 滎陽莊 霪頭莊 外莊

二都一圖 市心莊 潘家莊 倉前莊 裘家莊 胡家莊 袁家莊 東村莊 外莊 二圖 寶賢莊 雙桐莊 五里莊 東陽莊 張家莊 石稻莊

姚家莊 梅家莊 倉前莊 外 莊 三圖 衛河莊 車里莊 西橋莊 西門外莊 潘家莊 史家莊 陸家莊 西門下莊 新民莊 外 莊 四圖

後山莊 望湖莊 馬家莊 孫家莊 高橋莊 橋頭莊 墩上莊 汪家莊 俞家莊 朱家莊 嚴家莊 嶽廟莊 上緈莊 來家莊 村里莊 錢家莊

童家莊 竹蓬徐莊 外 莊 埭上丁莊 五圖 龍王莊 河北莊 塘灣莊 井亭莊 於家莊 外 莊

三都一圖 瓦窰莊 坟里莊東村 莊 王秀莊 外莊 二圖 善慶莊 闞里莊 龍圖莊 外 莊 三圖 墩上莊 張家莊 廟後莊 來家莊

外 莊 四圖 杜湖莊 東湖莊 西興莊 外 莊 六圖 湖里孫莊 越王城莊 湖頭陳莊 湫上 莊 居山莊 鏤底莊 雙廟莊 外 莊 七

圖 坂里孫莊 瓦窰莊 傅家莊 跨湖莊 包 家莊 井山莊 湖里莊 洋橋莊 外 莊 八圖 驛東莊 驛西莊 花園莊 外 莊 九圖 孔 家

莊 毛家莊 冠山莊 張家 莊 上莊 陳家莊 外 莊 十圖 花園莊 孫家莊 湯家井莊 童家莊 下莊 西 莊 湯家橋莊 河下莊 高

田莊 外 莊 十二圖 南 莊 北 莊 東 莊 外 莊

四都二圖 傅家莊 冠山莊 蔣家莊 宣家莊 何家莊 褚家莊 金家莊 楊家莊 戴家莊 塘外莊 張家莊 陸家莊 虞家莊 河環莊

華家莊 堰斗莊 山南吳莊 五聖莊 韓家莊 鳳堂莊 英珠莊 墻梓 莊 裴家莊 瀝頭莊 石宕莊 洞橋莊 山南陳莊 橋頭莊 外 莊

三圖 東山陳莊 梓樹莊 閘上莊 凌家莊 東山 華莊 中基莊 中前莊 古竹莊 外 莊 四圖 油車莊 閘堰莊 青山頭莊 邱徐莊

勞家莊 橋南莊 高橋莊 青山 張莊 邵家莊 河墅堰莊 外 莊

五都一圖華家莊西河莊西山莊石門莊外莊二圖河西莊外莊三圖東汪莊西汪莊汪家堰莊山前吳莊楊家莊

匯上莊洪家莊瀝山莊中閘莊外莊

六都一圖羅墓莊王家莊戚家莊外莊三圖北塢莊金家莊田家莊葉家莊高田莊蛟山莊俞家莊周家莊吳家莊下洋莊

雲峯莊黃宅莊南塢莊裏陳莊盛家莊灣裏莊外莊四圖漁浦莊戚家莊打油莊中閘莊孔家莊虞家莊華家莊許家莊

楊橋莊傅家莊雙橋莊外莊

七都一圖繆家莊何家莊觀畚莊張家莊直塢莊俞村莊下村莊外莊二圖朱村莊潘山莊姜家莊觀音莊七里莊河口莊

外莊三圖沈村莊塘塢莊洪村莊上堡莊郎嶺莊夏家莊西園莊下沈莊汪家莊石牛莊響石莊炭灶莊盛家莊外莊

五圖坂里莊石蓋莊上董莊上沈莊葉潘莊袁家莊顧家莊方家莊石板莊上門莊下門莊尖山莊駱家莊外莊

八都一圖戴村莊後鄭莊孫寓莊橫嶺莊石蓋塢莊石馬莊溪下莊外莊二圖張家莊河上莊前陶莊楊家莊後馬莊

外莊三圖東湘莊後溪莊上河莊後宅莊丁村莊錢家莊外莊五圖洪家莊凌橋莊前方莊盛家莊馬穀莊戴家莊

麥園莊梓樹莊下墻莊大河莊中譚莊山下莊拖沙莊下方莊仙壇莊外莊

九都一圖沙河莊丁家莊謝家莊後溪莊竹橋莊麻園莊板橋莊祥衖莊孝悌莊大橋莊外莊二圖大橋莊婁家園莊

墻裏莊外莊 三圖 孫橋莊板橋莊靈山莊高莊下東莊沙河莊豪坑莊鎮橋莊前山莊桃花塢莊塘池莊外莊

十都一圖 溪頭莊甄山莊白堰莊乾坑莊鮑家莊鳳凰莊外莊 二圖 塘村莊下門莊方家莊堰下莊千家村莊橋頭莊外莊 三圖 西山莊河上莊里虞莊高都莊火塢莊外莊 四圖 河上莊金家莊鮑家莊茅山莊山上莊黑樓莊下俞莊橋頭莊外莊

十一都二圖 管村莊魏家莊塘口莊東山莊路下莊杜同莊外莊 三圖 中央莊佳山莊母嶺莊塘頭莊上馬莊伊家莊次塢莊古竹莊大莊徐塢莊何婆莊大院莊外莊

十二都二圖 樓家莊徐家莊俞塢莊水閣莊下塢莊斜爿莊黃嶺莊巖下莊兩頭門莊重興莊魏家莊上陽莊後俞莊外莊 三圖 巖上莊樓家莊經畈莊田村莊東沈莊西沈莊橋頭莊大悲莊和尚莊大珊莊外莊

十三都一圖 蔣村莊逕游莊前朱莊上曹莊下曹莊曹家莊上俞莊柏山莊新江莊兔石莊下鄧莊上莊下俞莊桃塢莊外莊 二圖 尖山埠莊木杓莊新河莊尖山湖莊汪家堰莊霪頭莊汪家埭莊下蔣莊洪水莊下灣莊張家莊後朱莊李家莊柴家莊逕游莊外莊

十四都一圖 梅里莊周家畈莊上倪莊後倪莊胡家衖莊下傅王莊塘頭鍾莊嶼山倪莊顧家莊外莊 二圖 橫山莊西河莊

店裏莊田頭莊呂家莊麻車莊馮家莊外莊三圖蓬山莊茗濱莊低湖莊童山莊山前莊新蘆莊橫塘莊山俞莊紫湖莊

樹蓬莊朱家蓬莊謝尖莊花山莊外莊四圖李家嘴莊渡頭莊王待詔莊下閘莊雁宕莊大池莊顧家莊嶼山莊坂里莊

水埠莊閘家莊鍾家莊外莊五圖小湖孫莊許同殿莊於家莊外莊

十五都一圖丁家莊徐童莊石蓋莊新莊戴家莊外莊二圖沈家莊桐江莊穴塘莊塘琅莊施宗莊鄭家莊外莊

三圖後韓莊花女莊蒲山莊湖頭莊何同莊外莊四圖馬安莊塘圩莊趙家莊山塢莊姚家莊穴里莊外莊五圖

義橋莊西莊新墹莊方家莊張家莊外

辛十六都二圖峽山莊橫築莊封湖莊楊家莊橋亭莊後韓莊金家莊曹家莊南堡莊彭家莊茅山莊外莊三圖牌軒

莊橫築莊封湖莊亭子莊姜家莊後塘莊河斗莊爛田莊孔家莊雙橋莊府前莊外莊

苧十六都一圖周家湖莊趙家莊韓家匯莊曹家埭莊東曹莊外莊二圖花廳莊下頭莊倪家莊趙家莊外莊三

圖高橋莊油車莊陸莊三莊五莊張家莊大莊外莊

十七都一圖臨浦莊石塔莊寺後莊江沿莊義渡莊陳家莊張家莊西塘莊穴塘莊外莊二圖居家莊青龍莊詹家莊

前孔莊烏石莊塘里莊塘下莊木汀莊外莊三圖西葛莊陳家莊談家莊張馬莊坂里莊塘上莊河防莊施家莊外莊

苧十八都二圖白露塘莊邱家橋莊邱家塢莊堰頭莊上戴莊下戴莊石子莊橋頭莊史家莊魯家莊嶼糟莊窰里莊汀頭

莊瓦窰莊河西莊張家莊趙家莊楊家莊蕣湖莊外莊

來十八都一圖洪家莊湊沿莊河沿莊後張莊韓家莊大路莊大孫莊外莊二圖塘下金莊東周莊吳湊沿莊橫塘莊

家渡莊灣里陳莊外莊三圖丁村莊外莊單家堰莊五圖來蘇莊賀家莊埠頭莊外莊

十九都二圖東蜀莊西蜀莊前吳莊後吳莊橋頭莊岳小橋莊姚家莊趙家莊黎頭莊山南莊沿河莊匯頭莊史家莊埭

上莊百步莊上汛莊徐家莊橫築莊潘家莊墩上莊童家莊外莊三圖上田莊老屋莊石稻莊史家莊後河莊新莊

高田莊裏莊章家莊黃秀莊外莊四圖沙裏吳莊水閣莊鳳里莊郁家莊橋頭莊河南莊新屋莊水家莊外莊

二十都一圖西門莊西門外莊綉衣莊外莊二圖同胞莊縣前莊明月莊北欒莊許寺莊衙後莊市心莊外莊三圖

西河莊外四圖太平莊鮑家莊張家莊南街莊蘇潭莊大南門莊廟西莊西河莊學前莊仙家莊小南門莊外莊五圖

社壇莊屠家莊孫家莊鍾家莊育才莊外莊六圖戚家池莊蔣家莊紙馬莊北岸莊衙里莊王御莊南岸莊外莊七圖

史村莊下姜莊外莊八圖蔡家莊越寨莊史村莊史村許莊史村異莊外莊九圖祝家莊魯公莊金家莊陳家莊

史家莊西河莊汪家莊外莊十圖凌家莊范家莊祝家莊大旺莊王秀莊田裏莊陳村莊外莊十一圖黃閣莊溪頭莊

梁塢莊邱家莊徐家莊柴嶺莊湘湖莊閔家莊外莊十二圖金西莊沈家莊塘下莊石巖莊徐家莊南山莊壓湖莊

田家莊外莊

廿一都一圖南街莊牌軒莊清風莊西岸莊打紙莊南門莊外莊二圖通闠莊外莊三圖東橋莊大池莊米市莊木橋莊外莊四圖芹沂莊何家莊蔡家莊安衕莊倉橋莊旱橋莊外莊五圖道源莊淘沙莊夏家莊外莊六圖示農莊水亭莊趙家莊長浜莊文里莊余家莊堰下莊外莊七圖嚴家莊半爿莊迴龍莊車家莊塘下莊大通莊花橋莊東陳莊李家莊外莊八圖姚家莊王家莊曾家莊杜家莊擎山莊西陳莊板橋莊外莊九圖戴家莊文里莊張家莊李家莊外莊十圖呂才莊後岸莊曹公莊朱家莊張量莊外莊十一圖漁臨莊舒家莊王門莊曾家莊外莊十二圖江下董莊駱家兜莊西黃莊張家莊楊樹莊竹蓬莊廟裏莊董家橋莊外莊

廿二都一圖東單莊西單莊東前莊上陽莊南岸莊東湖莊塘下莊占塘莊起龍莊外莊二圖下浦莊河南莊沙河莊匯上莊江橋莊外莊三圖新林莊迎龍莊東莊外莊四圖朱家壇莊莫家莊凌家港莊金家河莊廟東金莊西河沈莊金家莊婁家莊傅家坂莊凌家坂莊外莊六圖楊新莊瀝頭莊橋南莊墻裏莊胡家莊外莊七圖螺山莊樓家莊南莊外莊

廿三都一圖楊樹下莊堰頭莊翔儀莊江下莊草洋莊童墅莊外莊二圖新發莊東河莊西河莊里東莊田里莊巨塘莊丁村莊白鶴莊外莊四圖龕山莊瓜瀝莊山北莊衙前莊低田莊莊里莊尼墓莊外莊五圖瓜瀝莊尼墓莊湖頂莊低田莊麗家莊衛家莊沈家堰莊山後莊外莊

廿四都上一圖新田莊朱市莊外莊上二圖橫塘莊錢清莊趙家莊毛家莊外莊上四圖錢清莊朱市莊五賽莊東沙莊西沙莊外莊上五圖陳家莊斗門莊許家莊高地莊新田莊陸家莊章浦莊於家莊外莊上六圖堰頭莊騰蛟莊忠義莊尚義莊外莊下一圖丁家莊桃源莊前司莊施家莊白龍莊外莊下二圖鎮龍莊界塘莊蕭家莊西睦莊外莊下四圖芙蕖莊漁池莊外莊下五圖塘頭莊外莊下六圖草洋莊張家莊前方莊中方莊後方莊翔鳳莊沙田莊外莊下七圖長巷莊彭家莊匯頭莊徐家莊外莊

以上各都圖坐莊外每圖各有外莊亦稱寄莊又稱通莊皆從前由他圖調入者也

按蕭山鱗册洪楊刼後散失無存現存莊册照雍正七年改編順莊之籍由經管莊書各就本管莊圖分析編造復有調莊掛嵌諸陋習遂致都圖莊號凌亂錯雜民業糧額是否符合莫可究詰宜亟清釐改編以正經界新纂

地丁租課徵價

同治叁年奏減紹屬浮收案

閩浙總督兼浙江巡撫左宗棠以紹屬浮收太甚命戶部郎中顧菊生會同署紹興府知府楊叔懌檄提各縣收用各款清冊照數覈減並定章程五條稟復奏聞並札發告示一百道通行曉諭

收用各款并覈減數目

蕭山額徵地漕等銀肆萬玖千陸百餘兩舊征紳戶每兩納銀自壹兩壹錢五分至壹兩肆錢不等民戶每兩折錢自貳千陸百至叁千肆千不等每兩牽算收錢貳千捌百文共收錢拾叁萬捌千捌百捌拾串　額徵公租銀五千陸百餘兩舊征每兩自壹兩貳錢至壹兩叁肆錢不等折錢自貳千陸百至叁千叁百不等每兩牽算收錢貳千玖百五拾文共收錢壹萬陸千五百貳拾串　額征灶課銀貳千餘兩舊征每兩自壹兩貳錢至叁肆錢不等折錢自貳千捌百至叁千肆百不等每兩牽算收錢貳千玖百貳拾文共收錢五千捌百肆拾串叁共收錢叁拾陸萬壹千貳百肆拾串現擬叁項均以每兩連耗征銀壹兩壹錢起解壹柒合錢壹千捌百柒拾文共應解錢拾萬零陸千玖百陸拾肆串現定銀數大小一律完納如小戶不能完銀仍照市價隨時合錢不准書吏抑勒多取下餘平錢五萬肆千貳百柒拾陸串　本官衙門伙食茶爐柴油等項錢叁千陸百串幕友脩伙等項錢壹千捌百串　戶庫各書差役門印經管人等錢壹千肆百串　鄉柜各項錢貳千捌百串　公租灶課各項費用錢捌百叁拾肆串　院府縣試及司道府房費并捐給各項錢貳千串　同寅節禮等項錢壹千串尋常往來委員一概不給差費　緝捕經費錢捌百串　監押口糧看役人等各項錢捌百串　留給辦公雜用錢五千五百串內本道辦公五百串　本府辦公壹千串　留作本官家用錢貳千壹百捌拾陸串　書院山長脩金錢壹百陸拾串以上拾貳款共需錢貳萬貳千捌百捌拾串尚餘錢叁萬壹千叁百玖拾陸串計地漕項下每兩可減錢

五百叁拾文共減錢貳萬陸千貳百捌拾捌串公租項下每兩可減錢陸百捌拾文共減錢叁千捌百零捌串灶課項下每兩可減錢陸百五拾文共減錢壹千叁百串叁共減錢叁萬壹千叁百玖拾陸串　額征南米叁千零陸拾壹石叁斗五升玖合五勺內解省倉米貳千壹百捌拾陸石柒斗貳升五合五勺留給兵米壹百陸拾石四米叁拾陸石叁共米貳千叁百捌拾貳石柒斗貳升五合五勺舊征每石牽算約收錢五千五百文共收錢壹萬叁千壹百肆串玖百玖拾文現擬每石減征錢伍百文共減錢壹千壹百玖拾壹千叁百零　留給書役各費每石約錢貳百文共計錢肆百柒拾陸千五百肆拾五文留給縣中公用每石約錢貳百玖拾文共計錢陸百玖拾千零玖百玖拾文實解每石折價錢肆千五百壹拾文共約解錢壹萬零柒百肆拾陸千零玖拾貳文又解司零戶米陸百柒拾捌石陸斗叁升肆合舊征每升收錢五陸拾文不等牽算每石五千五百文而解司定例每石止銀壹兩陸錢今擬每兩以貳千壹百文征收每石可減征錢貳千壹百肆拾文共減錢壹千肆百五拾貳串貳百零　收租項下額征錢壹萬叁千玖百拾陸串舊征每壹千收錢壹千貳百叁拾叁文共收錢壹萬柒千壹百五拾捌串零現擬每千以壹千零五拾起解共應解錢壹萬肆千陸百拾壹串零下餘平錢貳千五百肆拾柒串內司道房費壹百串糧廳月費拾肆串書差門印經管人等各項肆百串共用錢五百拾肆串尙餘錢貳千零叁拾叁串每千可減錢壹百叁拾叁文共減錢壹千捌百五拾串零倘餘錢壹百捌拾叁串零

章程五條一實征壹兩壹錢解司除正款並耗銀餉餘外籌補壹款現在裁革所餘之銀應作爲解費省歇傾工火耗釘鞘等項之用歸縣自行開銷其從前一切攤捐名目及各署陋規盡行裁革　一各縣征收錢糧照例應用板串嘉慶念肆年曾經司詳通飭在案嗣因日久弊生改用活串致書吏弊端百出現在更定新章應統用三聯板串如某戶應完銀若干均查照糧冊於串票內註明上忙完銀若干一半下忙完銀一半庶書吏不能有大頭小尾重征倍征諸弊而州縣發出串票若干

卽應征銀若干亦易於隨時稽察一串票櫃書向有票錢現在雖未全行裁革亦應明定章程不准例外多取其完納銀米花戶應隨完隨給串票不准延擱一幕友脩伙自此次定章之後亦應減省大縣准請刑名一席錢穀一席其小席止准酌留二三人中小縣刑錢之併請一席小席酌留一二人至府署向有發審脩金由縣攤派現已提辦公卽不准再向州縣攤派一院府縣試經費自此次定章之後皆不准列入流攤每屆應實用錢若干應由府預先酌定按年提存蓋因考試叁年兩屆州縣更調不時或後任適逢辦考而平餘已爲前任不得去則未免稍涉偏枯

總督左奏稿

奏爲覈減紹興府屬浮收錢粮恭摺奏祈聖鑒事竊浙東各屬地丁南米經臣上年奏明應一律核減並將溫州府屬先行減定在案茲查浙東八府錢粮征數以紹興爲最多浮收之弊亦以紹興爲尤甚山陰會稽蕭山諸縣完納錢粮向有紳戶民戶之分每正耗壹兩紳戶僅完壹兩陸分至壹兩叁肆錢而止民戶則有完至貳千捌玖百文或叁肆千文者以國家惟正之供而有紳民重輕之別以閭閻奉公之款徒爲吏胥中飽之資官司以賠累爲苦民戶以偏重爲苦若不明定章程刪除浮費弊累日甚其何以堪孟子論治以經界不正井地不均穀祿不平爲深憂者此也臣於上年覈定溫屬地漕後卽飭奏調來浙差遣候選知府戶部郎中顧菊生前赴紹興會同該管道府將歷年官徵民納實數及向來流攤各欵逐細清查分別裁減茲據顧菊生等稟稱紹屬八縣陸場正雜錢粮有照銀數完納有照錢數完納殊與定例有乖現擬統照銀數徵解其一切攤捐名目及道府各署陋規概行禁革幷擬於正耗錢粮之外仍視各縣舊征多寡每兩酌留平餘以爲該縣場辦公之用開送征解留用數目清冊前來臣細加覆核除正耗仍照常征解外紹屬八縣額徵地漕等款幷蕭山公租竈課銀肆拾五萬叁千肆百柒拾肆兩零除新昌壹縣徵數業經減定勒石毋庸議改外其餘七縣共實減去錢貳拾萬五千壹百零陸千文南米額徵本色米柒千餘石折色米壹萬五千貳百陸拾柒石零減去

本色耗米叁百陸拾壹石減折色耗錢壹萬貳千零柒拾貳千文陸場竈課額征銀壹萬肆千叁百捌拾玖兩又蕭山收租額征錢壹萬叁千玖百拾陸千文實減去錢肆千貳百肆拾貳千文計共減去錢貳拾貳萬壹千肆百貳拾千文米叁百陸拾壹石但能永遠遵守大小戶一律完納以貳拾年之數通計之民間即可多留貳百餘萬串之錢叁千餘石之米矣既無須損上以益下民力自見其有餘亦無須裒多以益寡貧戶不憂其不足官之征收有定章則上下之交肅民之完納有定數則胥吏之弊除此次定章之後臣當飭令各屬一體勒石遵守如有官吏陽奉陰違於定章之外添立名目多取分文定即立與撤參如大戶不遵定章完納致官有賠累之虞民有偏重之苦者亦必核實懲辦以昭儆戒所有嚴減紹興府屬錢糧緣由理合恭摺具陳伏乞皇上聖鑒訓示肆月拾壹日內閣奉上諭左宗棠奏嚴減紹興府屬錢糧一摺浙東各屬錢糧以紹興徵數爲最多而浮收之弊亦屬最甚經左宗棠查明核減將紹興府屬八縣陸場正雜錢糧無論紳戶民戶統照錢數征解一切攤捐名目及陋規等項概予革除計除正耗仍照常征解外共減去錢貳拾貳萬有奇米叁百陸拾餘石民困可稍蘇即着照所議辦理嗣後並著爲定章永遠遵行不准再有紳戶民戶之別致滋偏重其地方官吏尤當潔已奉公剔除積習倘敢陽奉陰違添設名目格外需索及大戶不遵定章完納者即著該督撫核實查參懲辦以重國賦而恤民瘼欽此

總督左示文

爲曉諭事照得州縣經徵錢糧貴有常制杭嘉湖叁屬漕糧上年復欽奉諭旨酌議核減皇上念切民艱於錢糧繁重之區特沛恩施曷勝欽感本部堂督師入浙以來目擊凋殘勤思撫字疊次札飭各該地方嚴禁浮勒核減征收以蘇積困復經照會顧郎中前赴紹興會同該署府楊守詳查紹屬各縣場舊徵銀米各數分別釐減浮費去後茲據顧郎中楊守以紹屬各縣場錢糧除新昌一縣已經勒石定數毋庸更改外其餘各縣場應統以壹兩壹錢作爲正項外每兩酌

留平餘津貼辦公並將壹切陋規裁革酌定用款稟覆前來本部堂細加酌核所擬均尙妥協當即據情入告所有紹屬征解錢粮合行出示曉諭爲此示仰紹屬軍民人等知悉自同治叁年上忙啓征爲始除正項壹兩壹錢外山陰縣地漕每兩准留平餘錢叁百文南米本色每石准留餘米柒升折色每石准照五千文折收會稽縣地漕每兩准留平餘錢肆百文南米本色每石准留餘米柒升折色每石准照五千文折收蕭山縣地漕公租灶課每兩准留平餘錢肆百文南米折色每石准照五千文折收零戶米每石准照叁千叁百陸拾文折收牧租每千准照壹千壹百文徵收諸暨縣地漕每兩准留平餘錢叁百文上虞縣地漕每兩准留平餘錢貳百捌拾文嵊縣地漕每兩准留平餘錢叁百五拾文曹娥場金山場均每兩准留平餘錢肆百文錢清場東江場三江場均每兩准留平餘錢叁百文石堰場每兩准留平餘錢貳百文自示之後准爾等地方刊碑勒石永爲定則無論大戶小戶一律照章完納不得稍有抗欠其完納銀米應概用板串書吏不得包征包解如有奸胥蠹役仍前勒折浮收或藉代墊及各項名目需索加費許赴該管地方官控訴申理爾等亦宜互相勸勉踴躍輸將毋得任意抗玩致干咎戾其各凛遵毋違特示　同治叁年肆月初九日給　一碑在縣前　一碑在衙前

光緒貳拾叁年頒示完賦案

藩憲惲出示曉諭事照得浙江各屬經征地漕正耗銀兩同治年間減浮定價以後銀價如有漲落仍准隨時酌定通飭遵辦有案現時銀價較前減少所有各屬折征粮價應即查照減浮原案仍留辦公平餘酌量減定以示體卹當經通飭查辦去後茲據紹興府議覆蕭山縣應征地漕正耗連平餘減定每兩收錢貳千壹百捌拾貳文如用洋元按照市價核收不得任意減短嗣或銀價漲落太多仍准隨時酌核辦理所有串票由單雜費一切陋規名目永遠禁革等情由司核明詳奉撫憲批示如詳辦理在案除札飭遵辦外合行出示曉諭爲此示仰紹興府屬蕭山縣紳民人等知悉爾等戶內應完地漕

正耗銀兩即遵減定價錢數目各自赴櫃投完所用洋元照市折價均不得絲毫增減倘有糧戶抗欠不完以及書差浮收需索滋弊定即分別追辦決不寬貸其各凜遵毋違特示光緒貳拾叁年玖月日給

光緒貳拾肆年裁串票錢案

紹興府知府霍為申明例章勒石示諭永禁事照得地漕錢糧為國家維正之供例應年清年款不容絲毫蒂欠凡欠糧人戶以拾分為率一分不足者杖六拾每壹分加壹等其在籍文武進士舉人及有頂戴人員暨貢監生員亦應查照欠數分別黜革枷杖定例何等森嚴況當此時勢艱難需款林立大憲正在勵精圖治整頓錢糧凡在搢紳更宜踴躍全完以為齊民表率如均勉為急公花戶一無未完則倉庫之支絀之虞閭閻無追呼之擾矣本府忝守斯土已有多年時惕冰淵不敢稍懈深知上籌國課尤須下恤民生今查各縣場中所收串票錢文多寡不一減浮案內雖有此名目作為經書造串之費然究屬陋規自應嚴禁革除以恤民艱而杜流弊除通飭各縣場一體籌辦外合亟示諭永禁為此示仰闔屬糧戶背役人等知悉爾等名下應完銀米錢糧務各按忙完清不准任意抗欠自取其咎至經書代造串票紙張及飯食辛工在在需費應由官之平餘欵內酌給以免賠累而昭公平串票隨完隨給不許櫃書留難需索如有由單雜費亦即永遠裁革倘敢陽奉陰違一經訪聞或被告發定即官參吏究決不稍寬凜之切切特示

以上縣案

按同治叁年左爵督奏定減浮案爾時蕭山酌價每兩完納錢貳千貳百柒拾文嗣後銀價漸長漸增至同治拾叁年知縣汪學澄增價至貳千肆百叁拾文後任知縣王福祥踵行如故光緒叁年捌月吳承恩接任時銀價已低糧價不減肆年五月舉人陸稽摹碑往告遂於六月初壹日懸牌減價復征貳千貳百柒拾文捌月衆紳湯樹棠等又以浮收積弊呈稟本府奇九月初叁日蒙批如呈札飭蕭山縣遵章辦理適知縣龔鳳岐於九月初壹日接篆懸牌每兩增收錢貳千肆百叁拾文復經衆紳韓

欽等公稟核折始准每兩減收錢柒拾柒文拾壹月著民高敬運等具呈藩司任道鎔批准札府轉飭遵章辦理而本府柒葉復稟稱各縣市價每庫平壹兩易錢壹千柒捌百文不等按照市估並無懸殊等語藩司任批現查稟報各縣征收銀價究竟每兩征收錢若干未據切實聲明其中有無浮勒難以核計仰再確切訪查務令征收核實如有浮多之處即責成該府酌減定數並將銀價懸牌曉示頭門免滋弊混而龔令仍折征錢貳千叁百五拾捌文五年八月知縣方觀瀾攝篆因奉藩司面諭減收自後每兩折征錢貳千叁百貳拾五文見征輸便覽至光緒貳拾叁年藩司惲八銀價低落飭查詳准減定每兩收錢貳千壹百捌拾貳文民困於以稍甦矣

宣統朝徵價

地丁漕鹽等銀每兩折收錢貳千壹百捌拾貳文同治四年減浮案內奉定每兩折收錢貳千貳百柒拾文嗣於光緒貳拾叁年間奉飭減收錢捌拾捌文現實每兩折收錢貳千壹百捌拾貳文大戶以銀完銀另繳平餘錢肆百文居原額拾成之二其餘均照折價征收每洋壹元作足錢壹千文自封投櫃者約在九成以外差串不及一成改革以後省令改征銀元以錢壹千文合銀壹元不論大小戶一律照納其外債捐每兩叁百文亦合銀元征解

公租沙租新陞公租及公牧灶課銀兩俱照地丁徵價徵解收租錢每千加壹成徵收省南囚粮米每石折收錢五千文每千折收銀壹元零戶米每石以銀壹兩陸錢折合收錢叁千叁百陸拾文按南米向分大小每征米壹石以七斗八升爲省南名曰大米以貳斗貳升爲零戶名曰小米

田改湖塘

萬歷志湘湖周圍計叁萬柒千貳畝零內原額有田壹千陸百捌拾貳畝壹分五厘玖毫弘治十三年間俱改正爲湖其田粮派於九鄉由化由夏夏孝長興安養辛義來蘇崇化昭名得湘湖水利田壹拾叁萬玖千肆百壹拾陸畝五分玖毫每畝帶科米叁合至萬歷九年後又加五勺陸抄原額苧蘿十六都周家湖田叁拾肆畝壹分嘉靖二十年間改正爲湖其田粮派於得周家湖水利田陸千捌百五拾捌畝貳分捌厘柒毫每畝帶科米壹合五勺至萬歷玖年後又加五勺陸抄

一條鞭法

明隆慶元年紹興府據餘姚縣知縣鄧林喬申詳夏稅秋粮及三辦內織悉名色不下叁肆拾項以致吏胥作奸設計巧弄倚項數之多逐件科歛贈耗以收作欠以多報少百弊叢生請將各項名色盡行革除每畝照則總科銀米若干在徵收則攢爲一總在起解則照舊分項名曰一條鞭民皆便之舊志注此從府志摘錄大略是法自明迄今行之已久康熙志所載明季相傳官田寧徽寺田永寧莊田等名色數十餘項及額辦坐辦雜辦貢法役法傳賦兵賦戶賦口賦里賦力賦皆係多立名色徒滋胥吏作奸上虧國計下病民生前代

關欠相仍至隆慶後一條鞭法行而民困稍甦矣

易知由單

每歲將某則田若干畝每畝徵銀若干米若干地山池蕩亦如之人丁內市丁徵銀若干鄉丁徵銀若干今丁隨糧派總歸田地內更覺簡便皆刊刻由單頒示使童穉皆知照單辦納

官收官解

明時除本縣存給外每遇輸解點現年里長賫領起解不無賠累清朝立吏收官解之法永免僉解之苦

滾單

蕭邑編戶每苦現年差徭煩重領催代比逋累無窮康熙九年邑令鄒勷行滾單法一戶已完交第二戶依法遞及完欠既分輸將恐後既省差擾亦免代比此法之最善者也康熙九年知縣鄒勷申文略蕭邑歷任催徵惟以專比現年專差衙役爲害不淺當此衝繁極疲之邑三空四盡之時雖不能寓撫字於催科亦應體輿情於博採紳衿公議皆稱前按院牟滾單之法亟當循行因查滾單之法現年造一滾簿於每甲每戶開實徵銀若干初限若干次限若干又給小單一紙照滾簿開明現

年分給各戶俾其照單一赴納完糧即繳不必候比不受需索之苦不為包攬所欺如開徵之後初次未完者一圈繼次二圈再加一圈是三圈已一月矣一月之外分毫不納方行摘拘以一儆百自是而各甲之花戶止令其遵依四月完半十月完全之部限陸續完納即便了事若夫各圖之現年分單傳知催比不及眞所以寬現年而嚴玩戶也兩載已收成效錢糧俱已全完是不敢不以此為永久之法伏候憲裁以上乾隆志

禁革現年里長

雍正九年總督李衛將里長柱頭現年諸名目盡行革除原設版圖一百二十里改編順莊一百二十莊有都圖無甲並禁止十年大造掛榜之法每年每月挨莊催徵為今成例按邑有都都有圖圖有甲每甲田叁百畝每圖田叁千畝每歲開除不一至十年編審則仍有裒多益寡而配成叁百畝之數掛榜示民所謂榜田是也其差役之法即具於榜田之中一二三四五為上五甲六七八九十為下五甲掛榜之年則以一六甲當差而其餘不與其二年則在二七甲其三年則在三八甲其四年則在四九甲輪值當差週而復始至十年復行大造掛榜示民丁役皆派於田原無不均之弊雍正九年間總督李衛去甲改莊其大莊則田連千百其小莊僅數十畝不拘定限預發滾單挨戶催輸糧稍責之坐都米尾責之總甲似更便民但十年大造之法概置勿行正恐便於今者未必不紊於後也蓋大造者田土之範圍十年未遠其收除去留尙有憑據無從為姦今幷範圍而去之倘延久不清則變遷舛錯莫可究結錢糧不無浮放田土不無隱匿且移坵換段而田無可稽改舊添新而號無可辨弊端日積則訟端日滋雖至明決之長亦莫能剖也是惟雖不立甲限田而十年仍復大造令各莊大戶立為莊頭司其冊籍清其去來至下屆掛榜又另點一

人充之則田之去來可稽冊之清濁可辨事有責成而奸蠹屏息其於治道豈細故乎乾隆志別本

米改折色

萬曆十四年蕭山縣劉會詳文節略蕭山歲派嘉興常積倉米壹萬五百餘石本折各半內本色五千貳百五拾柒石例當起運越關過壩歷兩府五縣爲費不貲官攢斗級故意措勒米有朽腐之虞人有守候之苦且通縣里長總同一批一里未完則原批不得獲升合有掛則通關不得掣一遇查盤無批無通關者皆罪絞戍徒杖日相接踵囹圄之中半爲糧犯監追之久扳及平民此尤仁人所不忍言者向蕭山亦有杭州廣豐倉米貳千石其苦累與常積倉等卑職已申改爲折色民咸稱便而議者以常積爲不可折恐有脫巾之虞不知前此亦改折數年軍士歡呼動地後因積蠹無所取利故謀而復歸爲本色耳卑職愚以爲改色便具申司院蒙批准改折色按新定全書起運米項無所謂嘉興常積者則劉令申詳改折一事仁人之言其利甚溥矣

申豁無名山稅

萬曆十二年五月蕭山縣知縣劉會申文

本縣受冊山總計一十一萬六千肆百餘畝每畝科鈔若干共銀若干山無異名稅無別稱此國初舊制也後因兵亂丁耗差役不敷議將前山分別花光以潤厚植竹木者為花山自六都起至十二都止以瘠薄不堪封植者為光山自一都起至五都止自十三都起至二十四都止光山無利樵供猶難故依舊科鈔與舊制不異花山稍利人喜為力故以五十畝而折一丁稅銀一錢六分零不復如舊科之例二項各梓成書著為定則此則嘉靖二十九年制也因後老人孫寶稱縣志所載之山多於成書呈請加派為是遂於花光山內共增五萬八十餘畝求滿志中所載之數因名曰浮山一體折丁如前此則萬曆九年制也照得賦役版籍國初為定內無新增外無新收則舊額百世不易也縣志不過紀事易至舛誤成書按據黃冊似應的確當時申請本司查發成化八年冊總比對相同安得謂成書山額尚有五萬八十餘畝不足乎此浮山之不當增也明矣且志載山多五萬八十餘畝是矣何科鈔僅銀一十五兩五錢乃不異成書所載成書少五萬八十餘畝是矣何科鈔亦銀一十五兩五錢不異縣志山有多寡鈔無增減以此推之志於銀不誤山則誤無疑也此浮山之不當增也又明矣況浮糧之稱本於田地崩陷無存只以冊籍未除姑以浮名之未聞原額之山畫野分區截然齊一乃創制立設而托之緣浮也此其妄昧無稽浮山之不當增也又明矣彼老人孫寶者不過喜事生端借公用私以投所好耳該縣追徵覈詳前項鄉民俞相等亦於萬曆十年間呈豁前因反覆故牘眞偽明白荒山折丁的因戶口流亡之故方今人物繁盛丁既復舊山宜如初但本山頗利以五十畝而折一丁為銀僅錢六分計之每畝銀不過三釐有奇於稅甚微為力易辨嘉靖年問行之經四十餘載圖籍確定民習其故況稅出於山法非無據雖為折丁之名實為科山之說何者莫非王土也若浮山五萬畝者借無為有飾偽成眞縣志既不足憑孫寶尤為影響山上加山稅外增稅原非惟正之供大為國法之玷合無將五萬畝盡行除豁花山原額五萬八百餘畝之外增入四萬九千五拾餘畝者悉去其

浮餘則依嘉靖續供之例照舊折丁光山原額六萬六千六百餘畝之外增入一千三十餘畝者悉去其浮餘則依國初五則之例照舊科鈔原在書冊刊刻已定一時欲便更改似爲紛張無漸斷自今十二年爲始就將浮折免派候下次造冊盡行除出改正庶上不失中正之成法下無拂輸納之常規卽今日通裁之宜似經久可行之道爲此具申奉督院蕭批據申詳明依擬浮山候下屆除豁

改正暨湖糧稅

萬曆志諸暨宣德間志泌浦湖舊傳爲五十九都之地又傳爲水所瀦每歲梅潦泛溢水勢浩瀚至錢清江則逆潮汐動經旬月方退蕭山之田逾時則不可藝因以湖瀦水乃不及時藝也元初遂以此都稅糧責於蕭山蕭賦之重蓋緣於此嘉靖間暨豪據湖爲田彼民各告奏蕭令林策議復歸其稅司府命勘之諸暨新志曰舊說暨水每爲蕭山害元時因以泌湖畜水而責其稅於蕭按湖之建由元崔嘉訥始崔公蕭令也能使鄰縣四萬餘畝膏腴之田了無所利奪之爲湖專爲蕭山除害耶且明興則壤成賦必現科暨之湖稅不復以舊時田粮苛責於暨矣暨尚無田粮顧復派於蕭耶又考蕭山舊志云往日浦陽江水從麻溪入小江有妨十六十七十八都之農因近泌湖遂借以瀦水農乃利爲此代納泌湖之糧且無論泌湖肯借否卽肯借也嘗弘治間太守戴公琥開磧堰江分爲二水入江不賴泌湖則稅亦瞭然不必代納矣嘉靖以來暨豪據湖爲田稔歲倍收則稅自應有所歸矣而猶責於蕭何循習之弊錮而不可破一至是耶　明丁克振懇復折銀急救民困呈狀　竊惟蕭邑土瘠民貧差煩賦重兼以三面距海一日兩潮衝坍西北兩塘巢壘飄搖禾苗淪沒魚鱉之衆棲聚於木杪商旅之舟經行於田陌咨嗟怨憤戶戶不安其生跼蹐悲號人人莫保其命蓋數百年民之罹災受困未有甚於今日者也近有山陰監生王某請築石塘動經錢糧一十餘萬府藏空虛挪移無路閭閻貧窶措置無門幸遇憲臺涖任

軫恤民艱德澤遠被振舉救荒二策冒昧陳情一曰復折銀以濟塘患一曰還湖粮以助大工是二者官不發帑而百姓沾恩民不加徵而塘工永賴實今日莫急之務爲蕭民再生之年伏乞大憲鑒核准豁以恤災黎條議列後一復折銀以濟塘患蕭邑舊奉祖制額北地折米九千三百六十石四斗六升欽此欽遵無容紊亂釁因嘉靖元年湖州水災上司權議移粟救民暫借蕭山折米一千四百六十七石九斗九升每石折銀二錢五分行德清徵解將德清一千四百六十七石九斗九升每石折銀五錢五分行蕭山徵解論米則多寡相合計價則輕重相懸在德清則歲減額銀三百六十六兩九錢柒分五釐在蕭山則歲增額銀三百六十六兩九錢柒分五釐相沿相習視爲固然是始特爲德清一時救荒之策終且貽蕭山百年坐困之災矣迨嘉靖九年創議復還原額已經勘合一批詳不意十年十一年間輒被留捺至三十七年里老王森等具呈督撫軍門胡批發蕭山前任知縣魏具文申覆又緣官陞民故事竟中寢思昔德清一年水災尙借別府本色本縣連遭大害原折合應改還懇查尹蕭末議幷蕭山縣誌施行

一還湖糧以助大工成化以前蕭山舊有磧堰一帶以障金衢嚴暨之水其水從麻溪入內河由錢清出三江迂流曲折勢不易洩農業大妨賴有諸暨泌湖與蕭接壤借之瀦水水勢方殺而農業可成故蕭邑每歲代納諸暨湖糧一千餘石載在府誌止許爲湖不許爲田後蒙本府知府戴鑿通磧堰湖不瀦水自此蕭山無藉泌湖而泌湖亦自成腴產然蕭之納糧猶故迨嘉靖年間前任蕭山縣知縣林洞悉此弊已經通詳議革因陞任不果至萬曆三十年間諸暨前任知縣劉光復見磧堰開通竟將曲澗改直水由漁浦直卸大江自此蕭之兩塘始遭衝擊之患暨之湖產永無淪沒之災遂得計畝承佃三則科糧六百九十兩有奇是在昔也蕭邑之水以泌湖爲壑今則泌湖之水直以蕭山爲壑矣昔年受利代納湖糧人咸悅服今時受害糧仍代納誰則甘心且湖已爲田陞課復責旁邑輸糧無論蕭民不應代納且一湖奚容兩稅況值災傷困苦之時尤爲鄰邦賑恤之日原納湖糧相應呈請改豁懇查粮米成書幷紹興府志施行

以上乾

隆志

舊賦名額

農之賦四曰夏稅麥明萬曆間一千五百七十八石四斗三升五合二勺徵於田　清初一千二十二石四升曰秋糧米明萬曆間三萬四千六百五十石七斗五升九合六勺合田地蕩池濱瀝派徵而多寡本折不等　清初八千三百五十四石六斗二升二合九勺時時俱解京庫倉嘉興倉常積倉廣豐庫照全書徵折銀起解清朝俱充兵餉夏麥每石折銀二錢五分京庫折銀米七千八百九十八石四斗七升九合每石折銀二錢五分派剩米四百五十六石一斗四升叁合九勺內米一百九十七石九斗八升七合二勺三抄五撮六圭每石折銀七錢又米二百五十八石一斗五升六合六勺六抄四撮三圭每石折銀六錢曰夏稅鈔明萬曆間二百六十錠一貫九百文徵於山　清載全書曰租鈔明萬曆間六百八十三錠三百九十五文徵於山其鈔每貫折銀二厘　清載全書

傳之賦二曰馬價曰驛站明萬曆間三百五十八兩八錢九分六厘徵於概縣田原額三百八十七兩一錢七分萬曆十年減派曰驛站西興驛館夫十名本縣九名諸暨一名錢塘水手二十四名蓬萊驛鋪陳船隻上三項俱類入均徭今馬價三百六十二兩四錢八分四厘九毫六絲驛站四千三百五十一兩五分九釐五毫八絲五忽

兵之賦一曰兵餉明萬曆間額派三千二百三十六兩五錢七分三厘三毫六絲零內田地山銀貳千一百三十八兩六錢九分九厘二毫零預備秋米二百二十石五斗八合二勺零每石折銀五錢共銀一百一十兩二錢五分四厘一毫零均徭充餉銀二百七十七兩八錢民壯充餉銀七百九十兩八錢二分　清朝一萬

七千八百三十一兩九錢九分六厘四毫四絲遇閏加預備鹽米銀四十一兩七錢八分六厘七毫三絲一忽七微

里之賦三今謂之三辦曰額辦銀有桐油銀白硝麂皮狐貍皮銀弓箭弦條銀胖襖銀藥材銀農桑絹銀俱解京明萬曆間二百四十一兩二錢四分五厘六毫曰坐辦銀有水牛等皮料銀曆日紙銀軍器料銀淺船料銀段疋銀漆木料銀四司工料銀果品銀牲口銀蠟茶銀蔡箚銀俱解京明萬曆間一千八百一十九兩六錢五分三厘二毫曰雜辦銀有科舉禮幣進士舉人牌坊銀預備上司各衙門書手工食銀軍器路費銀上司各衙門新官到任隨衙下道家伙祭祀猪羊品物等項銀修理各衙所城垣民七料銀武舉銀戰船民六料銀文廟崇聖祠名宦鄉賢祠社稷山川壇厲祭銀各祠廟祭銀鄉飲酒禮銀孤老布花米柴銀表箋綾函紙箚工食銀表箋委官齋捧盤費銀拜進香燭銀拜賀冬至正旦習儀香燭銀迎春芒神土牛春花春鞭三牲酒席銀門神桃符銀三察院按臨門廚米柴銀三察院考試生員試卷果餅花紅紙箚筆墨府學銀恤刑按臨心紅紙箚油燭柴炭門皂廚役工食米柴銀各上司及查盤委官心紅紙箚油燭柴炭并門皂工食米柴銀上司按臨并本府朔望行香講書紙箚筆墨銀府送使客下程銀縣送油燭柴炭銀兵巡道駐箚士夫交際下程酒席銀水利道坊夫工食銀提學道按臨考試生員試卷果餅花紅紙箚筆墨銀季考生員試卷果餅花紅紙箚府學銀歲貢生員正陪路費花紅旗扁酒禮銀起送科舉生員路費花紅酒席銀迎宴新舉人旗扁花紅彩緞酒禮銀起送會試舉人路費卷資酒席銀賀新進士旗扁彩緞酒禮銀兵巡道新任祭門猪羊三牲香燭銀府縣新官到任祭門猪羊酒果香燭銀府縣新官到任修理衙宇銀府縣應朝起程復任酒席銀府縣陞遷給由酒席銀修理各察院分司公館銀修理府縣廳堂公廨監房敎場及養濟院等處工料銀城垣畫圖紙箚顔料銀優恤節婦養

贍米布銀　上司并府縣卷箱架扛鎖索棕罩銀　察院分司公館置備家伙銀府縣心紅紙箚等項銀　府縣皂隸工食銀　府縣官船水手銀　短遞夫工食銀

經過使客皂隸工食銀　馬匹草料并馬夫工食銀　大小河船價并稍水工食銀　預備雜用銀俱留府縣庫明萬曆間三千六百五十一兩五錢四分六厘三毫

清朝總於田內帶徵起運各部寺銀計貳萬陸千柒百壹拾玖兩玖錢貳厘捌毫五絲即坐額二辦詳載全書存留官員經費俸廩祭祀賓興雜支三年一辦等項驛站在外共銀肆千陸百貳拾玖兩貳錢叁分柒厘零即雜辦詳載全書日月糧計銀八千三百二十九兩九錢四分一厘一絲五忽七微

舊賦科則

明會典洪武初令官田起科每畝五升叁合有奇民田每畝叁升叁合有奇重稅田每畝八升三合有奇蘆地每畝五合叁勺草塲地每畝叁合壹勺沒官田每畝壹斗貳升明有官田有寧徽寺官田有永寧莊官田有名慶寺官田有沒官田有古官田有糙官田有老官田又有老官田有抄沒官田有沙沒官田有續抄沒官田有西興場官田有才賦官田有三皇官田有沙租官田有上則原官田有中則原官田有下則原官田有永寧莊職田有白雲宗田有財賦田有民沙田有抄沒沙田有湖田有抄沒湖田有續抄沒官湖田有四都續抄沒湖田有民湖田有改正湘湖田有民田有僧免田有道免田有站田有民站田有抄沒站田有續抄沒站田有官站田有學田有附餘田有無補坍江田有續勘坍江田有積荒田有四都積荒田有沙塗田有存田有自實田又有山有池有蕩有瀝有濱有港有漊亦各有官有民有僧道有續

收賦則有麥有米有稅鈔有租鈔有賃鈔皆計畝起科視則定徵十年則登其數於黃册嘉靖二十七年知府沈啓均平後總曰民田分爲三則至萬曆九年令馬朝錫丈量後又改爲五則曰全科田曰全折田曰量折田曰輕粮無折田曰新增輕折田分爲五則統計一歲絲米課鈔起運存留并徭平輸役之數共該若干類爲條編刻定由帖給散里中雖豪奸亦不得假厘毫於則外矣

萬曆志

原額由化鄉一則八升九合三勺二則八升三勺三則七升一合四勺四則六升貳合五勺五則五升三合五勺由夏鄉北幹安射長豐三村與一都同杜湖寺莊二村與三都同夏孝鄉一則八升四合九勺二則七升六合三勺三則六升七合九勺四則五升九合四勺五則五升九勺長興鄉一則五升七合五勺二則五升一合七勺五抄三則四升六合四則四升二勺五則五升四合五勺安養鄉一則九升五合二勺六抄七撮二則八升五合七勺四抄三則七升六合二勺一抄三撮四則六升六合六勺八抄六撮五則五升七合一勺五抄九撮內羅林大郭二村一則七升七合二勺六抄七撮二則六升九合五勺一抄三則六升一合七勺七抄四撮許賢鄉一則七升九合六勺二則七升一合六勺三則六升二合七勺四則五升五合七勺五則四升七合八勺內朱村七都與六都同洪村與八都徐村同許孝鄉一則六升四合四勺九抄二撮二則五升八合三抄二撮三則五升一合六勺一抄五撮四則四升五合一勺五抄五則三升八合六勺八抄五撮內方村鄭村與九都同孝悌鄉一則五升九合二則五升三合一勺三則四升七合二勺四則四升一合三勺五則三升四合五勺長山鄉一則五升一合二勺四抄二則四升一合六勺一抄六撮三則四升九勺九抄二撮四則三升五合八勺六抄七撮五則三升七勺四抄四撮桃源鄉一則二升九合九勺六抄三撮二則二升六合九勺八抄七撮二圭三則二升三合九勺八抄五撮八圭四則二升九勺八抄四撮四圭五則一升八合八撮六圭新義鄉一則五升八合三勺二則二升二合四勺三則四升六合六勺四則

四升八勺五則三升四合九勺芧蘿鄉一則五升五勺三抄六撮二則四升五合四勺五抄八撮三則四升四勺三抄五撮四則三升五合三勺五抄五則二升三勺二抄二撮來蘇鄉一則五升一合二勺二則四升六合一勺三則四升九勺四則三升五合七勺五則三升六勺崇化鄉一則七升五合七勺二則六升八合二勺三則六升六勺四則五升三合五則四升五合五勺昭明鄉一則七升三合六勺二則六升六合三勺三則五升八合九勺四則五升一合五勺五則四升四合二勺里仁鄉一則七升一合六抄二則六升三合九勺八抄三則五升六合九勺四則四升九合八勺二抄五則四升二合七勺四抄鳳儀鄉一則七升三合一勺一抄一撮二則六升五合七勺六抄五撮三則五升八合四勺八抄九撮四則五升一合二勺四抄五則四升三合八勺六抄七撮

全科田　高阜而得湘湖之利者爲腴田凡六十八圖曰一都二都三都四都辛十六都來十八都十九都廿都廿一都其五都三圖六都四圖十五都五圖田坐江北亦得湘湖水利兼附全折田例內除塘外沙田併地田不沾湘湖水利田一百二十頃八十畝九分四厘八毫外每畝科九升三合五勺六抄

全折田　言全與之北折銀也桃源十三都十四都甚低窪爲瘠田以十四畝而成丁開會不出都亦不入都每畝今科八升八合五勺六抄每石止折銀貳錢五分

量折田　言量與之北折銀也在江北江南等田及里仁等鄉北之腴田不及北之瘠田過之故亦與之折而列其等新義十五都五圖新十六都田坐江北因得湘湖水利已列於全科但田土稍瘠故每畝科北折米三升五合新義十五都一二三四圖苧十六苧十七苧十八都圖頗瘠故每畝亦科北折米三升五合其有派剩北折米奉文悉歸於廿二廿三都潮患處田故每畝止科北折米二合六勺七抄六撮謂之量折

輕糧無折田（言減輕其糧而不與之北折銀也長山鄉田雖腴然界於富陽諸暨間遇山洪則驟水淹沒遇天旱則車戽艱難是以長山之民告爭桃源北折自嘉靖二十七年丈量之後姑減其糧而不與之折每畝科米六升一合九勺九抄其各折銀照腴田同科）

新增輕折田（萬歷九年丈量之後本縣三都來功伯等告批地田三百五十一畝六分三厘二毫廿四都施良翰告批蕩田一百十畝四分四厘二毫及本縣申明廟基田一十二畝四分六毫無主官灘田八畝四厘草蕩田一十八畝一分六厘五毫又廿四都蕩田七十八畝五分共田五百七十九畝一分八厘五毫原入田額數內申蒙批准照依桃源例全納北折一應均里照舊科差）

附 **退歸諸暨田**（原諸暨章金買蔣湖田諸暨三十三畝蕭山二十六畝因地界兩縣蕭山先行丈量混入冊內經告三司府批審改正以上舊志編入雜記今移於此從其類也）

自入（一作實）**田**（蕭邑西北貼連江滸賴有江塘以護之然塘以內爲民業塘以外爲竈田竈無絕賣與民業異昔有願納民糧者爲自入糧即今之輕折也惟四都之閏字號與二都之戾字號內居多每畝糧額八分歸縣徵收仍解道庫鹽課內造報奏銷又有山陰交界之新江口蔣氏民田四十四畝五分編入豐字號竈田完納課稅故竈糧有課有稅因額歸商課從無赦免以上乾隆志別本）

天地玄黃宇宙洪荒日月盈（俱由田）**昃**（由田自四百五十一號至一千零六十號輕折沙田以外皆沙田）**辰**（由田自八百十號外沙折田）**宿列張寒來暑往秋**（由田自三百八十號外沙田）**收**（由田自三百五十號外沙田五百七十號外折田）**冬**（由田自七百號）

外沙田藏由田自五十二號外沙田二百五十二號外折田閏由田自二百十號至三千四百五十號沙田三千四百五十一號至三千六百三十號折田餘皆由田至四千六百四十號起又係折田餘由田自二千六百二十號外沙田成歲俱由田律呂俱安田花山調由田自三百七十一號至三百九十號係沙田陽雲騰俱安田花山致由田自六百一號至一千號安田外俱沙田雨露結爲俱許田花山霜安田金生麗水玉出崐岡俱許田劍號巨闕珠稱夜光果珍俱長田李柰菜重芥薑海俱桃田鹹河淡鱗俱苧田不得湘湖水利潛羽翔龍師俱義田火帝鳥俱羅田官人皇始制俱苧田官字七百號外人字一千九百號外均不得湘湖水利文代服衣裳推位讓國有虞陶唐民伐周發殷湯坐朝問道垂拱平章愛育黎首臣伏俱由田戎羌遐邇壹體率賓歸王俱里田鳴里田自七百五十號至九百五十號折田餘仍里田鳳里田在竹白駒食場化鳳田被鳳田自一千一百四十號至一千一百六十號折田餘仍鳳田草木賴及萬俱鳳田

乾隆四十三年縣令談官誥有詳請執業田產按號領給清單事後院檄停止而領單者不少故邑多空號飛粮之訟見汪龍莊夢痕錄

民間田產交易開除過戶例每畝制錢十文吾邑舊規畝壹百文除七收三勒有碑記

三十年前蕭令超摹加三百文一畝後談官誥任内日漸遞增乾隆甲辰乙巳間畝至五六百文數年來鄉民愿而闇者須千文以外卽紳士亦非五六百文不可前此條銀輸櫃粮米上倉後凡銀壹錢折制錢貳百内外米升肆拾或五六拾文不等皆苦吏之刁措也見汪龍莊夢痕錄

咸豐年間凡閘下田租均收七八折佃農欠租不清卽可由業主召換新佃其召換方法預以鐵耙掘田四隅爲標識俗謂之起田新佃代繳陳欠承契認種舊佃不得把持其認租錢每畝約錢壹千貳百文至洪楊時田主無權民心大變前清同治六年鄉民遂私議高田每畝私頂錢陸千低田隨議約叁千刊印傳單然爾時尙有八折收數今因米價漲佃田頂價亦漲少則每畝洋拾餘元多至貳拾元叁拾元不等佃戶欠租業主遂不能起田卽起亦無認種者新佃認租錢項竟從此革除豐年收六七折稍歉惟二三折有結甲不完顆粒者業不由主其弊由佃戶有團體而田主無團體故也訪冊

清代自康熙清丈後田籍大定復先後有永不加賦丁隨糧納之明令薄斂卹民不得不謂爲一代之盛軌也顧歲月寖久情事變遷官如傳舍吏緣爲奸而包徵包解詭寄浮徵諸弊以起觀夫同一糧賦而有大戶小戶之差異則弱小受抑擔負不平固已久矣因時清釐而整齊之是在實心爲政之良有司

蕭山縣志稿卷五

田賦中

戶口

古者明民數均生產制鄉遂拜登受藏之典著於周官歷代相因恆以戶口登耗覘郡國之盛衰蕭山戶口舊史無徵其見於郡邑舊志者晉太康戶貳千叁百叁拾有三唐開元戶貳萬叁千捌拾有陸丁叁萬玖千肆百伍拾有叁宋大中祥符四年戶貳萬叁千捌拾有陸丁叁萬玖千肆百伍拾有叁嘉泰元年戶貳萬玖千陸拾有叁（府志作貳萬玖千陸拾）丁叁萬伍千壹百陸拾有捌不成丁玖千肆百柒拾有伍元至元二十七年戶貳萬玖千陸拾有叁口叁萬伍千壹百陸拾有叁明洪武二十四年戶貳萬壹千肆百捌拾有壹（府志作貳萬壹千五百肆拾有捌）口玖萬柒千柒百肆拾有捌（府志作玖萬捌千壹百柒拾肆）永樂十年戶貳萬壹千伍百肆拾有捌口玖萬捌千壹百柒拾有肆弘治十五年戶壹萬柒千柒百伍拾有捌口捌萬柒千捌百壹拾正德柒年戶壹萬柒千捌百叁拾有陸口玖萬貳千玖拾

有叁嘉靖元年戶壹萬柒千玖百壹拾有柒口玖萬貳千柒百伍拾有捌嘉靖十一年戶壹萬玖千肆百肆拾有伍口玖萬貳千捌百陸拾有玖嘉靖二十一年戶壹萬玖千肆百肆拾有伍口玖萬貳千玖百有玖拾嘉靖三十一年戶壹萬玖千肆百伍拾口玖萬貳千捌百捌拾有肆嘉靖四十一年戶壹萬玖千肆百叁拾口玖萬貳千玖百壹拾隆慶五年戶壹萬玖千肆百貳拾口玖萬叁千萬歷玖年戶壹萬玖千肆百叁拾分軍民匠竈官生員醫廚力士校尉捕舖兵弓兵皂隸水馬驛站夫外府縣寄莊僧道各戶名色口玖萬叁千壹拾有肆男陸萬叁千叁百柒拾有肆女貳萬玖千陸百肆拾以上萬歷縣志萬歷十九年戶壹萬玖千肆百貳拾口玖萬叁千壹拾有伍萬歷二十九年戶壹萬玖千肆百肆拾口玖萬叁千壹拾有伍萬歷三十九年戶壹萬玖千肆百肆拾口玖萬叁千壹拾有柒天啓元年戶壹萬玖千肆百貳拾口玖萬叁千壹拾有貳崇禎三年戶壹萬玖千肆百叁拾口玖萬貳千玖百玖拾有伍崇禎十三年戶壹萬玖千肆百貳拾口玖萬貳千玖百玖拾有伍以上康熙縣志蓋自五代以來民困於丁身錢故多匿丁明時戶之賦二曰水鄉銀明萬歷間七百八十四兩三分五厘三毫零先責辦於水鄉灶戶後改徵於概縣田輸運司　清載全書

水鄉蕩價銀七百八十四兩三分五厘三毫零曰蕩價萬歷年間一兩一錢九分六厘零先徵解於煎鹽灶戶之草蕩後徵於得利人戶輸鹽運司曰諸鈔有商稅課鈔　黃絡麻鈔　茶株鈔　油榨碓磨鈔　窰灶鈔　門攤契鈔　茶引油契本工墨鈔　樹株果價鈔　酒醋鈔　漁課鈔每貫折銀二厘內解京貯府二項不同明萬歷間蕭山折鈔銀一百七十五兩四錢九分八厘七毫遇閏如月數加增分派於漁茶油冶等戶　清朝曰漁課共銀三十二兩九厘一毫七絲五忽本縣河泊所歲辦口之賦二曰鹽糧米明萬歷間三百十六石八斗五升五合八勺遇閏加數俱責辦於鄉都成丁之人內顏科解京者每石折銀六錢解各學者折銀八錢解各倉者折銀五錢常平折半清朝三百三十石五斗五升四合四勺五抄改充兵餉起解戶部鄉市兼徵米鈔明萬歷間一升三合一勺清朝改充兵餉起解戶部曰鹽鈔明萬歷間四百八十一兩二錢七分三厘遇閏增加俱責辦於城市成丁之人每丁八厘八毫每貫折銀一厘輸京庫及本府庫　清朝四百八十一兩二錢七分三厘改充兵餉起解戶部丁之賦曰丁糧明萬歷間四千八百三十五兩七錢一厘五毫田有成賦丁無定額或田累數頃而丁口無幾或戶無寸土而丁口纍纍甚者田去而丁存人亡而丁在遷徙移寓舊册不改欺隱飛灑弊累叢滋故歷年二百而滋生版數有減無增十年編審之法視爲具文損耗流亡官吏不以爲意至是而戶口之盛衰丁男之多寡俱非有國者所急而古者視民口損益爲吏殿最之意掃地盡矣

清順治四年戶壹萬玖千肆百貳拾有玖口玖萬叁千壹拾有叁舊志知縣王吉人編審見在輸粮十六歲

成丁者共叁萬叁千陸百柒拾捌丁女口共貳萬玖千陸百有奇清順治年間撫院朱題請丁粮於田土照畝均派行之浙西諸郡大爲民利康熙十一年邑令鄒勷據俞士紳請照例遵行永爲定制

順治十年 戶口如前

康熙二年 戶口如前

浙江通志原額人丁叁萬叁千陸百柒拾捌丁口 此即順治四年編審原額

府志康熙年間戶壹萬玖千肆百貳拾 舊有民軍匠竈醫廚兵隸僧道寄莊各名色今惟別以紳衿民竈四項 口玖萬叁千玖百肆 男陸萬叁千叁百陸拾婦叁萬五百肆拾肆

康熙五十二年三月十八日奉恩詔內開 一海宇承平日久戶口日繁地畝並未加廣宜施寬大之恩共享恬熙之樂嗣後直隸及各省地方官遇編審之期察出增益人丁止將實數零造清册奏聞其徵收錢粮但據康熙五十年丁册定爲常額續增人丁亦不加賦仍不許有司於造册之時藉端需索用副朕休養生息之意

康熙五十五年編審除原額完賦人丁外增益人丁叁千陸百壹拾玖口

康熙六十年原報原額人丁叁萬伍千伍百叁拾丁口

雍正四年實在人丁叁萬伍千陸百玖拾玖丁口是年遵奉部行丁糧銀米隨產辦納除新增人丁入盛世滋生增益人丁案內永不加賦外其原額完賦人丁叁萬叁千陸百柒拾捌丁口照糧起丁賦役全書原額田地山池蕩等項加新陞共徵銀肆萬肆千貳百叁拾叁兩叁錢五分肆厘柒毫玖絲捌忽叁徵共徵米貳千玖百肆拾肆石壹斗五合貳勺陸抄捌撮玖圭貳粟每銀肆兩肆錢陸分三厘柒毫叁絲貳忽貳微五塵陸渺柒漠五埃叁纖六沙派市民人口壹口每口徵銀壹錢叁分叁厘共市民人丁玖千玖百玖口五分共徵銀壹千叁百壹拾柒兩玖錢陸分叁厘五毫每銀壹兩捌錢陸分壹厘柒忽肆微壹塵柒渺叁漠捌纖陸沙又米壹斗貳升叁合捌勺陸抄五撮捌圭肆粟貳粒壹黍肆粞柒粃派鄉民人口壹口每口徵銀壹錢肆分捌厘米玖合柒勺共鄉民人口貳萬叁千柒百陸拾捌口五分共徵銀叁千五百壹拾柒兩柒錢叁分捌厘共徵米貳百叁拾石五斗五升肆合肆勺五抄自時厥後戶口增損歲額如一按田索稅不畸輕重歷世相承皆遵奉成憲無所加益小民熙熙皆以爲便國用亟計臣不敢議加賦有大興作用民力執公功皆用顧役過更之法古聖王愛民之政曷以加焉明時力之賦二曰銀差曰力差有各驛館夫各倉斗級巡鹽應捕鋪兵解戶獄卒弓兵傘夫皂隸分守溫處甲首看守各館門子各學庫子祠夫閘夫各場工脚巡欄南京直堂皂隸柴薪三院坐船水手布政司廣濟庫庫子各縣耳房庫子布政司守領都司運司府縣衙首領柴薪

府縣馬夫 各學齋夫 各學膳夫 會同館長夫 府縣及儒學公堂家夫
包賠富戶 各渡梢夫 民壯 捕兵 健步 預備 織造 坊夫 短送夫

嘉靖四十三年餘姚縣知縣周鳴埧始議將銀力二差一概徵銀雇募其後山陰等縣里遞呉栶等各具呈三院下府縣覆議一體遵行萬歷年間二千六百三十三兩玖錢一分二厘四毫

清朝仍徵銀雇募

雍正九年編審實在人丁叁萬伍千捌百叁拾捌丁口

乾隆元年編審實在人丁叁萬伍千玖百伍拾伍丁口

乾隆六年編審實在人丁叁萬陸千叁拾叁丁口

乾隆十一年編審實在人丁叁萬陸千壹百伍拾貳丁口內實在市民人丁壹萬陸百叁拾口五分實在鄉民人丁貳萬五千五百貳拾壹口五分

乾隆十四年歲報民數舊管煙戶肆萬陸千貳百肆拾叁戶男婦大小丁口貳拾萬貳千陸百丁口新收烟戶捌百貳拾叁戶男婦大小丁口壹萬捌千陸百柒拾五丁口開除烟戶陸百五戶男婦大小丁口壹萬壹千玖百叁拾貳丁口

實在煙戶肆萬陸千肆百陸拾壹戶男婦大小丁口貳拾萬玖千叁百肆拾叁丁口男丁拾壹萬玖千壹百叁拾丁內大丁陸萬陸千捌百零柒丁小丁五萬貳千叁百貳拾叁丁婦口玖萬零貳百拾叁口內大口肆萬玖千叁百零貳口小口肆萬零玖

百拾壹口以上乾隆志

宣統二年調查戶口縣署檔册統計自治均同

城區男壹萬叁千伍百玖拾丁　女玖千捌拾貳口

仁化鄉男壹萬捌千肆百丁　女壹萬陸千玖百捌拾伍口

龍泉鄉男壹萬陸千貳百陸拾捌丁　女壹萬伍千拾柒口

潘西鄉男肆千壹百拾伍丁　女叁千柒百玖拾玖口

湘東鄉男貳千貳百柒拾玖丁　女貳千貳百叁拾伍口

義橋鄉男壹萬肆千捌百捌拾叁丁　女壹萬貳千壹百柒拾柒口

苧蘿鄉男壹萬壹千壹百捌拾陸丁　女玖千玖百拾玖口

浦南鄉男陸千貳百貳拾伍丁　女陸千捌拾陸口

沈村鄉男肆千伍百陸丁　女肆千壹百陸拾口

河上鄉男伍千貳百拾伍丁　女肆千柒百玖拾伍口

紫霞鄉男叁千貳百貳拾柒丁　女叁千壹百壹口

桃源鄉男玖千壹百伍拾捌丁　女捌千肆百伍拾肆口

大同鄉男壹千玖百柒拾壹丁　女壹千捌百玖拾貳口

長山鄉男叁千捌百玖拾五丁　女叁千五百玖拾五口

長安鄉男柒千壹百肆拾玖丁　女陸千五百玖拾玖口

西興鄉男肆千陸百肆拾玖丁　女肆千肆百陸拾陸口

長河鄉男捌千玖百拾五丁　女捌千五百陸拾五口

城北鄉男貳千貳百五拾貳丁　女貳千柒拾柒口

龕靖鄉男貳萬肆千柒拾丁　女貳萬貳千貳百拾玖口

西倉鄉男捌千陸拾五丁　女柒千肆百肆拾五口

西牧鄉男壹萬貳千壹百拾捌丁　女壹萬壹千陸百肆拾貳口

赭山鄉男陸千貳百柒拾五丁　女陸千貳拾玖口

鎭靖鄉男壹千玖百貳拾丁　女壹千柒百柒拾貳口

培新鄉男柒千壹百玖丁　女陸千捌百叁拾口

蓬山鄉男玖千叁百肆拾伍丁　女捌千陸百貳拾柒口

所前鄉蕭山合男壹萬捌拾貳丁　女玖千叁百陸口按所前鄉後與紹縣分拆未成爲鄉

以上二十六鄉共肆拾壹萬叁千柒百伍拾人男貳拾壹萬陸千捌百柒拾陸丁女拾玖萬陸千捌百柒拾肆口

宣統三年籌備憲政調查戶口縣署檔册

城鄉凡玖萬壹千肆百肆拾玖戶　男女肆拾陸萬伍百肆拾貳丁口男貳拾肆萬壹千肆百捌拾捌丁女貳拾壹萬玖千伍拾肆口

綜而觀之二百年來法簡徭輕休養生息宣統間戶口之盛較諸雍乾舊籍殷蕃滋庶不啻倍蓰而五行百物之產不加增上下交絀亂之所由興也有治民之責者豈可聽其自生自息於其間而莫爲之所哉

倉儲

明

萬歷志預備倉在浙東道行署左洪武二十四年令姜仲能建昭名桃源夏孝由化四鄉各一所總設倉官一八弘治十年令鄒魯以各鄉異處積散非便乃官賣以易地併置於此縱四十五步橫三十五步廳三間左右廒凡一十九間譙樓三間後圮隆慶六年令陸承憲改造裕民大計堂三間外門五間併東西兩廒每年輪現年斗級二名守之久廢

萬歷志便民倉距治北二百步運河北岸正統元年建廳三間左右夾堂各一間左右廒凡三十間門三間年久廒圮嘉靖三十五年令魏堂重建廒凡二十間後盡圮萬歷四十年令劉會改建廳三間門仍舊在預備倉東倉基地三十六畝以上乾隆志久廢

清

豫大倉在縣治後倉橋之西舊設倉房坐北朝南三間其右坐西朝東四間共屋七間名爲便民倉雍正六年前令門鈺詳請動支正項備料改建官廳五間兩邊建造二十八間共建倉房三十三間每間核估工料銀貳拾兩共銀陸百玖拾兩每間可貯穀五百石又將舊料改建臺門三間名豫大倉乾隆志毀於咸豐季年洪楊之刼按乾隆志別本雍正五年令門鈺奉文在預備老倉內添建倉廒二十八間每間貯穀五百石考預備倉在浙東道行署東證諸舊圖當即今試館基址

新倉在縣東（即常平倉）雍正八年前令門鈺詳請動支正項建造倉廒一十六間中建官廳三間計共一十九間每間核估工料銀貳拾兩共銀肆百貳拾兩每間可貯穀五百石外建柵門一座今名新倉（乾隆志　按乾隆志別本雍正六年令門鈺於東司基上建新倉十八間貯官穀考東司即明按察分司行署萬歷志在治東二十步舊志注云廢今地稱東司蓋即此也今倉基久廢無考）

新豫大倉光緒二十六年庚子夏月興工次年落成計正屋五間左右廒各十二間牆門屋五間竈披三間四圍游廊俱全（林鳳岐筆記此宋時所建舊基）係洪字號地三畝零坐落倉橋下街試館之西共需工料銀柒千捌百五拾五元叁角玖分貳厘其欵由平糶捐餘項下支半又由穀積項下支半時創議者知縣李棻而董其役者林鳳岐黃中耀等也（按清會典凡直省常平倉皆州縣官專司之社倉義倉係士民捐置聽其自為經理今豫大倉建築經費出自民捐其倉穀復由裏村十九鄉按畝捐儲其性質確屬社倉第昔之社倉分儲於各鄉而此則合各鄉而彙儲實一總社倉也）

知縣李棻豫大倉積穀序（考朱子社倉之法春借秋還取息什二法至良意至美也蕭邑舊有豫大倉燬於兵光緒五年籌辦積穀隨糧帶收分發各典領存逐年滚息至壹萬捌千餘串二十四年米缺價昂民間乏食余忝膺斯任目擊時艱商之邑紳開辦平糶儘數提用無存是年冬復與諸紳為籌議續捐

之舉兼以存錢存穀兩難偏廢於是鳩工庀材就豫大倉故址建造一新督是役者爲黃紳中耀林紳鳳岐經年落成工堅料實惜限於經費倘虧一簣之覆而有待於後也惟是備荒至計從古無積錢之說而蕭邑情形又與別處不同邑之臨浦鎮爲米商聚集之處上而金衢嚴下而湖墅長安不患米源之不通而慮籌款之匪易此又當因地制宜而錢穀並存者也夫天下之事莫不有端端緒初成無非良法數年以後弊竇叢生今日之事猶端緒焉自今以往存倉之穀勤求出易毋使有紅朽之虞存典之錢彼此稽查毋任有挪移之弊實心實力始終不渝相期與諸紳共勉焉是爲序光緒二十七年月日

議定豫大倉章程

一豫大倉款係民捐事歸紳辦官有稽查之責興廢利病之端務當官紳會議以期周妥

一儲倉以積穀爲主然積穀有鼠耗霉變之虞無以補其折耗今擬仿照郡城義倉辦法錢穀分半存儲以有餘補不足庶幾兩相維繫垂諸久遠

一倉儲本爲備荒而設若遇災荒即由官紳妥議章程提款賑撫或平糶或施粥或散錢米臨時參酌

一倉款分發各典領存長年陸釐生息除領狀呈縣備案外仍照舊章立循環印簿二本另立憑摺二扣一存縣署一存紳董周年一結每年定於七月初一收息滾存如官紳並不會議私向典商提取本息該典商僅憑一摺支付應令照數賠繳進廒之穀亦立印簿二本以便官紳稽查

一出陳易新最關緊要稍不經意即有折閱之虞本邑臨浦鎮爲米商聚集之區易於消售亦易於採購每年於青黃不接之時由縣會督紳董開倉售糶所收糶之價暫存錢莊生息一俟新穀登場價值平賤儘數提還買補晾曬上倉錢莊掉息作爲進倉脚價之用

一倉穀分廒存儲案年出易不宜儘數開糶譬如原存穀壹萬石每年祗糶五千石倉有餘粟可備不時之虞

一甲年購存穀石丙年開糶乙年購存穀石丁年開糶以此遞推不得牽混

一新穀分批採買不能無先後多寡之殊錢莊所存糶價隨時分別提用一面報縣備查

一倉設董二人總綱倉務不開薪水司事一人常川住倉辦事每月修膳錢陸千文倉夫一人每月工食錢五千文此

款在本城安仁恆裕兩典於息款項下立摺支取按月開銷不得預支押歲錢司事壹千文倉夫肆百文除夕開銷暫由倉董墊發

一倉穀開糶官紳眼同過斛新穀進倉亦官紳眼同風斛過稱上廒不得由司事行商私相授受以昭慎重而免弊混

一司事得力與否應由倉董留心察看如不勝任或查有私弊立即秉公斥退另行選充如有侵挪虧欠照數追還不得徇庇倉夫如有不法情事責成司事舉發立即更換

一倉屋如有應修之處應由司事告知倉董會縣勘估工竣報請驗收如工費相符方准在息款項下開銷至籮篁器具等件如應補修添配亦須告知倉董方可置辦

一糶賣倉穀向有倉費門費歸司事人等收受今一概裁革改為提留盈餘二成俟糶價完竣總算如上年買進穀壹萬斤連折耗晒工搬運等費統算在內計錢壹百叁拾五千至次年儘數賣完得錢壹百肆拾五千文除本錢外有贏餘錢拾千文將此贏餘作為拾成提起八成歸倉不得支取分文其餘二成以一成作為倉董辦公往來船轎等開銷以一成作十股勻派司事得八倉夫得二以酬辛勞而示鼓勵

一倉廒地關儲蓄不准借作考寓公館亦不准寄存貨物器具即司事守倉人之親友亦不得擅自容留在倉住宿

一地方災賑動用倉儲錢穀仍須籌捐彌補

一本倉因經濟不敷工程未竣中堂神座已設而神位未立及一切器用什物未能齊備俟利息款項有多仿照郡城義倉章程辦法再行續添續補倉中原有司倉之神理應設立神位祀倉盤賑五牲香燭紙炮胙席等再議

豫大倉二十四廒字號　稼穡維寶萬民所望自今以始積千斯倉君子有穀農夫之慶

裏村積穀

光緒五年知縣龔鳳岐奉藩司任飭辦積穀集紳籌議塘內民田每畝捐錢五拾文塘

外叁拾文均於上忙隨粮帶徵票加木戳爲記共捐錢壹萬捌千陸百餘千文發存各典生息因沙地不征止辦一年除光緒九年冬南沙借賑肆千五百千光緒十五年冬平糶支錢叁千玖百千外積至二十四年夏本利悉提作是年平糶之費

光緒二十五年因上年平糶積穀悉數動用復經奉文籌議捐還集紳議定仍照前案塘內田租米壹石捐錢五拾文塘外捐錢叁拾文隨糧帶征另給印照通詳立案

二十六年續捐一年征起捐欵除二十五年分動支建倉不敷經費錢肆千五拾叁千零外以半購穀儲倉半發各典生息積至二十八年五月辦理平糶錢穀一律提發

二十九年集紳公議通詳仍照二十五年成案按租酌捐隨糧帶收辦理一年積至三十三年夏錢穀一律發辦平糶

三十四年復會紳籌辦積穀公議本年塘內外田租每石捐錢貳拾文時適辦勸學所捐塘內田每畝叁拾塘外田每畝貳拾文兩捐並舉民力未逮故議從輕酌捐貳拾文俟明年學捐停止專辦積穀至宣統元年展辦一届塘內田每租米壹石捐錢五十文塘外捐錢肆拾文隨粮帶收另給印票通詳立案征起捐款

以半購穀儲倉半發典生息積至宣統二年夏全數提辦平糶

宣統三年集紳續籌積穀公議自本年上忙起無論塘內塘外田地山蕩按照地丁每征銀壹兩帶收積穀捐錢貳百文於糧票上加蓋紅戳不另設票以歸簡便通稟立案九月浙江光復奉省令下忙錢糧概行豁免穀捐因以暫停

南沙積穀

光緒十三年南沙創辦積穀捐起錢文另款存儲專備沙地荒歉賑糶之需

光緒二十四年官紳議定每畝捐錢貳拾文分作兩年徵收隨粮帶收另給印票其欵分存龕山赭山瓜瀝頭蓬四處典當生息於二十七年三十二年先後提充東西沙賑飢之用

光緒三十四年至宣統元年東西沙捐辦積穀每畝捐錢貳拾文東沙又展辦一年自宣統三年風雨爲災積穀存欵由各鄉士紳儘數領放無存

義倉

謝氏義倉在縣治南距城五十里桃源鄉謝莊有倉田貳百餘畝今改爲桃源第一初等小學

周氏義倉在龕山鄉周氏家塾即繼志學堂後每屆儲蓄穀米按月發給周氏貧苦男女歲暮則視異姓之極貧者亦賑濟之

凡倉儲有常平有官倉有社倉有義倉皆所以廣儲待備不虞民治之大者也聚之難而耗之易或僅存穀價緩急不足恃或且侵蝕挪移並穀價亦虛懸焉謹出納防耗蠹是在得人

蠲賑

宋淳祐四年九月癸亥太白犯斗宿距星乙丑雷丁卯雷臺臣言嚴州及紹興蕭山等縣征商煩苛詔亟罷之

寶祐貳年九月詔山陰蕭山諸暨會稽四縣水其除今年田租宋史理宗本紀

明成化九年八月浙江巡撫劉敷奏奉化山陰蕭山等七縣被水田畝稅糧所宜蠲免從之嘉靖浙江通志

弘治九年六月量免山陰蕭山二縣大雨被災人戶徭役給米有差史概

隆慶三年以水災免浙江臨海等二十五縣存留錢糧蕭山其一也續文獻通考

按浙江通志自漢順帝會稽分郡後兩浙歷代蠲卹累幅難罄凡統稱兩浙浙東會稽紹郡字樣者蕭邑當在其中但此係縣志未便覼述今錄指明蕭山者四條以上乾隆志

順治二年六月二十八日奉詔　一河南江北江南浙江等處人丁地畝錢糧及關津

稅銀各運司鹽課自順治二年六月初一日起俱照前朝會稽錄原額徵解官吏加耗重收或分外科斂者治以重罪凡加派遼餉練餉召買等項永行蠲免即正額錢糧以前拖欠在民者亦盡行蠲免　一大兵經過地方免正糧一半歸順地方不係大兵經過者免三分之一自順治二年六月初一日至本年十二月三十日止　一東南雖號沃壤但年來加派疊徵誅求無藝民力殫竭深可憫念凡近日一切額外加派准照三餉等例悉與豁免　一窮民鰥寡孤獨篤廢殘疾不能自存者該府州縣申詳撫按動支豫備倉糧給養　一明季軍興缺乏行一切苟且之政立借富糾貪等項名色巧取財物最爲弊政除已徵在官外其餘拖欠未完者悉與豁免　一各學貧生聽地方官覈實申文該提學官於所在學田內動支錢糧酌量賑給　一南直鎮江蘇州常州等府浙江紹興府屬江西南昌撫州饒州廣信等府屬應解會同館站價銀兩照北直等處恩例分別蠲免浙江江西福建廣東廣西雲南貴州應解節裁銀兩照地方煩簡斟酌蠲免以上據浙江通志補纂

順治四年二月十二日奉詔　一浙江人丁地畝本折錢糧併衞所屯糧除杭嘉湖三府業經該總督題准照平南恩詔開徵今浙東八府俱自順治四年正月初一日起通照前朝萬歷四十八年則例徵收天啓崇禎加派盡行蠲免其唐魯二藩僭號竊據疊派橫征地方尤稱苦累一切悉行停止以蘇民困有司借名私派加耗虐民者事發治以重罪　一新定地方徵收各項錢粮通自順治四年正月初一日起以前已徵在官者起解充餉拖欠在民者悉行蠲免　一新定地方各儒學廩增附生員食廩肄業優免各學貧生地方官核實申文該提學官於所在學田內動支錢米酌量賑給以上三條永著爲令凡奉恩詔俱準此例　一新定地方兵民七十以上者許一丁侍養免其雜泛差役八十以上者加給絹一疋綿一觔米一石肉十觔九十以上者倍之　一窮民鰥寡孤獨篤癈殘疾不能自存者聽該府州縣申文撫按動支豫備倉糧給養以上五條仍乾隆志　一浙江起解戶禮兵工四部金花果品薹筍黃白蠟富戶派剩米絹鹽鈔草束協濟昌平黃蠟扣價顏料餘銀輕賷藥材牲口會試料價雕塡漆匠斑竹白猪

鬃絕爐鉄課槐花梔子烏梅漁課麻鉄魚膠等料課鉄馬站併新改折盔甲腰刀胖襖前弦等項漕白糧米綿絹黃蠟葉茶顏料黃麻栗果藥材金銀箔薦新芽茶弓折牛角筆管兎皮香狸皮山羊皮粗細銅絲鐵線鐵條針條鍍白銅絲青綿花碌子貓竹紫竹篧竹白硝麂皮狐皮槐花烏梅松香光葉書籍紙桐木黃白榜紙歲造段罩漆嚴漆桐油等項各本色錢糧以上併舖墊水脚俱照前朝萬歷年間賦役全書徵收自順治四年正月初一日以前已徵在官者起解充餉拖欠在民者悉行蠲免

一浙江起解江南各衙門折色永福倉米折絹折綿折曆日直部把門皂隸獄卒草折漕折山羊折桐油折餘絲易銀并本色漕白糧米絹疋合羅絲荒絲藥材金箔銀箔芽茶甘蔗等項俱照前朝萬歷年間賦役全書徵收起解赴戶部交納自順治四年正月初一日以前已徵在官者起解充餉拖欠在民者悉行蠲免　一浙閩運司鹽課前代天啓崇禎年間加派名色甚多深爲商厲令盡行蠲免止按萬歷年間舊額按引起課　一關津抽稅原屬譏察非欲困商明末叠增數倍原額已經戶部題

定照萬歷年間原額及天啓崇禎遞增額數一半徵收杭州南北二關先已差官其餘自順治四年正月初一日以後俱照此例一體抽徵其州縣零星抽取落地稅銀名色概行嚴禁違者重治　一丁銀雖有定額但生齒凋耗之後年老殘疾盡苦追徵甚至包納逃亡貽累戶族殊堪憫惻自今以後各撫按官嚴行有司細加編審凡年老殘病并逃亡故絶悉與豁免以上據浙江通志補纂

順治五年十一月十一日奉詔　一徵派錢糧俱照萬歷年間則例其天啓崇禎年加增盡行蠲免通行已久如有貪官汚吏例外私派多徵擾民者該撫按官糾察重處據浙江通志補纂　一地方災傷一經察勘卽與蠲免有司官毋得仍行派徵及冒免有力之家致窮民不沾實患　一各處本色錢粮除顏料黃白蠟仍辦本色外其餘准解折色一半　一各處養濟院收養鰥寡孤獨及殘疾無告之人有司留心舉行月糧依時發給無致失所以上仍乾隆志　一我朝定鼎以來恩詔有免荒地有免水旱災傷有免民間額賦不應再有拖欠或輸納已完地方官别項支用或侵入私橐以致小民

虛受拖欠之名撫按確察某州縣額徵若干已完若干未完若干果係百姓拖欠自元年至三年悉與豁免據浙江通志補纂

順治七年八月初十日奉詔　一民間拖欠錢糧前次詔書已免元二三年今再免四年一年據浙江通志補纂

順治八年正月十二日奉詔　一各省萬歷年間加派地畝錢糧八年一年准免三分之一據浙江通志補纂

順治八年二月十一日奉詔　一各省人丁徭銀派徵不等八年一年曾分九則者上三則免七分之一中三則免五分之一下三則免三分之一不分等者三錢以上免半三錢以下全免以上據浙江通志補纂

順治八年八月二十日奉詔　一順治五年以前民間拖欠錢粮悉與豁免　一各直省先加城工錢粮准抵八年正額内在恩詔未到以前先徵八年在官者俱各照數退還仍取花戶領狀繳撫按考察其有已解各部寺者併發該司府給領不得重累

小民　一江南浙江福建江西山東等處題派綾紗紙張及三色榜紙龍瀝紙價姑念地方初定通免三分之一仍分三運起解　一各直省儒學貧生該地方官核實申提學官於學田內動支銀米賑給以上據浙江通志補纂　一各省府州縣衛所舊有養濟院皆有額設米糧該部通行設立給養該道府官從實稽察俾沾實惠仍乾隆志

順治十年戶部覆准浙江各屬旱災被災八九十分者免十分之三五六七分者免十分之二四分者免十分之一有漕糧州縣衛所准令改折據浙江通志補纂

順治十二年六月二十二日奉詔　一順治六七兩年地畝人丁本折錢粮拖欠在民者悉與豁免　一順治七年分曆日祭祀牛羊藥材本折銀糧拖欠在民者悉行蠲免據浙江通志補纂

順治十二年戶部覆准各省地方官照京師例設廠煮粥以救饑民據浙江通志補纂

順治十三年七月初七日奉詔　一罰贖積穀以預備賑濟今歲水蝗爲災秋冬之際恐民生艱困各巡按御史確察災荒地方除蠲免正糧外其流離無告者即動前項

贖穀賑濟　一十二年以前各省牛角料果有未解完者工部照例改折以紓民力以上據浙江通志補纂

順治十三年十二月二十五日奉詔　一順治八九兩年地畝人丁本折錢粮該督撫確察果係拖欠在民者具奏豁免　一順治八九兩年分曆日祭祀牛羊藥材本折錢粮拖欠在民者該督撫確察具奏豁免　一十三年以前牛角皮料等項未解完者工部確察照例改折以紓民力以上據浙江通志補纂

順治十四年三月初十日奉詔　一派徵錢粮俱照萬歷年間則例其天啓崇禎年間加增盡行蠲免通行已久如有貪官汚吏例外私派多徵擾民者該督撫按官糾察重處據浙江通志補纂　一貧民失業流落各地方官有能賑恤全活五百人以上者核實紀錄千人以上者卽與題請加級其有鄉宦富民倘義出粟全活貧民百人以上者該地方官核實具奏分別旌勸仍乾隆志

順治十五年正月初三日奉詔　一順治十十一兩年地畝人丁本折錢粮該撫按確

察果係拖欠在民者具奏豁免　一順治十十一兩年分曆日祭祀牛羊藥材本折錢粮拖欠在民者該撫按確察具奏豁免　一順治十四年以前各省牛角皮料等項果有未解完者工部確察照例改折以紓民力以上據浙江通志補纂

順治十五年戶部覆准浙江寗紹二府屬龍颶霪雨被災田畝按分數免本年正額錢粮據浙江通志補纂

順治十七年正月二十五日奉詔　一順治十六年以前直省拖欠錢粮差廉幹滿官前往清查果係拖欠在民者俱與蠲免據浙江通志補纂

順治十八年正月初九日奉詔　一軍民年七十以上至九十以上免雜泛差役給與絹綿米肉有差如順治四年例仍乾隆志

康熙三年奉詔　一直省順治十五年以前拖欠各項銀米藥材綢絹布疋等項錢粮概行蠲免據浙江通志補纂

康熙四年三月初五日奉詔　一直省順治十六十七十八年各項舊欠錢粮着照蠲

免十五年以前錢粮一體蠲免其鹽課積逋催徵不得者着察明亦准酌量蠲免據浙江通志補纂

康熙六年十一月二十六日奉詔　一近來徵收錢粮天平法馬太重多加火耗民受困苦着督撫司道等官嚴飭有司務要遵依較定法馬不許私自增加仍不時密察指名參奏及上司差役催提橫加需索凌逼屬官擾害百姓者併着嚴行禁戢督撫各官不行覺察者一併治罪據浙江通志補纂　一各處養濟院所有鰥寡孤獨及殘疾無告之人有司留心以時養贍無致失所仍乾隆志

康熙八年十一月二十五日奉詔　一康熙元二三年直隸各省地丁正項銀糧拖欠在民不能完納者該督撫察明奏請豁免　一罰贖積穀原以備賑冬月嚴寒凡鰥寡孤獨無以爲生者着直隸各省督撫責令有司將積穀酌量賑濟仍乾隆志

康熙九年五月初六日奉詔　一地方災傷已經察勘蠲免賦役者有司不遵仍行濫派及但免有力之家窮民不沾實惠者事發決不饒恕據浙江通志補纂　一賞給老人絹

綿米內免雜泛差役例如前　一存恤孤寡例如前仍乾隆志

康熙十年十一月初九日奉詔　一康熙四五六年直隸各省地丁正項錢粮實係拖欠在民不能完納者該督撫察明奏請蠲免仍乾隆志

康熙二十年十二月二十日奉詔　一康熙十七年以前民欠錢粮稅銀及帶徵錢粮該督撫查明保題到日豁免仍乾隆志　一康熙十七年各行鹽地方起增閏月課銀除已完外如有拖欠者該巡撫御史查明保題到日豁免此後閏月停其增收據浙江通志補纂

康熙二十一年五月霪雨連旬西江塘潰水溢城市內駕舟田禾三種無收督撫奏奉恩詔蠲免本年錢粮一萬二千四百六十二兩零仍乾隆志

康熙二十三年九月二十四日奉詔　一自康熙十三年起至二十二年拖欠漕項錢糧着自康熙二十三年每年帶徵一年以免小民一時並徵之累　一各處孤寡口糧已復存留經管地方官務須從實給散以贍窮獨據浙江通志補纂

康熙二十六年五月初三日奉詔　一康熙十三年以後加增各項雜稅銀兩該督撫查明俱與豁免（據浙江通志補纂）

康熙二十七年十月二十三日奉詔　一浙江康熙二十七年應徵地丁各項錢糧俱着蠲免是年除漕項外蕭山縣實蠲免地丁等銀四萬二千一百四兩一錢四分一釐零　一給賞老人（例如前）　一存恤孤寡（例如前仍乾隆志）

康熙三十四年十二月十七日奉詔　一浙江等省康熙三十三年以前歷年積欠及帶徵未完銀米俱着豁免（仍乾隆志）

康熙三十六年七月十九日奉詔　一罰贖積穀原以備賑冬月嚴寒恐鰥寡孤獨貧民無以爲生着直隸各省督撫責令有司將積穀酌量賑濟（據浙江通志補纂）

康熙三十八年三月二十六日奉上諭蠲免浙江康熙三十四五六年未完民欠地丁錢糧糧米雜稅（仍乾隆志）

康熙四十二年三月十八日奉詔　一軍民年八十九十者給與絹綿米肉有差百歲

者題明給與建坊銀兩百歲坊銀始此一存恤孤寡例如前一雜派項欵應永行禁革以安民生該督撫嚴察禁革如有仍前濫徵者或經參奏或經發覺定行從重治罪仍乾隆志

康熙四十三年十月初七日奉上諭浙江康熙四十四年通省應徵地丁銀米等項除漕糧外俱行蠲免是年蕭山縣實蠲免地丁正銀併加閏銀四萬二千八百一十一兩一錢七分一厘零仍乾隆志

康熙四十五年十月二十五日奉上諭浙江等省四十三年以前未完地丁銀米按數通行豁免或舊欠已完在官而現年錢糧未完足者准其扣抵仍乾隆志

康熙四十六年十一月初二日奉上諭康熙四十七年浙江通省人丁額徵銀兩悉與蠲免是年蕭山縣實蠲免額徵市鄉人丁銀四千八百三十五兩七錢一厘五毫仍乾隆志

康熙四十七年十月十六日奉上諭浙江康熙四十八年除漕糧外通省地丁銀二百五十七萬七千兩零全行蠲免其舊欠帶徵銀米亦暫停徵是年蕭山縣實蠲免地

丁等銀四萬二千一百四兩一錢四分一厘零（仍乾隆志）

康熙四十九年十月初三日奉上諭明年康熙五十年除漕項錢糧外浙江應徵地畝人丁銀兩悉行蠲免並歷年舊欠亦俱免徵是年蕭山縣實蠲免地丁等銀四萬二千一百四兩一錢四分一厘零（仍乾隆志）

康熙五十二年三月十八日奉詔　一海宇承平日久戶口日繁地畝並未加廣宜施寬大之恩共享恬熙之樂嗣後直隸及各省地方官遇編審之期察出增益人丁止將實數另造清册奏聞其徵收錢糧但據康熙五十年丁册定爲常額續增人丁永不加賦仍不許有司於造册之時藉端需索用副朕休養生息之意　一給賞老人絹綿米肉及百歲坊銀（例如前）　一罰贖積穀冬月酌量賑濟（如康熙八年例）　一存恤孤寡（例如前以上仍乾隆志）

康熙五十三年蕭山楊家濱地方西江塘壞江水入城田疇淹沒補種秋禾復遭旱歉收督撫以續報秋旱等事會題恩准山陰蕭山宣平三縣被災地畝應免銀五千一

百二十七兩四錢零俱照例蠲免仍令作速查明災民動常平倉米穀賑濟蕭山自四都二圖起至十五都四圖止又自十七都一圖一半至十七都二圖三圖止其被災田畝及應免銀兩確數官吏屢更檔案散佚無從稽考仍乾隆志

康熙五十六年十一月二十六日奉上諭浙江分年帶徵地丁屯衛銀兩概免徵收仍乾隆志

康熙六十一年十一月二十日奉詔一各省民欠錢糧着該部查明具奏其年久應免者候旨豁免 一給賞老人例如前仍乾隆志

雍正元年二月二十日奉詔存恤孤寡例如前仍乾隆志

雍正元年八月十三日奉詔 一直隸各省婦女年七十以上者給與布一匹米五斗八十以上者給與絹一匹米一石九十以上者倍之百歲者題明給與建坊銀兩仍乾隆志

雍正元年十一月戶部爲彙報秋旱等事恩准浙江富陽等二十九州縣被災田畝應免銀八萬六千九百五十七兩一錢零又續報秋旱等事恩准仁和等二十一州縣

被災田畝應免銀五萬七千五百九十八兩三錢零俱照例蠲免其應賑被災黎民該撫照例按口煮賑以上彙報續報二案蕭邑未審入何案內總因檔案散失其實在恩免確數無從考訂　仍乾隆志

雍正二年七月中旬海風大發潮衝西興竈地六圍廬舍倒壞花息無收八月二十四日奉上諭浙江督撫等摺奏七月十八十九等日海潮衝決堤岸被災著即動倉庫錢糧速行賑濟應免錢糧田畝察明蠲免仍乾隆志

雍正二年九月二十二日奉上諭浙江沿海被災小民艱食着湖廣買米十萬石江西買米六萬石送交浙江巡撫平糶仍乾隆志

雍正三年五月初七日奉上諭海潮衝溢沿海場竈淹沒之處將雍正元二年未完場課銀兩悉行蠲免仍乾隆志

雍正六年三月初四日奉上諭被災十分者着免七分九分者着免六分八分者着免四分七分者着免二分六分者着免一分將此通行各省知之並令各省督撫轉飭有司遍諭鄉村衆庶咸使聞知特諭據浙江通志補纂

雍正七年二月二十六日奉上諭本年浙江額徵地丁屯餉錢糧蠲免十分之二共銀六十萬兩內蕭山縣應免地丁等項幷加閏銀十分之二共計八千五百六十二兩二錢三分四厘二毫一絲仍乾隆志

雍正十三年九月初三日奉詔　一各省民欠錢糧係十年以上者着該部查明具奏候旨豁免　一給賞老人絹綿米肉有差例如前仍乾隆志

雍正十三年九月二十三日奉上諭再將十二年以前各省錢糧實欠在民者一併寬免據浙江通志補纂

雍正十三年十月初七日奉上諭豁免雍正十三年以前民欠漕項蘆課學租雜稅等銀並令嗣後遇有恩詔俱將各項入於豁免之內永著爲令仍乾隆志

雍正十三年十一月十二日奉詔存恤孤寡例如前仍乾隆志

雍正十三年十一月二十一日奉詔給老婦布帛米銀如雍正元年例仍乾隆志

雍正十三年十二月初八日奉上諭向來漕項銀兩不在蠲免之例朕前已降旨特行豁免以紓民力今查各省尚有帶徵漕米原應如期輸納但民間已完現年漕米又

完先年留米民力未免艱難着該部傳諭辦漕各省督撫等將雍正十二年以前未完帶徵緩徵本色改折米銀逐一查明奏聞豁免欽此據浙江通志補纂

雍正十三年十二月十三日奉詔罰贖積穀冬月酌量賑濟如康熙五年例仍乾隆志

乾隆元年七月初九日奉上諭地方偶有水旱之事凡查勘戶口造具册籍頭緒繁多勢不得不經由胥役里保之手其所需飯食舟車紙張等項費用朕聞竟有派累民間兼且有取給於被災之戶口者若遇明察之有司尚知稽查禁約至昏憒庸懦者則置若罔聞益滋閭閻之擾矣嗣後查直省州縣倘遇查勘水旱等事凡一切飯食盤費及造册紙張各費俱酌量動用存公銀兩毋許絲毫派累地方若州縣官不能詳察嚴禁以致胥役里保仍蹈故轍舞弊蠹民者著該督撫立即題參從重議處該部即通行曉諭知之

乾隆六年七月間海潮上湧從富家池蘆康河入河南九鄉田禾盡遭淹沒知縣申報督撫會題奉旨共給民戶籽穀二千二百三十四石五斗九升五合共賑民戶自乾

隆六年十二月初一日起至七年二月二十九日止除小建外計米九千六百九十石一斗二升七合五勺民戶被災田畝照例蠲免銀二千七百四十六兩七錢五分零蠲免米一百七十九石八斗二升一合八勺零共賑民戶貧生自乾隆六年十二月初一日起至七年二月二十九日止賑米八十二石五斗又米六百一十二石一斗七升每石折給銀一兩二錢一分計賑米價銀七百四十兩七錢二分五釐零共賑竈戶貧生自乾隆六年十二月初一日起至七年二月二十九日止除小建外計米一百二十七石一斗六升每石折銀一兩一錢二分五釐計賑米價銀一百四十三兩五分五釐共給竈戶籽穀價銀二千四十七兩八錢一分五釐共賑竈戶自乾隆六年十二月初一日起至七年二月二十九日止除小建外計米一萬二千九百一十二石一升五合竈戶被災田畝照例蠲免銀一千二十兩九錢一分又除豁坍沒地畝無徵銀五百四十八兩九錢一分九釐零

乾隆六年十二月十六日奉上諭國家設立平糶乃惠濟貧民第一要務但恐發賣官

穀之處與鄉村相隔遙遠則小民搬運爲難是以乾隆三年因直隸山東平糶濟民曾降諭旨如離府縣城郭路遠鄉村有司當設法運至倘脚價無出或動存公銀兩或開銷正項錢糧皆所不惜今年浙江地方有被災之州縣明年麥秋以前非平糶不能接濟民食該督撫務飭有司查明道路之遠近將倉米四路分糶以就民便著該督撫妥協辦理至於書役有尅減升斗之弊家丁有得錢私糶之弊奸民有冒濫販賣之弊均當嚴行查察有一於此法在必懲毋得姑縱

乾隆九年七月初三日徽嚴水發海水上溢河南九鄉幷沿沙一帶顆粒無收下都水從蘆康河入低田亦遭淹沒知縣申報督撫會題奉旨共給民户籽本穀價銀四千八百九十六兩六錢七分五釐零共賑民户自乾隆九年十一月初一日起至十年三月三十日止計米七萬八千五百九十八石八升五合實免被災民户地丁起存銀一萬二百三十六兩九錢四分零實免漕項銀一千六百六十四兩七錢三分零實免被災民户南米七百五十石四斗七升五合零共賑民户貧生自乾隆九年十

一月起至十年正月止極貧加一月除小建實給本色米五百六十二石九斗五升又以銀折米者六百一十四兩四錢三分共賑竈戶貧生自乾隆九年十一月起至十年三月止除小建折米銀五百六十六兩八錢六分零共賑被災竈戶一萬六千四百七十七戶計米三萬八千二百七十五石六斗四升五合又給被災竈戶籽本穀價銀一千一百七十一兩七錢五分六釐零蠲免被災竈戶課銀三百三十八兩八分三釐

乾隆十年六月初六日奉上諭直隸等省錢糧通行蠲免一次大學士等覆奏恩准分作三年以次辦理除蘆課漕項例不蠲免外浙省錢糧於丁卯年全行蠲免是年蕭山縣實蠲免地丁等銀四萬二千一百四兩一錢四分一釐零

乾隆十五年八月初四日奉詔　一婦人八十以上者照例分別賞賚　一孤貧殘疾無人養贍者該地方官加意撫卹毋令失所以上乾隆志

乾隆十六年以浙江并無積欠官民敬事急公特免本年地丁三十萬御製詩有兩江

積逋多蠲除惟一律浙省歲額完足占民俗質之語王慶雲石渠餘記

乾隆二十七年奉詔軍民年七十以上者許一丁侍養免雜差八十以上者給與絹一疋綿一觔米一石肉十觔九十以上者倍之

乾隆三十五年奉上諭普免錢糧縣於三十七年輪免

乾隆三十七年奉詔優卹老民如前

乾隆四十二年六旬萬壽奉上諭普免錢糧縣於四十四年輪免

乾隆四十六奉詔優卹老民如前

乾隆五十年奉詔優卹老民如前

乾隆五十五年七旬萬壽奉上諭普免錢糧縣於五十七年輪免軍民年七十以上者給與米五斗肉五觔絹一疋八十九十者如前五代同堂者賞給銀緞扁額

乾隆六十年奉上諭普免錢糧縣於嘉慶二年輪免

嘉慶元年奉詔軍民七十以上者一丁侍養免差八十九十者賞給如前五代同堂者

賞給銀緞匾額

嘉慶元年奉詔民年七十以上者給九品頂戴八十以上給八品頂戴九十以上給七品頂戴

嘉慶五年六月二十三日水災題奉恩旨撫卹乏食貧民給米口糧一月給發坍房無力修費掩埋淹斃丁口

嘉慶六年秋江水陡漲倒灌沙地淹沒巡撫阮元奏請分別減租并減場課之則

嘉慶二十四年奉詔豁免嘉慶二十二年以前民欠錢糧優卹老民如前百歲者題明旌表

嘉慶二十五年奉詔豁免被旱歉收緩征銀兩

道光十五年奉詔豁免十年以前民欠錢糧

道光十五年大旱奉詔賑卹老婦有孤貧殘疾無人養贍者加意撫卹毋令失所直省坍沒田地其虚糧相沿追納者查請豁免從前借給籽種口糧牛具等力不能完者

豁免各處養濟院鰥寡孤獨殘疾無告之人有司留心養贍

道光二十五年奉詔豁免二十年以前民欠錢糧

咸豐元年登極奉詔豁免道光三十年以前民欠錢糧雜稅

咸豐十一年奉詔豁免九年以前民欠錢糧

同治元年登極奉詔豁免咸豐十一年以前民欠及本年錢糧

同治二年奉詔豁免本年錢糧及民間積欠

同治十二年大婚禮成正月奉詔豁免六年以前民欠錢糧蕭山縣計免三年份地漕沙牧等銀一萬六千九百三十九兩零四年份地漕沙牧等銀一千八百四十八兩零五年份地漕沙牧等銀七千八百九十八兩零又牧租錢一千八百三十四千五百文零六年份地漕沙牧等銀一萬三千二百六兩零又牧租錢一千四百四十九千九百文零縣中檔冊不全可稽之數如此

光緒元年登極三月奉詔軍民七十以上者許一丁侍養免其雜派差使八十以上者

給與九品頂戴九十以上給與八品頂戴百歲以上者給與七品頂戴百二十歲以上者給與六品頂戴百歲至百二十歲以上者均題明給與建坊銀兩

光緒元年五月奉詔蠲免同治十年以前民欠錢糧縣冊散失銀數無考

光緒九年南沙成災蠲免公租并竈課三成銀一千七百二十七兩三錢九分冬并由地方紳富商借裏村積穀募集捐欵分頭散賑

光緒十年太后五旬萬壽十月奉詔蠲免五年以前民欠錢糧縣冊散失銀數無考

光緒十五年大婚禮成六月奉詔蠲免九年以前民欠錢糧蕭山縣計免六年份地丁正耗銀五千九百七十九兩五錢五釐米四百五十六石六斗二合五勺公租銀五百四十五兩一錢六釐牧租竈課正耗六百三十六兩五錢四分八厘牧租錢四千一百二十八千三十四文七年份地丁正耗銀五千七百七十七兩二錢四分米四百八十八石五斗四升六合五勺公租銀六百三十五兩四分二釐牧租竈課正耗銀六百四十九兩一錢六分八釐牧租錢四千五百七十七千七百九文八年份地

丁漕項正耗銀六千八百三十六兩五錢一分米五百二十六石一升七合五勺公租銀七百五兩七分四釐收租竈課正耗銀七百四十三兩九錢三分收租錢五千一百二十一千三百六十九文九年份地丁漕項正耗銀六千七百二兩六錢九分六厘米四百九十七石三斗六升二合五勺公租銀六百二十兩六錢八分九厘收租竈課正耗銀七百三十五兩二錢七分七厘收租錢四千四百六十四千六百二十文其六七兩年漕項均照額全完故不列

光緒十五年太后上徽號八月奉詔蠲免十三年以前民欠錢糧縣册散失銀數無考

光緒十五年南沙水災蠲免公租并竈課三成銀一千五百六十五兩九錢六分一厘收租錢三千六百十五千一百五十一文竈課銀四百三十九兩一錢五分六厘其地丁銀數縣册無考是年八月至九月陰雨四十五天田禾霉爛秋收大歉冬米貴官紳籌議募集紳富捐欵購米設局減價平糶捐欵不敷復動支積穀項下存錢三千九百千文沙地一帶由就地紳富集捐散賑同時舉辦

光緒十七年六月二旬萬壽奉詔軍民年八十以上者給與絹一疋綿一觔米一石肉十觔九十以上者倍之至百歲題明旌表

光緒十九年十二月奉上諭欽奉太后懿旨甲午年爲予六旬壽辰內外文武大臣應進貢物緞疋均著毋庸進獻以示體卹甲午年每省各賞銀二萬兩賑濟窮黎

光緒二十四年夏米缺價昂城中設局舉辦平糶各鄉擇要設立分局先飭地總將各村極貧戶口分別大小口查明給予憑單造册報縣分期開糶按單給領仍照舊章由各米舖派人到局輪司糶務事竣計動用積穀錢一萬八千四百數十千文

光緒二十八年夏米貴官紳議辦平糶城鄉各設分局舉董經理提出倉穀碧米舂白分發各局減價出糶不足復提存款散給錢文是役也錢穀合計共費錢二萬六千六百九十餘千文南沙一帶亦因上年秋風霪雨爲災本年春又亢旱飢民徧野經紳設法籌賑自二月開辦至六月終止核費賑銀一萬二千七百八十餘元米四百四十餘石內除奉撥南沙積穀錢四千串文廟捐餘欵一千七百八十二元外餘皆

鄰省紹郡協賑及就地富戶捐助

光緒三十二年南沙歉收饑民徧野就地士紳動用積穀存欵募捐米豆東西沙分設粥廠四十餘所按日煮賑

光緒三十三年夏米貴官紳合議舉辦平糶提出存穀開耤掛白復提各典存款購買省留漕米發付城鄉各局分期減價出糶計費穀二千石銀一萬三千一百九十餘元

宣統元年登極奉詔豁免光緒十四年起至三十三年止民欠錢糧縣冊散失銀數無考

宣統二年夏米貴官紳會議舉辦平糶以糶米手續繁重改給錢文計提發積穀存款及倉穀變價共費銀一萬三千二百四十餘元

昔馬貴與言由唐以來取民之制愈重逋欠之數日多故蠲貸之令不容不密宋人蠲租已責歲不勝書固其理也有清賦役素輕斂從其薄施從其厚曰賜復曰免科所以培國脈而卹民依者自開國始其因災蠲賑有蠲賦有減征有緩征有賑有貸有免一

切逋欠偏方夕祲闓澤朝降詳具於篇以見必世之仁焉若夫損上益下尤必謹制國用無粃政無宂費乃能藏富於民故愛民以恭儉爲本

水旱祥異

宋書符瑞志咸康二年四月甘露降永興縣

南齊書祥瑞志建元二年五月白雀見會稽永興縣

宋史五行志太平興國七年虎入蕭山縣民趙馴家害八口補纂

宋史五行志大中祥符五年閏十月蕭山縣芝生李樹上顧沖水利事蹟淳熙七年大旱八年大水

宋史五行志紹熙四年五月蕭山大水壞田稼

宋史五行志紹熙五年七月蕭山大風駕海潮壞塘堤傷田

宋史五行志慶元三年秋蕭山螟

宋史五行志嘉定十五年七月蕭山縣大水時久雨衢婺嚴暴流與江濤合圮田廬害稼

萬歷志咸淳六年大風海溢新林被虐爲甚岸址蕩無存者

宋史度宗本紀咸淳八年八月蕭山大水

元史五行志元統元年三月戊子蕭山大風雨雹拔木仆屋殺厤麥斃傷人民

萬歷志洪武二十一年大風捍海塘壞潮抵於市

洪武三十二年大水江潮壞堤田廬淹沒主簿師整增築堤岸四十餘丈

景泰七年五月大水

天順四年四月大水

成化七年風潮大作新林塘壞

弘治八年潮齧長山堤幾圮太守游興以聞事下參政韓鎬議屬同知羅璞督工築爲石隄

九年六月山陰蕭山山崩水湧溺死三百餘人

十八年地大震生白毛

正德三年大旱歲饑

七年七月颶風大作海水漲溢頃刻高數丈許瀕塘男女溺死無算居亦無存者

十四年西江塘圮大水饑

十六年二月地大震

嘉靖元年西北塘復圮

六年六月蕭山縣淫雨壞江塘平原成巨浸沿塘民家皆漂沒

八年立秋日蝗飛入境

十八年六月六日西江塘壞縣市可駕巨舟大饑

二十四年大旱斗米一錢六分民多疾疫死者盈路

田藝蘅留青日札嘉靖丁未自夏至冬浙江潮汐不至水源乾涸中流可泳而渡舊江面十八里而今祇一線

留青日札三十年蕭山桃樹生橘田藝蘅占曰木生異實主殃傳曰出入不節奪民農時及有奸謀則木不曲直注云奸謀者謂增賦履畝之事時兩浙丈量田土增賦煩民

而史胥爲奸千里受害也

萬歷志嘉靖三十一年沙岸坍及石塘至三十四年後江潮撼激塘石飄捲漸齧內地

萬歷二年六月某日正午儒學西南濱中水忽沸騰高三丈許俄有物大如荷葉隨風旋轉直上雲霄莫究所歸

十三年五月大雨周老堰潰西江水入城市其勢不減嘉靖中

十四年七月十八日海潮大作洗入沙地千餘丈室廬衝壞者數百間

十五年蕭山自秋雨至冬始晴大饑鹽價頓高往昔十倍

十六年自正月逮五月淫雨麥不登米價騰踴一斗一錢八分丐人死者接踵所在盜起官設粥以賑民競就食多臥於道疫癘大作

十七年六月初九日颶風大作海溢鹵潮灌沒沿江一帶田禾四萬餘畝拔木漂廬舍

二十六年五月居民賈大經竈前忽湧鮮血高丈許巡撫劉元霖以地方異變上聞

紹興府志天啓七年秋冠山之麓曰茅山一夕光氣燭天視之有一石壁明徹如鏡山

川人物纖微畢照逾月漸晦

舊志崇禎元年七月連雨二十三日颶風大作酉刻海水驟溢從白洋瓜瀝而入漂沒廬舍田禾淹死人民二十九日復大風雨撫按奏聞蕭山淹死人口共一萬七千二百餘口老稚婦女不在數内

九年秋潮衝瓜瀝塘壞

十四年四月疫癘大作死者相藉於道五月大旱米每石三兩三錢大麥每石一兩五錢

十五年五月大水西江塘壞田禾淹沒六月十六日大雨三日江水復進如前重種禾苗又淹沒無遺道府及山會知縣看塘督修

順治三年五月大旱運河盡成赤地大兵入城士民嚮化甘霖大霈

九年二月十四日四更地震

十一年西江塘圮

康熙三年八月初三日海嘯塘坍二百餘丈田廬漂沒邑令徐則敏於要害處築石塘一百丈

九年二月大雨雪六月水害稼臘月初三日風雪連朝錢塘江船禁渡商旅駢積是日午時人皆爭渡舟子俟滿載開船甫離岸風浪湧至舟覆計溺死者七十五人以救得生者連舟子止三人督撫遣人撈屍給棺覆舟之慘數百年來未有若此之甚者

十五年夏雨浹旬五月十三日西江塘圮水害稼

二十年五月大雨臨浦塘壞楊家閘壞水湧入城市起水數尺田禾再種又被蟲蝕顆粒無收

二十一年五月連雨西江塘潰城市駕舟田禾三種無收

二十二年春疫癘大作死者枕藉

三十五年大有年斗米五分

五十三年西江塘壞江水入城田禾種後復旱歉收

雍正元年旱奉詔蠲免

二年七月中旬海風大發潮衝西興昌泰豐甯盛盈六圍竈地廬舍倒壞花息無收奉詔蠲免并賑恤銀米

七年十一月初十日民高耀妻潘氏一產三男按大清會典一產三男者督撫咨報禮戶二部照例給米五石布十疋其男女並育及一產三女者不咨報亦不給米布

乾隆六年七月二十三日陡起颶風海潮壞江塘害田禾河南九鄉田禾亦遭淹沒

七年歲大熟

九年七月初三日徽嚴水發海水上溢河南九鄉田禾被淹水從蘆庲河入低田禾苗盡遭淹沒築十二都塘二千五百十七丈

十年歲大熟以上乾隆志

十三年歲大饑草根樹皮掘食將盡地中產土如粉人掘以資生名觀音粉有食之至死者

二十年秋收大歉次年春夏之交米價斗三百錢丐殍載道

二十六年十二月大寒官河皆凍小河冰堅十餘日始解

三十五年七月二十三日颶風大雨海水溢入西興塘至宋家漊八十餘里蘆庵河北海塘大決塘外業沙地者男婦淹斃一萬餘口屍多逆流入內河同日西興三都二圖西江塘亦決淹斃人口漂沒廬舍及殯厝棺木無算內河兩日不能通舟邑令談官詣親勘申詳

四十一年四月十一日起晝夜大雨上江山水暴發聞家堰西江塘決江水侵入內河近塘廬舍頃刻水深丈餘西興地勢頗高平地水深五尺漂沒厝柩無算幸人口無傷同時北海塘亦決水由決口入海至二十日外水勢漸消五月初二日山水又進如前是年豆麥盡遭霉爛春花無收以上汪輝祖病榻夢痕錄道源田氏譜載丙申四月上江出蛟潮水冲破西江塘至十四日平地水漲三尺合縣漂泊之櫬計六千數百口俱收葬富家峙山內

四十五年秋大東北風三晝夜北海嘯後海塘月華壩坍水驟漲場木壅塞陳公橋冲

坍陳公祠并去橋樑石兩塊現陳公祠改設橫街店牆內橋樑石尚在河底訪冊

五十六年木棉花歉收每斤價至一百文是年夏西江塘張神殿荷花塘等處塘工頂衝蟄陷

五十九年夏間米價每斗貴至三百三四十文往時米價至一百五六十文即有餓莩是年人尙樂生蓋上年專貴在米是年則魚蝦蔬果無一不貴故小販村農尙可餬口

嘉慶元年丙辰大雪以上病榻夢痕錄

嘉慶二年自四月中至六月望前陰雨連綿低田種後復淹東鄉尤甚過大暑節猶紛紛補種西興沙地全坍漸露塘根望京門外海潮由閘口溢入內河水味常鹹鎭水菴迤南達四都偪江勢尤危險

三年九月二十四五六日早晚六潮西興望京門外沙地約漲十餘里視往年較遠舟渡甚近行人便之是年夏秋雨暘時若不料八月朔至七日熱過中伏初八日微雨

次日復炎曦如暑直至二十三日後始漸涼木棉花及田禾皆生蝨賊東鄉尤甚秋成多歉然亦間有大稔者

四年七月初二日暴風從東南來高樹皆折屋瓦飛墜雨雹大如雞卵是歲早晚二穀皆豐登

五年正月大雪積幾四尺

六年七月十五日大雨如注不逾時水溢階除是日上江山水暴漲諸暨山陰蕭山近江田畝被淹西興江水溢入內河北海陡漲倒灌入三江閘曹娥江亦被海水漫入山陰蕭山沙地俱沒於水

八年十一月十七日子丑分暴風烈雨雷作時過長至方七日二十三日夜雨至二十七日甫晴河水漲數尺東鄉低田俱淹

九年元日大風十二日夕雨至十七日朝方霽薄暮復雨十八日後連日雷電時有大風雨至二十四日雨止東鄉低田春花受傷二月十四日上午微雨錢塘江忽漲暗

潮風陡作覆二舟淹斃八十餘人三月二十九日至五月十七日陰雨連綿四十八日田皆更種

十年自三月初長雨至五月霉後方晴去冬市米石値三千文入春漸貴至夏至每石四千五六百文官爲平糶於祇園寺設廠給票二十九日鄉民赴寺領票擁斃婦女六十餘人受傷歸斃者更數十人以上夢痕餘錄

十九年歲饑縣設四廠以賑之

二十五年自五月望前至七月望大旱河水涸赤七月二十二日霪雨颶風内河水漲六七尺錢江漲水十餘丈南鄉如周家湖苧蘿鄉等處悉遭江水淹沒浙東各州縣被患者十居七八秋收無望惟西興一帶塘無坍損田不淹沒外江水高十餘丈尚不溢流以上訪冊

嘉慶季年邑有青蟲之孽能聯捲數苗葉作繭處其中久之成小蝶飛去苗亦隨槁王宗炎立劉猛將軍於岳大橋塑像祀之其患頓息重論文齋筆錄

道光元年大疫雞翅生爪八月九日江潮盛漲西興自龍口至牛塢蕩約五百餘步塘石衝壞民房坍沒數十間

三年七月大風雨拔木偃禾潮勢尤猛西興沿塘民居衝沒盡成白地

四年正月西興闢口石塘潮水衝去石簍二十餘步鎮水菴董家潭塘頭等處塘被衝坍

十一年夏霪雨壞稼

十二年大旱

十三年自春徂秋霪雨不止歲大荒餓莩載塗邑令奉檄賑饑王蓮溪倡議請如嘉慶十九年故事舊四廠更增一廠米則以錢代之蓋以廠多則人勢分給錢則得食速當時每廠就賑者近萬人按期散給雖婦稚無遺顛躓者以上訪冊

十七年冬暖霜不見白歲除梅花盡放重論文齋筆錄

十九年初交小雪節遽下大雪七日深四五尺晚稻未收壓在雪下雪消後雀死稻下

及餓死者無算兼有屋壓坍者

二十年冬大雪平地積四五尺流水盡冰市斷行人以上訪册

二十一年三月邑東鄉瘟疫盛行長至前後大雪盈丈爲數十年來所未有重論文齋筆錄

二十六年六月地震訛言紙人剪人辮及雞毛事

二十九年閏四月十九日大雨如注夾以山水數日間平地水漲數尺是歲秋又旱荒成災米價每石市錢六千文大錢計五千四百文官吏散荒每人分給錢二十七文其分給處城中在江寺城外南在社壇廟東在百柱廟每人計得米價半升

三十年八月十四日下午西江塘坍洪潮直灌田禾盡淹王蓮溪亟請邑宰開放西興龍口閘使水外洩人始安謐官米每升六十四文

咸豐元年十一月初六日夜地震

二年自六月不雨以至冬令運河自西興至城中可以行路湘湖跨湖橋下見有水潭但田禾有大雨幾次尚不成災冬雪融水舟楫始通

三年三月初九日夜地大震

十一年冬十二月二十七至二十九三晝夜大雪平地陡深六尺路無行人河無行舟水中凝雪結冰厚尺餘湘湖西小江中行人往來如路

同治元年六月初四日西江塘決平地水漲五尺十餘日退

四年五月狂雨連旬二十九日子時長河長興等處西江塘決卸至巳刻内地水漲丈餘縣城俱沒淹斃人口漂沒廬舍厝柩無算禾稻重種東門旱城門下漁舟尚可進城惟縣署大堂及車裏王月臺尚未起水

十年三月二十二日未時大雨雹大雷電以風東鄉一帶甚者村無完屋

十一年十二月大雪兼旬平地積深五六尺

光緒二年夏大旱河底涸露秋訛言紙人壓人剪辮及雞毛居民徹夜擊鑼聚守又言雞翅生爪食之毒人又有飛蝗自西北來西興一帶沙地棉花雜糧之葉被食殆盡幸亟設法撲滅内地田禾尚無大損

三年六月蝗不害禾稼
九年三月十九日申時大雨雹秋大風拔木偃禾海水溢歲歉收
十三年四月聞堰西江塘決口長興長河鄉大水三日方退
十五年八月至十月霪雨四十七日田禾盡皆霉爛是年冬及次年春官紳籌賑平糶
奉旨蠲卹
十八年冬大寒恆雨雪河流皆冰舟楫不通者半月餘
二十年冬大旱河流多不通舟楫
二十三年冬無雪
二十四年九月二十三日薄暮大通塔坍因久雨四十五日
二十七年六月十二日大雨雹
三十三年三月杪麥秀時忽起蟲青灰色長寸許口有細絲麥田處處有之多者麥稈俱黑食麥葉及花半月間有大霧一日雨一日蟲俱入土麥皆無恙而反倍收

宣統元年三月二十三日暴風自西北起屋瓦飛墜

二年六月二十八日颶風狂雨自朝至暮牆倒屋圮不計其數田禾棉花多損

三年六月十七日颶風大雨北海塘月華壩相近處塘幾決口鄉民報縣竭力搶護幸獲安全

三年辛亥六月十六日大雨如注達旦不止十七侵晨南鄉洪發十三處片刻之間平地水高四五尺廬舍湮沒塘隄損害者甚夥

志水旱者重民賦所從出也豐年爲瑞妖眚非稔歲所有故祥異附焉六氣告沴有備無患守土者其加意於斯

蕭山縣志稿卷六

田賦下

佃租沙地

朱茂林案佃餘項畝租則

西堰天地人餘四字號原丈地貳萬陸千柒百陸拾畝貳分陸釐應徵佃租錢叁千陸百壹千貳百肆拾文

東堰日月星三字號原丈地貳萬陸千玖百陸拾玖畝肆分叁釐應徵佃租錢壹千柒百貳拾肆千柒拾貳文內上則地壹千伍拾捌畝柒分陸釐每畝租錢叁百文

中則地捌千貳百捌拾貳畝玖分柒釐每畝租錢貳百貳拾文

下則地肆千貳百伍拾叁畝肆分柒釐每畝租錢壹百陸拾文

下下則地叁千伍百肆拾畝叁分每畝租錢壹百貳拾文

一等草地壹萬肆千陸百陸拾柒畝捌分捌釐伍毫每畝租錢捌拾文　二等草地壹千

肆百柒拾柒畝柒分伍釐每畝租錢陸拾文三等草地貳萬肆百肆拾捌畝伍分伍釐伍毫每畝租錢肆拾文轉則丈餘加徵租錢壹千叁百叁拾陸千肆百捌拾柒文光緒貳拾柒年復丈轉則

此案地畝租額於光緒十七年八月朱令查明詳府定案每年徵收佃租除提課銀每畝提銀壹分肆釐照南沙下則草地科算佃長飯食每千提錢捌拾文外照撥義舉分用是年隨有報坍請豁地畝又於光緒二十七年復丈轉則加徵錢壹千叁百餘串自後坍漲不常租錢亦時有增減下列解給成數即據宣統元年檔册又按朱茂林陳化龍兩案地畝同治三年撫委張部郎樹棻查丈報陞未竟旋奉調赴閩嬰堂董要求紹府仍將詹炳煜等承陞朱茂林案地壹千壹百貳拾畝徐正元等承陞陳化龍案地叁千陸百貳拾柒畝勒令繳照退還嬰堂管業光緒四五年間沙民楊源瑞等以沿江新沙墾將成熟紛赴院司請陞終以嬰堂故而禁之摘錄舊案附後

同治三年張部郎查辦蕭山沙地報墾陞科總局條約

照得紹屬沙地經前巡撫烏以圈堆種植潮溜歸北有害塘工嚴行禁止割草開墾已歷二十餘年而居

民私墾拚草如故亦並無害北塘徒使愚氓自蹈法網棍徒互爭利藪上干國法下病民生是以迭經前藩司慶巡撫王仿照江蘇召買沙洲成案屢次舉辦報墾陞料各在案其間或因潮漲或因軍需迄無就緒現在本局復奉督憲左委辦清理沙地事務本應照例嚴拿私墾霸拚各戶追贓治罪再行招民墾種姑念蠢蠢無知寬其既往仍照江蘇召買成案減價分給墾戶永遠執照成業詳院出奏庶使羣沾膏澤樂利農桑爰列定章於左其各遵行毋忽特約

一沿江官地西界牧地東至黨山已飭各案地總呈首及耆民江司分案丈量繪圖務使畝分坵段界劃清楚上中下各則呈報明晰以憑分別定價按畝升算如有以多報少以上作下者照霸佔官地例治罪

一業經成熟各地先令原墾各戶自行繳課承領執照管業如果無力繳課准其殷戶繳課承管照地起租如有殷戶索租太重苛刻小民墾戶抗租不繳及有力繳課故意延宕不報者亦均治以霸佔官地之罪

一江蘇常州召買沙地無論上中下則每畝地價伍千前巡撫王委前臬司段分上上上中下四則自貳千肆百文起至伍陸百文止各有成案現在南沙概定重價既覺有傷民力各案均定一價亦覺不無偏重業經詳院統分六等花地上上則每畝貳千肆百文上中則壹千陸百文中上則壹千文草地中中則捌百文中下則伍百文下下則叄百文王君良朱成高陳化龍三案收成最厚西沙各案薄厚不等自由本局勘定再與各案耆老秉公酌定務得其平如果爾等有意抗延不遵條約定卽治以霸佔官地之罪

一繳課不得過遲現在各案丈量已畢限於九月內統行掛號以後半月內繳課換給執照如果過期不繳卽令他人繳課領照管業仍治該戶以玩愒之罪

又攝理紹興府顧示准委辦紹屬沙地陞課事宜員外郎張移開現在蕭山縣屬沿江一帶張炳文等十三案無糧官地均經丈量清楚報墾陞課已略收有成數其間陳化龍朱茂林兩案問係紹郡嬰堂收取拚草陋規以充公項前此督憲告示原爲窮民力田輸賦非爲富紳包攬食利除弊便民至詳且切乃於前月下旬

嬰堂紳士屢次具稟意欲報陞而半月以來既不報承戶掛號又不具結繳課意甚貪婪迹同阻撓現在嬰董何紳維鈞稟明實係無資承墾理宜原墾各戶承糧按則輸課而居民畏憚嬰堂挐相觀望公事大爲掣肘請頒照出示曉諭粘貼該案地面以解民惑而禁把持等由准此查無糧沙地現奉一律查辦自應趕緊報陞合行出示曉諭爲此示仰合屬軍民墾戶人等知悉爾等應知陳化龍朱茂林兩案地畝亦屬無糧官地現在嬰堂紳董無資承墾自應歸原墾各戶承種按則輸課毋得疑惑觀望該堂董等亦不得稍有阻撓各宜凛遵特示

同治七年三月戶部咨復浙撫文准浙江巡撫馬咨稱據布政使楊詳稱竊查紹興府屬之蕭山縣南沙地畝前於嘉慶十八年間改隸海塘之後復於道光十六年間辦理海塘大工酌議善後事宜以南岸淤沙大爲海塘之患禁止圈堆淤岸並經前司請將該沙地毋庸報陞加陞亦毋庸五年查丈一次等情一再詳咨奉部覆准行令遵照在案今毋遭兵燹官無檔案民鮮執據地畝糧額不能相符並與未升之地犬牙相錯若不統爲查丈難杜隱匿佔混之弊且該沙地朝坍夕漲已隔二十餘年之久今昔情勢不同從前未升地畝現或無礙塘工仍可陞科加陞亦未可知尤似應查勘丈量免失地利而清糧業惟既有詳奉戶部核准毋庸報陞加陞查丈成案若不將今昔異宜必須查丈情由請咨辦理事涉更張難釋閡閣疑惑且南沙改隸蕭山暨辦海塘大工善後案內禁止圈堆淤岸并請咨毋庸報陞加陞查丈各案均已燬失無存亦應請抄發核辦以昭核實卽經前升司詳咨戶部察照迅將南沙改隸蕭山暨海塘大工善後案內禁止圈堆淤岸並毋庸報陞加陞查丈各全案抄發來浙以便參酌辦理等情相應咨明戶部查照迅賜抄錄全案遞浙以憑核飭酌辦等因前來查此案前據該撫咨請抄發浙江蕭山縣南沙地畝及海塘大工善後事宜案內禁止圈堆淤岸請將沙地毋庸報陞加陞亦毋庸五年查丈一次各原案發浙查辦等語當因本部於咸豐九年間不戒於火所有前項遠年案件均已被焚無存委實無憑檢發卽經移咨工部檢查前

項原案發浙嗣據工部咨覆咸豐三年稿庫坍場案卷多霉爛不全現已逐細檢查此案委實霉爛無存咨覆本部查照亦在案今據該撫咨稱自遭兵燹官無檔案民鮮執據地畝糧額不能相符並因未陞之地犬牙相錯若不統爲查丈難杜隱匿佔混之弊且該沙地朝坍夕漲已隔二十餘年之久今昔情勢不同從前未陞地畝現或無碍海塘工仍可陞科加陞亦不可知似應查勘丈量免失地利而清糧業並請抄發海塘大工善後案內禁止圈岸並毋庸報陞加陞查丈各全案發浙以便參酌辦理等語惟查南沙地畝關係塘工保障是以前經禀明禁止圈堆淤岸請將該沙地毋庸報陞加陞亦毋庸五年查丈歷經行令遵辦在案今據該撫咨稱因遭兵燹官無檔案民鮮執據糧額不能相符未陞地畝現或無碍塘工仍可陞科加陞似應查勘丈量免失地利而清糧業之處自係今昔異宜如必須查丈情由應由該撫派委妥員會同各該縣周歷履勘是否無碍塘工保障事涉更張應將查勘丈量情形奏明辦理相應咨覆浙江巡撫查辦可也

光緒五年護撫任委候補知縣張升猷查勘南沙十三案其張炳文高端履高孝先高廷良朱成高周存仁王君良高森和魯丹山九案地畝有碍北塘仍應照例禁陞其陳化龍朱茂林高培榮大盤四案地沿東海對在尖山之南與北塘毫無干碍應即酌量辦陞開摺繪圖禀復

紹興嬰堂董童光鑠等呈撫院梅文鑅紹郡嬰堂南沙地畝自道光十三年蒙前撫憲富因嬰堂經費不敷將朱茂林案入官沙地柒千玖百伍拾畝陳化龍案入官沙地伍千捌拾陸畝貳分咨明戶部題請撥給嬰堂以充經費地係子午兼癸丁直出至海後有接漲新沙統歸嬰堂管業以杜紛爭嗣於道光十五年辦理海塘大工奉前撫憲烏以南沙漲淤有碍北塘奏禁圈墾任聽坍場永遠不准陞科並咨明戶部撥給嬰堂兩案地畝祇收草租不准開墾歷經遵辦在案同治三年張部郎不知成案聽信謠言辦理陞科其時堂董遭難死亡相繼或避難他出或臥病垂危無人主張被詹炳煜等混陞朱茂林案堂地壹千壹百貳拾畝徐正元

等混陞陳化龍全案堂地叄千陸百貳拾柒畝嗣詹炳煜等自知罪戾情願將所執朱茂林案地照全數呈繳府署退還嬰堂管業呈報府憲在案伏查朱陳兩案南沙自奉撥嬰堂以來每年遵照定章拚收草租以充經費迄今四十餘年毫無異議向來立有四至界石與毘連之地並無混淆地處沿海之濱係子午兼癸丁坐南朝北直對北塘相距不遠與張炳文等十一案地勢一律並無區別實於北塘有碍屢蒙各大憲委員勘丈案卷具在均可查考惟沙棍自報陞之後覬覦侵佔詭詐百出結訟擾害必欲使窮嬰衣食缺乏而後已茲聞沙棍化造空名揑詞上控意圖侵奪堂地呈蒙批司飭縣查明辦理詳覆察奪除稟本府憲蕭邑主另行據案詳覆外謹特陳明嬰堂沙地原委伏祈大人俯賜鑒察查核以全嬰食而符成案出自憲恩上呈

光緒六年藩司德詳覆撫院譚禁墾文（上略）復查南沙各地禁墾已久任前司委員查勘本有深意乃沙民紛紛覬覦且陳化龍等各案地畝雖據該縣委查明可以酌量辦陞究竟有無違碍塘堤亦難確核沙民惟利是爭一經勘丈陞科所裨課賦無幾轉恐致釁爭端并於塘工有碍所有南沙各地應請查照原案一律禁墾俟海塘全工告竣再行勘辦以杜爭端而保塘堤　縣案

宣統二年省委候補知府周志靖會同紹興府包發鸞督同蕭山縣翁長芬查勘確爲民地詳覆文

伏查此案原因複雜聚訟紛紜事起無端案成懸宕綜其大要在先辨明朱茂林案果否民地抑有竈地及已坍後漲果否全係舊沙抑有接漲子沙未可稍涉含糊致使再生糾葛當即前赴蕭山縣調查案卷隨偕知縣長芬赴郡復查府卷得悉大概知府發鸞先准知府志靖函約黨山收私委員李大使來郡面詢情形據該大使面稱該案確係民地並非竈地惟向來沙民刮滷竈丁收滷現在滷價既昂廠商又未肯加價竈丁困苦殊甚如於該案原戶原認外竈丈有餘地可否酌給竈丁攤曬等因當答以事須勘定辦理遂於次日面約調停民竈及原稟各士紳一同赴勘勘得自黃公溇灣下塘十里至太平橋過東即係

中流官界路南屬錢清場路北屬蕭山縣由此至長林灣西路新石橋邊至新灣底街共二十里由新灣底街至朱茂林案餘字號尙有三里統共縣場相距二十
餘里核與該紳等原稟相符如由黨山十二埭灣水出口直對朱茂林案新沙界址較近然該委員但主收私該案並非所轄似毋庸以此牽涉此勘明朱茂林案
確係民地並非竈地之實在情形也又勘得朱茂林案向分東西二堰立有佃長西堰佃長張文茂等三人東堰佃長趙阿元等六人從前初丈止分天地人日月
星六號以地尙有餘遂添餘字號共分七號相承至今近年以來坍漲靡常除餘字號一律成熟外餘均不免變遷其中以官埂爲界埂內熟地埂外新沙而新沙
中日月等號附埂土漸堅實居民刮滷養淡漸將成熟天星等號則一片淤沙茫無岸畔中有陰沙尤係棄地飭據該佃長等呈單現在埂內熟地僅叁萬畝左右
埂外新沙共肆萬捌千餘畝較之光緒三十一年清丈計少熟地肆伍千畝惟以新沙抵補所少無多又據聲明如蒙分給原戶前給印單糧串均已傳知自行呈
驗未敢延誤並具甘結前來然僅粗具大略未克查明確數苟非遵照憲札普通清丈秉公劃分則紳富之拚占豪强之影射均恐不免既不足以昭憑信仍不足
以杜紛爭顧言清丈則清丈事宜及清丈宗旨均須預定未可鹵莽所謂事宜者一在得人查近年清丈均須周紳韓紳經手聞該堂董寄耳目於司事司事又寄
耳目於佃長朦混套搭弊竇頗多周紳業經辭退堂董勿庸預聞擬即由府飭縣開會公舉正副董事經理由縣督同查察妥愼開辦務將從前積習悉予屛除以
期事歸實在款不虛糜一在籌款查歷屆清丈均由認戶每畝繳認費錢肆拾文以新舊各地柒萬捌千餘畝計應收認費錢叁千餘串足敷應用屆時應於相當
地方設局除司事及丈手薪工紙飯外所有官紳均盡義務不另開支庶減少一分浮糜卽可增一分嬰食所謂宗旨者何查向來清丈惟霍前守辦理最善定章
雖係原戶不得過五拾畝以示限制如丈有餘地及無主沙塗汪紳望庚稟內有請由官作主另行招佃各原戶不得援子母相生之例呈請續認所有官租仍由

縣經徵分撥公用等語與霍前守前章招佃只准眞正農民其游手好閒及富有沙地之人概不准用認意義相符應請悉予照辦又查向章援照圖冊以原戶原認爲惟一宗旨惟認戶由堂董給發號單僅蓋嬰堂圖記殊欠愼重前據李大使轉據厫商稟內有認戶丈單糧串均不足據等語雖屬過當或非無因茲擬一律蓋用縣印勿庸加費分文該佃長等均不甚得力擬由府酌飭更換務令勤愼將事庶幾上下相維振興有自此知府等會勘朱茂林案未能即丈幷預籌清丈之實在情形也至奉憲札飭查各節除倪錦祿等以禁革埭頭名目朦請歸官業經知府發鸞飭縣查辦外沙民錢福安沈本基及熊方忠等均於知府等到地之日續行具稟其非化名可知竈民丁成宗歷詢蕭山縣紳均不知其人所稟既難照准應毋庸議蕭山士紳丁乾一等前稟知縣長芬私串浮徵蠹國病民業經稟奉批准吊銷知府志靖復查此項沙租以該案坍漲靡常向由嬰堂董事查明飭令佃長造具堂簿呈縣造串代徵非縣中所能私徵丁紳所言未免過當紹郡徐紳嘏蘭等以查案排解可釋嫌疑抄粘倪錦祿丁成宗等兩姓合同和議請核知府志靖卷查徐紳嘏蘭等續稟合同內丁成宗早經物故聲明係屬籤名由其子丁如立代押似屬無此體例此又就案查明各節之實在情形也詳上撫院並藩運兩司案乃結

李保君案餘地頃畝租則

原丈地壹千壹百伍拾捌畝陸分應徵佃租錢壹百伍拾壹千肆百玖拾貳文內上則地肆拾叁畝每畝租錢叁百文中則地壹百貳拾柒畝每畝租錢貳百肆拾文下則地叁百陸拾貳畝捌分每畝租錢壹百陸拾文下下則地陸百貳拾伍畝捌分每畝租錢捌拾文

張炳文案餘地頃畝租則

原丈地玖百捌畝肆分應徵佃租錢貳百伍千陸拾肆文內上則地貳百拾伍畝陸分每畝租錢叁百文中則地叁百玖拾伍畝每畝租錢貳百肆拾文下則地貳百柒拾貳畝每畝租錢壹百陸拾文下下則地貳拾伍畝捌分每畝租錢捌拾文

高廷良案餘地頃畝租則

原丈地肆百貳拾畝壹分應徵佃租錢玖拾柒千貳百拾貳文內上則地捌拾玖畝肆分每畝租錢叁百文中則地貳百拾捌畝伍分每畝租錢貳百肆拾文下則地壹百拾貳畝貳分每畝租錢壹百陸拾文

高森和案餘地頃畝租則

原丈地伍百陸拾玖畝玖分應徵佃租錢壹百肆拾千壹百拾肆文內上則地壹百肆拾柒畝伍分每畝租錢叁百文中則地叁百伍拾叁畝伍分每畝租錢貳百肆拾文下則地陸拾捌畝玖分每畝租錢壹百陸拾文

高端履案餘地頃畝租則

原丈地貳百玖拾壹畝陸分應徵佃租錢陸拾柒千伍百拾捌文（內）上則地玖拾玖畝叁分（每畝租錢叁百文）中則地捌拾柒畝（每畝租錢貳百肆拾文）下則地壹百伍畝叁分（每畝租錢壹百陸拾文）

王大元案餘地頃畝租則

原丈地壹百伍拾柒畝叁分應徵佃租錢叁拾貳千貳百貳拾肆文（內）上則地叁拾肆畝捌分（每畝租錢叁百文）中則地陸拾貳畝叁分（每畝租錢貳百肆拾文）下則地貳拾伍畝貳分（每畝租錢壹百陸拾文）下下則地叁拾伍畝（每畝租錢捌拾文）六案共各則地叁千伍百伍畝玖分租錢陸百玖拾叁千陸百貳拾肆文內上中兩則每畝提課銀壹分肆釐共應提課銀貳拾陸兩貳錢貳分壹釐以上李保君等六案餘地光緒二十三年清出二十五年稟准每年租錢除提課銀及佃長飯食（每千捌拾文）外照撥義舉分用

朱成高案餘地頃畝租則

原丈地貳千貳百叁拾捌畝叁分應徵佃租錢貳百拾叁千柒百拾文內上則地叁百拾陸畝玖分每畝租錢叁百文中則地壹百肆拾捌畝陸分每畝租錢貳百肆拾文下則地柒拾壹畝每畝租錢壹百陸拾文下下則地捌拾捌畝陸分每畝租錢捌拾文下下則新地壹千陸百拾叁畝貳分每畝租錢肆拾文

周存仁案餘地頃畝租則

原丈地貳千柒拾陸畝伍分應徵佃租錢貳百叁拾玖千伍百陸拾陸文內上則地壹百玖拾叁畝伍分每畝租錢叁百文中則地叁百捌畝陸分每畝租錢貳百肆拾文下則地貳百叁拾玖畝壹分每畝租錢壹百陸拾文下下則地叁百玖拾肆畝陸分每畝租錢捌拾文下下則新地玖百肆拾畝柒分每畝租錢肆拾文

高培榮案餘地頃畝租則

原丈地陸千捌百伍拾柒畝陸分應徵佃租錢伍百玖拾陸千貳百捌拾肆文內上

則地壹百玖拾壹畝捌分（每畝租錢叁百文）　中則地叁百柒拾貳畝柒分（每畝租錢貳百肆拾文）　下則地玖百捌拾貳畝叁分（每畝租錢壹百陸拾文）　下下則地壹千玖百玖拾貳畝肆分（每畝租錢捌拾文）　下下則新地叁千叁百拾捌畝肆分（每畝租錢肆拾文）　三案共各則地壹萬壹千壹百柒拾貳畝肆分租錢壹千肆拾玖千伍百陸拾文內上中兩則每畝提課銀壹分肆釐共應提課銀貳拾壹兩肆錢肆分玖釐

以上朱成高等三案餘地光緒二十三年清出稟准每年租錢除提課銀及佃長飯食（每千捌拾文）外照撥義舉分用

李廣泰案餘地頃畝租則

原丈地叁千捌百貳拾玖畝陸分陸釐應徵佃租錢陸百柒拾肆千壹百叁拾貳文內上則地肆百肆拾柒畝貳分陸釐（每畝租錢叁百文）　中則地捌百伍拾伍畝玖分（每畝租錢貳百肆拾文）　下則地壹千貳百拾壹畝玖分（每畝租錢壹百陸拾文）　下下則地壹千叁百拾肆畝陸分（每畝租錢壹百貳拾文）　此案上中兩則地每畝提課銀壹分肆釐共應提課

銀壹拾捌兩貳錢肆分肆釐

以上一案光緒二十一年清出稟准每年租錢除提課銀及佃長飯食每千捌拾文外撥歸城嬰堂七成筆花書院三成

朱茂林案佃租解給成數每年照實徵數分別提解

郡嬰堂草價錢貳千串文　課銀伍拾伍兩肆錢肆分玖釐宣統元年徵數　佃長書差紙飯照實徵數每千提錢捌拾文　塘工經費貳成　郡嬰堂經費陸成內除應完錢糧南米公租等項銀外實解

蕺山書院經費壹成後改第五中校　筆花書院經費壹成後改高小學校

朱茂林案餘租解給成數每年照實徵數分別提解

郡嬰堂經費貳成　南沙嬰堂經費五成　縣高小學堂經費叁成　提課銀貳拾柒兩肆錢肆分壹釐宣統元年徵數　佃長書差紙飯照實徵數每千提錢捌拾文

李保君等六案餘租解給成數每年照實徵數分別提解

課銀貳拾貳兩柒錢柒分陸釐宣統元年徵數　佃長人等紙飯照實徵數每千捌拾文　縣嬰堂

經費貳成五　龕山接嬰堂經費貳成五　縣高小學堂經費貳成五　攔潮壩經費貳成五（新灣底小泗埠）

朱成高等三案餘租解給成數（每年照實徵數分別提解）

課銀壹拾玖兩叁錢柒分叁釐（宣統元年徵數）　佃長人等紙飯（照實徵數每千提錢捌拾文）　南沙學堂二百千　縣嬰堂恤嫠叁百千　餘充縣高小學堂經費

李廣泰案餘租解給成數（每年照實徵數分別提解）

課銀壹拾捌兩貳錢肆分肆釐（宣統元年徵數）　縣嬰堂經費七成　筆花書院經費三成（後改縣高小學堂）

以上縣署檔案

陳化龍案佃租地

原丈地捌千玖百肆拾柒畝捌分捌釐（租則在郡嬰堂縣署無冊）　按陳化龍案佃租地畝淸光緒年間清丈分則定租仍照舊例歸郡嬰堂自行召佃收租充作經費

王君良案餘租地

原丈地壹千肆拾壹畝陸分陸釐壹毫租則在南沙嬰堂縣署無冊按王君良案餘租地畝清光緒年間丈出分則定租撥歸南沙嬰堂自行召佃收租充作經費

公租地課

南沙公租地頃畝糧額

嘉慶十八年海寧改隸公租地捌千捌百叁拾頃貳拾捌畝伍分叁厘零內

上則花桑實地壹拾貳頃壹拾畝伍分零每畝徵銀壹錢玖分伍厘該銀貳百叁拾陸兩肆分柒厘零

上中則花實地柒頃伍拾捌畝壹分零每畝徵銀壹錢陸分貳厘伍毫該銀壹百貳拾叁兩貳錢壹厘零

中則花實地貳畝捌分叁厘零每畝徵銀壹錢肆分叁厘該銀肆錢伍厘零

中上花實地肆頃捌拾叁畝貳分玖厘零每畝徵銀壹錢叁分該銀陸拾貳兩捌錢貳分捌厘

零

下中則花實地叁拾肆頃壹拾畝肆厘零每畝徵銀柒分捌厘該銀貳百陸拾伍兩玖錢捌分叁厘零

下下則花實地壹百壹拾陸頃玖畝貳分肆厘零每畝徵銀陸分伍厘該銀柒百伍拾肆兩陸錢捌毫零

上則刮淋實地捌頃肆拾壹畝叁厘零每畝徵銀玖分柒厘伍毫該銀捌拾貳兩肆毫零

上中則刮淋實地壹拾頃壹拾貳畝玖分貳釐零每畝徵銀柒分捌厘該銀柒拾玖兩柒厘零

中則刮淋實地捌頃貳拾伍畝壹分貳毫零每畝徵銀陸分伍厘該銀伍拾叁兩陸錢叁分壹厘零

下則刮淋實地壹拾頃壹拾壹畝柒分柒厘零每畝徵銀伍分貳釐該銀伍拾貳兩陸錢壹分貳厘零

樵柴實地伍拾伍頃玖拾畝貳分貳厘零每畝徵銀叁分玖厘該銀貳百壹拾捌兩壹分捌厘

零

上等草實地柒頃壹拾叁畝捌分零每畝徵銀叁分貳厘伍毫該銀貳拾叁兩壹錢玖分捌厘零

刮草實地壹百陸拾陸頃貳拾陸畝玖分玖厘零每畝徵銀壹分玖厘伍毫該銀叁百貳拾肆兩

貳錢貳分陸厘零

下則草實地壹千玖百叁拾貳頃陸拾伍畝玖分零每畝徵銀壹分肆釐該銀貳千柒百伍兩

柒錢貳分貳厘零

雷山新漲實地肆百伍拾陸頃陸拾陸畝陸分柒厘零每畝徵銀壹分肆釐該銀陸百叁拾玖

兩叁錢叁分叁厘零

以上共各則實地貳千捌百叁拾頃貳拾捌畝伍分叁厘零該徵銀伍千貳百伍

拾肆兩肆錢柒分叁厘每畝徵竈課銀陸分伍厘壹毫柒絲陸忽玖徵該徵竈課銀叁百陸拾陸兩叁錢

肆分柒厘共該徵銀伍千陸百貳拾兩捌錢貳分肆毫

公租地字號

裕　陸　胡　沈　高　新上　新下　英　公　達　成　保　培　馮

李　老　瀾　韓　信　牧　時　補　端　上　具　正　義　龍　仁

忠　存　安　續　曹　耀　煥　阜　清　歲　物一　物二　年　亨

富　足　歌　履　美　泰　慶　豐　元　壽　温　雨　引上　引下

陞　克　漲　儉　恆　利　人　得　貞　饒　丹　讓　海　晏　河

民　韓沖　戚沖　復韓　復戚

沙租地頃畝糧額

沙租地貳拾叁頃肆拾伍畝伍分零每畝徵銀壹分肆厘共該徵銀叁拾叁兩貳分玖厘照畝額核銀應叁拾貳兩捌錢叁分玖厘縣冊銀數恐誤

沙租地字號

長以上縣冊

附改隸案嘉慶十六年五月十四日浙江巡撫蔣攸銛奏爲接奉諭旨恭摺先行覆奏事竊臣接准軍機大臣字寄嘉慶十六年四月二十七日奉上諭御史陸

泌奏南沙地方今昔情形不同請就近改隸一摺該處既今昔情形不同並有沿海貧民搭寮聚處煎鹽售買一切稽查彈壓實關至要該管知州相距較遠自應就近改隸方爲妥便著蔣攸銛親赴該處確切履勘如有應行改歸及移駐人員之處悉心妥議具奏所有該御史原摺並圖說俱着發交閱看此諭令知之欽此遵旨寄信前來臣伏查南沙界在浙江杭府屬之海寧州紹屬之蕭山縣及山陰會稽等縣江海紆廻綿亘二百餘里深邃五六十里及一二十里不等地勢本屬浮沙惟漲潮勢往來以爲坍漲向因潮汐靡常每有此岸平陸之地節經水刷沙沖不數年而即徙於彼岸者地勢之遷移靡定是以未敢輕議更張今就現在情勢而論江流北徙業已盡歸於江之南岸與蕭山縣毗連而該管之海寧州轉相隔一江揆度情形自以改隸蕭山縣管轄爲便查近日霪雨連綿該處現在停煎且沙土鬆浮經雨之後不能履勘容俟天氣晴霽臣卽親赴該處逐加查勘幷查明何處丞倅場官堪以移駐附近居民有無應徵賦額應否一併改隸督同藩臬鹽運各司暨該管巡道悉心籌議另行奏請訓示外合先恭摺覆奏伏乞皇上睿鑒謹奏

嘉慶十六年九月十六日浙江撫臣蔣攸銛奏爲勘明海寧州屬南沙地方今昔情形不同應行改隸蕭山縣管轄恭摺議奏仰祈聖鑒事竊照御史陸泌具奏南沙請改隸紹興府屬以專責成一摺欽奉諭旨着蔣攸銛親赴該處確切履勘如有應行改歸及移駐人員之處悉心妥議具奏等因欽此經臣將接奉諭旨查辦緣由先行奏覆奉硃批覽欽此在案茲臣於九月初一日天氣晴霽之時帶同杭嘉湖道李垣幷委員等馳抵該處逐加履勘緣杭州府屬海寧州城之西南中隔海面南沙坐落海之南岸與紹興府屬蕭山縣城之東北陸路相通海寧蕭山二州縣向以中流南北分界西南屬蕭山東北隸海寧其地江海迂廻綿亘二百餘里深邃五六十里及一二十里不等溯查從前因海道由南大亹行走海面以北之地逐漸漲出與海寧境地相連故覺管理甚便自乾隆二十四年海道由中小

壐北徙以後河莊山迤南已成平陸所有向歸海寧州管轄之赭山等處均已盡徙於江之南岸與蕭山縣境地毗連現查由海寧城陸路至石塘頭二十里由石塘頭至南沙海口計經海面二十餘里詢之居民據稱海中風汛靡常潮汐洶湧一時不能逕渡須由陸繞至省城至錢塘江從西興而至南沙統計水陸程途一百七十餘里其蕭山縣城由水路至白鶴浦三十五里登陸至龕山五里又自龕山至寧蕭分界之中流南沙地界計程十里雖南沙地面寬廣並無江海間阻此海寧蕭山相距南沙迂捷不同之情形也臣復與司道等悉心參酌竊以州縣為親民之官一切命盜應行勘驗案件必得行程迅速於公事始無遲誤今由海寧之南沙航海則天時有風濤之阻遵路則道里有紆折之遙諸多不便即民間戶婚田土赴官控訴之事亦以道路迂遠跋涉為難釁因沙形坍漲遷徙不常未敢輕議更改今細加體察江流北徙業已五十餘年揆度現在情形洵應酌量改隸應請將原隸海寧州屬南沙全境改隸蕭山縣所有南沙地界內之民田山漊地畝及公租沙地并新漲試墾沙地統歸蕭山縣管轄查蕭山縣牧地分上中下科則每畝徵錢自一二三百文至六十文不等南沙地土浮鬆磽瘠不同向歸海寧州徵租每畝徵銀自一分四厘以至一錢九分五厘不等茲雖改隸蕭山未便照蕭山牧地科則應仍照海寧原徵公租之數徵收將來題陞時一併歸入蕭山縣賦額批解造報題銷以歸核實至該處赭山為南沙聚處稠密之區原設巡檢職小權輕未足以資彈壓應請將向駐府城之紹興府同知移駐赭山改為紹興府鹽捕同知專司稽查緝捕等事其赭山巡檢移駐河莊山地方改為河莊巡檢如此分地巡防庶捕盜緝私均資得力而蕭山縣令亦可無顧此失彼之虞所有移駐各員應將舊有衙署變置移建內有應添工料飭令估計照例借廉湊用分年扣還歸款以上各事宜如蒙俞允容即督同司道飭令該州縣等將改隸戶口及業戶花名田地賦額數目分晰查明并將應改鑄關防印信及一切審理案件催徵錢糧等事分別照例詳議章程題咨辦理再查御史陸泌所繪原圖內有輿

現勘情形未盡符合之處另行繪圖貼說敬呈御覽連將該御史原奏並圖恭繳臣謹會同兩浙鹽政臣蘇恭摺具奏伏乞皇上睿鑒訓示謹奏

永免南沙加陞查丈碑記

特調浙江紹興府蕭山縣正堂王爲頒示勒石以垂永久而杜弊混事案照南沙地面迭經勘實按則報陞完納公租錢糧前奉部行飭令按照五年勘丈轉則加陞等因經前縣朱黨兩縣內先後察訪輿情查明已陞各地土瘠利微民創地廣委實難以勘丈加租緣由詳奉府憲轉詳撫憲咨覆大部業奉部覆南沙已陞各地循舊原定則科完糧管業永免查丈加租等因轉行到縣即經出示曉諭地民遵照在案今據該地各戶以南沙誠恐日久弊混無從遵守環叩援改隸勒石之案頒諭勒石分豎地面遵闔前奉頒示現被風雨侵損無存查南沙已陞各號各案地畝現奉大部覆准永免查丈加租循舊完糧管業所請頒示勒石係爲永久章程免滋弊混起見准其援照改隸勒石之案合再頒示飭發爲此示仰南沙地戶各人等知悉爾等凡在道光八年以前已經報陞完納公租錢糧各號各案地畝遵照部行並奉撫藩各憲轉飭之案永免查丈加租以安民業而垂永久此係奉部核定章程頒示勒石俾爾等永遠遵守以免日久弊混均各凜遵毋違特示道光十九年十二月日給　碑在南沙靖雷鄉靖江殿內

新陞公租頃畝糧額

同治三年總督兼巡撫左宗棠委張部郎樹葵設局查丈南沙張炳文高端履高孝先高廷良朱成馬周存仁王君良高森和陳化龍高培榮魯丹山十一案餘地辦陞均照下草則每畝徵科銀壹分肆厘旋雖奉准報陞迄未咨部入額是以歷屆

奏銷豁免各案俱不專册具申

新陞公租地貳百玖拾頃叁拾壹畝貳厘零（每畝徵銀壹分肆釐）共應徵銀肆百陸兩肆錢叁分肆厘

新陞公租地字號

恆　端　具　和　履　李　美　存　龍　培　丹

公沙新陞各租課徵額

額徵公租銀伍千貳百伍拾肆兩肆錢柒分叁厘（加閏銀柒拾兩叁錢叁分壹厘）

額徵公租貳分耗銀壹百伍兩玖分（加閏銀壹兩叁錢肆分玖厘）

額徵公租項下竈課銀叁百陸拾陸兩叁錢肆分柒厘（不加閏）

額徵沙租銀叁拾叁兩貳分玖厘（不加閏）

額徵新陞公租銀肆百陸兩肆錢叁分肆厘（加閏銀陸兩肆錢玖分玖厘）

額徵新陞公租貳分耗銀捌兩壹錢玖厘（加閏銀壹錢叁分）

額徵公租項下竈課陸分耗銀貳拾壹兩玖錢捌分壹厘（不加閏）

公沙新陞各租課解額

解藩司公租銀伍千貳百伍拾肆兩肆錢柒分叁厘（加閏銀柒拾兩叁錢叁分壹釐）

解藩司公租貳分耗銀壹百伍兩玖分（加閏銀壹兩叁錢肆分玖釐）

解藩司新陞公租銀肆百陸兩肆錢叁分肆厘（加閏銀陸兩肆錢捌分柒釐）

解藩司新陞公租貳分耗銀捌兩壹錢玖厘（加閏銀壹錢叁分）

解藩司沙租銀叁拾叁兩貳分玖厘（不加閏）

解運司公租項下竈課銀叁百陸拾陸兩叁錢肆分柒厘

解運司公租項下竈課陸分耗銀貳拾壹兩玖錢捌分壹厘

以上共徵解公沙新陞各租銀伍千陸百玖拾叁兩玖錢叁分陸厘　遇閏加銀柒拾陸兩捌錢叁分

竈課正耗銀叁百捌拾捌兩叁錢貳分捌厘　公租耗銀壹百壹拾叁兩壹錢玖

分玖厘加閏銀壹兩肆錢柒分玖釐以上縣冊

戶部則例浙江蕭山南沙境入官沙地壹萬壹千柒拾伍畝每畝徵銀壹分肆厘按年造冊題報查核按縣署冊籍查無是項入官沙地詢諸舊吏亦無知者

仁忠字號旂地坐落邑之東北隅仁字南至正字號公租地西至煥字號公租地北至泰字號公租地東至義字號公租地共地陸千肆百肆拾伍畝柒分壹厘壹作陸千肆百拾捌畝捌分忠字南至正字號公租地北至公字號公租地西至義字號公租地東至信字號公租地共地伍千叄百柒拾肆畝貳分捌厘陸毫壹作伍千叄百伍拾畝肆分向給沙民布種並商民分別設舖居住其完納有長短戶之分每長戶一戶計地拾貳畝捌分徵銀壹錢捌分每短戶壹戶計地伍畝徵銀柒分每年共徵銀壹百陸拾兩伍錢肆分捌厘向係併入南沙公租項下徵收解赴藩庫投納按兩號地畝清初撥歸旗民耕種其檔案均在滿營左右二司署縣署無籍可稽每年但照額徵租報解其後旗民既不自種逐漸私售與民頂名完租年代湮遠輾轉售買現已全屬民業無一眞正旗人矣

救生官田

咸豐以後每年仲冬由臬司委按經歷至臨浦設局收租解歸臬署收撥田分塘內塘外兩路屆時由塘內外領佃飭召各佃戶赴局繳租惟案經燹餘細册遺失田被侵沒未能如額宣統二年清理財政撫飭勸業道時是項田租款關救生已劃歸勸業道經管委候補知縣王蘭芳會同蕭山縣知縣翁長芬逐坵清埋丈實現存塘內田貳百叁拾柒畝玖厘肆毫額租米壹百捌拾捌石伍斗肆升塘外田肆百陸拾肆畝壹厘貳毫額租米貳百玖拾壹石壹升繪圖列册存送有案並奉文嗣後田租由縣徵解畝分坐落米額列後

塘內三都四圖杜湖莊第一號上田伍分捌釐叁毫額租米陸斗第貳號上田壹畝柒分玖釐叁毫額租米壹石肆斗第三號上田叁畝貳分壹釐貳毫額租米貳石叁斗第四號上田叁畝肆分叁釐貳毫額租米貳石陸斗

三都六圖湖頭莊第五號上田貳畝肆分肆毫額租米貳石貳斗

三都七圖瓦窰莊第六號上田肆畝伍分伍釐額租米叁石伍斗

三都九圖祝山莊第七號上田叁畝柒分叁釐陸毫額租米貳石玖斗

二十二都三圖東金莊第八號中田貳畝捌分伍釐玖毫額租米壹石捌斗第十號中田肆畝壹分捌釐叁毫額租米貳石捌斗

東河坂莊第九號中田伍畝貳分陸釐肆毫額租米叁石伍斗

二十一都十二圖張家莊第十一號上田貳畝伍分伍毫額租米貳石貳斗伍升

二十一都十一圖舒家莊第十二號上田壹畝玖釐肆毫額租米玖斗第十三號中田肆分陸釐柒毫額租米貳斗伍升

來十八都二圖厲市湖莊

第十四號上田肆畝叁分叁釐叁毫額租米叁石伍斗第十五號上田貳畝伍分玖釐柒毫額租米壹石玖斗貳升

來十八都三圖丁村莊

第十六號中田壹畝捌分叁釐柒毫額租米壹石叁斗

來十八都二圖來蘇莊

第十七號上田貳畝玖分肆釐玖毫額租米貳石貳斗第十八號上田貳畝陸分叁釐陸毫額租米叁石

來十八都一圖火燒莊

第十九號上田貳畝肆分陸釐貳毫額租米貳石

來十八都一圖洪家潭莊

第二十號上田貳畝伍分叁釐貳毫額租米壹石捌斗第二十一號上田叁畝貳釐柒毫額租米貳石肆斗陸升第二十二號上田肆畝貳分伍釐柒毫額租米肆石貳斗

來十八都一圖大路莊

第二十三號中田貳畝叁分陸釐貳毫額租米壹石壹斗第二十四號上田叁畝肆分壹釐額租米貳石柒斗第二十五號上田壹畝玖分陸釐壹毫額租米壹石肆斗第二十六號中田壹畝伍釐額租米陸斗第二十七號上田壹畝柒分柒釐柒毫額租米壹石肆斗

來十八都二圖來蘇莊

第三十號上田貳畝陸分柒釐肆毫額租米貳石捌斗第三十一號上田叁畝伍釐叁毫額租米貳石肆斗第三十二號上田壹畝叁分貳釐柒毫額租米壹石

苧十八都二圖姚裏張莊

第三十三號上田陸分肆釐柒號額租米柒斗第三十四號上田叁分玖釐陸毫額租米肆斗第三十五號上田壹畝壹毫額租米壹石第三十六號上田柒分捌釐額租米捌斗第三十七號上田三分壹釐額租米肆斗第三十八號上田貳畝伍分貳釐伍毫額租米貳石貳斗第三十九號上田貳畝叁分貳釐肆毫額租米貳石貳斗第四十號上田肆分捌釐柒毫額租米陸斗第四十一號上田肆分玖釐叁毫額租米陸斗第四十二號上田柒分額租米陸斗第四十三號上田壹畝捌釐貳毫額租米柒斗伍升第四十四號上田壹畝玖分陸釐額租米壹石肆斗第四十五號中田叁分捌釐叁毫額租米貳斗第四十六號上

田柒分叁釐貳毫額租米陸斗伍升　第四十七號上田壹畝貳分捌釐陸毫額租米壹石壹斗伍升　第四十八號上田壹畝捌分伍釐叁毫額租米貳石　第四十九號上田壹畝壹分伍釐貳毫額租米壹石　第五十號上田壹畝肆分叁釐伍毫額租米壹石壹斗　第五十一號中田壹畝玖分陸釐貳毫額租米壹石　第五十二號上田貳畝柒分壹釐捌毫額租米貳石叁斗　第五十三號上田壹畝叁分陸釐陸毫額租米壹石壹斗　第五十四號中田肆畝柒分貳釐柒毫額租米叁石

苧十八都二圖邱家塢莊

第五十五號中田壹畝伍分玖釐陸毫額租米壹石壹斗　第五十六號中田壹畝伍分壹釐陸毫額租米壹石壹斗　第五十七號中田貳畝叁分柒釐捌毫額租米壹石伍斗伍升　第五十八號上田壹畝柒分額租米壹石肆斗伍升

苧十八都二圖嶼糟莊

第五十九號上田壹畝叁分捌釐伍毫額租米壹石　第六十號中田貳畝壹分肆釐捌毫額租米壹石肆斗　第六十一號上田貳畝肆分叁釐肆毫額租米貳石伍升　第六十二號中田貳畝玖釐伍毫額租米壹石叁斗陸升　第六十三號中田壹畝肆釐額租米柒斗　第六十四號上田叁畝壹分玖釐壹毫額租米貳石陸斗　第六十五號中田貳畝伍釐貳毫額租米壹石肆斗　第六十六號上田貳畝捌分伍釐壹毫額租米貳石　第六十七號上田壹畝陸分叁釐伍毫額租米壹石貳斗　第六十八號上田壹畝陸分壹釐額租米壹石叁斗叁升　第六十九號上田壹畝肆分柒釐貳毫額租米壹石貳斗伍升　第七十號上田壹畝肆分肆釐壹毫額租米壹石貳斗伍升　第七十一號上田柒分柒釐叁毫額租米捌斗貳升　第七十二號上田壹畝柒分肆釐貳毫額租米壹石柒斗　第七十三號上田貳畝陸分捌釐叁毫額租米貳石貳斗　第七十四號上田貳畝貳釐陸毫額租米壹石陸斗　第七十五號上田陸分伍釐捌毫額租米柒斗伍升　第七十六號上田肆分壹釐玖毫額租米肆斗　第七十七號上田壹畝陸分壹釐柒毫額租米壹石陸斗　第七十八號上田壹畝玖分肆釐叁毫額租米貳石壹斗　第七十九號上

田壹畝伍分伍釐玖毫額租米壹石貳斗叁升苧十八都二圖汀頭沈莊第八十號上田壹畝壹分肆毫額租米玖斗　第八十一號上田貳

畝壹分伍釐壹毫額租米貳石　第八十二號中田叁畝柒分額租米貳石貳斗伍升　第八十三號中田壹畝壹分捌釐壹毫額租米捌斗貳升　第八十四號中田

貳畝捌分玖毫額租米壹石捌斗捌升　第八十五號中田壹畝叁分貳釐捌毫額租米捌斗柒升　第八十六號上田貳畝叁分伍釐壹毫額租米壹石捌斗　第八

十七號上田壹畝壹分柒釐玖毫額租米柒斗伍升　第八十八號上田貳畝壹分肆釐陸毫額租米壹石陸斗　第八十九號上田貳畝壹分肆釐額租米壹石陸斗

第九十號上田叁畝陸分壹釐壹毫額租米叁石壹斗　第九十一號上田陸畝伍釐陸毫額租米肆石陸斗　第九十二號上田壹畝貳分陸毫額租米玖斗　第

九十三號上田壹畝貳分柒釐玖毫額租米壹石　第九十四號上田壹畝壹分貳釐玖毫額租米玖斗伍升十九都二圖姚家坂莊第九十五

號中田壹畝伍分肆釐陸毫額租米捌斗十九都四圖沙裏莊第九十六號上田壹畝伍分陸釐肆毫額租米壹石伍斗伍升　第九十七號上田

壹畝伍分柒釐貳毫額租米壹石叁斗伍升二十都十圖大旺莊第九十八號上田壹畝柒分柒釐壹毫額租米壹石伍斗二十都十

圖祝家莊第九十九號中田壹畝伍分柒釐貳毫額租米壹石　第一百號中田壹畝伍分柒釐貳毫額租米壹石來十八都一圖大路

張莊第一百零一號中田叁畝叁分陸釐壹毫額租米貳石貳斗　第一百零二號上田貳畝叁分叁釐額租米貳石二十都十二圖羅家

莊第一百零三號上田伍分玖釐伍毫額租米柒斗二十都十二圖田家衖莊第一百零四號上田捌分額租米柒斗　第一百零五號

上田捌分柒釐壹毫額租米壹石壹斗　第一百零六號上田壹畝柒分壹釐陸毫額租米壹石柒斗　第一百零七號上田壹畝捌毫額租米壹石零伍升十九

都二圖史家莊第一百零八號上田壹畝玖分柒釐陸毫額租米貳石壹斗　第一百零九號上田壹畝壹分捌釐捌毫額租米壹石貳斗　第一百一十號上田捌分柒釐額租米壹石　第一百十一號上田壹畝壹分捌釐陸毫額租米壹石壹斗　二十都十二圖田家衖莊第一百十二號上田玖分柒釐肆毫額租米壹石　第一百十三號中田肆分捌釐叁毫額租米叁斗　第一百十四號上田伍畝壹分捌釐捌毫額租米伍石貳斗　十七都一圖寺後莊第一百十五號上田肆畝柒分捌釐陸毫額租米肆石貳斗　第一百十六號上田貳畝伍釐玖毫額租米壹石捌斗　第一百十七號上田貳畝伍釐玖毫額租米壹石捌斗　第一百十八號上田叁畝肆釐額租米貳石伍斗　十七都三圖塘上莊第一百十九號上田壹畝壹分肆釐貳毫額租米捌斗　第一百二十號中田壹畝肆分叁釐捌毫額租米捌斗　總共丈實田貳百叁拾柒畝玖厘肆毫額租米壹百捌拾捌石伍斗肆升

塘外八都二圖楊家橋莊第一號中田伍畝叁分陸毫額租米叁石伍斗　第二號中田壹畝叁分貳釐壹毫額租米捌斗　八都二都河上莊第三號上田玖分柒釐貳毫額租米柒斗伍升　第四號中田貳畝貳分伍釐陸毫額租米壹石肆斗伍升　第五號中田壹畝玖分柒釐伍毫額租米壹石貳斗伍升　第六號上田壹畝額租米柒斗　第七號中田壹畝柒分捌釐玖毫額租米壹石貳斗　第八號中田壹畝玖釐陸毫額租米柒斗　第九號上田玖畝玖分壹釐額租米柒石　第十號中田貳畝柒分陸釐貳毫額租米壹石陸斗　八都一圖溪下莊第十一號上田壹畝玖分捌釐捌毫額租米壹石捌斗　八都一圖後鄭莊第十二號中田叁畝陸分玖毫額租米貳石壹斗陸升　第十三號中田叁畝肆分壹釐貳毫額租米貳石　八

都一圖石馬莊

第十四號上田壹畝柒分伍釐額租米壹石伍斗伍升第十五號中田壹畝捌分陸釐玖毫額租米壹石貳斗第十六號中田壹畝捌分陸釐額租米壹石第十七號上田貳畝壹分叁釐貳毫額租米壹石伍斗第十八號上田壹畝壹分貳釐伍毫額租米壹石第十九號上田伍分陸釐肆毫額租米肆斗第二十號上田壹畝玖分捌釐陸毫額租米貳石

十五都三圖何同莊

第二十一號上田玖分伍釐柒毫額租米捌斗第二十二號中田貳畝陸分額租米壹石捌斗第二十三號中田壹畝伍分陸釐柒毫額租米捌斗第二十四號中田壹畝伍釐叁毫額租米捌斗

八都一圖石馬莊

第二十五號中田玖分柒釐貳毫額租米陸斗伍升第二十六號上田貳畝貳分柒釐伍毫額租米壹石陸斗第二十七號中田陸分玖釐肆毫額租米肆斗第二十八號中田叁畝伍分壹釐肆毫額租米貳石貳斗第二十九號中田伍畝貳分叁釐伍毫額租米叁石伍斗第三十號中田壹畝叁分壹釐捌毫額租米柒斗捌升第三十一號中田壹畝柒釐壹毫額租米壹石第三十二號上田壹畝壹釐柒毫額租米捌斗第三十三號中田貳畝肆毫額租米壹石叁斗第三十四號中田肆畝柒分壹釐叁毫額租米貳石肆斗陸升第三十五號中田叁分柒釐捌毫額租米貳斗第三十六號下田貳畝壹分捌毫額租米壹石第三十七號上田貳畝貳分壹釐玖毫額租米貳石第三十八號中田貳畝玖分額租米壹石柒斗第三十九號中田貳畝壹釐肆毫額租米壹石肆斗第四十號下田貳畝陸釐叁毫額租米壹石叁斗第四十一號中田貳畝陸分貳釐伍毫額租米壹石伍斗第四十二號上田壹畝陸分額租米壹石壹斗第四十三號上田壹畝玖分玖釐肆毫額租米壹石肆斗第四十四號上田柒分捌毫額租米柒斗貳升

八都一圖後倪莊

第四十五號上田捌分肆釐貳毫額租米陸斗柒升第四十六號中田壹畝肆分壹釐肆毫額租米捌斗第四十七號上田捌分柒釐陸毫額租米柒斗第四十八號上田壹畝貳分叁釐額租

米壹石　第四十九號上田玖分伍釐壹毫額租米壹石叁升

八都一圖溪下莊　第五十號中田貳畝陸分伍釐額租米壹石叁斗伍升　第五十一號中田壹畝貳分肆釐陸毫額租米陸斗伍升

八都五圖大河莊　第五十二號下田陸畝柒釐捌毫額租米貳石捌斗

八都一圖後鄭莊　第五十三號中田叁畝捌分陸釐貳毫額租米貳石貳斗

八都一圖孫寓莊　第五十四號中田貳畝柒分陸釐壹毫額租米壹石陸斗伍升　第五十五號中田壹畝肆分貳釐伍毫額租米捌斗　第五十六號中田貳畝壹分壹釐叁毫額租米壹石叁斗伍升　第五十七號中田肆分額租米貳斗肆升　第五十八號下田伍分柒釐伍毫額租米叁斗　第五十九號中田壹畝玖分伍釐陸毫額租米壹石叁斗　第六十號上田伍分陸釐叁毫額租米捌斗　第六十一號上田壹畝柒分貳釐壹毫額租米壹石壹斗　第六十二號中田壹畝捌分陸釐壹毫額租米壹石貳斗　第六十三號中田壹畝玖分捌釐貳毫額租米壹石叁斗

八都一圖後鄭莊　第六十四號中田壹畝柒分壹釐玖毫額租米壹石貳斗叁升　第六十五號中田叁畝捌分壹釐叁毫額租米貳石肆斗

九都三圖前山莊　第六十六號上田壹畝捌分叁釐柒毫額租米壹石貳斗　第六十七號中田壹畝壹分柒釐貳毫額租米捌斗　第六十八號中田貳畝貳分貳釐貳毫額租米壹石肆斗叁升　第六十九號中田肆分捌釐貳毫額租米叁斗　第七十號中田貳畝肆分貳釐玖毫額租米壹石肆斗伍升　第七十一號中田壹畝肆分陸釐叁毫額租米玖斗伍升

九都三圖鎮橋莊　第七十二號中田肆分壹釐玖毫額租米貳斗伍升　第七十三號中田叁分柒釐壹毫額租米貳斗貳升　第七十四號上田壹畝叁釐壹毫額租米柒斗　第七十五號下田玖分玖釐叁毫額租米肆斗　第七十六號上田肆分陸釐陸毫額租米壹石貳斗　第七十七號上田壹畝柒分貳厘陸號額租米壹石叁斗貳升　第七十八號中田壹畝叁分叁毫額租米柒斗捌升　第七十九號上田壹畝貳分柒釐陸毫額

租米壹石零捌升

八都一圖後鄭莊

第八十號上田貳畝肆分肆釐肆毫額租米貳石第八十一號上田壹畝陸分伍釐貳毫額租米壹石肆斗第八十二號中田壹畝貳分貳釐肆毫額租米陸斗伍升第八十三號中田貳分伍釐柒毫額租米貳石貳斗第八十四號中田貳畝伍分柒釐陸毫額租米壹石柒斗第八十五號中田叁畝貳分貳毫額租米貳石第八十六號中田壹畝陸分貳釐叁毫額租米玖斗第八十七號上田壹畝陸分玖釐伍毫額租米壹石伍斗第八十八號下田壹畝貳釐陸毫田租米肆斗第八十九號下田壹畝叁分陸釐伍毫額租米伍斗第九十號中額柒畝貳分貳釐貳毫額租米肆石壹斗第九十一號中田貳畝柒分陸釐壹毫額租米壹石捌斗伍升第九十二號中田叁畝壹分伍毫額租米貳石第九十三號中田貳畝伍釐肆毫額租米壹石貳斗第九十四號中田壹畝捌分伍釐陸毫額租米壹石第九十五號中田叁畝玖分捌毫額租米貳石

八都五圖大和莊

第九十六號上田壹畝叁分伍釐玖毫額租米壹石叁斗第九十七號中田貳畝貳分壹釐玖毫額租米壹石伍斗第九十八號中田壹畝柒分玖釐壹毫額租米壹斗肆斗

八都一圖戴村莊

第九十九號中田貳畝伍分肆釐捌毫額租米壹石貳斗第一百號中田叁分柒釐玖毫額租米貳斗第一百零一號中田貳畝叁分叁釐叁毫額租米壹石叁斗第一百零二號中田陸畝貳分捌釐肆毫額租米叁石陸斗第一百零三號中田叁畝柒分伍釐壹毫額租米貳石陸斗第一百零四號中田貳畝陸分捌釐捌毫額租米壹石陸斗

八都一圖後鄭莊

第一百零五號中田叁畝叁分貳釐伍毫額租米壹石陸斗第一百零六號中田叁畝肆分肆毫額租米壹石柒斗第一百零七號中田叁畝叁分柒釐伍毫額租米壹石捌斗第一百零八號中田貳畝叁分捌釐壹毫額租米壹石叁斗第一百零九號中田貳畝捌分捌釐額租米壹石伍斗第一百一十號中田壹畝捌分肆釐叁毫額租米壹石第一百十一號中田叁畝貳分柒毫額租米壹石玖斗

第一百十二號中田柒分捌釐壹毫額租米肆斗捌升第一百十三號中田壹畝伍分叁釐柒毫額租米玖斗

八都一圖溪下莊

第一百十四號中田貳畝叁分伍釐捌毫額租米壹石伍斗第一百十五號中田壹畝玖分伍釐壹毫額租米壹石叁斗伍升第一百十六號中田壹畝玖分玖釐伍毫額租米壹石叁斗第一百十七號中田壹畝柒分壹釐壹毫額租米壹石叁斗第一百十八號中田叁畝陸分伍釐陸毫額租米貳石壹斗

八都一圖後鄭莊

第一百十九號中田壹畝壹分伍釐額租米陸斗第一百二十號中田貳畝壹分貳釐肆毫額租米壹石肆斗第一百二十一號下田貳畝柒分叁釐肆毫額租米壹石

八都二圖河上莊

第一百二十二號中田貳畝叁分陸釐陸毫額租米壹石壹斗第一百二十三號中田肆畝柒分捌釐壹毫額租米貳石柒斗壹升第一百二十四號中田壹畝陸分伍釐額租米捌斗第一百二十五號中田壹畝壹分叁毫額租米陸斗伍升第一百二十六號中田壹畝伍分玖釐陸毫額租米捌斗第一百二十七號中田壹畝柒分壹釐叁毫額租米壹石壹斗第一百二十八號中田壹畝柒釐叁毫額租米柒斗貳升第一百二十九號上田玖分貳釐玖毫額租米柒斗貳升第一百三十號上田壹畝肆分捌釐柒毫額租米壹石第一百三十一號中田叁分叁釐肆毫額租米壹斗陸升第一百三十二號中田貳畝捌分柒毫額租米壹石陸斗第一百三十三號中田貳分肆釐捌毫額租米壹斗肆升第一百三十四號上田壹畝壹分叁釐陸毫額租米捌斗陸升第一百三十五號上田壹畝柒分伍釐叁毫額租米壹石第一百三十六號上田壹畝捌分伍釐陸毫額租米壹石貳斗

八都一圖石馬莊

第一百三十七號上田壹畝捌分貳釐貳毫額租米壹石伍斗第一百三十八號上田肆畝伍釐額租米叁石正

八都二圖河上莊

第一百三十九號上田壹畝玖分叁釐捌毫額租米壹石伍斗

八都一圖石馬莊

第一百四十號上田玖分捌釐壹毫額租米捌斗第一百四十一號中田捌

分玖釐伍毫額租米陸斗叄升第一百四十二號中田壹畝伍分玖釐叄毫額租米玖斗伍升第一百四十三號中田壹畝肆分柒釐叄毫額租米捌斗伍升第一百四十四號中田捌分叄釐肆毫額租米伍斗陸升第一百四十五號中田貳畝捌分壹釐額租米壹石陸斗第一百四十六號下田貳畝陸分貳釐捌毫額租米壹石零陸升第一百四十七號中田貳畝叄分伍釐玖毫額租米壹石伍斗伍升第一百四十八號中田貳畝叄分肆釐捌毫額租米壹石伍斗伍升第一百四十九號中田壹畝貳分肆釐額租米柒斗第一百五十號中田肆畝柒分壹釐肆毫額租米肆石第一百五十一號上田貳畝壹分貳釐叄毫額租米壹石伍斗貳升第一百五十二號中田貳畝陸分捌釐柒毫額租米壹石捌斗第一百五十三號中田貳畝叄分柒毫額租米壹石貳斗第一百五十四號中田貳畝柒分叄釐伍毫額租米壹石陸斗第一百五十五號中田叄畝貳分貳釐玖毫額租米貳石第一百五十六號下田玖分貳釐額租米叄斗貳升第一百五十七號中田貳畝陸釐柒毫額租米壹石叄斗叄升第一百五十八號中田叄畝伍分陸毫額租米貳石第一百五十九號上田叄畝肆分壹釐壹毫額租米叄石伍斗第一百六十號中田肆畝捌分伍釐陸毫額租米貳石第一百六十一號中田貳畝捌分叄釐玖毫額租米壹石捌斗第一百六十二號上田壹畝陸分陸釐壹毫額租米壹石陸斗第一百六十三號中田貳畝叄分叄釐額租米壹石捌斗第一百六十四號中田壹畝陸分玖釐壹毫額租米壹石貳斗第一百六十五號中田壹畝柒分貳毫額租米壹石貳斗第一百六十六號中田壹畝肆分叄釐肆毫額租米捌斗第一百六十七號上田壹畝肆分壹釐肆毫額租米壹石叄升第一百六十八號上田伍分伍釐玖毫額租米肆斗

十五都三圖何同莊

第一百六十九號上田叄畝捌分肆釐捌毫額租米貳石柒斗第一百七十號上田肆畝捌釐壹毫額租米貳石肆斗伍升

八都二圖後馬湖莊

第一百七十一號中田壹畝伍分貳釐玖毫額租米玖斗第一百七十二號

上田壹畝伍分肆釐壹毫額租米壹石壹斗伍升第一百七十三號上田壹畝貳分貳釐捌毫額租米捌斗伍升第一百七十四號上田肆分捌釐壹毫額租米叁斗伍升第一百七十五號上田肆分柒釐柒毫額租米伍斗第一百七十六號上田壹畝貳分玖釐捌毫額租米壹石第一百七十七號上田陸分捌釐玖毫額租米陸斗第一百七十八號上田叁畝伍分額租米叁石叁斗

九都三圖鎮橋莊

第一百七十九號中田捌分柒釐壹毫額租米伍斗貳升第一百八十號中田貳畝叁分伍釐額租米壹石肆斗第一百八十一號中田壹畝伍分叁釐叁毫額租米壹石壹斗捌升第一百八十二號中田壹畝捌釐叁毫額租米陸斗

九都一圖謝龍莊

第一百八十三號中田壹畝貳分叁釐捌毫額租米柒斗貳升第一百八十四號中田壹畝伍分玖釐伍毫額租米壹石第一百八十五號中田壹畝伍釐玖毫額租米陸斗第一百八十六號中田貳畝叁分玖釐肆毫額租米壹石肆斗肆升第一百八十七號中田壹畝壹分壹釐捌毫額租米陸斗陸升第一百八十八號中田壹畝壹分玖釐捌毫額租米捌斗第一百八十九號中田貳畝叁分陸釐陸毫額租米壹石肆斗第一百九十號中田貳畝玖分貳釐陸毫額租米壹石捌斗第一百九十一號中田陸分陸釐柒毫額租米叁斗陸升第一百九十二號中田壹畝柒分壹釐壹毫額租米玖斗第一百九十三號中田壹畝伍分玖釐捌毫額租米玖斗第一百九十四號中田壹畝伍分壹釐陸毫額租米壹石零捌升第一百九十五號中田壹畝伍分壹釐捌毫額租米柒斗貳升第一百九十六號中田壹畝陸分陸釐柒毫額租米壹石零捌升第一百九十七號中田貳畝玖分肆釐叁毫額租米貳石壹斗陸升第一百九十八號中田叁畝陸分叁釐玖毫額租米貳石壹斗陸升第一百九十九號中田壹畝玖分陸釐額租米壹石零肆升第二百號上田貳畝玖分柒釐額租米壹石玖斗第二百零一號中田叁畝壹分壹釐玖毫額租米壹石玖斗第二百零二號下田壹畝貳釐捌號額租米　斗　升第二百零三號中田貳畝肆

釐叁毫額租米壹石　第二百零四號中田叁畝捌分伍釐肆毫額租米貳石柒斗第二百零五號中田捌畝伍分玖釐陸毫額租米肆石捌斗伍升　第二百零六號中田貳畝貳分貳釐捌毫額租米壹石肆斗　第二百零七號下田柒分伍釐捌毫額租米貳斗伍升　第二百零八號中田貳畝壹分柒釐額租米壹石叁斗　第二百零九號中田貳畝柒分貳釐玖毫額租米壹石叁斗　第二百一十號中田肆畝肆分貳釐捌毫額租米貳石陸斗　第二百十一號下田伍畝伍釐壹毫額租米壹石捌斗

六都一圖羅墓莊第二百十二號中田貳畝陸分肆釐肆毫額租米壹石貳斗第二百十三號中田貳畝壹分壹釐叁毫額租米壹石壹斗　第二百十四號下田玖分捌毫額租米叁斗　第二百十五號中田壹畝叁分壹釐壹毫額租米陸斗　第二百十六號下田壹畝叁分捌釐柒毫額租米伍斗伍升　第二百十七號中田壹畝壹分叁釐壹毫額租米柒斗

六都一圖小張坡莊第二百十八號中田捌分柒釐伍毫額租米伍斗　第二百十九號中田柒分叁釐叁毫額租米肆斗　第二百二十號中田貳分玖釐陸毫額租米壹斗捌升

八都一圖溪下莊第二百二十一號上田壹畝柒分貳釐叁毫額租米壹石叁斗　第二百二十二號上田伍分叁釐額租米肆斗

總共丈實田肆百陸拾肆畝壹厘貳毫額租米貳百玖拾壹石壹升

牧地租課

六圍馬地頃畝舊額按蕭山六圍竈地外沿江地畝撥作旗營牧馬之用始於清初

原額馬地玖萬叁千餘畝後因馬廠沙地濱臨大江坍漲靡常且與民竈報陞之地相

連雍正八年總督李衛會同將軍性桂勘明定界飭築馬塘掘溝分界塘內永爲民業塘外定爲馬地乾隆志

雍正十二年委分司謝會同旗員自昌圍一甲𤘽爿山起至盈圍十甲馮家河外公地止丈定六圍塘外馬地共伍萬伍千貳百肆拾肆畝貳分柒厘陸毫伍絲內丈定昌圍馬地叁千玖百伍拾柒畝捌分貳厘玖毫貳絲

泰圍馬地叁千壹拾壹畝捌分捌厘壹毫貳絲伍忽

豐圍馬地伍千叁百捌拾肆畝柒分捌毫壹忽

寗圍馬地柒千叁百叁拾柒畝柒分

盛圍馬地貳萬叁千肆百柒拾畝肆分貳厘肆毫貳絲柒忽

盈圍馬地壹萬貳千捌拾壹畝柒分叁厘叁毫柒絲柒忽乾隆志別本

乾隆四年因馬地陸續坍沒奉憲委員淸丈經蕭山前令傅㭎會同諸暨前令方以恭查丈六圍馬廠除坍沒地叁萬柒千玖百餘畝外實存地伍萬伍千陸拾伍畝零東

至錢清場公地界西至半爿山界南至馬塘界北至大江界詳明立碑記檔又慮不敷牧放議詳借撥本縣梅仙一二等團竈地壹萬貳千餘畝又借撥海寗許村場竈地貳萬伍千餘畝以符玖萬餘畝原額（其借撥梅仙竈地春牧之後秋冬仍聽竈戸人等照舊樵採　乾隆志）

乾隆六年潮水冲決馬塘坍沒入海奉督院行查大使陳詳報坍沒入海塘外原丈馬地共貳萬伍千貳拾壹畝陸分（內）昌圍馬地捌百畝　豐圍馬地伍千肆百伍拾畝　寗圍馬地壹萬畝　盛圍馬地捌千柒百柒拾壹畝陸分除四圍報明坍沒外應存六圍原丈馬地叁萬貳百貳拾貳畝陸分柒厘陸毫伍絲（內）又於乾隆六年被潮冲決坍沒入海未陞課原丈馬地共壹萬貳千柒百伍拾貳畝捌分捌厘肆毫叁絲柒忽（內）盛圍馬地陸千叁百捌拾柒畝伍分陸厘貳毫伍絲　盈圍馬地陸千叁百陸拾伍畝叁分貳厘壹毫捌絲柒忽因前未經陞課錢糧無庸豁免嗣奉行查除前已陞未陞原丈馬地坍沒入海通共叁萬柒千柒百柒拾肆畝肆分捌厘肆毫叁絲柒忽應存六圍原丈馬地壹萬柒千肆百陸拾玖畝柒分玖厘貳毫壹絲叁忽逐一

查丈丈得六圍實在現存馬地共貳萬肆千肆百貳拾貳畝叁分玖毫肆絲玖忽丈出馬地陸千玖百伍拾貳畝伍分壹厘柒毫叁絲陸忽乾隆志別本

乾隆十五年知縣黃鈺奉憲查丈分晰原丈今坍現存廠地確數造册繪圖詳覆計西興場六圍原丈塘外馬地共伍萬伍千陸拾伍畝貳分柒厘陸毫伍絲內於乾隆六年報明被潮水坍沒并近年潮汐陸續坍削共計坍馬地叁萬捌千柒百玖拾貳畝壹分捌厘陸毫肆絲實在現存馬地壹萬陸千貳百柒拾叁畝玖厘壹絲內

昌圍原丈馬地叁千柒百柒拾捌畝捌分貳釐玖毫貳絲被坍馬地壹千叁拾伍畝貳分柒釐肆毫肆忽實存馬地貳千柒百肆拾叁畝伍分伍厘伍毫壹絲陸忽按乾隆志別本作原丈馬地叁千玖百伍拾柒畝捌分貳厘玖毫貳絲

泰圍原丈馬地叁千壹拾壹畝捌分捌釐壹毫貳絲伍忽被坍馬地玖百陸拾肆畝貳分壹釐捌毫玖絲玖忽實存馬地貳千肆拾柒畝陸分陸厘貳毫貳絲陸忽

豐圍原丈馬地伍千叁百捌拾肆畝柒分捌毫壹忽被坍馬地叁千陸百壹拾捌畝捌分壹釐叁毫陸絲玖忽實存馬地壹千柒百陸拾伍畝捌分玖厘肆毫叁絲貳忽

甯圍 原丈馬地柒千叄百叄拾柒畝柒分被坍馬地柒千壹百玖拾玖畝肆分叄厘柒毫 實存馬地壹百叄拾捌畝貳分陸厘叄毫

盛圍 原丈馬地貳萬叄千肆百柒拾畝肆分貳厘肆毫貳絲柒忽被坍馬地壹萬捌千叄百貳拾壹畝叄分貳厘玖絲壹忽 實存馬地伍千壹百肆拾玖畝壹分叄毫叄絲陸忽

盈圍 原丈馬地壹萬貳千捌拾壹畝柒分叄厘叄毫柒絲柒忽被坍馬地柒千陸百伍拾叄畝壹分貳厘壹毫柒絲柒忽 實存馬地肆千肆百貳拾捌畝陸分壹厘貳毫 以上乾隆志

乾隆三十四年巡撫永奏辦裁馬案內將蕭山西興場昌泰豐三圍地貳萬貳百餘畝因水草肥美留爲牧馬其餘蕭山甯盛盈及梅仙海甯雷山等處共地陸萬肆千餘畝盡歸原戶加陞墾種 查縣署檔案中有沙民黏呈舊稿壹紙不知何年司詳之稿首尾俱缺附錄於下以資參考 案查杭州滿營牧地原在仁和縣地方後因潮冲坍沒無存乾隆二年督憲嵇奏明借撥蕭山海寧民竈完糧世業沙地捌萬肆千餘畝牧放俟有另漲沙塗仍將借撥地畝給還原主嗣於三十四年撫憲永奏辦裁馬案內將蕭山西興場昌泰豐三圍地貳萬貳百餘畝因水草肥美留爲牧馬其餘蕭山寧盛盈及梅仙海甯雷山等處共地陸萬肆千餘畝盡歸原戶加陞墾種其中間有早經坍沒不即加陞者總在入陸萬肆千餘畝數目之內俱屬撥還地畝此係從前檔案卽現在憲台亦經查明敍入具奏在案今該首先富晉

言等具控原業任思泉等地畝內敍有牧地等詞本司等查內節任思泉等地內設有牧地總於三十四年撥還之後盡在陸萬肆千之中先經給還陞墾不得以牧地指之查該首先請陞之地從前並無老業根底實係老牧接生另漲沙塗自應遵照前督憲嵇奏案盡行抵歸牧地而任思泉等郎如三十四年尚未給還既有該首先等另漲沙塗亦應將借撥之地給還原主何況於三十四年業已給還之地因該府等會詳內不將從前奏案情節聲明以致該首先富晉言等得以妄控圖翻今本司等檢查奏案各情細加覆核自應將陸公達王永壽莫有文吳士興陸世安等五案歸牧征租其應完竈課隨租並繳內節原案任思泉徐宗孟等遵照憲台原奏及從前奏案業已給還陞墾並已有另漲自應撥還之例毋庸查辦免滋紛擾

乾隆五十九年巡撫吉慶以杭州乍浦兩滿營養贍歲需錢玖千伍百餘串近年杭營租地陡坍租錢愈少即如杭州將軍寶所奏將從前裁馬案內所餘廠地奏請賞還壹萬伍千畝作爲杭乍兩營養贍孤寡所收租錢仍屬不敷支用惟有原坍牧廠近年漲復新沙肆萬貳千陸百餘畝統歸滿營膳養仍給各原戶佃種按則科算每年計徵租錢肆千伍百餘串倘有不敷再於清厘互爭沙案奏請入官地畝每年徵收租錢內先儘撥補其餘歸公均由各縣場徵解司庫按期支給奏准施行

嘉慶元年巡撫吉慶奏請將原坍存賸地畝並近年漲復新沙以及馬塘之外寗盛盈

各圍地畝共計丈實地拾貳萬捌千陸拾餘畝概行歸公

又奏報將墾熟種地陸萬肆千陸百伍拾餘畝以及原存牧地並沙棍陸凱入官地畝一律概以每畝叁百文徵租又草地陸萬叁千叁百玖拾餘畝每畝徵草租錢陸拾文每年通共應徵錢貳萬肆千玖百肆拾餘串除支給杭乍兩滿營養贍孤寡外每年尙餘錢壹萬捌百餘串解司充公按戶部則例浙江錢塘江南岸昌泰豐寧盈六圍牧廠內漲復新沙地畝查明墾熟地畝陸萬玖千柒百肆拾餘畝每畝徵錢叁百文又未墾地陸萬陸千玖百貳拾餘畝每畝徵草租錢陸拾文共計新舊已未墾地畝每年徵租錢貳萬肆千玖百肆拾餘串除撥給滿營用費外餘俱解司充公今核案與例載徵數相符其畝分互異之處蓋例載係併原存入官各地在內也

嘉慶六年巡撫阮元奏查明蕭山縣牧地原徵租課較多請分別減租計分三等上等畝叁百文中等畝貳百文下等畝壹百文并減場課之則歸縣徵收以前佃戶赴場納課赴縣輸租至是奏准始皆歸縣徵解

節錄戶部議覆奏稿內閣抄出浙江巡撫阮元奏查明蕭山縣牧地原徵租課較多請分別酌減租課錢文並請將從前督徵牧租不力各員罰繳錢文交商生息按年湊歸滿營養贍應用等因一摺嘉慶六年七月初九日奉硃批戶部議奏欽此欽遵於本月十二日抄出到部臣等伏查浙江省滿洲營牧廠餘地先據前任將軍王進泰奏請召民墾種無分旱澇每畝徵租錢陸百文按年徵收養贍滿洲營孤寡嗣因地坍租缺不敷支用復據前任浙江巡撫吉慶等先經奏明請將原坍存剩地畝

並近年漲復新沙以及馬塘之外各圍地畝共計丈實地壹拾貳萬捌千陸拾餘畝概行歸公又緣該地坐臨濱海鹽水浸漫且俱係種植木棉所收花息甚微原定額
徵數目較多並請一律減租概以每畝叁百文定額其草地每畝仍徵租錢陸拾文共計新舊已未墾地每年徵租錢二萬肆千玖百肆拾餘串撥給養贍杭乍二滿洲
營孤寡等項之用等因經軍機大臣會同臣部議復准行各在案今據該撫奏稱蕭山縣經徵收租於坍沒豁除之外每年尚應徵租錢貳萬貳千二百伍拾叁串零應
徵場課銀叁千陸百玖拾玖兩零此項租地非臨江岸逼海潮遂至沃地變爲斥滷近年每畝止收棉花壹貳拾觔至柒捌觔不等除去工本所餘無幾追呼交迫完
納愈難該佃等是以赴上下各衙門控訴減租經臣便道蕭山親加察看屬實請將委員勘明地處高阜潮水不至種植有收地叁萬肆千貳百餘畝照舊完納租課毋
庸議減外其勘明地勢稍低收成較薄地貳萬肆千壹百伍拾伍畝零每畝請酌減租錢壹百文又地勢最低潮水灌注盡成斥滷地肆千伍百肆拾伍畝零每畝請酌
減租錢貳百文等語尚屬實在情形應如該撫所奏准其分別酌減以紓佃力（中略）又據奏酌減竈課銀壹千玖拾玖兩零並稍低最低減租地畝及草地原陸上
中二則之地一律改照下則徵收之處查前項地畝酌減租錢既有多寡之殊其原陸上中課則亦應以次遞減未便一律改照下則徵收至查該場由單開載上則田
地每畝徵銀叁分玖厘柒毫零今據稱肆分叁毫中則田地每畝徵銀貳分陸厘肆毫零今稱貳分肆厘玖毫下則田地每畝徵銀壹分叁厘貳毫零今稱壹分叁釐肆
毫數目因例不符應令該撫一併查明報部備核再奏稱課銀按照時價併入牧租錢內由縣統徵分解應俟該撫將課則不符緣由聲復到日再行核辦（下略）

戶部咨文

嘉慶二十二年十一月十八日准戶部咨開內閣抄出浙江巡撫楊穫奏民竈互爭沙地請循例入官一摺嘉慶二十二年九月二十九日奉上諭楊穫奏
民竈互爭沙地請循例入官一摺浙江沿海沙地坍漲靡常漲則爭陸坍則爭補以致民戶與竈戶屢控不休該省現有控爭浦東漲沙之案着卽照該撫所議將此項

沙地一律入官其應納租息即歸入杭州滿洲營牧租項下徵解作爲旗營孤寡之用以息訟端欽此欽遵抄出到部相應行文浙江巡撫即將前項沙地丈實畝數查明原佃定額應將租息速飭造冊送部核辦可也

宣統年各園牧地實存畝分租額

昌園原額墾地柒百陸拾捌畝伍分伍厘每畝租叁百文　嘉慶十一年報坍地陸百貳拾玖畝捌分　嘉慶十六年報坍地捌拾玖畝壹分柒厘　嘉慶二十三年查丈漲復原坍改陞中則地壹百叁拾壹畝叁分叁厘　嘉慶二十四年查丈漲復原坍改陞下則地肆百伍拾柒畝肆分壹厘陸毫　又草地叁百玖拾捌畝肆分柒厘捌毫現存上則地肆拾玖畝伍分捌釐每畝徵租叁百文應徵錢拾肆千捌百柒拾肆文又中則地壹百叁拾壹畝叁分叁釐每畝徵租貳百文應徵錢貳拾陸千貳百陸拾陸文又下則地肆百伍拾柒畝肆分壹釐陸毫每畝徵租壹百文應征錢肆拾伍千柒百肆拾貳文又草地叁百玖拾捌畝肆分柒釐捌毫每畝徵租陸拾文應徵錢貳拾叁千玖百玖文共各則地壹千叁拾陸畝捌分肆毫該租錢壹百壹拾千柒百玖拾壹文

豐園原額墾地貳千伍百貳拾陸畝壹分捌釐伍毫每畝租叁百文原額草地貳千陸百伍畝叁分叁釐陸毫每畝租陸拾文　嘉慶二年報坍草地柒百伍拾貳畝貳厘壹毫　嘉慶八年草地轉陞下則地壹千捌百伍拾叁畝叁分壹

厘伍毫　嘉慶十年下則轉陞上則地叁百陸畝陸分叁厘　又轉陞中則地肆百拾貳畝捌分陸厘　嘉慶十一年報坍上則地陸百拾柒畝捌分陸厘　又坍中則地壹百捌拾貳畝捌分壹厘　又坍下則地壹百捌拾伍畝叁分壹厘　又坍剩荒蕪上則改下則地柒百玖拾畝玖分肆厘伍毫　又中則改下則地肆拾玖畝陸分貳厘　又上則改草地肆拾畝捌分肆厘　又中則改草地肆拾伍畝壹分玖厘　又下則改草地貳拾叁畝肆分玖厘　嘉慶十四年報坍改減下則地肆百拾伍畝叁厘　又坍改減草地壹百玖畝伍分貳厘　嘉慶十七年報坍上則地肆百拾壹畝柒分　又坍下則地陸百叁拾叁畝叁分　嘉慶十九年報坍上則地玖百柒拾壹畝肆分柒厘　又坍中則地壹百叁拾伍畝貳分肆厘　又坍下則地伍百玖拾叁畝玖分陸厘　道光十四年報坍下則地壹百貳拾叁畝叁分　全坍無存

寧圍原額墾地壹萬貳千玖百叁拾捌畝玖分　每畝租叁百文　嘉慶十九年報坍地壹百伍拾陸畝伍分玖厘　道光五年報坍地壹百陸拾叁畝陸分　又被潮沙壓地壹千柒百柒拾畝捌分肆釐　道光十四年報坍地叁千柒百捌畝陸分貳毫　道光二十三年報坍地陸千伍百肆拾玖畝伍分肆厘捌毫　道光三十年報坍地伍百捌拾玖畝柒分貳厘　全坍無存

原額草地貳千捌百柒拾壹畝捌分陸釐　每畝租陸拾文　嘉慶九年丈陞新漲草地肆千柒百拾壹畝貳厘　嘉慶十四年報坍草地貳千貳百柒拾伍畝貳厘　嘉慶十五年查丈草地轉陞下則地壹千捌拾玖畝伍分伍厘　又外節完課地內新陞草地肆百柒畝　嘉慶十九年報坍下則地柒拾畝　又坍草地壹百肆拾伍畝捌分柒厘　又查丈草地轉陞下則地貳千貳百叁拾柒畝玖分　又外節完課地內新陞下則地叁千貳百肆拾柒畝伍分　又外節完課地內新陞草地壹千伍百

柒拾壹畝叁分　嘉慶二十三年查丈漲復原坍報陸草地貳千貳百柒拾伍畝貳厘　又下則轉陸中則地壹千肆百玖拾玖畝伍分　又草地轉陸下則地貳千貳百陸拾叁畝玖分　又外節完課地內新陸下則地壹千叁拾伍畝　又外節完課地內新陸草地陸百貳拾壹畝伍分伍厘　嘉慶二十五年查丈草地轉陸下則地壹千捌百貳拾畝　道光五年報被潮沙壓中則地柒拾壹畝貳分玖厘　道光十四年報坍中則地玖百伍拾叁畝壹分玖厘叁毫　又報坍下則地壹千陸百伍拾壹畝陸分貳厘貳毫　又報坍草地壹千貳百陸拾陸畝貳分伍厘肆毫　道光二十三年報坍中則地肆百拾貳畝貳分陸厘　又報坍下則地壹千捌百貳拾伍畝捌分叁厘陸毫　又報坍草地陸百柒拾叁畝陸分捌厘肆毫　道光三十年報坍中則地陸拾貳畝柒分伍厘柒毫　又報坍下則地伍千陸百貳拾柒畝叁分肆厘貳毫　又報坍下則地壹百伍拾貳畝叁分柒厘　又報坍草地伍百陸拾陸畝陸分柒厘叁毫　同治三年報坍下則地捌百陸拾柒畝壹分捌厘　又報坍草地壹百拾捌畝捌分玖厘玖毫全坍無存原額外節添漲新沙肆千陸拾柒畝貳分嘉慶二十五年丈陸歸草則徵租　道光十四年報坍草地壹千叁百柒畝玖分捌厘玖毫　道光三十年報坍草地壹千貳百叁拾玖畝貳分壹厘壹毫　同治三年報坍草地壹千伍百貳拾畝全坍無存

盛圍原額墾地貳萬捌千壹百肆畝每畝租叁百文　嘉慶三年報坍地貳千貳百貳拾捌畝捌分伍厘外存地貳萬伍千捌百柒拾伍畝壹分伍厘　嘉慶六年分爲三則內

上則地捌千肆百玖拾捌畝貳分道光二十三年報坍地壹千捌拾捌畝玖分陸厘陸毫　道光三十年報坍地叁千叁百貳拾

壹畝捌分陸厘同治三年報坍地叁千伍拾畝肆分叁厘柒毫現存上則地壹千叁拾陸畝玖分叁釐柒毫每畝征租叁百文應征錢叁百拾壹千捌拾壹文

中則地壹萬伍千捌百捌拾畝柒分捌釐嘉慶十九年報坍地捌百陸拾陸畝陸分道光九年查丈漲復原坍中則改陸陸下則地捌百陸拾陸畝陸分道光十五年下則轉陸中則地捌百陸拾陸畝陸分道光二十三年報坍中則地壹千壹百肆拾肆畝叁分玖厘道光三十年報坍中則地壹千玖百貳拾壹畝玖厘肆毫同治三年報坍中則地伍千肆百貳拾壹畝玖分伍毫現存中則地柒千叁百玖拾叁畝叁分玖釐壹毫每畝征租貳百文應征錢壹千肆百柒拾捌千陸百柒拾捌文

下則地壹千肆百玖拾陸畝壹分柒釐嘉慶十九年報坍地肆百柒拾畝壹分玖厘道光九年查丈漲復原坍下則地肆百柒拾畝壹分玖厘道光十四年下則轉陸中則地壹千貳拾伍畝玖分捌厘道光十五年下則轉陸中則地肆百柒拾畝壹分玖厘現存中則地壹千肆百玖拾陸畝壹分柒釐每畝征租貳百文應征錢貳百玖拾玖千貳百叁拾肆文

原額草地貳萬柒千肆百玖畝伍分柒釐嘉慶二年報坍地壹千壹百貳拾貳畝壹分嘉慶三年報坍地叁千柒百柒拾玖畝捌分伍厘陸毫嘉慶十五年年查丈草地轉陸下則地柒百叁拾壹畝貳分壹厘嘉慶十九年報坍地叁千壹百伍拾陸畝壹厘又查丈草地轉陸下則地貳千捌畝叁分陸厘嘉慶二十三年查丈草地轉陸下則地伍千捌百陸拾伍畝貳分柒厘道光九年漲復原坍草地叁千壹百伍拾陸畝壹厘又陸公達案內丈餘陸下則地叁百畝

道光十四年下則轉陞中則地柒百叁拾壹畝貳分壹厘又下則轉陞中則地貳千捌畝叁分陸厘又下則轉陞中則地肆千柒百玖拾畝叁分玖厘又草地

地轉陞下則地壹萬柒百肆拾陸畝柒分陸厘肆毫道光十五年草地轉陞下則地叁千壹百伍拾陸畝壹厘道光三十年報坍中則地肆千柒百玖拾畝叁

分玖厘同治三年報坍中則地柒百捌拾陸畝捌分柒厘叁毫又報坍下則地柒千壹拾叁畝叁分叁厘柒毫現存中則地壹千玖百

伍拾貳畝陸分玖釐柒毫每畝征租貳百文應征錢叁百玖拾千伍百叁拾玖文又下則地捌千貳百陸拾

肆畝叁分壹厘柒毫每畝征租壹百文應征錢捌百貳拾陸千肆百叁拾壹文原額新漲地壹千肆百柒拾捌

畝伍分捌釐陸毫嘉慶十九年丈陞下則地伍百拾捌畝柒分伍厘又陞草地玖百伍拾玖畝捌分叁厘陸毫道光十四年查丈下則轉陞

中則地伍百拾捌畝柒分伍厘又草地轉陞下則地玖百伍拾玖畝捌分叁厘陸毫同治三年報坍中則地伍百拾捌畝柒分伍厘又報坍下則地玖百伍

拾玖畝捌分叁厘陸毫全坍無存原額白沙地肆百柒拾畝捌分捌厘捌毫道光十三年加陞概照下則征租

現存下則地肆百柒拾畝捌分捌厘捌毫每畝征租壹百文應征錢肆拾千柒百捌拾捌文原額外節添漲

新沙地玖千肆百肆拾貳畝陸分柒釐伍絲道光九年加陞概照草地征租道光十四年草地轉陞下則地叁千壹

百捌拾肆畝貳分道光二十年外節接漲新沙加陞草地叁千捌百拾陸畝柒厘同治三年報坍下則地貳千壹百叁拾貳畝肆分貳厘又報坍草地肆千

貳百柒拾叁畝伍分陸厘貳絲現存下則地壹千伍拾壹畝柒分捌厘每畝征租壹百文應征錢壹百伍千壹百柒拾捌文

又草地伍千捌百畝玖分捌厘叁絲每畝征租陸拾文應征錢叁百肆拾捌千伍拾捌文共各則地貳萬柒
千肆百肆畝壹分陸厘叁絲該租錢叁千柒百玖拾玖千捌百捌拾柒文
盈圍原額墾地貳萬叁千陸百壹拾伍畝嘉慶二年報坍地壹千捌百玖拾叁畝伍分嘉慶三年報坍地玖百貳拾伍畝伍
厘嘉慶十九年報坍地叁百肆拾捌畝貳分道光二十五年查丈漲復原坍改下則地叁千壹百陸拾陸畝柒分伍厘外存地貳萬叁千陸百壹拾伍畝照嘉
慶六年案分爲叁則內上則地玖千壹百貳拾肆畝叁分現如數全存每畝徵租叁百文應徵錢貳千柒百叁拾
柒千貳百玖拾文中則地壹萬壹千肆百肆拾壹畝伍厘慶慶十九年報坍地柒百肆拾伍畝捌分柒厘道光九年查
丈漲復原坍中則改照下則地柒百肆拾伍畝捌分柒厘道光十五年下則轉陸中則地柒百肆拾伍畝捌分柒厘現如數全存每畝徵租貳百
文應徵錢貳千貳百捌拾捌千貳百壹拾文下則地叁千肆拾玖畝陸分伍厘嘉慶十九年報坍地壹千貳百叁拾貳畝陸分
玖厘道光九年丈陸漲復原坍下則地柒百伍拾玖畝叁分玖厘道光十四年下則轉陸中則地壹千捌百拾陸畝玖分陸厘道光十五年下則轉陸中則
地柒百伍拾玖畝叁分玖厘道光二十五年丈陸原坍下則地貳百伍拾陸畝捌分捌厘陸毫又陸草地貳百拾陸畝肆分壹厘肆毫道光三十年下則轉
陸中則地貳百伍拾陸畝捌分捌厘陸毫又草地轉陸下則地貳百拾陸畝肆分壹厘肆毫現存中則地貳千捌百叁拾叁畝
貳分叁厘陸毫每畝徵租貳百文應徵錢伍百陸拾陸千陸百肆拾柒文又下則地貳百壹拾陸畝肆分壹厘

肆毫（每畝徵租壹百文應徵錢貳拾壹千陸百肆拾貳文）

原額草地叁萬叁千壹百玖畝伍分（嘉慶二年報坍地叁千伍百捌拾壹畝陸分柒毫　嘉慶三年報坍地叁百捌拾柒畝伍分貳厘　嘉慶十八年准部咨馮德成案內丈缺地壹百伍拾伍畝壹分伍厘　嘉慶十九年報坍地伍千肆百叁拾捌畝貳分壹厘叁毫　又查丈草地轉陸下則地陸百伍拾玖畝　又轉陸下則地壹千肆百肆拾畝玖分柒厘　嘉慶二十三年查丈草地轉陸下則地壹萬柒百玖拾陸畝玖分肆厘　道光九年查丈漲復原坍草地叁千伍百陸拾柒畝伍分貳厘叁毫　又報陸施公義案丈餘下則地貳百伍拾畝　道光十四年下則轉陸中則地陸百伍拾玖畝　又下則轉陸中則地壹千肆百肆拾畝玖分柒厘　又下則轉陸中則地捌千柒百肆拾壹畝玖分捌厘　又草地轉陸下則地玖千貳百捌拾貳畝玖分叁厘陸毫　道光十五年草地轉陸下則地叁千伍百陸拾柒畝伍分貳厘叁毫　又丈陸漲復原坍草地玖百肆拾肆畝貳厘玖毫　道光二十五年丈陸漲復原坍草地叁千玖百陸拾玖畝壹分貳厘柒毫　道光三十年草地轉陸中則地壹百捌拾玖畝叁厘玖毫　又草地轉陸下則地叁千柒百捌拾畝捌厘捌毫　又草地轉陸下則地玖百肆拾肆畝貳厘玖毫）

現存中則地壹萬壹千叁拾畝玖分捌厘玖毫（每畝徵租貳百文應徵錢貳千貳百陸千壹百玖拾捌文）

又下則地壹萬玖千捌百玖拾玖畝伍分叁厘陸毫（每畝徵租壹百文應徵錢壹千玖百捌拾玖千玖百伍拾肆文　按此項下則地總數與散數核計多地貳拾畝而司縣各冊相同不知如何沿誤）

又草地壹千叁百陸拾柒畝壹分陸厘肆毫（每畝徵租陸拾文應徵錢捌拾貳千叁拾文）

原額白沙地玖拾壹畝貳分壹厘柒毫（道光

十年丈陞照下則徵租現存下則地玖拾壹畝貳分壹厘柒毫每畝徵租壹百文應徵錢玖千壹百貳拾貳文原額續漲墾地貳千叁百陸畝柒分玖厘柒毫同治十二年丈陞照下則徵租現存下則地貳千叁百陸畝柒分玖厘柒毫每畝徵租壹百文應徵錢貳百叁拾千陸百柒拾玖文共各則地伍萬捌千叁百拾畝柒分叁毫該租錢壹萬壹百叁拾壹千柒百柒拾貳文

浦東原額歸牧新沙地肆百叁拾陸畝貳分叁厘嘉慶二十三年丈陞概照上則徵租現存上則地肆百叁拾陸畝貳分叁厘每畝徵租叁百文應徵錢壹百叁拾千捌百陸拾玖文原額歸牧淤沙地貳百壹拾貳畝壹分伍厘嘉慶二十三年丈陞概照中則徵租現存中則地貳百壹拾貳畝壹分伍厘每畝徵租貳百文應徵錢肆拾貳千肆百叁拾文原額歸牧接漲淤沙地壹百捌拾捌畝嘉慶二十三年丈陞概照下則徵租現存下則地壹百捌拾捌畝每畝徵租壹百文應徵錢壹拾捌千捌百文原額歸牧添漲新沙地壹千捌畝貳分伍厘嘉慶二十五年丈陞分叁則徵租內現存上則地貳百肆拾叁畝每畝徵租叁百文應徵錢柒拾貳千玖百文又中則地貳百陸拾伍畝每畝徵租貳百文應徵錢伍拾叁千文又下則地伍百畝貳分伍厘每畝徵租壹百文應徵錢伍拾千貳拾伍文原額歸牧接漲新沙地肆百捌拾貳畝壹分道光二十五年丈陞分下草貳則徵

租內現存下則地叁百陸拾玖畝叁分柒厘伍毫每畝徵租壹百文應徵錢叁拾陸千玖百叁拾捌文又草地
壹百壹拾貳畝柒分貳厘伍毫每畝徵租陸拾文應徵錢陸千柒百陸拾肆文共各則地貳千叁百貳拾
陸畝柒分叁厘該租錢肆百壹拾壹千柒百貳拾陸文

以上通共現存牧租地捌萬玖千柒拾捌畝叁分玖厘柒毫叁絲內上則牧租地
壹萬捌百玖拾畝肆厘柒毫每畝叁百文該錢叁千貳百陸拾柒千肆拾肆文中則牧租地叁萬陸千柒百
伍拾陸畝壹厘叁毫每畝貳百文該錢柒千叁百伍拾壹千貳百貳文下則牧租地叁萬叁千柒百伍拾
貳畝玖分玖厘每畝壹百文該錢叁千叁百柒拾伍千貳百玖拾玖文草租地柒千陸百柒拾玖畝叁分肆
厘柒毫叁絲每畝陸拾文該錢肆百陸拾千柒百陸拾壹文通共應徵牧租錢壹萬肆千肆百伍拾肆千
貳百柒拾陸文以上光緒三十二年藩司奏銷冊縣冊同

各圍徵課牧地畝分銀額

額徵課地拾萬壹百壹拾肆畝叁分貳厘壹毫內
上則課地壹萬叁千玖百肆拾畝肆分捌厘肆毫內盛圍各案地壹千叁拾陸畝玖分叁厘柒毫盈圍各案地

玖千壹百貳拾肆畝叄分昌圍浦東各案地柒百貳拾捌畝捌分壹厘盛甯二圍內留課待補地叄千伍拾畝肆分叄厘柒毫每畝徵銀叄分陸厘貳絲貳忽應徵銀伍百貳兩壹錢陸分肆厘中則課地肆萬叄千肆百捌拾叄畝伍分肆厘壹毫內盛圍各案地壹萬捌百肆拾貳畝貳分伍厘捌毫盈圍各案地貳萬伍千叄百伍畝貳分柒厘伍毫昌圍浦東各案地陸百捌畝肆分捌厘盛甯貳圍內留課待補地陸千柒百貳拾柒畝伍分貳厘捌毫每畝徵銀貳分捌毫伍絲應徵銀玖百陸兩陸錢叄分壹厘柒毫下則課地肆萬貳千陸百玖拾畝貳分玖厘陸毫內盛圍各案地玖千柒百貳拾叄畝玖分捌厘伍毫盈圍各案地貳萬貳百柒拾柒畝壹分陸厘柒毫昌圍浦東各案地壹千伍百拾伍畝肆厘壹毫盛寧貳圍內留課待補地壹萬壹千貳百肆拾肆畝壹分叄毫每畝徵銀壹分伍厘捌毫陸絲應徵銀陸百柒拾柒兩陸分捌厘以上共應徵銀貳千捌拾伍兩捌錢陸分肆厘又隨解貳分耗銀肆拾壹兩柒錢壹分柒厘以上光緒間縣冊

按牧地租課並徵現在徵租地捌萬玖千柒拾捌畝零而徵課地拾萬壹百拾肆畝零其相異之故因租重課輕歷屆報坍時祇請豁租不請免課冀漲復可原戶報陞也

牧地今存案名

昌圍　四來案　任瀾案　倪裕案　韓道南案　俞德顯案　盛圍

任思泉案　陸公達案　富郊案　湯德明案　老稅地案　莫炳初案　莫有文案　陸世安案　湯兆林案　盈圍　老稅地案　婁下莊案　新林莊案　陳奉思案　莫心田案　陳安案　陳漢三案　施公義案　馮德成案　吳士興案　充公案（即陸凱案）　莫炳初案　沈宗彩案

牧地租課正耗徵額

額徵牧租錢壹萬肆千肆百伍拾肆千貳百柒拾陸文（不加閏）額徵牧地竈課正銀貳千捌拾伍兩捌錢陸分肆厘（不加閏）額徵牧地竈課貳分耗銀肆拾壹兩柒錢壹分柒厘

牧地租課正耗解額

解藩司牧租錢壹萬肆千肆百伍拾肆千貳百柒拾陸文解運司牧地竈課銀貳千捌拾伍兩捌錢陸分肆厘解運司牧地竈課貳分耗銀肆拾壹兩柒錢壹分柒厘

以上共徵解牧租錢壹萬肆千肆百伍拾肆千貳百柒拾陸文竈課正耗銀貳千壹百貳拾柒兩伍錢捌分壹厘縣冊

潮汐衝蕩坍漲無定報升報豁輒勞有司沙地之大較也然淤積寖久往往可墾可牧成爲墟落利之所在爭訟以滋觀於南沙十三案可以知其概況地無棄利而後民有餘財因勢利導而整齊教誨之亦必有道矣

雜捐

糧捐即外債捐光緒二十八年奉文無論新舊錢糧每徵銀壹兩隨收糧捐錢叁百文每錢壹千作洋壹元批解藩庫作爲新約賠款之用內地丁捐錢壹萬壹千陸百柒拾貳千叁百柒拾柒文閏年加錢壹百伍拾貳千柒百柒拾伍文漕項捐錢壹千玖百叁拾叁千肆百壹拾貳文不加閏鹽課捐錢貳百肆拾千肆百壹拾文不加閏雜款存留捐錢壹千叁拾伍千捌百貳拾壹文閏年加錢陸拾壹千玖拾柒文

房捐無定額光緒二十八年奉文市房租價每月自叁元或叁千文者起捐十分之一每年約收洋伍千數百元除留支一成經費外儘收報解充作賠償洋款之用宣統三年經諮議局議決改作地方巡警經費

錢當捐錢業應繳捐銀肆百伍拾兩當業應繳捐銀柒百捌拾兩光緒二十八年奉文錢當兩業每戶認捐銀貳拾伍兩蕭山錢業十八戶當業二十五戶徵解藩庫作爲賠償洋款之用

地方雜捐

小塘捐錢肆百陸拾千壹百捌拾肆文蕭山塘內得湘湖水利田貳萬玖拾畝零每畝捐錢貳文隨糧帶徵由縣另備印收每年除解府三江邊洞銀合錢貳千伍百玖拾貳文給湘湖各壩夫工食錢伍拾捌千文借給尖山浮橋歲修錢玖拾玖千玖百玖拾文又浮橋夫工食錢貳拾伍千陸百文

外餘給歲修湘湖塘堤及遇旱開放湘水築壩等用按尖山浮橋舊志註如有損壞應修之處令橋夫稟縣動用公帑修葺且與湘湖水利絕無關係同治以來歷由湘湖塘捐款內支給反致湘湖塘堤閘壩歲修支絀舍已芸人甚非所宜

積穀捐 無定額 積穀以備荒歉賑糶應否捐積及捐錢多寡向由紳民公議稟縣隨糧帶收詳倉儲

海塘捐 無定額 西江北海兩塘關係山會蕭三縣利害近數十年來險工迭出動輒巨萬每一興修會合山會兩縣議派畝捐視工程之大小定捐率之輕重隨時酌核稟縣詳辦委紳董理其事餘詳水利

牧地水溝捐錢壹百捌拾肆千捌百文 蕭山牧地每畝捐錢貳文隨同收租帶收由縣另給印收給執作爲米市灣大壩常年修費歸紳董請領經辦

串票捐 光緒三十一年陳光穎等稟縣通詳奉准不論地丁南米沙牧租課每串一張捐錢陸文作爲高等小學堂工藝所經費之用

碗茶捐 宣統元年陳齊賢稟縣通詳奉准每碗捐錢壹文作爲巡警經費

煙膏捐 光緒二十七年奉文售賣烟膏每兩抽收錢貳拾文彙款解省 并援秀水縣辦法帶抽錢十文撥充創辦西學堂經費二十九年三月學費免捐 三十三年十二月起奉文每兩加收銀壹角壹分宣統元年奉准於款內劃扣叁分作本邑禁烟分所經費

清代光宣之際新政繁興百度楞匱雜捐之名以起其實賠款外債科派及於田賦猶晚明之加餉也名之曰捐不過避加賦之名耳若積穀塘工人民謀備災歉保田廬出其租利所入以應公家之急差足言捐其他雖瑣瑣不足數然涓滴皆民膏也故類及之

鹽課乾隆志原註有已入地丁歸縣徵解者有未入地丁隸縣隸場隨時定制者其課有竈丁竈蕩竈糧各名目其額有正課新陞丈陞車珠各款項至沿塘沙地坍漲靡常陞豁無定自雍正七年查丈後迄今陞豁糧數屢多更改至緝私督煎專屬於場而按蕩均丁丈地報陞諸務皆守土之責也　按今除水鄉鹽課入地丁歸縣徵解外其蕩丁竈課均歸場官主政惟遇查丈坍漲時會縣辦理

越絕書朱餘者越鹽官也越人謂鹽曰餘縣志刊誤餘暨以其地能產鹽故名而王莽改餘暨爲餘衍亦即鹽官斥衍之說蓋鹽轉音爲餘耳

宋史食貨志熙寧五年盧秉權提舉兩浙請儲發糴錢百萬緡以償諸場竈戶糧値皆定分數越州錢清場水勢稍淺以六分爲額

宋史食貨志錢清場織竹爲盤塗以石灰故鹽色少黃

明萬歷志西興錢清等十五場隸寧紹分司場立官一人團立總催拾人皆給灘蕩授煮器率辦鹽一引官給工本米石洪武十七年易工本米以鈔二十四年復竈戶雜役有差正統二年用侍郎周忱議以竈去場三十里者爲水鄉竈戶不及三十里者爲濱海滷丁水鄉丁歲出米陸石給濱海丁代煎四年復竈戶稅糧無遠運工本鈔自此罷

給五年令歲辦鹽課率以十之八給商之守支者曰常股二貯場倉候邊乏召中曰存積正德九年御史師存智疏請以本色引鹽即於兩浙開中引價肆錢歲輸於戶部（兩浙鹽每引連餘鹽及包索不得過叁百斤違者沒入之按正統二年通志作正統三年）

萬歷志西興場鹽課司（在西興鎮運河北岸）大使一人攢典一人總催六十人鹽課肆千捌拾捌引有奇（洪武初以軍士充百夫長掌邑鹽課五年制革）錢清場鹽課司（明初以興善寺撥運米倉爲廨署）大使一人攢典一人（後改屬山陰縣）

萬歷志海之賦曰鹽本色分二曰存積肆分常股陸分折色每引徵銀肆錢【西興場】十二團貳千肆百玖拾玖丁濱海本色鹽肆千捌百柒拾叁引壹百玖拾肆觔拾叁兩有奇折色鹽壹百伍拾貳引貳拾伍觔拾叁兩有奇水鄉折色鹽叁千壹百伍拾壹引壹拾捌觔肆兩有奇俱於蕭山縣帶徵【錢清場】一十二團叁千柒百伍拾玖丁濱海本色鹽捌千肆百壹引陸觔陸兩有奇折色鹽肆百叁拾陸引柒拾貳觔拾壹兩有奇水鄉折色鹽貳千肆百伍拾伍引貳拾觔陸兩有奇於蕭山山陰縣帶徵

順治三年題定兩浙引價每引叁錢伍分衆商配引掣銷輸課不徵於場竈

雍正三年十一月戶部議覆署兩浙鹽政布政使佟吉圖疏兩浙定例每正引行鹽叁百伍拾觔又恩加餘鹽叁拾伍觔引價如前

西興場舊設大使一員雍正六年巡鹽御史謝賜履題請歸併錢清場不設煎竈西興場蕩分六團上三團昌泰豐地勢高阜內栽桑柏插種禾苗外可樵草供爨其蕩課則有甚短有稍短有稍長有插短有牛口有車路有水浦不等其下三團寧盛盈地勢稍低而鹹外可煎辦內可樵草間可插種因坍漲不常不能多產鹽觔肩引難銷因停止煎竈裁汰場員歸併錢清場西興場廢

錢清場共八團煎竈伍拾貳座定例瓜瀝等團竈舍煎辦鹽觔俱配商人季引由紹所驗掣龕山閘六舍煎辦鹽觔悉配蕭邑肩引如竈有餘鹽仍令交商上厫配掣毋許私售與販有碍引地

紹興批驗所考兩浙鹽法志元至正間置明正統中郡守羅以禮遷於山陰縣錢清鎮弘治中又移建於白鷺塘近蕭山縣之東南去運司六十五里舊志在府治西北六十里蕭山縣之東南隅北瀕運河各場配鹽俱從錢清江達官河或經長山閘抵所候掣掣畢運至新壩義橋堆貯江岸俟領程開運又令於發運處所挨戶編立保甲候商領程開運經富陽等三關盤驗按是所其職司掣驗浙東各綱地過所鹽觔今設紹縣之所前鄉

蕭山歲銷票引壹千陸百捌拾肆引浙江通志舊志本色食鹽計丁定額引商納課領引每引

壹錢玖分肆厘設局零銷肩販向引商買引一道八日爲滿繳銷另買每日赴竈買鹽壹百觔黎明捕衙於示農亭查秤有多觔者即爲私鹽每鹽壹百觔場官給發印聯票三張俗名小票肩販轉售行販一人許買叁拾觔給場聯票一張票內塡註肩販行販姓名并賣鹽日期限二日爲滿過期即爲廢紙以杜影射行販執以爲憑零星售賣如無場印聯票即爲私鹽有票而鹽觔多者亦作私鹽論　雍正六年五月總督李衛頒給院烙木籌計肆伍拾名貧難老小殘廢之人令其赴縣呈明詳給許赴竈買鹽貳拾觔負易度日　乾隆元年正月奉旨私鹽之禁所以除蠹課害民之弊大夥私梟每爲盜賊逋藪務宜嚴加緝究然恐其展轉株連故律載私鹽事發止理人鹽並獲其餘獲人不獲鹽獲鹽不獲人者概勿追坐至於失業窮黎肩挑背負易米度日不上肆拾觔者本不在查禁之內蓋國家於裕商足課之中而即以寓除奸愛民之道德意如是其周也乃近見地方官辦理私鹽案件每不問人鹽曾否並獲亦不問販鹽觔數多寡一經捕役汛兵指拏輒根追嚴究以致挾怨誣攀畏刑逼認干累多人至於官捕業已繁多而商人又添私僱之鹽

捕水路又添巡鹽之船隻州縣毗連之界四路密布此種無賴之徒藐法生事何所不爲凡遇奸商夾帶大梟私販公然受賄縱放而窮民擔負無幾輒行拘執或鄉民市賣食鹽壹貳拾觔者並以售私拿獲有司即具文通詳照擬杖徒又因此互相攀染牽連貽害此弊直省皆然而江浙尤甚朕深爲憫惻着直省督撫嚴飭各府州縣文武官弁督率差捕實拏奸商大梟勿令疎縱其有愚民販私肆拾觔以上被獲者照例速結不得拖累貧人至貧窮老少男婦挑負肆拾觔以下者概不許禁捕所有商人私僱鹽捕及巡鹽船隻幫補汛兵俱嚴查停止毋得滋擾地方俾良善窮民得以安堵欽此乾隆志　乾隆元年總督嵇飭定貧難籌販於三六九日配鹽易食如有多觔混冒仍以私鹽治罪乾隆志別本

西興場

本場課蕩柒千陸百陸拾玖畝叁分　上中下各則稅蕩陸萬柒千叁百壹拾貳畝壹分玖厘玖毫玖絲肆忽浙江通志　本場魚鱗弓口册田地池六圍六本草蕩六圍

六本共十二本原設六團永昌永泰永豐永寧永盛永盈每團額分十甲戶口叁百貳拾陸戶丁貳千肆百捌拾丁額徵丁銀壹千伍兩有奇

康熙二十八年場課銀壹千伍百貳拾捌兩陸錢捌分柒釐陸毫有奇新增稅銀壹兩壹釐叁毫有奇隸縣徵解康熙志 雍正七年五月總督李衛題准西興錢清兩場課稅銀兩歸場徵收移縣折解乾隆志

竈蕩西自半爿山起至東馮家河及錢清場梅仙交界共計草蕩壹萬伍千餘弓自塘至海坍漲不常長短不一五年一次清丁分蕩明季貧弱竈蕩盡歸豪强少不下百多至盈千不輸壹錢之課貧竈掛丁賠累害無底止康熙二十二年二月西興竈戶來國韶舉人來燕雯生員來豹文各以照蕩均丁等情呈明鹽漕御史詹督院施撫院王批縣查報經前令姚文能議詳照蕭民丁糧額增入民田之例其竈戶丁課亦派入竈以免苦累各憲批允行知勒石永遵迄今丁糧攤地徵收竈無賠累明嘉靖年間西興竈地多坍沒入江潮汐由龕山之南大門出入其赭山巖門山俱在北岸也江之南惟長山冠山爲屏岸於是竈戶密邇鱗居於

江塘之內其竈戶按丁完課每丁肆錢貳分叁厘肆毫零萬歷四年以後竈戶按丁授蕩每丁給蕩四弓三尺年十六歲者增丁六十歲者退丁蕩有成數丁無定額生齒日盛故有五年一均丁丈蕩之繁有退隱逃亡之弊

雍正八年總督李衛題爲查丈西興竈地牧場以補課額等事據司道詳稱西興場原額給丁灘場柒千陸百陸拾玖畝叁分向照鹺例不按地畝科徵止收丁糧壹千伍兩貳錢貳分零歷年因南岸漸淤報墾田地蕩柒萬柒千伍百陸拾肆畝零陞課伍百柒拾壹兩玖錢壹分零共徵銀壹千伍百柒拾柒兩壹錢叁分零此係舊時額徵之數上年通場幷丈又丈出田地池貳萬貳千肆百柒拾陸畝零連前共拾萬柒千柒百壹拾畝零參互折中核定上則每畝徵銀叁分計陸萬陸千陸百陸拾捌畝陸分伍厘壹毫共糧銀貳千兩伍分玖厘伍毫又每畝攤徵丁課銀玖厘柒毫該丁課銀陸百肆拾陸兩捌錢玖分叁厘捌毫中則每畝徵銀貳分計貳萬叁千陸百陸拾伍畝伍分柒厘玖毫共徵銀肆百柒拾叁兩叁錢壹分壹厘伍毫又每畝攤徵丁課銀陸厘肆毫該丁課銀壹百伍拾叁兩捌分陸厘陸毫下則每畝徵銀壹分計壹萬柒千叁百柒拾伍畝玖分玖厘叁毫共徵銀壹百柒拾叁兩柒錢伍分玖厘玖毫又每畝攤徵丁課銀叁厘貳毫該丁課銀伍拾陸兩貳錢肆毫又草蕩玖萬貳千壹百伍拾玖畝捌分零連馬場在於此內各

竈民以牧放水草之外尚有荒葦茅草可資樵採煎辦併車牛出入情願照下下則每畝完銀伍厘共徵銀肆百陸拾兩柒錢玖分玖厘叁毫又每畝攤徵丁課銀壹厘陸毫該丁課銀壹百肆拾玖兩叁分玖厘柒毫通共田地池蕩壹拾玖萬玖千捌百柒拾畝零實丈陞課銀貳千伍百叁拾陸兩貳分零於雍正八年起科連前陞課伍百柒拾壹兩玖錢壹分零應徵各則稅銀叁千壹百柒兩玖錢叁分零又原額丁課銀壹千伍兩貳錢貳分零攤入此內共該徵銀肆千壹百壹拾叁兩壹錢伍分壹厘零按舊課地樵草刮淋者每畝或伍厘或陸厘柒毫不等其稅額自康熙六年以前丈陸者有老稅每畝叁分有商稅每畝貳分有均稅每畝壹分陸厘有新稅每畝壹分共稅壹百柒拾捌兩捌錢捌分壹厘玖毫　以上乾隆志參乾隆志別本

竈地不准售賣與民絕賣後不准找贖碑禁乾隆八年五月署蕭山縣事溫州府同知查延掌詳據西興士民湯克敬來道凝等以遵憲陳情等事呈請將雍正八年以前永不批贖之竈產請照民間一例不准找贖等由具詳督撫鹽各憲經巡撫常安總督那蘇圖批准鹽驛道趙佪毆據紹興府周範蓮議詳西興場丁歸蕩辦按畝徵輸錢清場按弓辦納仍完丁課是以紹西興竈產隨賣過割錢清場竈地蕩賣丁存自歸併錢清場兼轄之後即有奸徒牽引錢場丁地之例藉以竈無絕產無論年分久遠賣後開荒成熟蕩地控找控贖紛紛滋擾逞其刁健應如該府所議該場蕩地賣與竈戶凡原契內係典戤名色者仍應聽其回贖外如係開荒成熟契無回贖字樣而年分久遠者與民產一例概不准其找贖勒石永遵以杜訟端至竈地毋許賣與民戶致礙煎

配一併飭遵乾隆九年二月勒石乾隆志

乾隆六年起至十一年止陸續被潮衝決士民嚴洪等呈報鹽道詳請題豁昌豐寧盛等團坍沒各則竈田地蕩叁萬玖千玖百拾肆畝玖分叁厘零計共免正課銀陸百叁拾兩壹錢叁分貳厘叁毫又共免珠車銀拾兩柒錢壹分壹厘玖毫零

乾隆十二年業戶來殿理續報陞科下則沙田貳百貳拾壹畝玖分柒厘肆毫零計陞課銀貳兩貳錢壹分玖厘柒毫肆絲零又珠車銀叁分柒厘柒毫叁絲零

乾隆十三年錢清場實徵西興場正課銀叁千肆百捌拾肆兩肆錢玖分貳毫陸絲玖忽柒微零　又珠車銀陸拾兩貳錢陸分柒毫陸絲柒忽陸微零

乾隆十三年坍沒各則田地共伍千伍百陸拾柒畝壹分零共免正課銀貳百柒兩玖錢柒分壹厘壹毫零又共免珠車銀叁兩伍錢叁分伍厘伍毫零以上坍沒田地於十五年委丈詳請以十四年爲始題請豁除坍課

錢清場辦課灘場柒千伍百叁拾貳弓陸寸　本場上中下各則稅蕩貳萬壹千柒

百肆拾畝捌厘陸毫捌絲陸忽　額徵正課銀玖百肆拾玖兩柒錢陸毫柒絲柒微　又珠車銀拾陸兩肆錢貳分肆厘壹毫貳絲壹忽肆微因錢清之梅先壹梅先貳兩圍丁課併新梅陞之梅先壹梅先貳貳肆壹瓜西貳瓜東瓜肆貳上扇下扇蜀南蜀北拾圍蕩地均坐蕭邑境內故課銀雖係場徵仍照例移縣折解但竈戶屬山陰所轄故列錢場名色以上乾隆志　按今陸圍拾團竈蕩各地均歸民業地不產滷購自餘姚場課徵解俱歸場署引課改章查秤不行自乾隆迄今百數拾年地既坍漲靡常中經兵燹檔册又復遺佚溯其沿革渺莫足徵第就現今錢清場咨報大略分載於后

西興陸圍竈地頃畝　昌圍原額各則竈地壹百拾肆頃伍拾柒畝玖分肆厘叁毫　泰圍原額各則竈地壹百柒拾伍頃伍分壹厘　豐圍原額各則竈地壹百捌拾陸頃捌拾柒畝肆分捌厘肆毫　寧圍原額各則竈地伍頃柒拾壹畝玖厘貳絲陸忽　盛圍原額各則竈地貳百肆拾柒頃柒畝貳厘貳絲肆忽肆微　盈圍原額各則竈地叁百伍拾捌頃捌拾畝貳分叁厘叁毫陸絲柒忽　以上陸圍共額地壹千捌拾捌頃肆畝貳分捌厘壹毫壹絲柒忽肆微

坍漲寧圍竈地於道光同治年間先後報坍報豁額地壹萬肆千餘畝內除老糧地陸百餘畝尚存外餘均奉准豁免豐圍竈地照額僅存熟地叁百餘畝昌圍亦已坍塌過半尚未呈報

科則（計分四則）上則叁分　中則貳分　下則壹分　下下則伍厘（惟豐圍有減折之案年遠卷已散佚）

竈課原額銀貳千肆百叁拾貳兩玖錢叁分貳厘（由場徵收巡解運庫）備荒銀陸拾貳兩貳錢壹分陸厘（近年場長陳書璣任內查出餘額即照數併入竈課開報）丁課仍遵雍正間案攤入竈課（丁額早經消滅）

車珠每兩報解銀叁分（解繳運庫）雜餉銀拾貳兩叁錢伍分壹厘引額原定壹千陸百捌拾肆道又加滯引壹成（每引鹽叁百觔）

引課引商納課每觔肆文肩販向引商買引一道給護票八張每日赴竈挑鹽壹百觔作八日銷售煎竈龕山六舍竈六座瓜瀝一舍竈一座老小販每日赴竈挑鹽叁拾觔產額每竈每造十一天每日出鹽肆千觔緝私場署設總巡一人巡役十二名會同商巡於私鹽出沒之所巡緝車路稅銀由大車戶等遝向運署完納

錢清場十團竈地頃畝　梅先一團原額各則竈地壹百柒拾柒頃陸拾畝叁分貳厘柒毫　梅先二團原額各則竈地壹百柒拾貳頃貳拾畝壹分肆厘貳忽　二四一團原額各則竈地壹百柒頃叁拾畝伍分貳厘伍毫　瓜四二團原額各則竈地玖拾陸頃陸拾壹畝貳分陸厘伍毫　瓜西二團原額各則竈地柒拾柒頃柒拾柒畝貳分捌厘貳毫肆絲　瓜東團原額各則竈地捌拾陸頃拾柒畝壹分壹厘貳毫伍絲　蜀南團原額各則竈地陸拾捌頃伍拾柒畝肆分壹厘貳毫伍絲　蜀北團原額各則竈地肆拾玖頃貳畝陸分伍厘　上扇團原額各則竈地壹百叁拾貳頃捌拾伍畝陸分柒厘貳毫伍絲　下扇團原額各則竈地伍拾貳頃拾畝肆厘捌毫　以上共額地壹千貳拾頃貳拾貳畝肆分叁厘肆毫玖絲貳忽按錢清場十團竈地於嘉慶年漲復迄今無坍

科則計分四則上則叁等叁分貳分捌厘貳分　中則五等貳分壹分伍厘壹分肆厘壹分貳厘壹分　下則四等壹分捌厘陸厘伍厘

下下則三等陸厘捌毫捌絲肆厘捌毫肆厘伍毫

竈課原額銀壹千捌百貳拾陸兩肆錢貳分肆厘（由場徵收巡解運庫）備荒銀貳拾叁兩伍錢肆分（近年場長陳書職任內查出餘額即照數併入竈課開報）丁課並遵雍正年間案攤入竈課（丁額早經消滅）車珠每兩報解銀叁分（解繳運庫）雜餉銀貳拾兩伍錢陸分

南沙鹽務案

嘉慶十六年五月十四日浙江巡撫蔣攸銛奏嘉慶十六年四月二十七日奉上諭御史陸泌奏南沙地方今昔情形不同請就近改隸一摺該處既今昔情形不同並有沿海貧民搭寮聚處煎鹽售賣一切稽查彈壓實關至要該管知州相距較遠自應就近改隸方爲妥便著蔣攸銛親赴該處確切履勘如有應行改歸及移駐人員之處悉心妥議具奏所有該御史原摺并圖說俱著發交閱看此諭令知之欽此遵旨寄信前來臣伏查南沙界在浙江杭府屬之海寧州紹屬之蕭山縣及山陰會稽等縣江海紆迴綿亘貳百餘里深邃五六十里及一二十里不等其地犬牙相錯附近之港汊繁多無業貧民搭寮棲止每每刮淋煎鹽前於嘉慶七年經前任鹽政臣延

豐會同前撫臣阮元奏請設立官廠發帑收鹽招商配運并派寧紹運副暨試用運副二員前往稽收立法本爲周備惟因該處鹽觔係用柔草煎燒鹽質暴嫩滷耗過重及後商人虧折漸多帑本不能輾轤轉運且原定鹽價每觔制錢六文遇有場鹽價賤之時商人計及錙銖收買勢難踴躍不得不議照場鹽時價減價收買而煎戶成本不敷遂不免別圖偷漏邇年辦理諸多棘手臣自三月間蒙恩兼署鹽政篆務查悉南沙鹽務近日掣肘情形曾經飭委杭嘉湖道李垣前往確勘知彼處地方居民甚屬安靜惟煎廠散處稽查難周必將各煎竈以少附多以遠附近分圖編號改用大盤一經聚團即如地方之編設保甲有所管束而易於稽查并將近地私設渡船酌量裁汰以絕其販私路徑其委赴稽查收買之員試用人員呼應不靈難期整頓現查惟附近之錢清三江二場大使熟諳情形堪以就近委辦正在督商妥籌辦理並擬將近年商捐帑本滷耗虧折各數歸於清查鹽庫案內清釐追補容即確切查明俟鹽政臣蘇楞額回任後會商具奏下略歸南沙改隸案

又九月十六日浙江巡撫臣蔣攸銛奏　竊照御史陸泌具奏南沙請改隸紹興府屬以專責成一摺欽奉諭旨著蔣攸銛親赴該處確切履勘如有應行改歸及移駐人員之處悉心妥議具奏等因欽此經臣將接奉諭旨查辦緣由先行奏覆奉硃批覽欽此在案中略歸南沙改隸案又查南沙地土向爲斥鹵之區嘉慶七年間因該地貧民每每刮淋煎鹽經前任鹽政延豐會同前撫臣阮元題請設立官廠發帑收鹽招商配運該處民人栽種棉花與煎鹽竈戶不成村落未免散漫難稽應令各竈戶聚處成團則煎鹽種花篷舍聚散判然丁口易於稽核現在移篷聚團河莊擬聚十二團黨山擬聚十團各竈每戶一鍋一盤合竈煎燒可以按團稽察毋庸改用大盤向來發帑收買雖可轆轤轉輸究不若僉商自辦官爲督率更屬妥協現在確查熟籌另行會奏辦理下略

民竈各地墾陞案

道光五年浙江藩司繼詳竊照浙江沿海沙塗乾隆五十年間曾經前司詳明由縣陞

科道光四年間伊陞司以墾戶近年避重就輕投場報墾場員不察定例試徵草價充公易啓隱混詳請通飭由縣陞科奉前署憲黃批司飭令該府縣場將民竈地畝如何劃清界址以免誤陞之處勘明議詳察奪等因奉經前司轉飭議詳去後（中略）現據杭州府任守議請嗣後凡有沿江沿海天漲沙塗其前後左右均係竈地應歸竈戶赴場陞科若天漲處所上下兩傍本無竈地毗連應聽民人赴州縣認墾報陞如有民竈相連之處續有天漲各按子母相生之例民竈分管墾陞倘有民地赴場混報或以竈地赴縣請陞該管縣場並不確切查明率行准詳一經察出或被告發官則查明記過並提承辦之經書重究民竈各按定例治罪似屬妥協應請卽照府議以息訟端道光五年七月奉撫院程批如詳通飭各屬一律循照並入成規頒行遵守此繳（浙治成規）

新沙民竈分管章程

道光八年藩運兩司會詳本署司復又會同本運司細加酌核查竈地煎鹽既在潮水

逼近處所滷在民佃界內有碍竈煎是接漲新沙似應照舊由場陞報未便概令充公召佃致多窒碍至牧地係爲滿營養贍孤寡等項之用南沙公地係科徵公租錢糧專款報部與竈地不同如公牧界內原坍復漲及留糧待補幷租課並徵之牧地接漲新沙應照原議仍舊報陞租課毋庸歸官其界外漲沙應行入官召佃所有民地界內漲沙除撥歸義學書院嬰堂各地及詳准陞科斷定有案幷先經詳定留糧待補者毋庸勘辦外其餘接漲新沙以及現在控爭未定之案盡行入官召佃以昭劃一其召佃徵租報部章程悉照前議辦理前議擬請將高阜成熟堪以種作之地每畝徵收官租錢壹百伍拾文如查勘委係甫經出水尚須費工培築現僅蓄草出息徵薄者每畝徵收草租錢陸拾文俟高阜成熟再行轉則加租以杜欺隱再查浙省州縣管轄新沙利息徵薄與江省不同向來報陞課銀每畝僅止一二分至三四分不等今既一概歸官召佃議徵官租較向徵餉課已屬加增若再另納課賦一地兩徵新沙非腴土可比民力恐有不繼况此項官租應行造册報部與正課無異似可無須另議課賦以卹民隱其每歲徵收官租錢文請俟各屬造册覆齊核明應徵數目飭令徵收提解司庫以來年奏銷爲始仿照南沙公租錢糧之例每年專造一册於奏銷時另詳咨部解收錢文存儲司庫遇有地方緊要公用方准報部支銷亦歸於每年官租奏銷册內造報平時不准擅動作爲外銷而勘定之地應召附近本都本圖土著安分鄉民佃種每人不得過一百畝之數不准生監胥役詭名認佃仍於散佃內選擇殷實一二人列爲佃首

責令催租如有抗欠隱佔等情亦惟佃首是問并援照浙省陞科田地之例按戶由司塡給執照飭發地方官按戶轉給承佃以杜隱佔接漲及以多報少情弊如遇坍沒原照隨時吊銷不得揹留遺失自定案之後不准再有留糧待補幷縣管界內漲沙不准赴場冒陞希圖避重就輕有犯必懲惟查鹽場竈地多係坐落州縣境內設界址稍有不清卽訟端因之叢起應請嗣後濱臨江海地畝凡有接漲沙塗前後左右均與竈地子母相連應照道光五年浙省議詳歸竈戶赴場報陞若突漲新沙上下四傍並無竈地毗連係屬民界應歸縣充公召佃如接漲沙內有民竈相連之處應由縣場會勘明確各按子母相生民竈分管報陞召佃仍由該管知府會同分司會詳本藩運二司核定辦理以免兩歧倘有以竈地赴縣認佃及民界漲沙竈戶藉詞附近混行爭佔冒陞該縣場不卽確查究辦率行詳准致經察出或被告發卽照道光五年原議章程分別記過治罪所有蕭山縣管轄公牧沙地亦各歸各案卽照現在章程辦理似此民竈有分訟端可息而新例入官召佃之案亦可咨達飭遵矣治浙成規

班史作志不廢鹽鐵鹽之有關於國家計政固已久矣蕭境濱海其利在鹽然鹽產之

盛衰視海滷之濃淡以爲斷西興歸併錢淸由滷淡也大抵蕭之海滷利於竈煎而不利於板曬殆亦海滷强弱之有異相沿不改豈無故而然哉近人頗有廢煎改曬之議曾亦思數萬蚩蚩無告之竈民固倚此爲生活衣食之原乎